Hans-Werner Frohn / Hansjörg Küster / Elmar Scheuren
»Jenseits der scheinbaren Gewissheiten«

KLARTEXT

Mensch – Kultur – Natur
Band 2

Herausgegeben von der Schloss Drachenburg gGmbH,
dem Siebengebirgsmuseum der Stadt Königswinter
und der Stiftung Naturschutzgeschichte.

Hans-Werner Frohn / Hansjörg Küster /
Elmar Scheuren (Hg.)

»Jenseits der scheinbaren Gewissheiten«

*Thomas Neiss und
Hans-Joachim Dietz gewidmet*

Titelabbildung:
»The Castles of Drachenfels & Rolandseck«
Farblithographie, C. G. Schütz/ D. Havell, London 1820
Siebengebirgsmuseum / Heimatverein Siebengebirge e.V., Königswinter

Gefördert vom

Bibliografische Information der Deutschen Nationalbibliothek
Die Deutsche Nationalbibliothek verzeichnet diese Publikation
in der Deutschen Nationalbibliografie; detaillierte bibliografische Daten
sind im Internet über http://dnb.dnb.de abrufbar.

1. Auflage September 2016
Satz und Gestaltung:
Klartext Medienwerkstatt GmbH, Essen <www.k-mw.de>
Umschlaggestaltung: Volker Pecher, Essen
Druck und Bindung:
Pátria Druckerei AG, Hunyadi János Ùt 7, H-1117 Budapest
ISBN 978-3-8375-1713-2
© Klartext Verlag, Essen 2016

www.klartext-verlag.de

KLARTEXT   Friedrichstraße 34 – 38, 45128 Essen
info@klartext-verlag.de, www.klartext-verlag.de

Inhalt

Grußwort

Am 5. Dezember 1996 gründete das Land Nordrhein-Westfalen gemeinsam mit Brandenburg und der »Nordrhein-Westfalen-Stiftung Naturschutz, Heimat- und Kulturpflege« die Stiftung Naturschutzgeschichte. Pünktlich zu ihrem 20-jährigen Bestehen legt die Stiftung Naturschutzgeschichte nun – diesmal in Kooperation mit dem Siebengebirgsmuseum (Königswinter) und der Schloss Drachenburg gGmbH – ihre zwanzigste größere Publikation der Öffentlichkeit vor.

Der Titel »Jenseits der scheinbaren Gewissheiten« ist Programm. Den allermeisten Beiträgen ist gemein, dass die Autoren sich kritisch mit bekannten Schwarz-Weiß-Vorstellungen und -Lesarten auseinandersetzen und diesen – immer auf der Basis ausgiebiger Quellenstudien – differenzierte Darstellungen entgegenstellen.

Eine der Studien gibt die Inhalte eines wissenschaftlichen Gutachtens wieder, das mein Haus 2013 in Auftrag gab. In die im Rahmen der Novelle zum Ökologischen Jagdgesetz entstandene lebhafte Diskussion wurde die Einschätzung eingebracht, dass die Jagdgesetzgebung auf der Grundlage des Reichsjagdgesetzes als reines »Nazi-Gesetz« zu interpretieren sei. Das Gedankengut des Reichsjagdgesetzes habe damit auch das Bundesjagdgesetz bis nach der Jahrtausendwende bestimmt. Die Ausarbeitung konnte diese Position nicht bestätigen. Vielmehr zeigten das Reichsjagdgesetz und das alte Bundesjagdgesetz Züge von Lobbygesetzen.

Viele der Beiträge dieses Bandes beschäftigen sich mit dem Naturschutz in Nordrhein-Westfalen. Sie beleuchten die nordrhein-westfälische Naturschutzpolitik von 1966 bis 2010, die Entwicklung der Biologischen Stationen und andere Aspekte. Andere weiten den Blick auf ganz Deutschland, ja bis zu den Beziehungen zwischen deutschen Landschaftsvorstellungen und denen in den USA. Auch Zeitzeugen kommen mit eigenen Beiträgen zu Wort.

Die Leserinnen und Leser dieses Bandes können sich auf interessante und spannende Schilderungen freuen.

Dieses Buch ist zwei Personen gewidmet, die Mitarbeiter meines Ministeriums waren: dem früheren Abteilungsleiter Naturschutz, Thomas Neiss, der maßgeblich dazu beitrug, dass es 1996 zur Gründung der Stiftung Naturschutzgeschichte kam und deren Arbeit lange Jahre entscheidend mitprägte, sowie Dr. Hans-Joachim Dietz, früherer Referatsleiter im Naturschutz, der über viele Jahre als Vorsitzender des Fördervereins der Stiftung amtierte. Dem Dank der Stiftung Naturschutzgeschichte für diese geleistete Arbeit schließe ich mich gerne an.

Johannes Remmel
Minister für Klimaschutz, Umwelt, Landwirtschaft, Natur- und Verbraucherschutz des Landes Nordrhein-Westfalen

Jenseits der scheinbaren Gewissheiten – einleitende Bemerkungen

Hans-Werner Frohn,
Hansjörg Küster & Elmar Scheuren

Ein Festhalten an – vermeintlichen – Gewissheiten mag zwar in der Politik, in der Zivilgesellschaft und nicht zuletzt auch in der Wissenschaft eine Orientierung und Positionierung in einer immer unübersehbarer werdenden Zeit der scheinbar leichtere Weg sein. Letztlich erweist es sich jedoch als hinderlich, wenn man zu neuen Erkenntnissen und Lösungen kommen möchte. Dies wurde denjenigen beiden Protagonisten in ihrer beruflichen Laufbahn im NRW-Umweltministerium immer wieder deutlich, denen dieser Band gewidmet ist: Thomas Neiss und Hans-Joachim Dietz.

In den 1980er Jahren sollten beide in ihrem Umfeld zu Zeitzeugen und vor allem zu Mitgestaltern einer entscheidenden Wende im nordrhein-westfälischen Naturschutz werden. Zu jener Zeit verfügte man in Nordrhein-Westfalen zwar über ein – theoretisch – exzellentes Landschaftsgesetz, trotzdem befand sich der Naturschutz angesichts der Größe der damaligen Herausforderungen faktisch in einer Sackgasse. Der amtliche Naturschutz war damals sehr hoheitlich ausgerichtet – doch politisch, finanziell und bezüglich der gesellschaftlichen Akzeptanz biss er gleichsam auf Granit. 1984 suchte der neu berufene Umweltminister Klaus Matthiesen die damalige gesellschaftliche Dichotomie in Natur und Landschaft, die gleichsam einem »Stellungskrieg« zwischen Naturschützern und Landnutzern glich, zu überwinden, und setzte stattdessen auf ein »Bündnis der Vernunft«: »Landwirte gehören nicht auf die umweltpolitische Anklagebank, Naturschützer nicht auf die gesellschaftliche Spinnerbank« (MATTHIESEN 1984: 8). Seinem Mitarbeiter Thomas Neiss kam dabei die Aufgabe des Brückenbauers zu, und Hans-Joachim Dietz begleitete diesen Weg aus dem Umweltministerium mit. Brücken bauen ließen sich aber nur, wenn man bereit war, Wege »jenseits der scheinbaren Gewissheiten« auszuloten – was sie erfolgreich taten.

Aber auch jenseits des Ministeriums galt für beide diese Maxime. Mit der von einigen Zeitgenossen aufgestellten Diagnose, der Naturschutz sei nun einmal eine ziemlich geschichtslose bzw. geschichtsvergessene Bewegung, wollten sie sich nicht einfach zufrieden geben. Auf Initiative von Thomas Neiss richtete das Land Nordrhein-Westfalen mit Unterstützung des Landes Brandenburg und der Nordrhein-Westfalen-Stiftung für Naturschutz, Heimat- und Kulturpflege die Stiftung Archiv, Forum und Museum zur Geschichte des Naturschutzes ein. Die NRW-Umweltministerin Bärbel Höhn, der brandenburgische Umweltminister Matthias Platzeck und Herbert Neseker, der Präsident der NRW-Stiftung, unterzeichneten die Stiftungsurkunde am 5. Dezember 1996 – also vor 20 Jahren. Thomas Neiss prägte die Arbeit der Stiftung über mehr als 15 Jahre, und Achim Dietz[1] unterstützte sie als langjähriger Vorsitzender des Fördervereins.

Die herausgebenden drei Institutionen dieser Schriftenreihe haben nicht nur über die Schnittmenge der Themenfelder »Mensch – Kultur – Natur« zur Zusammenarbeit gefunden, sondern sie eint auch das Interesse, scheinbar sichere Pfade (wissenschaftlicher) Gewissheiten zu verlassen und das Bekannte immer wieder auf den Prüfstand zu stellen. So durchzieht denn auch das Motto »Jenseits der scheinbaren Gewissheiten« wie ein roter Faden die Beiträge dieses Bandes.

ELMAR SCHEUREN erörtert anhand ausgewählter Beispiele von Gemälden der Rheinromantik, dass, jenseits rein kunsthistorischer Analysen, Landschaftsgemälde auch als historische Quellen herangezogen werden können. Die »Düsseldorfer Malerschule« um Johann Wilhelm Schirmer war um eine möglichst hohe Realitätsnähe bemüht und kombinierte diese mit akribischer Detailgenauigkeit. Auf diese Weise ließ sie »Portraitlandschaften« mit einem hohen Wiedererkennungswert entstehen. Gleichzeitig floss aber auch – ungeachtet einer nahezu positivistischen Orientierung der Maler – gleichsam der »Zeitgeist« in die Gemälde mit ein. Bestimmten Bilddetails waren vielfältige Bedeutungen zugewiesen. Somit gerät der Beitrag unversehens zur Mahnung für heutige Betrachterinnen und Betrachter: Man möge sich zwar vom »schönen Schein« gerne anziehen lassen, es darüber aber nicht unterlassen, diese Gemälde zu hinterfragen, so dass sich vielfältige spannende Details und Erkenntnisse entschlüsseln lassen.

HEINRICH SPANIERS Essay »Düsseldorf[2] goes West!« thematisiert den Beitrag, den seit den 1840er Jahren entstandene Gemälde von grandiosen Landschaften für die Identitäts- bzw. Nationenbildung in den USA besaßen. Deren Maler erlernten zu einem nicht unerheblichen Teil ihr künstlerisches Handwerk an der Kunstakademie in Düsseldorf. Dort lehrte man eine spezifische Naturwiedergabe, so dass die angesprochenen amerikanischen Gemälde auf Wildnis-Vorstellungen beim europäischen und insbesondere deutschen Publikum zurückwirkten. Lange hielt sich in der europäischen Kunstgeschichte das Missverständnis, dass die US-amerikanische Landschaftsmalerei in der zweiten Hälfte des 19. Jahrhunderts lediglich ein Derivat der europäischen Mentoren gewesen sei, doch inzwischen weiß man, dass diejenigen amerikanischen Künstler, die sich an den europäischen Akademien schulen ließen,

---

1 Hans-Joachim Dietz recherchierte auch selbst, griff auch zur Feder und legte 2009 zusammen mit Almut Leh ein Biographisches Lese- und Handbuch zur Naturschutzgeschichte in Nordrhein-Westfalen vor: LEH & DIETZ 2009.

2 Eine Hommage an den langjährigen Wirkungsmittelpunkt von Thomas Neiss und Achim Dietz.

nicht so sehr das Erlernen technischer Fertigkeiten anstrebten, sondern sich durch die Beobachtung und Analyse anderer nationaler Schulen über ihre eigenen Ideen und Ideale klar werden wollten. Sie gebaren einen neuen, eigenen Stil.

HANSJÖRG KÜSTER befasst sich mit der ersten großen Kampagne, die der 1904 gegründete Bund Heimatschutz gegen den Bau eines Wasserkraftwerks am Hochrhein bei Laufenburg führte. Die ohnehin schon spannende Geschichte dieses frühen Naturschutzkonfliktes bereichert er um einen neuen, erstaunlichen Aspekt. Der ›Kampf um Laufenburg‹ brachte zwei Personen in Kontakt, die politisch und ideologisch kaum unterschiedlicher sein konnten: den linksliberalen Industriellen Walther Rathenau (1867–1922), der 1922 das Amt des Reichsaußenministers übernahm und noch im gleichen Jahr einem Attentat Rechtsradikaler zum Opfer fiel, und den völkischen Schriftsteller Hermann Burte (1879–1960), den die Nationalsozialisten nicht erst nach 1933 feierten. Sie einte damals eine ähnliche Zivilisations- und Modernisierungskritik, die durchaus völkische Züge trug. Mit der Wendung Burtes zu einem eindeutigen Antisemiten im Verlauf des Ersten Weltkriegs endete diese Beziehung dann.

Mit Kontinuitäten in der Geschichte des Jagdrechts[3] in Deutschland von 1918 bis 1976 beschäftigt sich HANS-WERNER FROHN. Deren unterschiedliche Bewertungen gaben zu Diskussionen Anlass. Konsens herrscht in der Debatte darüber, dass der Kern des 1934 verabschiedeten Reichsjagdgesetzes (RJG) in das 1952 vom Bundestag verabschiedete Bundesjagdgesetz (BJG) überführt wurde und selbst mit den Novellen 1961 und 1976 im Bestand erhalten blieb. Es gibt aber einen grundlegenden Dissens darüber, wie das zugrundeliegende Reichsjagdgesetz zu werten ist. Während Autoren mit Jagdhintergrund die Position vertreten, dass es sich beim RJG um ein reines Fachgesetz handelte, das auf Entwürfen aus der Zeit der Weimarer Republik aufbaute, sehen andere Autoren darin ein »reines Nazi-Gesetz« – mit den entsprechenden Implikationen bezüglich der Einordnung des BJG. Die sich auf breite Quellen stützende Analyse weist einige der insbesondere von der Jagdliteratur tradierten Narrative in den Bercich der Legenden. Jenseits der verbreiteten Schwarz-Weiß-Vorstellungen entsteht ein Bild, wonach es sich beim RJG im Kern – von einigen Ausnahmen abgesehen – zwar nicht um ein »Nazi-Gesetz« handelte, allerdings aber um ein reines Lobbygesetz, das nur unter den Bedingungen der NS-Diktatur Rechtskraft erhalten konnte. Als ein Kontinuum zeigt die Studie zudem auf, dass die Jagdverbände in den Zeiten sowohl der Weimarer Republik als auch der Bundesrcpublik bis zur Novelle 1976 den Primat der Politik nicht anerkannten, sondern den Politikern im Allgemeinen die Fähigkeit absprachen, Jagdfragen und damit auch die Jagdgesetzgebung beurteilen

---

3 RADKAU 2011: 629: »Thomas Neiss, über viele Jahre der dynamische Leiter der Naturschutzabteilung im Düsseldorfer Umweltministerium, erzählte mir, er habe den organisierten Jägern gesagt, bei seiner Beerdigung sollten sie blasen: ›Die Sau ist tot.‹ Daraufhin hätten diese gekränkt erwidert, auch sie seien doch Naturschützer!«

zu können. Folglich seien diese auch nicht in der Lage, in diesem Politikfeld sachge-
recht entscheiden zu können.

Mit einer umwelt- und naturschutzgeschichtlichen Paradoxie beschäftigen sich
HANS-WERNER FROHN, THOMAS POTTHAST und JÜRGEN ROSEBROCK. Die 1961 verabschiedete »Grüne Charta von der Mainau«, die zu Recht als ein zukunftsweisendes
Dokument des demokratiebasierten Umwelt- und Naturschutzes gilt, formulierte bzw.
redigierte ein Personenkreis, von dem ein Großteil vor 1945 der NSDAP angehört hatte
und von denen etliche sich aktiv im Sinne der Nationalsozialisten betätigt hatten. Die
Autoren des Beitrages nehmen diesen Widerspruch zum Anlass, sich auf die Spurensuche zu begeben. Aufgrund neuer Quellen weisen sie nach, dass es eine weitere,
bisher kaum beachtete Gruppe von Personen gab, die maßgeblichen Einfluss auf den
Text der »Grünen Charta von der Mainau« nahm. Dabei handelt es sich um die 1953
gegründete »Interparlamentarische Arbeitsgemeinschaft«, der fraktionsübergreifend
Abgeordnete des Bundestages und der Länderparlamente angehörten. Der Beitrag
beleuchtet einerseits die Biografien sowohl der beteiligten Autoren und Gutachter
als auch der Vertreter der IPA auf Verwicklungen in das NS-Regime und analysiert
andererseits den Text des Manifestes im Hinblick auf seine Demokratieorientierung.

In einem weiteren Beitrag analysiert HANS-WERNER FROHN das Beziehungsge-
flecht von Staat, Politik und Naturschutz in Nordrhein-Westfalen von 1966 bis 2010.
Der Naturschutz führte Mitte der 1960er Jahre nur ein Nischendasein. Im Zuge der
allgemeinen Reformeuphorie Ende der 1960er / Anfang der 1970er Jahre und im Windschatten einer Planungseuphorie verabschiedete der Landtag 1975 das Landschaftsgesetz. Die im Außenbereich vorgeschriebene flächendeckende und verbindliche
Landschaftsplanung wurde bisher gemeinhin als »nordrhein-westfälischer Sonderweg« wahrgenommen. Sie stieß allerdings kaum auf Akzeptanz in den Kreisen und
kreisfreien Städten und zeigte in der Fläche faktisch kaum Wirkung. 1984 leiteten der
neue Umweltminister Klaus Matthiesen und sein aus Schleswig-Holstein mit nach
NRW gewechselter Mitarbeiter Thomas Neiss dann zwar einen Paradigmenwechsel in
NRW hin zu einem Vertragsnaturschutz ein,[4] setzten in der Landschaftsplanung aber
dennoch auf Kontinuität. Mit dem Amtsantritt der rot-grünen Koalition 1990 adap-
tierte die neue grüne Regierungsfraktion die NRW-spezifische Form der Landschaftsplanung. Diese blieb aber, wie die Parlamentsdebatten zeigten, letztlich ein ›Kind der
Sozialdemokratie‹, so dass eigentlich von einem sozialdemokratischen Sonderweg der
Landschaftsplanung, ganz korrekt sogar von einem NRW-sozialdemokratischen Son-

---

4   Ein typisches Beispiel dafür, wie Thomas Neiss im Plenum des Landtags Erwähnung fand:
    »Frau Höhn, zur Zeit sieht es so aus, daß die unterschiedlichen Verbände zu Ihnen ins
    Umweltministerium wallfahrten, um dort mit Herrn Neiss Verhandlungen zu führen.« Eck-
    hard Uhlenberg in der Landtagsdebatte 10.12.1999 – In: LANDTAG NRW PlPr 12/131: 10670.

derweg der Landschaftsplanung gesprochen werden müsste, denn andere sozialdemokratische Landesregierungen übernahmen den NRW-Ansatz nicht.

Zeitzeugenbeiträge beschließen diesen Band.

ALBERT SCHMIDT zeichnet den bemerkenswerten Aufstieg des Naturschutzes in Nordrhein-Westfalen zwischen 1971 und 1976 nach und bietet detaillierte Einblicke in das Verfahren zur Konzeptionierung und inhaltlichen Ausgestaltung des Landschaftsgesetzes NRW. Galt in der Politik die Regel, dass Naturschutz in Landwirtschaftsministerien intern nur herunter koordiniert werden könne, so zeigt das Beispiel in NRW zum Beginn der 1970er Jahre, dass das Gegenteil der Fall war. Ein ambitionierter Landwirtschaftsminister setzte auf dem Höhepunkt der bundesrepublikanischen Planungseuphorie ein Landschaftsgesetz mit einem umfassenden Geltungsanspruch durch.

KLAUS NOTTMEYER vom Dachverband der Biologischen Stationen in NRW zeichnet die Entstehungsgeschichte der Biologischen Stationen in NRW nach und behandelt die Frage, wer für sich das eigentliche »Geburtsrecht« für das »Naturräumliche Fachkonzept Biologische Stationen in NRW« reklamieren kann: der verbandliche oder der amtliche Naturschutz.

UWE WEGENER erinnert an die Unsicherheit in Naturschutzkreisen während der friedlichen Revolution und in der Wendezeit 1989/90, wie man sich angesichts veränderter Rahmenbedingungen fortan verbandlich organisieren sollte. Im östlichen Harz-Teil erfand man damals das »Wernigeröder Modell«, das gleichsam die bestehenden Strukturen im verbandlichen Naturschutz, wie man ihn in der alten Bundesrepublik kannte, transformierte, indem man sich verbandlich auf Arbeitsschwerpunkte für die jeweiligen Organisationen verständigte.

In einem zweiten Beitrag veranschaulicht er, welche Mühen es kostete, die westdeutschen Naturschützer, für die der DDR-Naturschutz eine terra incognita darstellte, davon zu überzeugen, dass jenseits des früheren »Eisernen Vorhangs« sehr anspruchsvolle Naturschutzarbeit geleistet und -konzeptionen entwickelt worden waren. Deutsch-deutsche Winterakademien auf der Insel Vilm von 2007 bis 2012 trugen maßgeblich dazu bei, nicht nur das Wissen um die sowohl ähnliche als auch unterschiedliche Naturschutzpraxis in den beiden deutschen Staaten zu vermitteln, sondern im Zuge des Fortschritts der Tagungsreihe auch immer belastbarere Brücken zwischen den Akteuren zu schlagen.

Last but not least plädiert WOLFGANG SCHUMACHER für ein ökologisch effizienteres Greening zur Erreichung der Biodiversitätsziele der Europäischen Union. Er moniert, dass das bislang verwendete Indikatorenset mit seinen ganz überwiegend indirekten oder abgeleiteten Indikatoren nur eine begrenzte Aussagekraft für den Zustand der Biologischen Vielfalt zulasse. So fordert er, dass u. a. neben dem Ökolandbau auch Vertragsnaturschutz und vergleichbare Maßnahmen angerechnet werden sollten.

Literatur

LEH, ALMUT & DIETZ, HANS-JOACHIM (2009): Im Dienst der Natur. Biographisches Lese- und Handbuch zur Naturschutzgeschichte in Nordrhein-Westfalen (1908–1975). Essen.

MATTHIESEN, KLAUS (1984): Bündnis zwischen Naturschutz und Landwirtschaft. – In: Mitteilungen der LÖLF 9 (3): 7–8.

RADKAU, JOACHIM (2011): Die Ära der Ökologie. Eine Weltgeschichte. München.

Rheinlandschaften
Bilderwelten zwischen Schein und Sein
Elmar Scheuren

> *There Harold gazes on a work divine,*
> *A blending of all beauties; streams and dells,*
> *Fruit, foliage, crag, wood, corn-field, mountain, vine,*
> *And chiefless castles breathing stern farewells*
> *From grey but leafy walls, where Ruin greenly dwells.*
> > George G. N. Lord Byron:
> > Childe Harolds Pilgrimage, Canto 3 [1816], St. 46

> *Umglänzt von aller Schönheit Wunderschein,*
> *Ein göttlich Werk sieht Harold, – Täler, Flüsse,*
> *Fels, Wald und Laub, Kornfelder, Früchte, Wein,*
> *Herrnlose Burgen, hauchend Scheidegrüße,*
> *Wo der Verfall bewohnt umlaubter Mauern Risse.*[1]

Wenige Jahre nach der Entstehung dieser Zeilen, mit denen der charismatische Dichter Lord George Gordon Byron die Eindrücke seines Helden bei dessen Ankunft am Rhein beschrieb, zeichnete Ernst Fries (1801–1833) den Drachenfels. Byrons »work divine« könnte Pate gestanden haben für eine Bildkomposition ganz im Zeichen der Verherrlichung: Der Berg im Glanz himmlischer Sonnenstrahlen, bekrönt von seiner »stolzen« – oder »wilden«? – Ruine, hoch über dem weit sich dehnenden Rheintal – so setzte Fries ein Sinnbild ins rechte Licht (Abb. 1). Dabei erfasste er die Stimmung so treffend, dass sein Motiv auch fast zweihundert Jahre später noch einen vorderen Platz im Kanon der Bildfavoriten von Thomas Neiss erlangen konnte. Für ihn dokumentiert die Zeichnung aus dem Jahr 1821 geradezu idealtypisch die so gerne zitierte »schöne Einheit« von Natur und Kultur.

Der Drachenfels näherte sich zu dieser Zeit vermutlich dem Höhepunkt seiner symbolischen Bedeutungsaufladung. Imposante natürliche Strukturen in Kombination mit Relikten, die an Vergänglichkeit oder auch vergangene Größe erinnern, wurden zur Projektionsfläche von Gefühlen und gesellschaftlichen Idealbildern. Dafür war der Drachenfels bestens geeignet: Fries setzte dessen Dominanz in Szene und

---

1 Zitiert nach MURRAY 1824: 194; dt. Übersetzung: August Mommsen, 1885.

Abb. 1: Ruine Drachenfels Ernst Fries, Tuschezeichnung, 1821 Kölnisches Stadtmuseum.

deren Fernwirkung weit in die Rheinlandschaft, wo sich die Windungen des mächtigen Stroms in Richtung Köln verlieren. Die Zeichnung ist sicher nicht überinterpretiert, wenn dem Maler das Wissen um die politische Vereinnahmung dieses Landschaftspunktes unterstellt wird. Wo bei Byron noch die romantische Gefühlswelt dominierte, gewann bei deutschen Zeitgenossen in den Jahren seit den »Befreiungskriegen« die Bewertung des Rheins als »deutscher« Strom an Bedeutung – eine Metapher, die ihn zu einem beliebten Propaganda-Instrument der lange währenden deutsch-französischen Rivalität machen sollte. Seit 1814 war der Drachenfels unmittelbar davon betroffen, indem sein Gipfelbereich mit einem Denkmal zur Erinnerung an die Kämpfe der Befreiungskriege ausgestattet wurde (SCHEUREN 2015a: 14 ff.). Auf die Wiedergabe dieses Monuments verzichtete Ernst Fries allerdings – im Unterschied zu vielen späteren Bildbeispielen, die diese patriotische Landmarke deutlich herausstellten (Abb. 2).

Die Vielschichtigkeit landschaftlicher Bedeutungszuweisungen prägte die Maltradition des 19. Jahrhunderts, indem die Landschaftsmalerei zunehmende Anerkennung erfuhr und sich als akademische Disziplin etablieren konnte. Ernst Fries kam aus der Tradition der Heidelberger Romantik und studierte zur Zeit seiner Drachenfels-Zeichnung an der Münchener Akademie. Ein typisches und besonders für die

Abb. 2: Der Drachenfels mit dem Landsturmdenkmal William Tombleson (1795 – ca. 1846), Stahlstich, 1832 Siebengebirgsmuseum/Heimatverein Siebengebirge e. V.

Rheinlandschaft folgenreiches Beispiel lieferte daneben auch die Düsseldorfer Kunstakademie. Hier gründete 1827 eine Gruppe um die jungen Maler Carl Friedrich Lessing (1808–1880) und Johann Wilhelm Schirmer (1807–1863) einen »Landschaftlichen Componierverein«, aus dem sich einige Jahre später eine eigene »Landschafterklasse« unter der Leitung Schirmers entwickelte. Anhand einiger ausgewählter Beispiele soll im Folgenden der Quellenwert solcher künstlerischer Zeugnisse untersucht werden. Jenseits aller vordergründig scheinbar offensichtlichen Inhalte und Themen können sie zahlreiche Hinweise enthalten, mit denen die Maler – oft unbewusst – dem Zeitgeist Rechnung trugen oder auch – bewusst – gezielte Detailinformationen übermittelten. Ihre Entschlüsselung wird zwar durch zunehmenden zeitlichen Abstand erschwert, die genannten Beispiele sollten aber zumindest erahnen lassen, welches Potenzial an historischer Information und Zeitkolorit sich hier in vielen Fällen noch nutzbar machen lässt.

Die neue Fachrichtung der Landschaftsmalerei entwickelte sich sehr bald zu einer der markanten Disziplinen der »Düsseldorfer Malerschule« (PERSE et al. 2010: 354 f.). Als Gründer und langjähriger Direktor entwickelte Schirmer Prinzipien, die zum Kennzeichen dieser Malerschule werden sollten: Möglichst authentische Realitätsnähe in Kombination mit akribischer Detailgenauigkeit ermöglichte die Schaffung von

»Portraitlandschaften« mit meist hohem Wiedererkennungswert. Zu den praktischen Anforderungen der Malpraxis zählte etwa die Anfertigung zumindest von Studien oder Entwürfen vor Ort – »nach der Natur«. Größere Freiheit hatte der Maler in der Ausarbeitung der so angelegten Struktur, etwa in Bezug auf Staffage-Elemente oder bei der Berücksichtigung von Licht- oder Beleuchtungseffekten. Die so entstandenen Landschaftsbilder gingen also weit über eine reine Wiedergabe landschaftlicher »Schönheit« hinaus. Vielmehr lieferten sie oft reichhaltige Informationen über den jeweils vom Maler vorgefundenen Zustand. Neben den abgebildeten topographischen Gegebenheiten waren es besonders Menschen, ihre Spuren und Aktivitäten, die den Bildern ihren besonderen Charakter verliehen.

Im Künstlerblick: Koblenz 1828

Der Landschaftsmaler Johann Adolf Lasinsky (1808–1871) gilt als einer der bedeutenden Vertreter dieser Maltradition. Schon in jungen Jahren schuf er 1828 ein Gemälde, das in besonderer Weise seine malerischen Qualitäten und Eigenheiten erkennen ließ (Abb. 3). Es zeigt eine Ansicht der Festung Ehrenbreitstein bei Koblenz und entstand ein Jahr nach seinem Eintritt in die Düsseldorfer Akademie, wo er zu den ersten Mitwirkenden des »Landschaftlichen Componiervereins« zählte. Sein frühes Werk entsprach bereits ganz den dort entwickelten Prinzipien, indem es ihm gelang, genaue Naturbeobachtung mit lebendigem Geschehen zu kombinieren. Mit den Worten eines Zeitgenossen zeichneten sich seine Werke »namentlich (...) durch die Wahl origineller Gegenden und effectreicher Stimmungen« aus (MÜLLER VON KÖNIGSWINTER 1854: 352). Das Koblenzer Bild war dafür ein treffendes Beispiel; denn neben der Festung Ehrenbreitstein als landschaftlichem Mittelpunkt faszinierten den Maler weitere Details wie ein imposantes Rheinfloß, die Schiffsbrücke und das bunte Alltagsleben am Koblenzer Rheinufer.

Parallel zur Arbeit an diesem Gemälde war der 20-jährige Maler mit größeren Auftragsarbeiten befasst: Zwölf Lithografien zu markanten Rheinansichten erschienen ebenfalls 1828 im ersten Rhein-Reiseführer von J. A. Klein, dem späteren Baedeker, und 1829 veröffentlichte Lasinsky insgesamt 55 Ansichten in verschiedenen deutschen und englischen Editionen. Unter einer solchen Vielzahl möglicher Motive fiel seine Wahl für ein detailliertes großformatiges Gemälde auf den Ehrenbreitstein und Koblenz; diese Entscheidung war wahrscheinlich nicht zuletzt in seiner Biographie begründet: Lasinky hatte dort einen großen Teil seiner Schulzeit verbracht.

Neben diesem persönlichen Bezug reizte ihn sicher auch die Besonderheit des Ortes mit der Festung und ihrer besonderen Reputation. Sie galt bis zum Ende des 18. Jahrhunderts als uneinnehmbar und war erst zur Zeit der französischen Verwaltung des Rheinlands, also ohne unmittelbare kriegerische Einflüsse, geschleift worden. Ihre ungewöhnliche Aura verdankte die Festung außerdem den immer noch lebendigen Erinnerungen früherer Besucher: Sie wurden für den beschwerlichen Aufstieg

Abb. 3: Ansicht der Festung Ehrenbreitstein Johann Adolph Lasinsky, Öl auf Leinwand, 1828, LVR-LandesMuseum Bonn.

Abb. 3a

Abb. 3b

nicht nur mit einer imposanten Aussicht belohnt, sondern durchquerten auf dem Weg dorthin auch den Festungsteil, der zeitweise als Gefängnis genutzt worden war. So erlebten sie hautnah das erschreckende Elend von Gefangenen, die den Passanten die Hände durch die Vergitterung ihrer Verliese entgegenstreckten. Der Naturforscher Georg Forster war anlässlich seines Besuchs im Jahre 1790 von diesem Anblick so beeindruckt, dass er der Beschreibung dieses Erlebnisses mehr Raum widmete als der Festung selbst: »[...] nichts von dem allen konnte mich für den abscheulichen Eindruck entschädigen, den die Gefangenen dort auf mich machten, als sie mit ihren Ketten rasselten und zu ihren räucherigen Gitterfenstern hinaus einen Löffel steckten, um dem Mitleiden der Vorübergehenden ein Almosen abzugewinnen« (FORSTER 1985: 17).

Mit der neuen preußischen Verwaltung des Rheinlandes nach dem Wiener Kongress des Jahres 1815 gewann dieselbe Festung eine neue, vor allem symbolische Bedeutung: Obwohl der militärische Sinn inzwischen zweifelhaft war, beschlossen die preußischen Institutionen ihren Wiederaufbau. Dahinter stand die Absicht, neue Stärke und den Besitzanspruch – gegenüber dem feindlichen Frankreich – auf den »deutschen« Rhein zu demonstrieren. Die Bauarbeiten dauerten rund zehn Jahre; im Jahr 1828 wurde die neue Festung fertiggestellt.

Lasinskys Gemälde dokumentiert somit neben der vertrauten landschaftlichen Szenerie bei Koblenz die neu errungene Wirkung des Festungsberges. Der Maler unterstrich die immer noch wirksame »unheimliche« Aura des Ortes durch das dunkel gehaltene Bergmassiv, setzte diesen Eindruck aber zu preußischer Glorie am Rhein in Kontrast: Eine überdimensionierte preußische Fahne weht hell über der Festung (Abb. 3a). Der Maler würdigte damit die unterschiedlichen Facetten dieses Ortes und dokumentierte zugleich dessen politische Funktionalisierung; denn Ehrenbreitstein wurde zum Glied einer Kette preußischer Besitzungen. Das Berliner Königshaus ließ in den folgenden Jahrzehnten vor allem mittelalterliche Rheinburgen als patriotische

Symbole wieder aufbauen, um sich selbst in die Tradition einer großen Vergangenheit mittelalterlicher Herrschaft am Rhein zu stellen.

Die Ansicht des breiten Rheinstroms am Fuß des Ehrenbreitsteins wird beherrscht von der Darstellung eines gewaltigen Floßes (Abb. 3b). Es ist ein typischer Vertreter der schon zu ihrer Zeit legendären Großflöße, die in voller Größe meistens erst eine kleine Strecke flussabwärts in Neuendorf eingebunden wurden. Dieser Ort unterhalb der Moselmündung galt als einer der wichtigsten Bauplätze für »Holländerflöße«. Es ist denkbar, dass der Maler die Details des Floßes aus der Erinnerung wiedergab; es war offenbar ein von ihm geschätztes Sujet und fand sich auf einigen seiner Ortsansichten entlang des Rheins.[2] Flöße dieser Bauart, bestückt mit Aufbauten etwa für die Unterbringung der vielköpfigen Mannschaft, nahmen die Zeitgenossen geradezu als »schwimmende Dörfer« wahr. Viele Details einer großen technischen Komplexität dokumentierte der Maler akribisch (SCHEUREN 2015b). Dabei spielt für die Dramaturgie des Gemäldes auch die Momentaufnahme eine wichtige Rolle: Das außergewöhnliche Gefährt setzt gerade zur Passage der Koblenzer Schiffbrücke an. Dieses Manöver forderte allen Beteiligten hohes Können und präzisen Einsatz ab und war unter Zeitgenossen bekannt wegen seines hohen Gefahrenpotenzials. Entsprechende Erfahrungen und die Bemühung um geeignete Vorkehrungen lassen sich an der Koblenzer Brücke sehr gut nachvollziehen (SCHEUREN 2015b: 20 ff.).

Der Vorbeifahrt des Holländerfloßes in der Strommitte entspricht am Rheinufer reges Treiben, geprägt vor allem von verschiedensten Formen der Holzverarbeitung.

---

2 Unter Lasinskys 1829 veröffentlichten 55 Skizzen fanden sich Floßdarstellungen sowohl oberhalb (Lorch und Sterrenberg/Liebenstein) als auch unterhalb von Koblenz (Neuwied und Remagen).

Abb. 3c

Abb. 3d

Kleinere Floßpartien liegen noch im Wasser und verweisen auf die Praxis der Versorgung von Rheinorten mit Floßholz. Lasinsky zeigt eine solche Partie mit deutlich erkennbarer Floßbindung. Wäscherinnen nutzen sie gern für ihre Arbeit: Ein paar Meter vom Ufer entfernt erleichtern die größere Wassertiefe und stärkere Strömung das Spülen der Wäsche. Während die angrenzende Uferpartie als Pferdeschwemme genutzt wird, zieht ein Pferdegespann einzelne Stämme aus dem Wasser. Sie werden wohl zu einem vermutlich nahe gelegenen Sägewerk transportiert, von wo aus das geschnittene Holz zumindest teilweise wieder zurück ans Ufer gebracht wird, um dort zwischengelagert oder direkt auf Transportkähne verladen zu werden (Abb. 3c). Ein Teil der Hölzer wird auf einem unmittelbar an der Stadtmauer gelegenen Werkplatz von Bootsbauern weiterverarbeitet (Abb. 3d). Es handelt sich dabei augenscheinlich um eine Werft zur Herstellung einfacher Transportkähne, von denen drei in Arbeit befindliche bereits im Wasser liegen. Die Zurichtung der Hölzer geschieht am Ufer, wo zwei Männer damit beschäftigt sind, die Kanten eines langen Balkens zu bearbeiten.

Auf der Godesburg, um 1840

Die zunehmende Popularität des Reisens erschloss in der Folgezeit neue Sphären in der Wahrnehmung der Rheinlandschaft. Vordergründig waren es Begleiterscheinungen wie Verkehrsmittel oder die Reisenden selbst, die Eingang in das Spektrum von Bildstaffagen fanden. Weiterführende Detailinformationen sind allerdings nur selten überliefert. Welche Hintergründe sie jedoch dann erschließen können, wenn zumindest einige Informationen erhalten sind, dafür ist ein Gemälde des Bonner Universitäts-Zeichenlehrers Nikolaus Christian Hohe (1798–1868) ein eindrucksvolles Beispiel (CREMER 2001: 114 ff., 266; Abb. 4).[3]

Das Gemälde zeigt eine Personengruppe auf der Godesburg vor dem Panorama des Rheintals mit dem Siebengebirge. Aufgrund eines auf 1877 datierten, handschriftlichen Vermerks auf der Rückseite sind die Namen der dargestellten Personen bekannt:

> »*Godesberg near Bonn. Portraits: Madame von Laroche; Mrs. Major Smyth; Mrs. P. Graham Smyth; Major Smyth; Rev. P. Graham Smyth; George Sackville Smyth; in the distance Miss Catherine Smyth, afterwards Mrs. Beanes and Prince Christian of Holstein Glücksberg* [!]*, now: 1877 King of Denmark, Father of the Princess of Wales.* [Painted by] *Mr. Hohe, professor of drawing, University of Bonn.*«

Die meisten genannten Personen sind Angehörige einer – wahrscheinlich englischen – Familie Smyth, in deren Auftrag offenbar das Gemälde entstand (Abb. 4a). Der Versuch ihrer Zuordnung zu den Dargestellten[4] ergibt folgendes Bild: Mit einem Zeichenbrett in den Händen steht das vermutliche Familienoberhaupt, George Sackville Smyth, vor

---

3   Blick von der Godesburg auf das Siebengebirge, Öl auf Leinwand, 1840; Siebengebirgs-museum, Bestand Stadt Königswinter, Inv.Nr. MR 01.0107.

4   Die Zuordnung der Namen laut der rückseitigen Beschriftung wird hier als von rechts nach links bezeichnend verstanden. CREMER 2001: 114 f. interpretiert die Zuordnung anders und sieht in der mittleren, alleine stehenden Person den späteren König von Dänemark. Vgl. zu diesem Aspekt auch CREMER 2004: 305 f. Der dort geführten Argumentation kann der Verfasser aus Gründen des logischen Zusammenhangs zwischen Details der Rückseitenbeschriftung und dem Bildinhalt nicht folgen.

*Abb. 4: Blick von der Godesburg auf das Siebengebirge, N. C. Hohe, Öl auf Leinwand, um 1840
Siebengebirgsmuseum der Stadt Königswinter.*

Abb. 4a

Abb. 4b

Abb. 4c

einem Mauerrest. Er schaut in Richtung einer Gruppe aus fünf Personen, Major Smyth und Reverend P. Graham Smyth sowie deren Gattinnen und Madame von Laroche. Deren Anwesenheit im Kreis der Reisenden kann als Hinweis auf gute Beziehungen der Reisegruppe zu hochrangigen gesellschaftlichen Kreisen interpretiert werden. Etwas abseits reicht ein junger Gentleman der am Boden sitzenden jungen Dame, Miss Catherine Smyth, eine Blumengirlande. Bei diesem Kavalier handelt es sich um den Prinzen Christian zu Schleswig-Holstein-Sonderburg-Glücksburg (1818–1906). Mit ihm, der vom Wintersemester 1839/40 bis 1840/41 an der Universität Bonn studierte[5], lässt sich die Entstehung des Gemäldes auf den Sommer des Jahres 1840 datieren. Die Anwesenheit dieses jungen Aristokraten belegt zusätzlich die Verbindung der Reisegruppe in hohe gesellschaftliche Kreise. Seine hier dargestellte Galanterie sollte zwar folgenlos bleiben, denn die Umworbene wird als »spätere [verheiratete] Mrs. Beanes« bezeichnet. Der Prinz jedoch wird als nachmaliger König von Dänemark (1863–1906) eine Erbfolge begründen, die ihm den Ruf als »Schwiegervater Europas«[6] einbringen wird. Eine geschickte Heiratsdiplomatie wird ihn und seine Nachkommen in enge verwandtschaftliche Beziehung zu den wichtigsten europäischen Herrscherhäusern bringen, darunter etwa auch das schwedische und – wie in der Kommentierung festgestellt – das englische Königshaus.

Die Entstehung dieses Werkes stand offenbar im Zusammenhang mit einer starken Vorliebe des herrschaftlichen Hauses von Glücksburg für die Godesburg. Im selben Sommer entstanden mindestens zwei Gemälde des renommierten dänischen Malers Frederik Hansen Sødring (1809–1862) mit eben diesem Panorama – davon trägt eines den ausdrücklichen Vermerk: »Friederich Södring/Bonn 1840/bestellt von seiner Hoheit der Herzog«. Es befindet sich im Bestand des Schlossmuseums Glücksburg.[7]

Das Hohe-Gemälde überrascht durch topografische Genauigkeit, die der Maler in scheinbar nebensächlichen Details erstaunlich präzise wiedergibt. Diese Akribie ist typisch für Hohe: Seine Arbeit bestand im Wesentlichen aus der Schulung akkurat dokumentarischer Zeichnungen als Hilfsmittel universitärer Forschung und Lehre. Dementsprechend verwandte er auch in diesem Fall große Sorgfalt auf Detailgenauigkeit. Nebenfiguren wie die eines Eseltreibers mit seinen Reittieren führte er minutiös aus, und dasselbe gilt für einen eher unscheinbaren Durchblick am rechten Bildrand

---

5   Archiv der Universität Bonn, Amtliches Verzeichnis, WS 1839/40 bis WS 1840/41; vgl. Cremer 2001: 114.

6   Vgl. URL http://www.schloss-gluecksburg.de/schloss-stiftung/stiftung-familie/bedeutung-in-europa/ (zuletzt eingesehen am 10.7.2016).

7   Zitiert nach: Anonym (2000); hier Nr. 25, Leihgabe Schlossmuseum Glücksburg. Eine sehr ähnliche Fassung des gleichen Godesburg-Panoramas von Sødring, datiert Juni 1840 (ebenda Nr. 24), befindet sich heute im Bestand des Mittelrhein-Museums Koblenz (Inv.Nr. M 2001/16); vgl. Weschenfelder & Roeber 2002: 164.

auf eine Godesberger Häusergruppe[8] oder die präzise Form des in weiter Ferne sichtbaren Kirchturms von Königswinter (Abb. 4b-c).

Andere Details der Bildkomposition stehen allerdings in deutlichem Widerspruch zu dieser Realitätsnähe. So dürfte es eher als Reverenz an die Erwartungshaltung der Reisenden zu verstehen gewesen sein, wenn die Hintergrundkulisse einen Dreiklang von Ruine, weiter Flusslandschaft und imposantem Bergpanorama betonte. Seit die Rheinlandschaft in den Blickpunkt ihrer touristischen Interessen gerückt war, suchten zahlreiche englische Reisende genau diese Elemente. Deren Popularität kann somit erklären, warum der Maler die Gebirgskulisse stark überhöht wiedergab. Seine Akzentsetzung stützt zugleich die Vermutung, dass es sich bei dem Werk um eine Auftragsarbeit handelte – für eben die Familie Smyth, die ihre Reiseerinnerung festhalten und deren Erlebnisqualität späteren Betrachtern eindrucksvoll vermitteln wollte. Die Vorstellung, dass gegenüber dem Maler entsprechende klare Anforderungen hinsichtlich des Gesamteindrucks der Szenerie gestellt wurden, liegt dabei sehr nah.

Die Bildkomposition spiegelt also eine Idealvorstellung, die das Rheintal vorzugsweise als emotionale Projektionsfläche sehen wollte. Zum Zeitpunkt der Entstehung des Gemäldes konnte diese Landschaft auf eine bereits mehrere Jahrzehnte währende Tradition bildlicher und literarischer Verklärung zurückblicken. Einen frühen Höhepunkt dieser Reputation stellte die lyrische Rezeption des Drachenfels durch den populären englischen Dichter Lord Byron dar (SCHEUREN 2002). Seine Verknüpfung des Ortes mit starken Empfindungen einer schwierigen Liebesbeziehung erlangte europaweite Bekanntheit und spielte in den Jahrzehnten nach der Veröffentlichung 1816 in zahlreichen, vor allem englischen Reiseführern und -beschreibungen eine wichtige Rolle. Die Schilderung einer offenbar typischen Szenerie findet sich in der Korrespondenz von William Thackerey am 31.7.1830: »The ladies had got theirs Byrons to read when they arrived at ›The castled crag of Drachenfels‹«.[9] Es erscheint naheliegend, auch das Hohe-Gemälde in diesem Wirkungsfeld anzusiedeln und seine Abweichungen von der Sachlichkeit auf derartige emotionale Verknüpfungen zurückzuführen.

Maria Laach, um 1844

Auf einer seiner häufigen Eifelwanderungen besuchte Johann Wilhelm Schirmer im Jahr 1829 erstmals den Laacher See mit der imposanten Anlage des ehemaligen Benediktinerklosters (HABERLAND 2010: 309 f.; SCHEUREN 2010: 40 f.). Wanderungen dieser Art zählten zum festen Bestandteil in der Arbeitspraxis der Düsseldorfer

---

8   Die Häusergruppe im Bereich der »Redoute« und des heutigen Godesberger Rathauses ist im Wesentlichen bis heute erhalten.

9   Zitiert nach SCHLOSSMACHER 1998: 278. Dort auch weitere Beispiele der britischen Rheinrezeption.

Landschafterklasse. Sie waren sinnfälliger Ausdruck der angestrebten Naturtreue und der engen Bezugnahme auf vorgefundene Realitäten. Im Falle der Laacher Klosterkirche war es die besondere Lage des romanischen Kirchenbaus in der Umgebung der reizvollen Seenlandschaft, die nicht nur viele Künstler an diesen Ort zog, sondern auch Schauplatz prominenter Begegnungen wurde – so etwa eines Treffens Johann Wolfgang von Goethes mit Freiherrn vom Stein am 28. Juli 1815.

Die Abtei Maria Laach zählt zu den bedeutendsten Niederlassungen der Benediktiner im Rheinland. Sie bestand seit ihrer Gründung im Jahr 1093 bis zur Säkularisation 1802. Schon im Zuge der mittelalterlichen Erschließung wurde eine einschneidende landschaftliche Baumaßnahme realisiert: Unter dem Abt Fulbert erfolgte im 12. Jahrhundert die Anlage eines Abflussstollens, der die Abtei und ihre Ländereien vor Schwankungen des Wasserstandes schützen sollte. Die Anlage dieses 880 Meter langen sogenannten »Fulbert-Stollens« gilt als eine nördlich der Alpen einzigartige Leistung mittelalterlicher Ingenieurskunst (GREWE 2009).

1802 wurde die Abtei säkularisiert und verlor einen großen Teil ihrer ursprünglichen Ausstattung. Während die Kirche jahrzehntelang ungenutzt in staatlichem Besitz blieb, wurden die übrigen Abteigebäude und -ländereien 1820 von einem privaten Käufer in ein landwirtschaftliches Gut umgewandelt. Der neue Eigentümer, Daniel Heinrich Delius (1773–1832),[10] war als damaliger Regierungspräsident von Trier ein hoher preußischer Staatsbeamter. 1825 wurde er in gleicher Eigenschaft nach Köln versetzt. Nach seinem Tod erbte sein Sohn Ludwig Delius (1807–1888) das Gut, das bis 1863 im Besitz dieser Familie blieb.

Seit dem frühen 19. Jahrhundert wurde die Abtei zum beliebten Reiseziel und zog mit ihrer landschaftlichen Szenerie Künstler an. Bildüberlieferungen aus dieser Zeit lassen nichts ahnen von der damals noch ungewissen Zukunft des Ortes, sondern betonen eine friedliche und beschauliche Atmosphäre rund um die meist im Zentrum stehende Abteikirche. Erst 1862 sollte das Kloster wieder belebt werden, bis 1872 bestand hier ein Kolleg des Jesuitenordens. 1892 erfolgte eine Neubesiedlung durch Benediktinermönche des Klosters Beuron, die seither das Leben des Ortes prägen.

Offenbar im Zusammenhang mit Schirmers für 1829 belegten Laach-Besuch entstand ein Aquarell, das die Lage der Klosterkirche sehr nah am Uferbereich des Sees zeigt (Abb. 5 und 5a). Tatsächlich dokumentierte der Maler damit einen Zustand, der sich wenige Jahre später ändern sollte: Bis 1844 ließ der Eigentümer einen neuen Entwässerungsstollen durch den südlichen Kraterrand der Seemulde graben, der eine Absenkung des Wasserspiegels um rund 5 Meter bewirkte. Er folgte damit dem mittelalterlichen Vorbild des »Fulbert-Stollens«, unter dessen Verlauf auch der neue, rund 200 m längere Tunnel angelegt wurde. Folge dieser Maßnahme war eine deut-

---

10 Vgl. URL: https://de.wikipedia.org/wiki/Daniel_Heinrich_Delius (zuletzt eingesehen am 12.7.2016).

Abb. 5: Klosterkirche Maria Laach, Ansicht von Nordosten; Johann Wilhelm Schirmer, Aquarell auf Papier, 1830/35, Privatbesitz.

Abb. 5a: Klosterkirche Maria Laach, Ansicht von Nordosten, 2010; Siebengebirgs-museum der Stadt Königswinter.

Abb. 6: Klosterkirche Maria Laach, Ansicht von Norden; Frederik Hansen Sødring, Öl auf Leinwand, 1837, Privatbesitz.

liche Absenkung des Seewasserspiegels. Die Verkleinerung der Wasserfläche um rund 48 Hektar bedeutete einen erheblichen Gewinn an landwirtschaftlicher Fläche.

Die damit einhergehende Vermehrung des Besitzes hatte möglicherweise nicht nur wirtschaftliche Gründe im Sinne der ausgedehnteren Nutzfläche. Vielmehr hatten Größe und Art von Grundbesitz oder auch eines »Ritterguts«[11] in preußischer Zeit erhebliche Auswirkungen auf die Standeszugehörigkeit und politische Vertretungsberechtigung ihrer Eigentümer – und dies sogar unabhängig von traditionellen Adelsprivilegien. 1823 verfügte ein entsprechendes Gesetz: »Das Recht zu dem 1. Stande für die Ritterschaft als Abgeordneter gewählt zu werden, wird durch den Besitz eines Ritterguts in der Provinz ohne Rücksicht auf die adliche Geburt des Besitzers begründet.«[12] Ludwig Delius, seit 1832 als Erbe seines Vaters Eigentümer des Laacher Grundbesitzes,

11   Die Einrichtung eines »Ritterguts« war das offenbar ursprüngliche Ziel des Delius'schen Erwerbs der Laacher Wirtschaftsflächen. Vgl. CREMER 2000: 24.
12   Aus: Gesetz wegen Anordnung der Provinzialstände vom 1.7.1823, zitiert nach SCHILLER 2003: 44.

Abb. 7: Kloster Maria Laach, Ansicht von Südwesten; Anonym, nach 1845, Privatbesitz.

war nicht nur – mit einer Unterbrechung – von 1844 bis 1886 Landrat des Kreises Mayen, sondern bekleidete auch politische Ämter – so etwa von 1849 bis 1862 und von 1867 bis 1885 als Mitglied des Landtages und Preußischen Abgeordnetenhauses.[13]

Der erneute Eingriff in die landschaftliche Struktur des Laacher-See-Beckens war optisch folgenreich und lässt sich anhand zeitgenössischer Bildüberlieferungen nachvollziehen. Schirmers offenbar von einem Boot aus über das Wasser auf die Abteikirche gerichteter Blick zeigt den nur schmalen Uferstreifen vor dem Klostergelände. Im Gegensatz dazu steht die Kirche heute in weiter Entfernung vom Seeufer, dazwischen liegt ein breites Wiesengelände. An diesem flacheren Westufer entstand durch die Absenkung ein besonders breiter Geländestreifen, der auch heute noch als Weideland genutzt wird.

Aus der Kenntnis dieser Situation heraus wird auch ein Gemälde von Frederik Sødring erst verständlich, das – ebenfalls vor 1844 entstanden – das Kirchengebäude fast unmittelbar an den See anstoßend darstellt (Abb. 6). Sødrings Hauptaugenmerk

13   Vgl. URL: https://de.wikipedia.org/wiki/Ludwig_Delius (zuletzt eingesehen am 12.7.2016).

galt zwar den architektonischen Details des Kirchenbaus, die er weitgehend minutiös zeigte und ausarbeitete. Mit der Nähe des Gebäudes zum See hielt er aber eine landschaftliche Situation fest, die – mehr noch als das Aquarell Schirmers – einen für heutige Betrachter und mit dem Ort vertraute Besucher befremdlichen Eindruck hinterlassen muss.

Ein vermutlich kurz nach der Absenkung des Wasserspiegels entstandenes Bildmotiv verdeutlicht die Situation und bereichert die Bildtradition um eine interessante Facette. Bei der überlieferten Fassung (Abb. 7) handelt es sich um ein anonymes Gemälde – oder vielleicht auch nur die Kopie einer älteren Vorlage –, das den Zustand des Seespiegels kurz nach erfolgter Absenkung zu zeigen scheint. Ein breiter kahler Geländestreifen prägt das Westufer. Diese Situation entspricht der naheliegenden Vorstellung, wonach es einige Jahre dauern musste, bis sich auf dem ehemaligen Seegrund neuer Bewuchs etablieren konnte.

Mainz, um 1848

Mit den Arbeiten von Johann Ludwig (»Louis«) Bleuler (1792–1850) erreichte die »Veduten«-Malerei eine neue Qualität (WAGNER 2012). Entstanden aus der Tradition der Dokumentation von »Sehenswürdigkeiten«, widmete sich auch diese Disziplin seit dem Ende des 18. Jahrhunderts zunehmend der Darstellung von Landschaften. Bereits der Vater, Johann Heinrich Bleuler (1758–1823), hatte sich auf dieses Gebiet spezialisiert und 1783 einen eigenen Verlag in der Schweiz gegründet, in dem auch seine beiden Söhne arbeiteten. Gute Absatzmöglichkeiten förderten die Produktion und Verbreitung der neuen Bildinhalte.

Nach dem Tod des Vaters trennten sich die Söhne, und Ludwig wählte als Standort den Ort Schaffhausen, wo unmittelbar vor Ort mit dem »Rheinfall« einer der spektakulärsten Punkte des Rheinlaufs zunehmenden Publikumsverkehr versprach. Vor dem Hintergrund des wachsenden Tourismus und steigender Nachfrage nach Erinnerungsbildern startete er ein Vorhaben, das ihn bis in die 1840er Jahre beschäftigen sollte. Am Ende stand eine Serie von 80 Rheinansichten, die in minutiöser Kleinarbeit und Dokumentation vor Ort an den originalen Schauplätzen neu entwickelt worden waren. Bleuler unternahm damit das vermutlich umfangreichste Vorhaben dieser Art und unterschied sich deutlich von zahlreichen anderen Zeichnern und Illustratoren, die sich oft mit dem Kopieren tradierter Ansichten begnügten.[14]

---

14   Nur von wenigen Künstlern sind ähnlich intensive Bemühungen um Originalität und Authentizität überliefert. Zu nennen sind in diesem Zusammenhang – aus der Zeit vor Bleuler – die Arbeiten von Christian Georg Schütz (1758–1823) und Johann Adolf Lasinsky (1808–1871).

Bleulers dokumentarischer Ansatz spiegelte sich in der breiten Streuung seiner Rheinmotive – von der Quelle bis zur Mündung – und in einer sorgfältigen Auswahl häufig neuer Motive und Ortsansichten. Sein geographischer Schwerpunkt lag zunächst in der Schweiz, die mit den Ansichten vom Oberlauf des Rheins in der Serie bereits die Hälfte aller Motive lieferte. Im weiteren Stromverlauf orientierte sich der Künstler an solchen Orten, die auch im rasch expandierenden Tourismus an Bedeutung gewannen. Druckversionen der Bleulerschen Motive erschienen seit den 1830er Jahren in unterschiedlicher Auswahl in verschiedenen Mappeneditionen oder auch als Illustrationen zu Reiseführern.

Zu den besonderen Merkmalen der Arbeiten von Louis Bleuler zählte die offensichtliche Übernahme einiger Gestaltungsprinzipien und Methoden der Landschaftsmalerei, mit der sich der Künstler intensiv auseinandersetzte. Hierzu zählten etwa eine besondere Sorgfalt in der Lichtführung oder auch die Auswahl von Farbgebungen. Daneben besaßen die Authentizität und Wiedererkennbarkeit von Details der Darstellung einen hohen Stellenwert. Wie in der Landschaftsmalerei verwandte auch Bleuler Staffagen, die seinem Motiv nicht nur Lebendigkeit, sondern auch orts- oder landschaftstypischen Informationsgehalt verleihen sollten (WAGNER 2012: 13 f.).

Am Beispiel einer Ansicht der Stadt Mainz lassen sich einige gestalterische Prinzipien und Schwerpunkte der Wahrnehmung des Künstlers nachvollziehen (KEUNE 2007: 244 f.; Abb. 8). Neben der akribisch erfassten Stadtsilhouette skizzierte Bleu-

Abb. 8: Blick auf Mainz; Ludwig Bleuler (1792–1850), Gouache, um 1848, Sammlung Rhein-Romantik, Bonn.

Abb. 8a

ler ein Panorama unterschiedlichster Alltagsaspekte. Im Vordergrund sind es Spa-
ziergänger, die sich in einer Parkanlage ergehen – eine Szene, die als Anspielung auf
ein zu dieser Zeit neues Freizeitverhalten verstanden werden kann. Die Aussicht auf
den Rhein nutzte er, um die Schiffsbrücke als technisches Detail vorzustellen – dazu
Dampfschiffe, die die Modernität der Verkehrserschließung zeigen. Selbst wenn
potenziell störende Begleiterscheinungen wie die Rauchfahnen der Dampfmaschinen
verharmlost erscheinen, so werden sie doch immerhin angedeutet. Mit solchen Attri-
buten folgte Bleuler einer in der Landschaftsmalerei dieser Zeit häufig zu beobachten-
den Tendenz: Landschaftliche Qualität wurde nicht nur aus ästhetischer Perspektive
beurteilt, sondern gerade technische Details sowie menschliche Aktivitäten und deren
Spuren wurden als integraler Bestandteil einer reizvollen Szenerie verstanden.

In diesem Sinne wartete Bleuler in seiner Mainzer Ansicht auch noch mit einer
Besonderheit auf: Im Vordergrund erscheint – eingebettet in die Parkgestaltung – eine
Lokomotive (Abb. 8a). Tatsächlich entspricht diese aber nicht der Realität zur Zeit
der Entstehung der Ansicht: Im Jahr 1848 begannen erst die konkreten Planungen für
einen Mainzer Eisenbahnanschluss, der dann 1853 – drei Jahre nach Bleulers Tod –
fertiggestellt werden sollte.[15] Mit diesem Staffage-Detail lieferte Bleuler somit ein ein-

15   Vgl. Landesarchivverwaltung Rheinland-Pfalz: Vor 150 Jahren – Der 24. August 1853.

Abb. 8b

drucksvolles Beispiel für die Bedeutung, die er technischen Informationen zumaß. Er zielte hier zweifellos auf sein Publikum, dem er die Information der zukünftig fahrenden Eisenbahn nicht vorenthalten mochte, wobei er zugleich sicher die Aktualität des Blattes zumindest für die nächste Zeit sicherstellen wollte. Ebenso konnte er offenbar auch davon ausgehen, dass sein Bildmotiv mit der Lokomotive für künftige Betrachter an Attraktivität gewinnen und deren Empfinden einer »schönen Einheit« keineswegs stören würde.

Rheinlandschaften zwischen Schein und Wirklichkeit

Die hier vorgestellten Beispiele vermitteln einen Eindruck davon, welche überraschenden Perspektiven die Analyse von Landschaftsbildern eröffnen kann. Das Spektrum potenzieller Fragestellungen und Analyseansätze reicht dabei von der Suche nach den Intentionen der ausführenden Künstler und deren Hintergrundwissen über die Lokalisierung der Malerstandorte bis hin zu Vergleichen verschiedener Darstellungen desselben Landschaftsausschnitts oder deren Gegenüberstellung mit der heutigen Situ-

Die Eröffnung der Eisenbahnlinie Mainz-Worms (URL: http://www.lha-rlp.de/index.php?id=397; zuletzt eingesehen am 10.7.2016).

ation. Dementsprechend können auch die gewonnenen Erkenntnisse vielfältig sein, wenn sie Facetten nicht nur realer Veränderungen, sondern auch des Wandels von Wahrnehmungsmustern verdeutlichen. Neben der bildimmanenten Interpretation kommt dabei der Hinzuziehung weiterer Quellen große Bedeutung zu.

Es kann also sehr lohnend sein, den »schönen Schein« zu hinterfragen. Dies gilt zweifellos für alle Arten von Landschaftsbildern, lässt sich aber an »rheinromantischen« Motiven besonders gut verdeutlichen. Ihre ästhetischen Intentionen hinderten die Maler nicht an der Berücksichtigung kulturlandschaftlicher Details, die offensichtlich als integrale Bestandteile der dargestellten landschaftlichen Szenerien verstanden wurden. Die natürlichen Bedingungen lieferten dabei den Rahmen für ein breites Spektrum zivilisatorischer Einflüsse – und ließen so ein Erscheinungsbild ganz im Sinne einer Einheit von Kultur und Natur entstehen, wie es für die Kunstschaffenden des 19. Jahrhunderts noch selbstverständlich zu sein schien.

Durch vielfältige Bedeutungszuweisungen, aber auch dank einer fortdauernden touristischen Tradition und der Nutzung gängiger Klischees im Rahmen kommerzieller Vermarktungsstrategien bedienten und bedienen viele dieser rheinischen Bildmotive bis heute einschlägige Erwartungshaltungen und Sehgewohnheiten. Ihre Reduktion auf vordergründige ästhetische Wirkungen kann dabei leicht den Blick für spannende Hintergründe verstellen. In diesem Sinne können eine Prise Wirklichkeit und ein Blick »hinter die Kulissen« sehr erhellend sein.

Literatur

ANONYM (2000): Kurzführer zur Ausstellung »Sødring – Borgruiner og vilde vandfald«. Den Hirschsprungske Samling, Kopenhagen 25.8.2000–15.1.2001. Kopenhagen.

CREMER, P. DRUTMAR (Hrsg.) (2000): Maria Laach – Landschaft, Kunst, Geschichte, Leben. Regensburg.

CREMER, SABINE GERTRUD (2001): Nicolaus Christian Hohe (1798–1868), Universitätszeichenlehrer in Bonn. Münster.

CREMER, SABINE GERTRUD (2004): Neue Erkenntnisse über den Universitätszeichenlehrer Nicolaus Christian Hohe. – In: Bonner Geschichtsblätter 53/54: 301–326.

FORSTER, GEORG (1985): Ansichten vom Niederrhein, Brabant, Flandern, Holland, England und Frankreich im April, Mai und Junius 1790. München.

GREWE, KLAUS (2009): Der Fulbert-Stollen am Laacher See. Köln.

HABERLAND, IRENE (2010): Schirmer und seine Schüler am Mittelrhein. – In: PERSE, MARCELL, BAUMGÄRTEL, BETTINA, HABERLAND, IRENE, HUSMEIER-SCHIRLITZ, UTA & SCHEUREN, ELMAR (Hrsg.): Johann Wilhelm Schirmer. Vom Rheinland in die Welt. 2 Bände, hier Band 1. Petersberg: 307–325.

KEUNE, KARSTEN (Hrsg.) (2007): Sehnsucht Rhein – Rheinlandschaften in der Malerei. 2. erw. Auflage. Bonn.

MÜLLER VON KÖNIGSWINTER, WOLFGANG (1854): Düsseldorfer Künstler aus den letzten fünfundzwanzig Jahren. Leipzig.

MURRAY, JOHN (Hrsg.) (1824): The Works of Lord Byron, Vol. I, London.

PERSE, MARCELL, BAUMGÄRTEL, BETTINA, HABERLAND, IRENE, HUSMEIER-SCHIRLITZ, UTA & SCHEUREN, ELMAR (Hrsg.) (2010): Johann Wilhelm Schirmer – Vom Rheinland in die Welt (Katalog zum gleichnamigen Ausstellungsprojekt 2010 von sechs Museen in Bergisch Gladbach, Bonn, Düsseldorf, Jülich, Königswinter und Neuss), Band 1. Petersberg.

SCHEUREN, ELMAR (2002): »The Castled Crag of Drachenfels« – Lord Byrons Rheinreise und ihre Folgen. – In: PROFESSOR-RHEIN-STIFTUNG, KÖNIGSWINTER (Hrsg.): Rheinreise 2002 – Der Drachenfels als romantisches Reiseziel. Bonn: 28–35.

SCHEUREN, ELMAR (2010): Die Abteikirche Maria Laach. – In: RHEINISCHER VEREIN FÜR DENKMALPFLEGE UND LANDSCHAFTSSCHUTZ (Hrsg.): Auf Schirmers Spuren im Rheinland. Köln: 40–41.

SCHEUREN, ELMAR (2015a): Der Drachenfels als politische Plattform. – In: SIEBENGEBIRGSMUSEUM DER STADT KÖNIGSWINTER (Hrsg.): Preußenadler über dem Rhein – Eine Spurensuche rund um den Drachenfels, mit Fotografien von Axel Thünker, Bonn: 12–21.

SCHEUREN, ELMAR (2015b): Gemalte Faszination – ein »Holländerfloß« bei Koblenz. – In: DEUTSCHE FLÖSSEREI-VEREINIGUNG, Mitteilungsblatt 22: 15–25.

SCHILLER, RENÉ (2003): Vom Rittergut zum Großgrundbesitz – Ökonomische und soziale Transformationsprozesse der ländlichen Eliten in Brandenburg im 19. Jahrhundert. Berlin.

SCHLOSSMACHER, NORBERT (1998): »It is difficult to imagine a more agreeable spot than this for a residence …« – Briten in Bonn bis zur Mitte des 19. Jahrhunderts. Eine Skizze. – In: Bonner Geschichtsblätter 47/48: 273–301.

WAGNER, BARBARA (2012): Ludwig (Louis) Bleuler und der Rhein als Leitmotiv – Eine Bilderreise aus Schweizerischer Perspektive. – In: MUSEUM FÜR KUNST UND TECHNIK (Hrsg.): Johann Ludwig Bleuler – aus der »Großen Rheinreise« der Sammlung Adulf Peter Goop (Begleitpublikation zur Ausstellung »Der Rhein. Ritterburgen mit Eisenbahnanschluss«). Baden-Baden: 2–18.

WESCHENFELDER, KLAUS & ROEBER, URS (2002): Wasser, Wolken, Licht und Steine – Die Entdeckung der Landschaft in der europäischen Malerei um 1800 (zur gleichnamigen Ausstellung, 25.8.–3.11.2002). Koblenz.

Düsseldorf goes West!
Zur gegenseitigen kulturellen Durchdringung der Landschaftswahrnehmung in Deutschland und den USA im 19. Jahrhundert

Heinrich Spanier

I. Einleitung

1. Deutschland und die USA

Es ist ein Gemeinplatz, dass die Bevölkerung der Vereinigten Staaten von Amerika in jeder Hinsicht ein Vielvölkergemisch ist. Dazu zählt zuvörderst auch die indianische, indigene Bevölkerung, die sich aus vielen verschiedenen Völkern mit eigenen Sprachen und Kulturen gebildet hatte und die von der weißen, überwiegend aus Europa eingewanderten Bevölkerung bis auf kleinste Reste ausgelöscht wurde. Weniger bekannt ist jedoch, dass fast gleichzeitig mit der Ausrottung der indianischen Völker die Wilderness-Idee (CRONON 1996) und später, im Nachhinein, vom amerikanischen Historiker Frederick Jackson Turner das so bezeichnete Frontier-Konzept entstand.

Wilderness wurde zum Alleinstellungsmerkmal der (weißen) amerikanischen Nation, die sich mit ihren außergewöhnlich beeindruckenden Landschaften von den europäischen Herkunftsländern signifikant abgrenzte. Europa hatte Dante, Cervantes, Shakespeare und Goethe sowie Bach, Beethoven und Mozart, aber die USA besaßen die Niagara-Fälle, die Rocky-Mountains, Yellowstone und Yosemite.

Das sich formende Nationalbewusstsein entwickelte eine Aufmerksamkeit für die Naturschönheiten des Landes, das weiße Siedler Zug um Zug – besser: Treck um Treck – nach Westen hin erschlossen (Frontier). Parallel zum sich ausbildenden Nationalbewusstsein ist die Entwicklung des Kommunitarismus, insbesondere in den immer weiter westwärts gelegenen Siedlungen, zu sehen. Als weitere parallele Entwicklung ist die Hinwendung zu den Naturschönheiten zu bemerken, die literarisch durch die Reiseerzählungen und Briefe der Ausgewanderten an die Daheimgebliebenen begleitet wurde.

Asher Brown Durand (1796–1886) stellte auf seinem Gemälde »Kindred Spirits« von 1849 den Maler Thomas Cole (1801–1848), den Gründer der Hudson River School als der amerikanischen romantischen Schule der Landschaftsmalerei, im Gespräch mit dem Dichter, Journalisten und Reiseschriftsteller William Cullen Bryant (1794–1878) dar. Bryant, Chefredakteur der New Yorker Evening Post, trug mit seinen darin abgedruckten Reiseberichten wesentlich dazu bei, ein nationales Bewusstsein für die

Naturschönheiten des Landes zu entwickeln. Das Gemälde setzt einerseits den Protagonisten ein gemeinsames Denkmal, andererseits wird eine Szene in den Catskill
Mountains dargestellt, nicht weit von dem in der Musikgeschichte berühmt gewordenen Woodstock entfernt (vgl. Abb. 1).

Die Maler und Schriftsteller bestätigten mit ihren Berichten aus den USA im
Wesentlichen das, was in den von der deutschen Leserschaft begierig aufgenomme-
nen, erstmals 1826 ins Deutsche übersetzten Lederstrumpfromanen James Fenimore
Coopers (1789–1851) sowie insbesondere Gottfried Dudens (1787–1856) »Bericht über
eine Reise nach den westlichen Staaten Nordamerikas« aus dem Jahr 1829 beschrieben
worden war (KETNER 2000: 57). Diese literarischen Werke regten die Auswanderbe-
reitschaft mit an. Die große Popularität dieser Bücher, zu denen auch noch die Romane
von Charles Sealsfield (als Karl Anton Postl 1793 in Poppitz in Mähren geboren, gestor-
ben 1864), Friedrich Gerstäcker (1816–1872) und später auch Karl May (1842–1912) zu
zählen sind, begründeten in Teilen der Bevölkerung, die ob des politischen Drucks
unzufrieden waren, die Hoffnung auf ein anderes und besseres Leben (KETNER 2000:
57).

Zeitgleich schufen bildende Künstler Gemälde, welche auf ihre Art in der amerika
nischen Bevölkerung dazu beitrugen, sich selbst für ein auserwähltes Volk zu halten.
Dass die Abbildung der amerikanischen Landschaften ihrerseits zum nicht unerheblichen Teil aber von der Kunstakademie in Düsseldorf geprägt wurde, die Wildnis-
wiedergabe dort gelehrt und gelernt wurde und so geschaffene Gemälde auf Wildnis-
Vorstellungen beim europäischen und insbesondere deutschen Publikum rückwirkten,
ist Gegenstand dieses Essays.

2. Zur Verflochtenheit von Landschaft und Kunst

Keine rein ökologische Untersuchung vermag Landschaft in ihrer jeweiligen typischen
Eigenart zu erklären. Es ist also naheliegend, gerade nicht den synthetischen Weg
zu beschreiten, sondern vom Phänomen Landschaft als Ganzem auszugehen, wenn
wir es verstehen wollen. Kunst und Landschaft sind in vielfacher Hinsicht miteinander verbunden. Der amerikanische Transzendentalist Ralph Waldo Emerson stellte
in seinem Essay »Die Natur« geistreich fest, dass die Landschaft niemandem gehöre,
obwohl einzelne Grundstücke, Farmen und Wälder im Besitz von diesem oder jenem
lägen, sondern allein dem Dichter, dem es möglich sei, die Eigenart einer Landschaft
zu erfassen und zu vermitteln. »Aber keinem von ihnen gehört die Landschaft. Der
Horizont umfaßt ein Eigentum, das keiner besitzen kann außer dem, dessen Auge alle
Einzelheiten zu vereinigen mag, mit anderen Worten dem Dichter.« (EMERSON 1982:
88) Man kann Emersons Ansatz getrost ergänzen, denn das von ihm beschriebene
Privileg gilt nicht nur für Dichter, sondern ganz gewiss auch für Maler. Der Malerei
verdanken wir überhaupt den Begriff der Landschaft (HARD 1983) und viele Erkenntnisse und (Ein-)Blicke, die kein Naturwissenschaftler mit seinen Methoden je hätte
gewinnen können.

Abb. 1: Asher Brown Durand (1796–1886), Kindred Spirits (Verwandte Seelen), 1849, Oil on canvas, 44 × 36 in (111,8 × 91,4 cm). Crystal Bridges Museum of American Art, Bentonville, Arkansas, 2010. 106. Photography by The Metropolitan Museum of Art.

Im Verlauf der Kunstgeschichte hatte sich ein vielfältiges Miteinander von Bildern und Wirklichkeiten entwickelt. Insofern ist beim Betrachten von Landschaft in jedem Fall zu prüfen, was wir eigentlich sehen. Von René Magritte (1898–1976) stammt das bekannte Gemälde »La condition humaine – Die Beschaffenheit des Menschen«[1]. Es zeigt eine Staffelei mit einem Landschaftsbild vor dem Fenster stehend. Das gemalte Bild entspricht haargenau dem verdeckten Landschaftsausschnitt. Scheinbar. Der Betrachter ist auf Vermutungen angewiesen. Sieht er die Wirklichkeit oder glaubt er nur, sie zu sehen? Magritte drückt es im Bild exakt aus. Die Verunsicherung ist unsere Beschaffenheit. Sie ist reizvoll und Neugier weckend zugleich. Landschaft ist ohne das Betrachten durch die Menschen nicht zu haben, und stets sehen wir nur ein Abbild bzw. das Bild, das wir uns machen. Dies ist besonders dann zu bedenken, wenn eine Idealvorstellung von Arkadien auf einem Gemälde dargestellt wird. Dabei handelte es sich schon in antiken Vorstellungen um ein halboffenes Weideland mit Hirten und ihren Tieren. Arkadien wurde zu einem Ziel der Sehnsucht und damit zu einem besonders wichtigen Thema abendländischer Kunst, bei Vergil und später genauso bei Claude Gellée, genannt Lorrain (1600–1682). Das Arkadien-Motiv entsprach dem gleichen Motiv, über das Anfang des 20. Jahrhunderts die Wandervögel sangen »Aus grauer Städte Mauern ziehen wir …« Es ist keine Überraschung, dass auch im Naturschutz das Arkadien-Motiv immer wieder Platz greift. Naturschutz entstand bekanntlich in den Städten, weil das städtische Bildungsbürgertum seine Wünsche und Sehnsüchte auf die Natur außerhalb der Städte projizierte. Und auch heutzu-tage lässt sich die Beliebtheit von arkadischen Pastorallandschaften daran ablesen, dass große Teile staatlicher Mittel für den Naturschutz in Beweidungs- oder Wiesen-projekte fließen, faktisch also in die künstliche Aufrechterhaltung eines bestimmten Aspektes von Agrarlandschaft und mental in die Aufrechterhaltung eines traditions-reichen Sehnsuchtsbildes.

II. Der Einfluss der Kunstakademie in Düsseldorf auf die US-amerikanische Landschaftsmalerei

1. Ausgangslage

Auswanderungswellen aus politischen, religiösen und/oder wirtschaftlichen Gründen in die europäischen Kolonien stellten eine frühe Art der Globalisierung dar, denn mit den auswandernden Familien migrierten auch Einstellungen und Ansichten und diese vermischten sich jeweils mit anderen. Unabhängig davon haben sich in den USA teil-

---

1   1933, Öl/Lw., 100x81 cm, Washington, National Gallery of Art. Webhinweis: http://www.nga.gov/content/ngaweb/Collection/art-object-page.70170.html (zuletzt eingesehen am 5.7.2016)

weise bis heute stabile national definierte Subgruppen erhalten. So lassen sich eindeutige Schwerpunktsiedlungsbereiche identifizieren, in denen italienisch-, irisch- oder deutsch-stämmige US-Amerikaner dominieren. Letztere ließen sich besonders in Milwaukee (Wisconsin) nieder. Trotz dieser Separierungen generierte die weiße US-amerikanische Bevölkerung eine neue homogene Kultur, die immer wieder zutreffend als das Produkt eines Schmelztiegels bezeichnet worden ist.

Das Amalgam dieser Vermischung war eine besondere Sicht auf Natur und Landschaft. Diese zu beschreiben erfordert es, verschiedene Stränge aufzunehmen, die hier in kürzest möglicher Form »verknotet« werden:

(1) Die Ausgewanderten ließen die Kultur(en) ihrer jeweiligen Heimat(en) hinter sich. Zum Teil geschah dies einerseits als bewusste Abkehr und andererseits aber auch mit erheblichem Trennungsschmerz. Als Neueinwanderer fühlten sie sich fremd in einem fremden Land, selbst dann, wenn sie aus vollster Überzeugung die neue Heimat aufgesucht hatten.

(2) Die Eroberung des Landes geschah aus dem Selbstbewusstsein heraus, ein »auserwähltes Volk« zu sein. Die Formulierung der Menschenrechte konnte vielleicht nur in diesem Land geschehen, das sich zum nicht unerheblichen Teil aus Entrechteten, nämlich den politischen, religiösen und wirtschaftlichen Flüchtlingen des »alten« Europas bevölkerte, um es etwas pathetisch auszudrücken.

Abb. 2: Asher Brown Durand (1796–1886), Landscape Scene from Thanatopsis, 1850, Öl/Lw., 100,3 × 154,9 cm. The Metropolitan Museum of Art, New York.

(3) Das »Manifest Destiny«, das die 1846 formulierte »offenkundige Bestimmung« enthielt, den amerikanischen Kontinent zu kolonisieren, war die fast schon logisch zu nennende Konsequenz daraus. Das ›wilde‹ Land in Besitz zu nehmen, erforderte es, sich selbst als auserwählt zu betrachten und die aus weißer Sicht ›wilden‹ Ureinwohner als eben nicht auserwählt anzusehen.[2]

(4) Paradoxerweise problematisierten die Zeitgenossen den Widerspruch zwischen dem Pochen auf Menschenrechten und Kommunitarismus, dieser Form der Gründung von sozialen Urgemeinschaften, auf der einen Seite und der Einführung der Sklaverei und der Ausrottung der Indianer-Völker nicht. Eher kann – mit Übertreibung – ein rauschhaftes Besiedeln der aus weißer Sicht so empfundenen ›Wildnis‹ angenommen werden.

(5) Hingegen war es der diesem Rausch folgende Kater, nämlich erkennen zu müssen, dass man zwar einerseits im Begriff war, eine neue Nation zu werden, sich als US-Amerikaner zu begreifen, andererseits aber eben auf keine Kultur im klassischen und europäischen Sinne zurückgreifen zu können: Weder auf Shakespeare oder Goethe, noch auf Burgen und Schlösser. Asher Brown Durand (1796–1886), machte dies in seiner »Landscape Scene from Thanatopsis« von 1850 zum Thema (Abb. 2). Mit dem Titel des Gemäldes spielt der Künstler auf eines der bekanntesten Gedichte von William Cullen Bryant an (siehe Abb. 1). Im Mittelgrund in der rechten Bildhälfte sind eine Burg und eine gotische Kathedrale zu sehen, welche die Sehnsucht des amerikanischen Marktes nach europäischer Tradition und Kultur illustrieren. Entsprechend dazu und vollkommen zu Recht spöttelte Goethe in seinem Gedicht »Den Vereinigten Staaten«:

»Amerika, du hast es besser
Als unser Kontinent, das alte,
Hast keine verfallene Schlösser
Und keine Basalte.
Dich stört nicht im Innern,
Zu lebendiger Zeit,
Unnützes Erinnern
Und vergeblicher Streit.« (Goethe 1974: 333)

---

2   Albert Bierstadt stellt in seinem Gemälde »Rocky Mountains – Lander's Peak« (siehe Abb. 5) die (aus seiner Sicht und der seiner Zeitgenossen) reine, von Gott so geschaffene Natur da. Das im Vordergrund lagernde indianische Personal steht dazu keineswegs im Widerspruch. Es fällt aus heutiger und aus aufgeklärter Sicht schwer zu begreifen, dass die Indianer als »Wilde« eben der natürlichen und nicht der menschlichen Sphäre zugerechnet werden (Maier 1999: 65 ff.).

2. Amerikanische Malerei

In dieser Situation kam der Landschaftsmalerei eine herausragende Bedeutung zu. Die Entdeckung des Landes durch die Maler und die damit verbundene Bewusstwerdung der Naturschönheiten schuf Zug um Zug ein sich auf Natur und Landschaft gründendes Nationalbewusstsein und damit ein »vollgültiges Äquivalent der größten Erzeugnisse der abendländischen Kunst«, wie Oliver Wendell Holmer im Atlantic Monthly beschrieb (SCHAMA 1996: 214).

Es entstand eine Malerei, die sich an überkommenen abendländischen Ideen orientierte. In den USA erfolgte die Darstellung des Erhabenen mit einer gewissen Zeitverzögerung. Thomas Cole (1801–1848), der mit seinen Eltern aus England eingewandert war und der die Bilder Caspar David Friedrichs und die der Franzosen Lorrain und Poussin anlässlich einer Europareise (1829–1832) kennen gelernt hatte, begründete die so genannte Hudson River School. Es handelt sich dabei um eine erfolgreiche Gruppe von Künstlern, deren Gemeinsamkeit darin bestand, ihre Motive entlang des Hudson-River zu suchen und zu finden, und die die Schönheiten der Catskill-Mountains, der Seen entlang des Flusses und der White Mountains überhaupt erst einem größeren Publikum vertraut machten. Der deutsch-amerikanische Maler Albert Bierstadt (1830–1902), der von 1853 bis 1856 mit Unterbrechungen ebenfalls in Düsseldorf studiert, insbesondere Privatunterricht bei Worthington Whittredge (1820–1910) genommen hatte und Mitglied des Künstlervereins Malkasten gewesen war, schloss sich den Trecks nach Westen an und fand dort seine Motive. Die Canyons, die Mammutbäume und das Yosemite-Tal malte er in Variationen viele Male – teilweise in riesigen Formaten mit Seitenlängen von mehr als drei Metern – und sie fanden reißenden Absatz: Das US-amerikanische Publikum war dankbar dafür, denn es litt unter einem gewissen kulturellen Minderwertigkeitskomplex. Auch die Naturschönheiten bestärkten sie darin, sich als auserwähltes Volk (*Manifest Destiny*) zu betrachten.

3. Frontier

Die Maler trugen mit ihren Mitteln zum Mythos Amerika bei. Es entstand eine große Anzahl von Gemälden, welche die Besiedlung des Westens heroisierten. Das Leben an der Grenze zur Zivilisation wurde für die eingewanderte weiße US-amerikanische Bevölkerung konstitutiv.

Auf den US-amerikanischen Historiker Frederick Jackson TURNER (1920) geht die klassische akademische Darstellung dieses Mythos zurück. Er beschrieb den Prozess, wie die Oststaatler und europäische Immigranten auf ihrem Weg in das »wilde, unbesiedelte« Land (Frontier) ihre eigenen Energien als Naturvolk wiederentdeckten, Einrichtungen direkter Demokratie erfanden (Kommunitarismus) und sich dabei die Leidenschaftlichkeit, Unabhängigkeit und Kreativität erfüllten, die die Quelle US-amerikanischer Demokratie und Nationalität darstellte (Abb. 3). So betrachtet wurde

Abb. 3: Charles Ferdinand Wimar (1828–1862), The Attack on an Immigrant Train, 1856, Oil on canvas, 55 1/16 in × 79 1/16 in (139,86 cm × 200,82 cm). University of Michigan Museum of Art, Bequest of Henry C. Lewis, 1895.80.

das ›wilde‹ Land zum Ort nationaler Erneuerung, zum Ort, um zu erleben, was es bedeutet, Amerikaner zu sein.

Jene, die das Frontier-Leben an der Grenze zum Wilden Westen priesen, blickten schon immer rückwärts und beklagten dabei eine dem Untergang bestimmte ältere, einfachere, vermeintlich wahrhaftigere Welt. Insofern findet sich im amerikanischen Frontier-Mythos eine dem Grunde nach starke Ähnlichkeit zu den Motiven der deutschen Romantik, deren Vertreter vom beginnenden 19. Jahrhundert an auf die vergangene Welt der mittelalterlichen Gotik sehnsuchtsvoll zurückblickten und die sich beispielsweise daran machten, den Kölner Dom zu vollenden und die das rheinische Nibelungenland zurückgewinnen wollten – zumindest stellvertretend für die in der Romantik typische und deutliche Abneigung alles Französischen. So wie auch die deutsche Romantik den Schutz der Landschaft parallel forcierte – der Drachenfels wurde 1836 durch Polizeiverordnung geschützt, um den Abbau der für den Weiterbau des Kölner Domes benötigten Trachyte zu unterbinden –, so hatte auch der amerikanische Frontier-Mythos seine herausragende Bindung an Landschaft, nämlich in der Ausprägung von ›Wildnis‹. Die Frontier-Welt basierte auf der Vorstellung von »freiem« Land – eben auf ›Wildnis‹; dabei war die »Freiheit« des Landes doppeldeutig zu verstehen: Zum einen war das Land – aus der Sicht der weißen Einwanderer – »frei« zur Inbesitznahme, und andererseits wirkte das Land im metaphorischen Sinne »befreiend«. Folglich lag in dem Mythos des Dahinschwindens von Frontier die Saat des Wildnisschutzes in den Vereinigten Staaten; denn wenn ›wildes‹ Land für die Bildung der Nation so entscheidend war, dann musste man natürlich ihre letzten Reste als Denkmäler der amerikanischen Vergangenheit bewahren – und als Voraussetzung zum Schutz der Zukunft der Nation. Es war kein Zufall, dass die Bestrebung, Nationalparks und Wildnisgebiete unter Schutz zu stellen, genau zu dem Zeitpunkt Fahrt aufnahm, als das Klagen über das Vergehen der Frontier-Zeit seinen Höhepunkt erreichte. Im wirklichen Kern bedeutete ›Wildnis‹ zu schützen den heiligsten Mythos der Entstehung der amerikanischen Nation zu schützen (CRONON 1996).

4. Die Düsseldorfer Kunstakademie und der Künstlerverein Malkasten

Die Wildnis und ihre Abbildung hatten in den Vereinigten Staaten eine herausragende, weil identitätsstiftende Bedeutung. Insofern verwundert es nicht, dass die Landschaftsmalerei in der US-amerikanischen Gesellschaft einen besonderen Stellenwert einnahm. Man war bemüht, eine spezifische amerikanische Bildsprache zu finden. Die Künstler waren sich darüber im Klaren, dass ihre neue Nation sowohl einer künstlerischen Tradition als auch einer Akademie zum Erlernen solider Techniken entbehrte. Lange hat sich in der europäischen Kunstgeschichte das Missverständnis gehalten, die amerikanische Malerei sei lediglich ein Derivat der europäischen Mentoren: »The image of the American imitator, who pursues his European mentor like a shadow and remains dependent on his every move, has remained remarkably persistent« (GAETHGENS 1992: 148). Inzwischen ist jedoch nachgewiesen, dass die amerikanischen Künstler, welche europäische Akademien besuchten, nicht so sehr technische Fertigkeiten anstrebten, sondern sich durch die Beobachtung und Analyse anderer nationaler Schulen über ihre eigenen Ideen und Ideale klar werden wollten (GAETHGENS 1992: 148).

Düsseldorf hatte in den USA in diesem Zusammenhang einen besseren Klang als alle anderen Akademien Deutschlands. Einerseits war Düsseldorf durch den »Neu-Amerikaner« Emanuel Leutze bekannt geworden und andererseits bestand seit 1849 mit der »Dusseldorf Gallery« auf dem New Yorker Broadway ein Anziehungspunkt für Kunstinteressierte. Düsseldorfer Malerschule und Dusseldorf Gallery befruchteten sich gegenseitig, denn die ehemaligen Studenten der Kunstakademie (Worthington Whittredge, Albert Bierstadt, Richard C. Woodville, Henry Lewis) traten auch als Kunstagenten in Erscheinung und verstärkten auf diese Weise den Ruf Düsseldorfs (MORGEN 2011: 187). Insbesondere Werke der Historienmalerei, die seinerzeit als edelste Gattung der Malerei galt, wurden dort ausgestellt. Daneben waren auch Andreas Achenbach und Friedrich Lessing mit jeweils vier und der aus dem heutigen Norwegen stammende Hans Fredrik Gude mit drei Landschaften dort präsent (MORGEN 2011: 189).

Die Schule leitete seit 1825 der Nazarener Wilhelm von Schadow. Die Nazarener genannte Lukas-Bruderschaft war eine Künstlergruppe, die sich von der Wiener Kunstakademie kommend 1810 in Rom niedergelassen hatte und die die Römer zunächst spöttisch »I Nazareni« nannten. Ihr künstlerisches Programm bestand in der Ablehnung der damals zeitgenössischen Malerei und der Wiedererweckung der mittelalterlichen Malkultur. In ihrer Kunstauffassung drückte sich das gleiche Bestreben aus, das ab Mitte der 1840er Jahre in England die Präraffaeliten antrieb, nämlich den Malstil aus der Zeit vor Raffael wieder zum Maßstab wahrer Kunst zu erheben. Sie strebten beide einerseits eine besonders detailgetreue Wiedergabe der Motive an, und mit der Berufung Schadows zum Akademiedirektor wurde die exakte, in der Abbildungsgenauigkeit durchaus akribisch oder wissenschaftlich zu nennende Malerei zum Maß der Dinge. Andererseits vertraten Carl Friedrich Lessing (1808–1880) und Johann Wilhelm Schirmer (1807–1863), der von 1829 bis 1853 die Landschaftsklasse an der Kunstakademie leitete, die Auffassung, Landschaft solle Dichtung sein und sich über die Wirklichkeit erheben (BAUMGÄRTEL 2011: 44). Gleichwohl lernten die Amerikaner in Düsseldorf, »die Natur wie ein Kunstwerk selektiv zu betrachten und unter Rückgriff auf tradierte Kompositionsmuster im Atelier effektvoll zu arrangieren« (MORGEN 2011: 194).

Amerikanische Landschaftsmalerei wurde unter dem Einfluss der »Bruderschaft der Präraffaeliten« (NOVAK 1980: 249–254) und indirekt durch die von Schadow vom Lukasbund beeinflusste Düsseldorfer Malschule zu einem wesentlichen Instrument der Dokumentation der Naturschönheiten des Westens.

5. Amerikanische Künstler in Düsseldorf

Nicht nur die Zeichentechnik lernten die amerikanischen Künstler in Düsseldorf kennen, sondern viel mehr noch den kompositorischen Aufbau und die stimmungsvolle, dramatische Farbgebung. Insgesamt 112 Amerikaner kamen in der Zeit von 1840 bis 1870 zur Aus- und Weiterbildung nach Düsseldorf; ein großer Teil von ihnen stammte aus ausgewanderten deutschen Familien. Damit stellten die Nordamerikaner die mit Abstand größte Gruppe ausländischer Studenten, vor schwedischstämmigen mit 77 und russischstämmigen mit 62 Studenten (Auswertung nach BAUMGÄRTEL et al. 2011). Allerdings schrieben sich nicht alle an der Kunstakademie ein oder konnten es aus verschiedenen Gründen nicht tun. Andere nahmen Privatunterricht und/oder waren Mitglieder im Künstlerverein Malkasten, dessen Vereinszweck »geselliges Künstler-Leben« war (EWENZ 2011: 410). Albert Bierstadt (1830–1902), der ebenfalls mit seinen Eltern ausgewandert war und der zum Studium bzw. Privatunterricht nach Düsseldorf zurückkam, nannte später seine Villa in den USA »The Malkasten« (KRUMBACH & KRUMBACH 2000: 23).

»Ein wesentlicher Faktor unterschied die amerikanischen Künstler, die in Düsseldorf studierten, von denen, die später nach München fuhren: einige von ihnen waren

Abb. 4: Emanuel Leutze (1816–1868), Washington überquert den Delaware, 1851, Öl/Lw., 378,5 × 647,7 cm. The Metropolitan Museum of Art, New York.

Abb. 5: Albert Bierstadt (1830–1902), The Rocky Mountains, Lander's Peak, 1863, Öl/Lw., 186,7 × 306,7 cm. The Metropolitan Museum of Art, New York.

politisch interessiert und aktiv. Das hatte sowohl mit der Zeit als auch mit dem deutschstämmigen Elternhaus zu tun, in dem die wachsenden Probleme der unruhigen deutschen Länder besprochen wurden. Bezeichnend ist, daß sich in Düsseldorf die jungen amerikanischen und deutschen Maler im ›Malkasten‹ trafen, zu dessen Gründern auch Leutze zählte.« (BOTT 1996: 16)

Ursprünglich war es die Historienmalerei, die im Mittelpunkt des Interesses stand. Auch Schadow sah darin das oberste Ziel der Ausbildung (GAETHGENS 1992: 152). Der Amerikaner Emanuel Leutze erfüllte die Erwartungen in den USA voll. Seine in Düsseldorf entstandenen Werke hatten von Beginn an den amerikanischen Markt im Sinn (GAETHGENS 1992: 154). Das Werk »Washington überquert den Delaware« (Abb. 4), das Emanuel Leutze 1851 in Düsseldorf malte, geriet zur Ikone US-amerikanischen Selbstbewusstseins. Worthington Whittredge musste gleich nach seiner Ankunft in Düsseldorf in Leutzes Atelier sowohl als Washington als auch als Steuermann mit dem Ruder posieren (EWENZ 2011: 411).

Mit fast schon an Perfektion grenzender Genauigkeit schufen die in Düsseldorf ausgebildeten Maler für die kaufkräftigen Bewohner der Ostküste Amerikas Darstellungen der überwältigenden Natur: Mammutbäume, Schluchten und Wasserfälle. Alles das nahmen die wohlhabenden Bewohner im Osten der USA begeistert auf. Teilweise wurden diese, wie z. B. Thomas Moran, von Eisenbahngesellschaften engagiert, Bilder zu erzeugen, um den Eisenbahntourismus in den Westen anzukurbeln. Die Idee für den Yellowstone National Park stammte übrigens aus dem Büro von Jay Cooke, dem Finanzier der Northern Pacific Railway (MAUCH 2008: 39). Albert Bierstadts monumentales Gemälde »The Rocky Mountains, Lander's Peak« (Abb. 5) ist auch symbolisch zu interpretieren. Aus dem verschatteten, mit Indianern friedlich bevölkerten Vordergrund (siehe hierzu Fußnote 2) wird der Blick in die strahlende Helle der Wildnis geleitet. MAIER (1999: 87) weist in ihrer Magisterarbeit den Düsseldorfer Einfluss auf die Entstehung dieses Gemäldes nach. Sie kommt zu dem Schluss: »Albert Bierstadts Rocky Mountains – Lander's Peak, ist gleichzeitig und in gleichem Maß Abbild und Symbol. Die Bildmotive in Rocky Mountains – Lander's Peak sind einzeln und in ihrer Gesamtheit im Gemälde Abbild der Natur des Wilden Westens und gleichzeitig Trägerinnen einer vielschichtigen Symbolik, welche das Werk zu einem der bedeutendsten Landschaftsgemälde seiner Zeit machen.«

»Mit diesem symbolischen, auch historisch zu interpretierenden Aufbau lockt uns das Werk aus der entschwindenden Welt der nordamerikanischen Indianer in die grenzenlosen Möglichkeiten der euro-amerikanischen Expansion nach Westen. Das Magazin Harper's Weekly pries Lander's Peak in der Sprache des ›Manifest Destiny‹ als ›ein rein amerikanisches, und mit seiner wahrheitsgetreuen und kunstvollen Darstellung des Indianerdorfes, einer jetzt sehr schnell von der Erde verschwindenden Lebensform, wahrhaft historisches Landschaftsbild‹.« (McCLOSKEY 2006: 307)

Man wird die amerikanische Malerei dieser Zeit jedoch nicht eindeutig einer einzigen Richtung zuordnen können. Dazu sind die Einflüsse trotz allem zu vielfältig. Es vermischen sich verschiedene Elemente, die, jeweils mit unterschiedlichen Mischungsanteilen, die Besonderheit der amerikanischen Malerei ausmachen, zum einen der präzise, akribisch genaue Malstil, der an die Nazarener-Schule anknüpfte und Abbildungsgenauigkeit bis ins kleinste Detail erforderte, ebenso wie der der Bruderschaft der Präraffaeliten. Der Kunstkritiker John Ruskin wurde zum glühenden Mentor dieser, ähnlich wie die Nazarener, besonders genau malenden Gruppe. Ihre fotografisch genaue Abbildung verfuhr nach dem von Ruskin geprägten Motto »Selecting nothing, rejecting nothing«. Dabei erhob Ruskin aufgrund seiner geologischen Ausbildung wissenschaftliche Ansprüche. Gleichzeitig sollte aufgrund der Kenntnis der wissenschaftlichen Zusammenhänge in künstlerischer Freilegung die »Wahrheit des Wahrgenommenen« dargestellt werden. In dieser pedantisch genauen Malerei folgte die Landschaftsmalerei dem Aufruf Alexander von Humboldts. Dieser hatte in seinem Werk »Kosmos«, das ab 1845 erschien und sogleich ins Englische übersetzt wurde, der Landschaftsmalerei ein eigenes Kapitel gewidmet. Er forderte eine naturwissenschaftliche Fundierung der Kunst: »Warum sollte unsere Hoffnung nicht gegründet sein, daß die Landschaftsmalerei zu einer neuen, nie gesehenen Herrlichkeit erblühen werde, wenn hochbegabte Künstler öfter die engen Grenzen des Mittelmeeres überschreiten können, wenn es ihnen gegeben sein wird [...][,] die vielgestaltete Natur in den feuchten Gebirgsthälern der Tropenwelt lebendig aufzufassen« (HUMBOLDT 1847: 86 f.). Ergänzend sei hier berichtet, dass der amerikanische Maler Frederic Edwin Church (1826–1900) von Humboldts Schriften so tief beeindruckt war, dass er seine Ersparnisse gerade nicht dafür verwendete, an einer europäischen Akademie zu studieren, sondern die südamerikanischen Reisen nachzureisen und die Bilder zu malen, die Humboldt in Ermangelung eines guten mitreisenden Malers entbehren musste (HOWAT 2005: 44 ff.).

Schließlich gehörte die Bevorzugung landschaftlicher Themen zu den Charakteristika amerikanischer Kunst. Carl Friedrich Lessing gehörte zu einer »Anti-Italien-Fraktion« unter den Düsseldorfer Künstlern. Er sang stattdessen »ein Loblied auf die heimatliche Landschaft« und durchstreifte »lieber abgelegene heimatliche Wälder und Auen« (BAUMGÄRTEL 2003: 13). Lessing animierte seine Schüler, die Motive im eigenen Land zu finden. Die Sehnsucht nach der »Ewigen Stadt« führe letztlich zu einer Überformung der Empfindung. Unter Lessings Einfluss übten sich die Künstler »im kleinen Format, an der Kleinteiligkeit und atmosphärischen Unterschiedlichkeit der deutschen Landschaft. Den Besten unter ihnen (z. B. Bierstadt) gelang später in Form und Dramatik die Umsetzung in amerikanische Dimensionen« (BOTT 1996: 16).

6. Ein Fallbeispiel: Carl (Charles) F. Wimar

Carl Ferdinand Wimar wurde 1828 in Siegburg geboren. Im Alter von 16 Jahren wanderte er mit seinen Eltern in die USA aus, wo sich die Familie in Saint Louis niederließ, einem der zentralen Handelsplätze der Indianerstämme. 1852 kehrte er nach Deutsch-

*Abb. 6: Charles Ferdinand Wimar (1828–1862), The Abduction of Daniel Boone's Daughter
by the Indians (Die Entführung von Daniel Boones Tochter durch die Indianer), 1853. Oil on
canvas, 40 5/16 × 50 1/4« (102.4 × 127.6 cm). Mildred Lane Kemper Art Museum, Washington
University in St. Louis. Gift of John T. Davis, Jr., 1954.*

land zurück, begann seine akademische Malerausbildung an der Düsseldorfer Kunstakademie und nahm Privatunterricht zunächst bei dem Historien- und Genremaler
Josef Fay sowie später bei Emanuel Leutze, der ebenfalls ein Remigrant war. Ungefähr
20 Bilder Wimars, überwiegend Indianer-Gemälde, wie z. B. Bilderserien über »Die
Entführung von Daniel Boones Tochter durch die Indianer« (Abb. 6 und 7) (oder
»Angriff auf einen Auswandererzug« [Abb. 3]) entstanden in Düsseldorf (KETNER
2000: 62) und wurden in verschiedenen Städten Deutschlands mit großem Erfolg
ausgestellt. In Düsseldorf erwarb Wimar die maltechnischen Fähigkeiten, mit denen
er sein Thema – die Konfrontation der ›Wildnis‹ mit der Zivilisation, das Gegenüber
von Siedlern und Eingeborenen – in die Tat umsetzen konnte. Insbesondere die Lichtführung erscheint typisch für die »Düsseldorfer Schule«. Man erkennt dies auf Abb. 6:
Diese frühe Illustration eines amerikanischen Mythos mit der madonnenhaften Tochter und dem heilig-gelblichen Licht trägt noch stark die Düsseldorfer Handschrift der
Historienmalerei. Die spätere Version (Abb. 7) bekommt durch realistischeres Licht

Abb. 7: Charles Ferdinand Wimar (1828–1862), The Abduction of Boone's Daughter by the Indians (Die Entführung von Daniel Boones Tochter durch die Indianer); 1855–56; Oil on canvas; Amon Carter Museum of American Art, Fort Worth, Texas; 1965.1.

und weniger aufdringliche Beleuchtung mehr Authentizität. Gleichwohl handelt es sich um ein durch und durch komponiertes Gemälde, welches an Theodore Géricaults Monumentalgemälde »Das Floß der Medusa« (1819, Louvre, Paris) erinnert.

Wimar gilt gemeinhin als der Maler der Frontier. Nach seiner Rückkehr in die Vereinigten Staaten unternahm er 1858 und 1859 zwei Expeditionen an den Oberlauf des Missouri. Dabei benutzte er als einer der ersten Künstler überhaupt Fotografien für seine Malerei – allerdings misstrauten die indianischen Völker dem unheimlichen Gerät, so dass er überwiegend auf sein Skizzenbuch angewiesen war. Seine Bedeutung liegt darin, dass er Indianerszenen in die althergebrachte Historienmalerei einführte und diese in den Vereinigten Staaten populär machte. Das amerikanische Publikum sog diese Art der Historienmalerei in Ermangelung einer eigenständigen Historie begierig auf (GAETHGENS 1988: 72). Seine Bildfindung schuf die Grundlagen für den Mythos vom ›Wilden Westen‹ (BOTT & BOTT 1996: 240; vgl. auch BOTT 1996: 19).

In Wimar kommen verschiedene Stränge der in diesem Essay behandelten Themen zusammen: Da ist zunächst der Mythos der Frontier, z. B. in der Darstellung der Angriffe auf die Siedlertrecks, die Darstellung des literarischen Mythos von Daniel

Abb. 8: Charles Ferdinand Wimar (1828–1862), Indians Approaching Fort Union (Indianer erreichen Fort Union), c. 1859. Oil on canvas, 24 × 48 7/16« (61 × 124,1 cm). Mildred Lane Kemper Art Museum, Washington University in St. Louis. Gift of Dr. William Van Zandt, 1886.

Boone und das völkerkundliche, durchaus als wissenschaftlich zu bezeichnende Interesse. Damit entwickelte er das in den Düsseldorfer Jahren Erlebte und Erfahrene weiter und fand schließlich in der kurzen Zeit, die ihm nach seiner Düsseldorfer Zeit zum Leben und Schaffen blieb (Wimar starb bereits 1862 in St. Louis), seinen eigenen Stil mit Panoramabildern, etwa »Indianer erreichen Fort Union« von 1859 (Abb. 8), auf denen er großartige Landschaften und indianisches Leben gleichermaßen porträtierte. Mit diesem und einer Reihe anderer Gemälde hat Wimar schließlich seinen persönlichen Stil gefunden.

> *»Wimars Arbeit entwickelt sich von historischen Genregemälden, welche von der Vorsehung* [Manifest Destiny] *beauftragte Pioniere darstellten, die Eingeborenen zu beherrschen, zum Wandzyklus,*[3] *der die Geschichte des westlichen Territoriums von seinen Kolonisierungsphasen bis zum zukünftigen Imperium aufbaute. Dazwischen kamen seine Erlebnisse an der Missouri-Flussgrenze* [Frontier] *hinzu, die ihn Respekt und Wertschätzung der Landschaft und ihrer Bewohner lehrten.«* (KETNER 2000: 81)

---

3 Gemeint ist die von Wimar vorgenommene Wanddekoration im Alten Gerichtsgebäude in St. Louis.

Wimar war nicht der einzige gebürtige Rheinländer, der US-amerikanische Szenen
und Landschaften malte. Heinrich »Henry« Vianden (1814–1899) aus (Bonn-) Pop-
pelsdorf gehörte als Maler und langjähriger Lehrer an der Deutsch-Amerikanischen
Akademie in Milwaukee ebenso dazu wie der berühmteste der rheinischen Maler in
den USA, Albert Bierstadt (1830–1902), der aus Solingen stammte, fast gleichzeitig
mit Wimar in Düsseldorf sowie Mitglied im Malkasten sowie Privatschüler von Leutze
und Whittredge war.

7. Ergebnis

Nicht zuletzt der Einfluss der Düsseldorfer Kunstakademie und der dort stattgehabte
Austausch zwischen amerikanischen und deutschen Malern ermöglichte die Ausbildung einer an der europäischen Romantik geschulten amerikanischen Landschaftsmalerei. Diese treibt im Gegensatz zur Romantik deutscher Prägung ein Sendungsbewusstsein, das darauf gerichtet ist, die Großartigkeit des Landes unter Beweis zu
stellen und dadurch auch selbst dann Geschichten über die abenteuerreiche und (insbesondere aus europäischer und heutiger Sicht nicht immer) heldenhafte Besiedlung
des Kontinents zu erzählen, wenn gar kein Personal auf den Gemälden zu sehen ist.
Es war eine damals weitverbreitete Ansicht, dass Amerikas landschaftliche Reichtü-
mer Ausdruck der Segnungen Gottes für ein von ihm erwähltes Volk seien (NOVAK
1980: 16). Die deutsche Romantik hingegen lud sich in letzter Konsequenz aus der
Ablehnung des Französischen und des mit Frankreich assoziierten Fortschritts der
Aufklärung auf. Es wird kein wirklich messbares Ergebnis dieser Untersuchung geben
können, mit welchen genauen rheinisch-düsseldorfer Anteilen in der amerikanischen
Landschaftsmalerei zu rechnen ist. Wesentlich ist jedoch, dass die Landschaftsmalerei
als Genre der bildenden Kunst einen Höhepunkt erreichte. In Kombination mit der
oben dargelegten Frontier-These werden diese Landschaftsgemälde zu dem Ereignis
in der amerikanischen Geschichte, das gleichberechtigt neben der großen Erzählung
von »Freiheit und Abenteuer« steht.

III. Ausblick: Wildnis, Freiheit und Abenteuer

Mit dieser Anleihe an einen bekannten Werbeslogan einer US-amerikanischen
Zigarettenmarke stellt sich insgeheim die Frage nach dem Warum der Faszination,
welche die amerikanischen Landschaften und gelegentlich auch die amerikanische
Landschaftsmalerei auf uns ausüben. Hier ist vor allen Dingen das Phänomen des
»edlen Wilden« zu nennen. Diese auf Rousseau zurückgehende und sich vielfältig
durch die Literatur (und Malerei: z. B. Gauguin in der Südsee) weltweit ziehende
Figur fand in den Frontier-Erzählungen diesseits und jenseits des Atlantiks im späten 19. und 20. Jahrhundert breite Aufnahme. Dies betraf nicht nur die Reiseerzählungen Karl Mays, sondern viel mehr noch die Lederstrumpferzählungen James
Fenimore Coopers aus den 1820er Jahren, die sehr schnell in Deutschland aufge-

nommen wurden und die das Amerikabild sowohl der Auswanderer als auch der Nicht-Auswanderer nachhaltig geprägt hatten (PENNY 2006: 141). Sie erwiesen sich für das Amerika-Bild und die Idee von Wildnis in Deutschland als wirkungsmächtig. Insofern war das Amerikabild damals (und zum Teil ist es dies wohl auch noch heute) durch zwei historische Motivstränge gekennzeichnet: Zum einen die »Sehnsucht nach dem real existierenden Land Amerika mit den dort erhofften besseren Lebenschancen« und zum anderen durch »die Sympathie für und die spielerisch-ernsthafte Identifikation mit dem Idealbild eines indianischen ›Naturmenschen‹« (KREIS 2006: 250).

Zwischen 1885 und 1910 erreichte die Amerikabegeisterung in Europa einen deutlichen Höhepunkt. Der »Wilde Westen« ging zum Teil mit ernstgemeinten anthropologischen bzw. völkerkundlichen Zurschaustellungen von »echten Indianern«, z. B. der Bella Coola-Indianer 1885 oder der Oglala-Sioux-Völkerschau in Hagenbecks Tierpark (!) in Hamburg, oder von Wildwestshows unter Beteiligung von Indianern, wie z. B. »Buffalo Bill's Wild West« (1890) oder »Doc Carver's Wild America« (1890), auf Tournee. Die Shows besuchten zwischen 5.000 und 8.000 Zuschauer, manchmal waren es sogar bis zu 35.000 pro Vorstellung. AMES (2006: 214) bezeichnet es als »Vivikation«, wenn das breite Publikum, das die Shows besuchte, in ihnen die lebende Verkörperung der Figuren aus den Romanen James Fenimore Coopers oder Friedrich Gerstäckers zu entdecken meinte. »Denn was die Zuschauer hier besonders faszinierte, war gerade nicht dieser Realitätsanspruch, sondern die Vorstellung vom wilden Westen in ihrer eigenen Fantasie« (AMES 2006: 221).

Ab dem Jahr 1903 erreichte der Frontier-Mythos auch die Kinos. Der Film entdeckte das Western-Genre. Schon bald gelangten Kopien auch nach Deutschland. Dieses Film-Genre erlangte bald besondere Beliebtheit beim Publikum. Die Popularität ging so weit, dass nach dem Ersten Weltkrieg Western mit deutschen Schauspielern in Heidelberg gedreht wurden, z. B. »Bull Arizona – Der Wüstenadler« (KORT & HOLLEIN 2006: 282). In allen Wildwestfilmen war neben der Handlung, die einmal mehr aus der Sicht der weißen Siedler, dann wieder mehr aus der Sicht der Indianer erzählt wurde, die Landschaft das wesentliche Stilmittel. Später, nach der Erfindung des Farbfilms und der Breitwandaufnahmetechnik, konnten dem faszinierten Publikum die grandiosen Weiten der Prärie oder glühende Sonnenuntergänge besonders eindrucksvoll vermittelt werden. Das damit vermittelte Landschaftserlebnis war aber bereits in den Gemälden der Landschaftsmaler des 19. Jahrhunderts angelegt. Frederic Edwin Churchs »Dämmerung in der Wildnis«[4] oder Albert Bierstadts »Abend in

---

4 Twilight in the Wilderness, 1860, Öl/Lw., 101,6x162,6 cm, The Cleveland Museum of Art, Webhinweis: http://www.clevelandart.org/art/1965.233?collection_search_query=Church&op=search&form_build_id=form-ktiNMBWJLWc31TFph-fIGZlk-I2GVC7C1RD102_XNAk&form_id=clevelandart_collection_search_form (zuletzt eingesehen am 8.7.2016)

Abb. 9: Albert Bierstadt (1830–1902), Evening on the Prairie, um 1870, Öl/Lw., 81,3 × 123 cm. © Fundación Colección Thyssen-Bornemisza, Madrid.

der Prärie« (Abb. 9) sind Gemälde, die für jeden Western als Werbeplakat geeignet gewesen wären. Sie entsprachen – ebenso wie die Wildwest-Shows Buffalo Bills – den Erwartungen des Publikums und galten diesem per se als glaubwürdig. Die eingangs zitierte Reklame für eine Zigarettenmarke macht sich seit mehr als drei Jahrzehnten diesen Effekt zu Nutze und wirbt teilweise ausschließlich, d. h. ohne Nennung des Produktnamens, mit großformatigen Landschaftsfotos. Die beworbenen Kunden erkennen das Produkt inzwischen schon am typischen Landschaftsfoto, weil Slogan, Bild und Marke eine Einheit bilden.

Menschen nehmen die Landschaftsbilder jedoch nicht nur als Kunstwerke oder als Werbebotschaften wahr, sondern sie verbinden die abgebildeten Landschaften mit Metaphern. Die Werbung hat hier ihre spezielle Meisterschaft erreicht. Menschen betrachten Landschaften jedoch unwillkürlich auch im Hinblick auf ihre Bedeutungen, denn Landschaften bestehen nicht nur aus den natürlichen Gegebenheiten und dem kulturellen Anteil wie den Nutzungen, sondern auch aus den Metaphern, d. h. den Bedeutungen, die Menschen in diese hineinlegen. Die Landschaftsgemälde aus Nordamerika erscheinen heute als mehrfach mit Sinnbildern beladen. Karl-May-sozialisierte-Menschen erkennen darin vielleicht noch das Schicksal der indianischen Völker und die Abenteuer der Gutmenschen, andere sehen möglicherweise nur das Land von

Freiheit und Abenteuer, und wiederum andere erblicken darin ›Wildnis‹– die Wildnis, die sie attraktiv finden und die sie erstreben. Dabei ist diese fast menschenleere ›Wildnis‹ selbst ein Kulturprodukt (SPANIER 2016).

Literatur

AMES, ERIC (2006): Cooper-Welten. Zur Rezeption der Indianer Truppen in Deutschland 1885–1910. – In: KORT, PAMELA & HOLLEIN, MAX (Hrsg.): I Like America. Fiktionen des Wilden Westens. München: 213–229.

BAUMGÄRTEL, BETTINA (2003): Bewegte Landschaften: Die Düsseldorfer Malschule. Unter italienischem Himmel. – In: BAUMGÄRTEL, BETTINA & THELEN, KLAUS (Hrsg.): Bewegte Landschaften. Die Düsseldorfer Malschule. Heidelberg: 10–22.

BAUMGÄRTEL, BETTINA (2011): Die Düsseldorfer Malerschule und ihre internationale Ausstrahlung. – In: BAUMGÄRTEL, BETTINA (Hrsg.): Die Düsseldorfer Malerschule und ihre internationale Ausstrahlung 1819–1918. 2 Bde. Petersberg: 24–49.

BAUMGÄRTEL, BETTINA, SCHROYEN, SABINE, IMMERHEISER, LYDIA & TEICHGRÖB, SABINE (2011): Verzeichnis der ausländischen Künstler und Künstlerinnen. Nationalität, Aufenthalt und Studium in Düsseldorf. – In: BAUMGÄRTEL, BETTINA (Hrsg.): Die Düsseldorfer Malerschule und ihre internationale Ausstrahlung 1819–1918. 2 Bde. Petersberg: 425–443.

BOTT, KATHARINA (1996): Vice Versa. Deutsche Maler in Amerika – Amerikanische Maler in Deutschland 1813–1913. – In: BOTT, KATHARINA & BOTT, GERHARD (Hrsg.) 1996: Vice Versa. Deutsche Maler in Amerika – Amerikanische Maler in Deutschland 1813–1913. München: 11–20.

BOTT, KATHARINA & BOTT, GERHARD (Hrsg.) (1996): Vice Versa. Deutsche Maler in Amerika – Amerikanische Maler in Deutschland 1813–1913. München.

CRONON, WILLIAM (1996): The Trouble with Wilderness or Getting Back to the Wrong Nature. – In: CRONON, WILLIAM (Hrsg.): Uncommon Ground. Rethinking the Human Place in Nature. New York: 69–90.

EMERSON, RALPH WALDO (1982): Die Natur. Ausgewählte Essays. Herausgegeben von Manfred Pütz. Stuttgart: 83–142.

ESCHENBURG, BARBARA (1987): Landschaft in der deutschen Malerei. Vom späten Mittelalter bis heute. München.

EWENZ, GABRIELE (2011): Quellen zur Düsseldorfer Malerschule 1825–1928. Zusammengestellt und bearbeitet von Gabriele Ewenz. – In: BAUMGÄRTEL, BETTINA (Hrsg.): Die Düsseldorfer Malerschule und ihre internationale Ausstrahlung 1819–1918. 2 Bde. Petersberg: 377–424.

GAETHGENS, BARBARA (1988): Amerikanische Künstler und die Düsseldorfer Malschule. – In: GAETHGENS, THOMAS (Hrsg.): Bilder aus der Neuen Welt. Amerikanische Malerei des 18. und 19. Jahrhunderts. Meisterwerke aus der Sammlung Thyssen-Bornemisza und Museen der Vereinigten Staaten. München: 70–79.

GAETHGENS, BARBARA (1992): Fictions of Nationhood. Leutze's Pursuit of an American History Painting in Düsseldorf. – In: GAETHGENS, THOMAS & ICKSTADT, HEINZ (Hrsg.): American Icons. Transatlantic Perspectives on Eighteenth- and Nineteenth-Century American Art. Santa Monica, Cal.: 146–182.

GOETHE, JOHANN WOLFGANG VON (1974): Gedichte. Herausgegeben und kommentiert von Erich Trunz. 10. Auflage. München.

HARD, GERHARD (1983): Zu Begriff und Geschichte der »Natur« in der Geographie des 19. und 20. Jahrhunderts. – In: GROSSKLAUS, GÖTZ & OLDEMEYER, ERNST (Hrsg.): Natur als Gegenwelt. Beiträge zur Kulturgeschichte der Natur. Karlsruhe: 139–167.

HOWAT, JOHN K. (2005): Frederic Church. New Haven.

HUMBOLDT, ALEXANDER VON (1847): Kosmos. Entwurf einer physischen Weltbeschreibung. Band 2. Stuttgart.

KETNER, JOSEPH D. (2000): Carl F. Wimar und der amerikanische Westen. – In: KRUMBACH, INGE & KRUMBACH, HELMUT: Carl F. Wimar. Der Indianermaler. Siegburg: 56–81.

KORT, PAMELA & HOLLEIN, MAX (Hrsg.) (2006): I Like America. Fiktionen des Wilden Westens. München.

KREIS, KARL MARKUS (2006): Deutsch-Wildwest. Die Erfindung des definitiven Indianers durch Karl May. – In: KORT, PAMELA & HOLLEIN, MAX (Hrsg.): I Like America. Fiktionen des Wilden Westens. München: 249–273.

KRUMBACH, INGE & KRUMBACH, HELMUT (2000): Carl F. Wimar. Der Indianermaler. Siegburg.

MAIER, MICHAELA (1999): Albert Bierstadt: Rocky Mountains – Lander's Peak. Magisterarbeit Heidelberg. Online-Veröffentlichung: http://archiv.ub.uni-heidelberg.de/artdok/volltexte/2000/82

MAUCH, CHRISTOF (2008): Die 101 wichtigsten Fragen. Amerikanische Geschichte. München.

McCLOSKEY, BARBARA (2006): Von der »Frontier« zum Wilden Westen. Deutsche Künstler, nordamerikanische Indianer und die Inszenierung von Rasse und Nation im 19. und frühen 20. Jahrhundert. In: KORT, PAMELA & HOLLEIN, MAX (Hrsg.): I Like America. Fiktionen des Wilden Westens. München: 299–321.

MORGEN, SABINE (2011): Die Ausstrahlung der Düsseldorfer Malerschule nach Amerika. – In: BAUMGÄRTEL, BETTINA (Hrsg.): Die Düsseldorfer Malerschule und ihre internationale Ausstrahlung 1819–1918. 2 Bde. Petersberg: 186–199.

NOVAK, BARBARA (1980): Nature and Culture. American Landscape and Painting 1825–1875. London.

PENNY, H. GLENN (2006): Illustriertes Amerika. Der Wilde Westen in deutschen Zeitschriften 1825–1890. – In: KORT, PAMELA & HOLLEIN, MAX (Hrsg.): I Like America. Fiktionen des Wilden Westens. München: 141–157.

SCHAMA, SIMON (1996): Der Traum von der Wildnis. Natur als Imagination. München.

SPANIER, HEINRICH (2016): Wildnis – Wie viel nicht direkt vom Menschen kontrollierte Natur braucht es? – In: HABER, WOLFGANG, HELD, MARTIN & VOGT, MARKUS (Hrsg.): Die Welt im Anthropozän. Erkundungen im Spannungsfeld zwischen Ökologie und Humanität. München: 139–151.

TURNER, FREDERICK JACKSON (1920): The Frontier in American History. New York.

Walther Rathenau und Hermann Burte auf der Kraftwerksbaustelle in Laufenburg

Hansjörg Küster

Der Bau von Kraftwerken am Hochrhein

Zu Beginn des 20. Jahrhunderts prallten beim Bau eines Stromkraftwerks bei Laufenburg am Oberrhein zwei sehr unterschiedliche Vorstellungen darüber aufeinander, wie die zukünftige Entwicklung Deutschlands verlaufen sollte. Für die Anhänger der Moderne stellte der Bau ein Symbol für den ungebremsten Fortschritt dar. Genau dagegen wandte sich eine regelrechte Kampagne der im Entstehen begriffenen Heimat- und Naturschutzbewegung, die hier ihren ersten großen gesamtgesellschaftlichen Konflikt austrug. Dieser endete mit einem scheinbaren Kompromiss. Mehrere Autoren haben diese Geschichte bereits untersucht (u. a. SIEFERLE 1986; LINSE 1988; KNAUT 1993: 421–426; SCHMOLL 2004: 415–419; SPANIER 2009, besonders 70–72). Nahezu unbekannt ist aber, dass dieser Ort und mittelbar auch dieser Konflikt zudem zwei Personen in Kontakt brachte, die politisch und ideologisch kaum unterschiedlicher sein konnten: den linksliberalen Industriellen Walther Rathenau (1867–1922), der 1922 das Amt des Reichsaußenministers übernahm und noch im gleichen Jahr einem Attentat Rechtsradikaler zum Opfer fiel, und den völkischen Schriftsteller Hermann Burte (1879–1960).

Ende des 19. Jahrhunderts nahm die Industrialisierung in Deutschland gewaltig an Fahrt auf. Die Fabriken brauchten Strom. Neue technische Erfindungen erlaubten es, diesen nun auch über längere Strecken zu transportieren. Dadurch gerieten bisher peripher gelegene Gebiete in den Fokus der Stromgewinnung – so auch Laufenburg am Oberrhein. Hier plante man die Beseitigung des »Laufen« oder »Kleinen Laufen«, einer nur wenig mehr als zehn Meter breiten Engstelle des Rheins, durch die sich der vor allem zur Zeit der Schneeschmelze wasserreiche Strom hindurchpresste. Über die Schlucht führte eine spektakulär in die Landschaft eingepasste Brücke, die den im Norden liegenden badischen Teil von Laufenburg mit dem schweizerischen Teil im Süden des Flusses miteinander verband. Die Engstelle und die Brücke waren seit dem 17. Jahrhundert, vor allem aber im 19. Jahrhundert immer wieder von Künstlern dargestellt worden (BLETTGEN et al. 2007). Zu den Gegnern des Kraftwerksbaus und damit auch der Zerstörung des Laufen gehörte der Nestor der Heimat- und Natur-

Abb. 1: Hans Thoma: Der Rhein bei Laufenburg. 1870. Berlin, Staatliche Museen Stiftung Preußischer Kulturbesitz, Nationalgalerie. – Wiki commons, https://upload.wikimedia.org/wikipedia/commons/9/91/Hans_Thoma_-_Der_Rhein_bei_Laufenburg.jpg.

Abb. 2: Hinweis auf den »Hans-Thoma-Blick« in Laufenburg. Foto: Hansjörg Küster, 2013.

Abb. 3: Der Blick auf Laufenburg heute. Foto: Hansjörg Küster, 2013.

schutzbewegung Ernst Rudorff (1840–1916): »Ein [...] noch ungeheuerlicherer Plan spukt jetzt in den Köpfen einiger süddeutscher Techniker und Unternehmer. Man will nichts geringeres, als die gewaltigen Stromschnellen bei Laufenburg, einige Meilen unterhalb Schaffhausen, der Elektrizitätsentwicklung dienstbar machen. Wer Laufenburg gesehen hat, der weiß, daß es wenige Städtebilder auf deutschem Boden gibt von ähnlichem wildphantastischem Zauber: ein unmittelbar am Ufer des reißenden Stromes auf Felsengrund sich hoch aufbauendes Städtchen durchaus mittelalterlichen Charakters, überragt von Wartttürmen, Schloßtrümmern und einer gotischen Kirche, und ihm zu Füßen der smaragdgrüne, jugendliche Rhein in rasendem Toben, Brausen und Schäumen über die zerrissenen Klippen sich in die Tiefe stürzend! Einstweilen ist es noch keiner der beiden Gesellschaften [...] gelungen, die Erlaubnis zur Ausführung ihres Planes zu erlangen. Darf man erwarten, daß an entscheidender Stelle das Gefühl der Verantwortung auf die Dauer stark genug bleiben werde, um eine Tat abzuwehren, die getrost ein Verbrechen an der Menschheit genannt werden dürfte?« (RUDORFF 1897: 44 f.). Möglicherweise kannte Rudorff Laufenburg allerdings nur von der Betrachtung eines Bildes, das Hans Thoma 1870 gemalt hatte und das später in Rudorffs Heimatstadt Berlin ausgestellt wurde; wäre er selbst in Laufenburg gewesen, hätte er bemerken müssen, dass gerade der von ihm erwähnte Teil der Stadt mit den »Schloßtrümmern« und der gotischen Kirche nicht in Deutschland, sondern in der Schweiz lag (Abb. 1). An Thomas Bild von Laufenburg ist übrigens bemerkenswert, dass es nicht nur den mittelalterlichen Charakter der Stadt zeigt, sondern auch die sich am Bahnhof von Laufenburg verzweigenden Gleise der Bahnlinie von Basel nach Konstanz (im Vordergrund). Die Moderne ist auf Thomas Bild also durchaus präsent. Der Ort, von dem aus Hans Thoma die Stadt mit dem Laufen malte, wird heute gerne als »Hans-Thoma-Blick« aufgesucht (Abb. 2). Den meisten Besuchern fällt es nicht auf, dass von dort aus zwar die Stadt, aber nicht mehr die frühere Naturschönheit des Laufen zu sehen ist (Abb. 3).

Während der Bauarbeiten an den Kraftwerksanlagen und einer neuen Brücke über den Laufen kam es in Laufenburg zu einer bemerkenswerten Begegnung zweier Menschen. Im Mai 1912 trafen sich dort der jüdische Industrielle Walther Rathenau und der aus dem alemannischen Raum stammende Schriftsteller Hermann Strübe. Rathenau war für ein Bankenkonsortium tätig, das die Kraftwerksanlagen am Hochrhein finanzierte und gehörte als Mitglied der Führung in der von seinem Vater gegründeten AEG zu den Bauherren der Anlagen; in antiliberalen Kreisen war er verhasst, vor allem, nachdem er in der frühen Weimarer Zeit Außenminister geworden war. 1922 wurde er von Rechtsradikalen ermordet. Hermann Strübe, der sich Hermann Burte nannte und auch unter diesem Namen bekannt wurde, gilt dagegen als Vertreter völkischer Gedanken, der später von den Nationalsozialisten hoch dekoriert wurde.

Rathenaus »Zur Kritik der Zeit«

Rathenau und Burte hatten beide 1912 wichtige Bücher geschrieben (GRÄFE 2015).[1] Walther Rathenau publizierte »Zur Kritik der Zeit« (RATHENAU 1912). Er beschrieb einen Systemwechsel im Leben und Handeln der Menschen Mitteleuropas, der sich seit der Mitte des 19. Jahrhunderts abgespielt habe und den er als exzeptionell herausstellte: »Wir kennen Völker mit tausendjähriger Geschichte; wir ahnen, daß Ägypten, Persien, Rom und China gewaltige Wandlungen der Menschen und ihrer Sitten zwischen Anfang und Ende ihres Völkerlaufes erblickt haben. Aber Wandlungen germanischer Krieger in deutsche Gelehrte, preußische Beamte, Berliner Hausbesitzer, sächsische Industriearbeiter (...) – Wandlungen des Blutes und Geistes von solch erstaunlicher Verwegenheit kennen die uns erschlossenen Historien nicht« (RATHENAU 1912: 23). Nachfahren von Germanen ließen sich in den Großstädten kaum finden. »Es könnte jemand tagelang Unter den Linden auf und ab spazieren, ohne auch nur einen einzigen Menschen vom alten Schlage zu erblicken, und träfe er ihn, so würde in den meisten Fällen eine kurze Unterhaltung offenbaren, daß die Seele eines Hohenstaufen in diesem bevorzugten Körper nicht wohnt. Entfernt man sich jedoch von den städtischen Zentren nach jenen abgelegenen Gauen hin, etwa nach Friesland, Jütland und dem südlichen Schweden, so finden sich heute noch Menschen, ja Stämme, welche die antiken Schilderungen rechtfertigen und retten« (RATHENAU 1912: 24).

Diese Worte aus der Feder eines jüdischen Intellektuellen liest man zwar heute mit Verwunderung oder sogar Befremden, aber damals entsprachen sie weitgehend dem Zeitgeist. Allerdings finden sich diese Gedanken nur am Beginn seines Textes; später begründet Rathenau, warum sich die Grundbedingungen des menschlichen Lebens wandeln mussten und auch weiterhin ändern müssten. Er geht dabei unter anderem darauf ein, dass der enorme Bevölkerungsanstieg andere und neue Formen von Landnutzung und Versorgung nötig mache, und er denkt seltsamerweise nur an die weiße Bevölkerung: »Gegeben ist die Größe der menschlichen Einzelleistung, gegeben die bewohnbare Erdoberfläche, gegeben, aber praktisch fast unerschöpflich und nur an den menschlichen Arbeitseffekt gebunden, die Menge der greifbaren Rohstoffe, praktisch unermeßlich sind die verwertbaren Naturkräfte. Aufgabe ist es nun, für die zehnfach, hundertfach sich vermehrende weiße Bevölkerung Nahrung und Gebrauchsgüter zu schaffen. [...] Rat, vielleicht den verruchtesten, der je der Menschheit zugerufen wurde, gab Malthus: die natürlichen Quellen des Lebens zu hemmen und die Nachkommenschaft widernatürlich zu beschränken. Das einzige Land, das diesen Weg beschritten hat, Frankreich, ist im Begriffe, daran zugrunde zu gehen. [...] Dies war nur auf einem Wege möglich: wenn der Effekt der menschlichen Arbeit um ein Vielfaches gesteigert und gleichzeitig ihr Erzeugnis, das produzierte Gut, auf das

1   Den Hinweis auf diesen Artikel verdanke ich Martin Blümcke, Laufenburg.

vollkommenste ausgenutzt werden konnte. Erhöhung der Produktion unter Ersparnis an Arbeit und Material ist die Formel, die der Mechanisierung der Welt zugrunde liegt. Um die Steigerung des Arbeitseffektes zu würdigen, wolle man erwägen, daß alles zweckbestimmte Handeln und Geschehen nur zu einem Teil dem Zwecke dient. Ein anderer Teil – in der Regel weitaus der größere –, sei er vorbereitender, begleitender, schützender oder ungewollter Art, dient dem Zweck nur mittelbar oder überhaupt nicht und schädigt den Wirkungsgrad« (RATHENAU 1912: 41). Rathenau nahm hier Bezug auf die 1798 publizierte Bevölkerungstheorie des englischen Ökonomen Thomas Robert Malthus. Interessant ist Rathenaus Gedanke, dass es nur zu einem Teil auf die Mechanisierung der Welt ankomme, zu einem anderen Teil aber auch auf Dinge wie Schutz oder Erhöhung von Resilienz, wie man heute sagen würde, um Vorsorge. Alles dies sind kulturelle Ziele, die auch den Schutz von Heimat und Natur einschließen, wie er als Reaktion unter anderem auf den Kraftwerksbau am Hochrhein formuliert wurde.

>*»Die mechanistische Entwicklung können wir ohne Staunen, ja ohne Geistesaufwand ein gutes Stück zukunftwärts weiterdenken. Ein hundertfach übervölkerter Erdball, die letzten asiatischen Wüsten angebaut, ländergroße Städte, die Entfernungen durch Geschwindigkeiten aufgehoben, die Erde meilentief unterwühlt, alle Naturkräfte angezapft, alle Produkte künstlich herstellbar, alle körperliche Arbeit durch Maschinen und durch Sport ersetzt, unerhörte Bequemlichkeiten des Lebens allen zugänglich, Altersschwäche als alleinige Todesart, jeder Beruf jedem eröffnet, ewiger Friede, ein internationaler Staat der Staaten, allgemeine Gleichheit, die Kenntnisse des mechanischen Naturgeschehens ins Unabsehbare erweitert, neue Stoffe, Organismen und Energien in beliebiger Menge entdeckt, ja zu guter Letzt Verbindungen mit fernen Gestirnen hergestellt und erhalten; im Sinne der Mechanisierung die höchsten Aufgaben, alle lösenswert und vermutlich dermaleinst gelöst; wem macht es Schwierigkeiten, dies Bild künftiger Bequemlichkeit und Gelehrsamkeit beliebig auszumalen, und wen macht es glücklich?«* (RATHENAU 1912: 101)

Da ist einerseits die Vision, aber auch die pessimistisch klingende Frage am Schluss, die nach dem Sinn von alledem fragt, was der menschliche Geist ersinnen mag. Immer wieder scheint die Sehnsucht nach Ursprünglichkeit und deren Wiederherstellung durch, man bemerkt beim Lesen von Rathenaus Schrift an vielen Stellen, dass er sich um eine ihn selbst und auch andere überzeugende Diktion bemüht. Wollte er sich gegenüber denjenigen rechtfertigen, die den Bau von Industrieanlagen wie denjenigen am Hochrhein auf das Heftigste kritisierten – also den Heimat- und Naturschützern?

Es sei aber, wie Rathenau am Anfang seines Buches feststellte, möglich, »das flache Land oder die Städte an der nördlichen und südlichen Grenze unsres Sprachgebiets aufzusuchen, um wahrzunehmen, daß trotz Zeitung, Eisenbahn, Industrie und Politik ein altes, dem Großstädter fernes Deutschland dort sich erhält und verteidigt. So wird man in den alten Ortschaften Holsteins oder der Nordschweiz den Unterschied der Stände, die Gegensätze der Berufe in Sprache, Gebaren und Gesichtszügen ausgeprägt finden, Beschaulichkeit der Denkweise, Handlichkeit des Ausdruckes, Fertigkeit der Überlieferung nicht vermissen. Wie denn überhaupt in wundervollem Erhaltungstriebe die Erde abseitig und oft in Schlupfwinkeln alles scheinbar Vergangene, selbst das Entfernteste, uns aufbewahrt hat, so daß alle zentrische Bildung von heute zur peripherischen von morgen wird, und jeder Schritt abseits vom Wege auch einen Schritt abseits von der Zeit bedeutet« (RATHENAU 1912: 21 f.) – solche Aussagen hätten sicherlich auch von Ernst Rudorff und anderen modernen Zivilisationskritikern stammen können.

Burtes Wiltfeber

Aus der Peripherie des deutschen Sprachraumes stammte Hermann Burte (eigentlich Hermann Strübe), nämlich aus Maulburg bei Lörrach. Sein Roman »Wiltfeber, der ewige Deutsche. Die Geschichte eines Heimatsuchers« war ebenfalls 1912 erschienen und machte seinen Verfasser überregional bekannt. In dem Buch geht es teilweise um sehr ähnliche Gedanken wie bei Walther Rathenau. Thomas Gräfe zitiert einen bezeichnenden Absatz daraus: »Ich suchte ein Dorf, da lag es im Sterben; ich suchte den Gott der Leute in der Heimat, da war es ein Stammesgott, das vergottete Rassenbild einer Wüstensippe; ich suchte die Macht, da war sie geteilt unter alle, so dass keiner sie hatte und nichts getan werden konnte; ich suchte den Geist, da faulte er in Amt und Gehalt; ich suchte das Reich, da war es eine Herde Enten, welche den Aar lahmschwatzten; ich suchte meine Rassebrüder, da waren es Mischlinge siebenten Grades, bei denen jedes Blut das andere entartete; ich sah nach ihrer Lebensfürsorge, da war es ein gegenseitiges Verhindern; und als ich endlich nach den Geistigen sah, nach denen, deren Arbeit allein mit Sinn begabt das Werkeln der Menschen, da waren sie in das Blondenviertel gebannt und totgeschwiegen.« (BURTE 1912, zit. GRÄFE 2015: 258)

Rathenau hatte Burtes Buch sofort nach dessen Erscheinen gelesen. Als Richard Dehmel ihn darauf aufmerksam machte, antwortete er am 22.3.1912: »Burtes Buch kenne und liebe ich. Sie können sich denken, wie willkommen es mir erschien: als lyrische Exegese und Partitur zu dem ernsten Text, den die wahrhafte Not unserer Zeit mir in diesen Jahren abzwang und der nun, vielleicht etwas zu unsinnig und überkondensiert mir vor Augen steht.«[2] Dehmel hatte in seinem vorausgegangenen Schreiben an Rathenau auch erwähnt, dass Hermann Burte gesundheitliche und finanzielle Probleme hatte: »Lesen Sie so bald wie möglich Hermann Burte's ›Wiltfeber‹ (Verlag

---

2   Walther Rathenau an Richard Dehmel, Berlin W, 22.3.1912. Abdruck in: JASER et al. 2006: 1073 f.

Sarasin, Leipzig) – und wenn Sie, wie ich hoffe, davon erschüttert sind, dann öffnen Sie Ihre Hand! Dieser Prachtkerl ist arm und hat vor kurzem eine schwere Influenza überstanden, die ihn 2 Monate lang arbeitsunfähig machte; da er sonst ein gesunder Bursch ist, wirklich wie sein Wiltfeber, muß er sich jetzt extra stärken. [...] Sie werden aus seiner Dichtung denselben heldischen ›Jubelklageschrei‹ (so habe ich unsern höchsten Notruf einmal genannt) heraushören, den Sie in Ihrer Übervölkerungslehre sich gleichsam mit ärztlicher Ruhe verbeißen, der aber dennoch immerfort durch die gepreßten Zähne bebt.«[3]

Rathenau erhielt von Dehmel Burtes Adresse und schrieb ihm sofort: »Seit Wochen wünsche ich Ihnen zu danken für Ihr starkes und stolzes Buch. [...] Es wäre mir eine große Freude, wenn Ihr Weg Sie einmal nach Berlin führte. Wenn nicht, so bleibt mir die Hoffnung, Sie im Laufe des Jahres in Ihrer engeren Heimat zu sehen. Ich bin – ohne eigene Schuld – beteiligt an dem Verbrechen, das in Laufenburg gegen die Stadt und den Rhein verübt wird, und ich muß jährlich ein oder zweimal dort an Sitzungen teilnehmen.«[4] Rathenau verwendete für den Anlagenbau am Hochrhein genauso wie Rudorff den Begriff »Verbrechen«. Kannte er Rudorffs Äußerungen zu Laufenburg?

Am 30. März 1912 schickte Walther Rathenau zwei seiner Werke, nämlich die »Reflexionen« und »Zur Kritik der Zeit«, an Hermann Burte, versehen mit der Widmung: »Mit herzlichen Wandergrüßen des Ewigen Juden Martin Wiltfeber dem Ewigen Deutschen freundschaftlich überreicht durch Walther Rathenau«, und Rathenau schrieb dazu: »[...] das unausgesprochene Wort unserer Zeit ist ein Wort der Sehnsucht, und mir scheint, wir haben Beide etwas ähnliches geträumt, und erzählen, wie wir müssen, unsere Träume verschieden«.[5]

Hermann Burte antwortete Walther Rathenau am 1. Mai 1912: »Ihre ›Reflexionen‹ sind ein ganz außerordentliches Buch; im Range gleich mit Montaigne, Bacon, Machiavell, La Bruyère; die Fülle, die Intensität, die verblüffende Allseitigkeit machen mir einen gewaltigen Eindruck; aber das Buch wirkt befreiend; es macht mich fröhlich (durch Tränen fröhlich!) hochgemut; das Hutten'sche Wort von der Lust zu leben kommt in den Mund: herzlichen Dank für diese Gabe! Es bleibt mir mit dem anderen, neueren, ein unersetzlicher Schatz. Nicht vergessen will ich Ihnen die wundervolle Rede an die rheinischen Normalianer; es gibt so selten gute Reden zu hören oder zu lesen; wir haben keine Burke's, keine Fox, keine Disraelis in unsern Parlamenten; ein Premier, der vorher Bücher geschrieben hat, wie Beaconsfield und ein Dandy war wie er, der wird in Deutschland noch lange unmöglich sein. Haldane ediert glän-

---

3   Richard Dehmel an Walther Rathenau, Blankenese b. Hamburg, 21.3.1912. Abdruck in: JASER et al. 2006: 1071 f.
4   Walther Rathenau an Hermann Burte-Strübe, Grunewald, 22.3.1912. Abdruck in: JASER et al. 2006: 1073.
5   Walther Rathenau an Hermann Burte-Strübe, Grunewald, 30.3.1912. Abdruck in: JASER et al. 2006: 1077.

zend unsern Schopenhauer; Balfour schreibt tiefe, gründliche soziologische Bücher; seit Bismarcks ›G. u. E.‹ ist bei uns kein Buch eines Staatsmanns erschienen, das als Buch Wert hätte; mittlerweile wäscht old Hohenlohe's Seelenschwester ihre schmutzige Wäsche in voller Öffentlichkeit, und die toskanische Nymphomane exhibiert, o jerum –. Deshalb jauchzte ich innerlich, als Ihre schneidige Rede mit ihrer erfrischenden Grobheit (im guten Sinne!) mir zukam; es kam mir fast vor, wie eine Episode aus dem ›Wiltfeber‹. Ich schüttle Ihnen kräftig die Hand!«[6]

Rathenau und Burte treffen sich

Zu einem Treffen zwischen Rathenau und Burte-Strübe kam es bald, und zwar auf der Baustelle in Laufenburg. Walther Rathenau schrieb am 4. Mai 1912 aus Berlin: »Verehrter Herr Strübe, Unsere Laufenburger Sitzung ist für den 7. Mai einberufen. […] Ich vermute, daß diese bis etwa 4 oder 5 Uhr dauert. Während dieser Zeit werde ich also Sie nicht sehen können. Am Abend bin ich indessen frei. […] Ich habe Ihnen diese nüchternen Dispositionen dargelegt, um Sie zu fragen, ob Sie mit Ihrer genaueren Orts- und Verkehrskenntnis die Möglichkeit einer Begegnung erblicken können. Daß ich mich freuen würde, wenn sie stattfände, brauche ich Ihnen nicht zu sagen.« Dazu im Postscriptum: »Führt Ihr Weg Sie nach Laufenburg, so lassen Sie mich ruhig aus der Sitzung rufen, um einige freie Stunden zu verabreden.«[7]

Rathenau reiste am 6. Mai nach Laufenburg und begegnete Hermann Burte-Strübe am folgenden Tag. An dieses Treffen erinnert sich Hermann Burte in einem längeren Text: »Heute liegt der Laufen da, ein ebener schöner See; eine elegante Betonbrücke überspannt die Stromenge und auf dem Joche stehen zwei Kastanien. Der wilde Rhein war schön, aber der gebändigte auch. Als ich hinkam, um Rathenau zu treffen, brauste der Strom noch ungehemmt durch die Felsen; aber schon hob sich aus den Fluten unterhalb des Laufens die Sperre: die Vermenschlicher der Erde waren an der Arbeit, und einen der ersten unter ihnen sollte ich hier finden. Ein großer schlanker Mann von souveräner Haltung kam in die braune alte Pinte herein […].

Nachdem die Sitzung beendigt war, gingen wir an den Rhein hinab, um den Bau zu besehen.

Der Strom war unterhalb der Enge etwa zur halben Breite schon gedämmt; auf der deutschen Seite schoß er noch in riesigen dicken Strangen durch die Joche, und das

6 Hermann Burte an Walther Rathenau, Lörrach, 1.5.1912. Abdruck in: JASER et al. 2006: 1090. – Dort werden auch die Abkürzungen und Anspielungen aus Burtes Brief aufgelöst: Gemeint sind die »Gedanken und Erinnerungen« von Otto Fürst von Bismarck, dann Fürst Bülow und seine Gattin. Der »Rheinische Normalianer« bezieht sich auf den »Rheinischen Bismarck« Rathenaus.

7 Walther Rathenau an Hermann Burte-Strübe, Berlin, 4.5.1912. Abdruck in: JASER et al. 2006: 1089.

ganze Gerüst zitterte vom Anprall der Wasser. An der Salmenwage, der Brücke zu, stand ein Fischer und hob eben einen blitzenden, schlagenden Lachs aus der Bähre. Das Gehen auf der Bretterbahn der begonnenen Sperrbrücke war unheimlich: man fühlte seine menschliche Ohnmacht der Naturgewalt gegenüber, und doch durchrann mich die Empfindung mächtig, welch ein Unternehmen der Menschen es sei, den grünen vollen Strom da unten durch die Schaufeln der Turbinen zu jagen, auf Dynamos zu zaubern, in veredelten Strom zu verwandeln und in einem dünnen Kupferdraht die ganze Energie des Gebändigten und Überlisteten einzufangen und zu leiten. Rathenau stand neben mir und sprach laut, aber das Tosen der Wellen verschlang seine Stimme; man mußte den Mund ganz an die Ohrmuschel des anderen bringen, wollte man verstanden werden. Ich beugte mich über das Geländer, um zu sehen, wie die italienischen Arbeiter verschalten: Sind Sie schwindelfrei? rief mein Geleiter. So ziemlich! brüllte ich zurück. Er streckte seine schlanke Hand aus, wies mir die Hauptmauern der Anlage, stolz, königlich, ein wirklicher Walter eines wahren Werkes. Mir fiel der Gegensatz und der Abstand zwischen ihm und mir auf die Seele: aber ich empfand keinen Neid, nur Sporn. Der Gedanke zu meiner Parabel ›Die Brüder und der Wasserfall‹ schoß mir in das Hirn, die Sonette über das Kraftwerk und den Transformator reihten sich und ich sang schon die erste Zeile des Gedichtes: ›Du der stolze Arbeitgeber/ Unternehmer, Weltgestalter/ich der zage Weltumschweber/Wortemacher, Geistbehalter!‹ [...] Ich schrie: Den Strom der Zeit stauen, spannen, durch die Turbinen jagen, auf Dynamos kuppeln, in Licht verwandeln, Kraft und Bewegung, den Strom der Zeit, wer kann das? Eingeweide – Herz – Hirn: der Dichter! Was muß ein Mensch gelitten haben, es derart nötig zu haben, den Hans Wurst zu machen, sagt Nietzsche. – Von wem sagt er das? frug er. – Von Bacon, den er für den Shakespeare-Dichter hält: im ›Ecce homo‹. Wir fingen an heiser zu werden. Ein Mann kam auf das Gerüst getrampt, mit Plänen in der Hand und frug, ob die Brücke dieses Dach bekommen solle? Sie wollen es dem Charakter des Städtleins anpassen. – Unsinn! schrie Rathenau, das wird derselbe Kitsch wie das romanische Haus und Café in Berlin an der Kaiser-Wilhelm-Gedächtniskirche. – Der Ingenieur, von Aussehen und Aussprache ein zünftiger Morgartenschweizer, ging wieder. Dann schilderte Rathenau mit großen Gesten der Hand die Landschaft, wie sie werden müsse, wenn der Stau vollendet stünde: Es hat niemand die jetzige Stromidylle besser geschildert, seitdem sie klar vor Augen wirklich daliegt, als Rathenau auf dem schmutzigen schwankenden Gerüst damals in einer Krise des Baus. Er hatte wirklich die Gabe der prophetischen Vision. Wir reichten uns aus *einem* Gefühl heraus die Hände und gingen« (BURTE 1948).[8]

---

8   Der Text wird hier zitiert nach: Gespräche mit Rathenau. – In: SCHULIN 1977.

Eine Freundschaft und ihr Ende

Hermann Burte stand in der Beziehung zu Walther Rathenau von Anfang an in einer finanziellen Abhängigkeit. Aber beide Männer waren sehr belesen und breit gebildet; ihre Dialoge hatten daher eine breite Basis. Rathenau erkannte, vielleicht angeregt durch den Hinweis Richard Dehmels, die Parallelen zwischen Passagen seines Werkes »Zur Kritik der Zeit« und Burtes »Wiltfeber«, und auch Burte entdeckte Äußerungen Rathenaus, die in seinen »Wiltfeber« gepasst hätten. Thomas Gräfe stellt Gemeinsamkeiten und Unterschiede in den Auffassungen Burtes und Rathenaus heraus: »Die Schnittmengen von ›Wiltfeber‹ und ›Zur Kritik der Zeit‹ liegen darin, dass beide Bücher die Gegenwart als eine Epoche kulturellen Verfalls auffassen, Modernisierungsprozesse rassentheoretisch als ›Entgermanisierung‹ deuten und die Angst vor den nivellierenden Tendenzen der heraufziehenden demokratischen Massengesellschaft zum Ausdruck bringen. Für Rathenau genügten diese Gemeinsamkeiten, um in Burte einen Seelenverwandten zu entdecken« (GRÄFE 2015: 262).

Der Briefwechsel zwischen Rathenau und Burte dauerte bis 1918 an. Am erstaunlichsten dabei ist wohl die Anfrage Rathenaus an Burte vom 4. April 1914, ob er sich nicht an der Spionageaufklärung beteiligen könne: »Es wurde darauf als sehr erwünscht bezeichnet, wenn Sie die Freundlichkeit haben wollten, mir die Fälle, insbesondere englisch-französischer Spionage, die Ihnen bekannt geworden sind, mit denjenigen Einzelheiten, die für die Militärbehörde von Interesse sind, aufzuzeichnen.«[9] Rathenau und Burte trafen sich immer wieder an wechselnden Orten. Burte schrieb seine Erinnerungen an die Begegnung mit Rathenau 1917 auf, und zwar für einen nicht gedruckten Sammelband. Burtes Text erschien erstmals 1925, also nach der Ermordung Rathenaus 1922, in einer kleinen Auflage.

Walther Rathenau, von Rechtsradikalen 1922 ermordet, gehörte zur Zeit des »Dritten Reichs« zu einem der am meisten verhassten Politiker. Hermann Burte gilt dagegen als »bewußt völkischer Dichter eines germanischen Sendungsbewußtseins, in seinen Problemdramen um die Unterordnung des einzelnen unter den Staatsgedanken« (WILPERT 1971: 224). Er avancierte zu einem von den Nationalsozialisten gefeierten Autor. Diese Wendung zu einem eindeutigen Antisemitismus deutete sich für Rathenau wohl bereits unmittelbar nach dem Ersten Weltkrieg an. Am 31. Januar 1919 schrieb er an Dora Nichtenhauser in Haagen bei Lörrach: »Für Ihre Mitteilungen danke ich Ihnen. Ich würde es tief bedauern, wenn Hermann Strübe, dessen Talent und Persönlichkeit ich schätze, sich an antisemitischen Hetzereien beteiligt hätte. Es

---

9   Walther Rathenau an Hermann Burte-Strübe, Berlin, 4.4.1914. Abdruck in: JASER et al. 2006: 1294 f.

liegt mir jedoch fern, zu einer politischen Betätigung, auch wenn sie mich kränkt, eine persönliche Stellung zu nehmen.«[10]

Burtes Text über seine Begegnungen mit Rathenau wurde 1948 noch einmal in einer größeren Auflage gedruckt. Möglicherweise nutzte dies Burte, so dass er 1949 bei der Entnazifizierung nur als »minderbelastet« eingestuft wurde (GRÄFE 2015: 271).

Aus heutiger Sicht sollte man vermuten, dass Hermann Burte am Anfang des 20. Jahrhunderts eher auf der Seite von denjenigen stand, die ihre Heimat am Oberrhein vor modernen Industrieanlagen bewahren wollten und gegen eine Beseitigung des Laufen bei Laufenburg durch das Aufstauen des Rheins opponierten. Aber für diese Seite konnte auch Walther Rathenau, der linksliberale Industrielle, Verständnis aufbringen. Dadurch, dass sie sich kennenlernten, sich schätzten und unterstützten, bestand ein zeitweiliger Konsens zwischen zwei Menschen, von denen nach dem Ersten Weltkrieg klar wurde, dass sie in Wahrheit zwei grundverschiedenen politischen Lagern angehörten. Daher ist es schwierig, ihre Einstellungen in der Zeit vor 1914 oder 1918 zu beurteilen. Dies macht es besonders kompliziert, gerade die Anfänge des Schutzes von Natur, Heimat, Landschaft und Denkmalen richtig zu beleuchten: Von sehr verschiedenen Seiten wurde sowohl die industrielle Erneuerung als auch der Widerstand dagegen vorangetrieben, von Linken, Rechten, Christen, Liberalen, Konservativen, Progressiven. Wir wissen nicht, ob und in welcher Weise Menschen wie Walther Rathenau und Hermann Burte vor dem Ersten Weltkrieg auch das sahen, was sie trennte. Später wurden diese Gegensätze allerdings nur allzu offensichtlich.

Literatur

BLETTGEN, GABY, BAUMGARTNER, HORST, BLÜMCKE, MARTIN, GERTEIS, EGON, SCHMELZER, ALOIS, STRITTMATTER, PETER & WASMER, FRIEDRICH (2007): Laufenburg. Bilder erzählen Geschichten. Laufenburg.

BURTE, HERMANN (1912): Wiltfeber, der ewige Deutsche. Die Geschichte eines Heimatsuchers. Leipzig.

BURTE, HERMANN (1948): Mit Rathenau am Oberrhein. Heidelberg.

GRÄFE, THOMAS (2015): Modernisierung als »Entgermanisierung«? Walther Rathenau und der völkische Schriftsteller Hermann Burte. – In: Zeitschrift für die Geschichte des Oberrheins 163 (Neue Folge 124): 245–275.

JASER, ALEXANDER, PICHT, CLEMENS & SCHULIN, ERNST (Hrsg.) (2006): Walther Rathenau: Briefe Teilband I: 1871–1913. Düsseldorf.

KNAUT, ANDREAS (1993): Zurück zur Natur! Die Wurzeln der Ökologiebewegung. Greven 1993.

10   Walther Rathenau an Dora Nichtenhauser, 31.1.1919. Abdruck in: JASER et al. 2005: 2098 f.

LINSE, ULRICH (1988): »Der Raub des Rheingoldes«: Das Wasserkraftwerk Laufenburg. – In: LINSE, ULRICH, FALTER, REINHARD, RUCHT, DIETER & KRETSCHMER, WINFRIED (Hrsg.): Von der Bittschrift zur Platzbesetzung. Konflikte um technische Großprojekte. Berlin, Bonn: 11–62.

RATHENAU, WALTER (1912): Zur Kritik der Zeit. Berlin – Zitiert nach Neuabdruck in: SCHULIN, ERNST (Hrsg.): (1977) Rathenau, Walter: Hauptwerke und Gespräche. Gesamtausgabe, Band II. München, Heidelberg.

RUDORFF, ERNST (1897): Heimatschutz. Zitiert nach: DEUTSCHER HEIMATBUND BONN (Hrsg.): Heimatschutz. Von Ernst Rudorff. St. Goar.

SCHMOLL, FRIEDEMANN (2004): Erinnerung an die Natur. Die Geschichte des Naturschutzes im deutschen Kaiserreich. Frankfurt/M.

SCHULIN, ERNST (Hrsg.): Walther Rathenau. Hauptwerke und Gespräche. München, Heidelberg.

SIEFERLE, ROLF PETER (1986): Die Laufenburger Stromschnelle. Eine Flußenge erregt die Gemüter. – In: Bild der Wissenschaft 7: 94–101.

SPANIER, HEINRICH (2009): Romantik und Naturschutz. Mutmaßungen zur Modernitätsverweigerung. – In: FÖRDERVEREIN MUSEUM ZUR GESCHICHTE DES NATURSCHUTZES IN DEUTSCHLAND E. V. (Hrsg.): Naturschutzgeschichte(n). Rundbrief Stiftung Naturschutzgeschichte 9: 69–76.

WILPERT, GERO VON (Hrsg.) (1971): Lexikon der Weltliteratur in 4 Bänden. Band 1. München.

Rechtstraditionen in der deutschen Jagdgeschichte 1918 bis 1976

Hans-Werner Frohn

Vorbemerkung

Im Kontext der Novellierung des nordrhein-westfälischen Jagdgesetzes, das nach dem erklärten Willen der Landesregierung in Richtung eines ökologischen Jagdgesetzes weiterentwickelt werden sollte, beherrschte den politischen Diskurs u. a. die Aussage, dass das mehrfach novellierte Bundesjagdgesetz (BJG) im Kern immer noch in der Tradition des 1934 verabschiedeten Reichsjagdgesetzes (RJG) stehe. Wie aber seien das RJG und das auf diesem aufbauende Bundesjagdgesetz politisch und fachlich einzuschätzen? Um diese Frage historisch zu klären, beauftragte das Ministerium für Klimaschutz, Umwelt, Landwirtschaft, Natur- und Verbraucherschutz des Landes Nordrhein-Westfalen 2013 die Stiftung Naturschutzgeschichte mit einem wissenschaftlichen Gutachten. Der folgende Beitrag beruht auf diesem Gutachten.

I. Einleitung

1. Erkenntnisleitende Fragestellung

Im wissenschaftlichen und politischen Diskurs besteht bis heute kein Konsens über die Einschätzung des 1934 erlassenen Reichsjagdgesetzes. Die Bandbreite zur Beurteilung dieses Gesetzes in der Literatur reicht vom apodiktisch vorgetragenen Urteil, beim RJG handele es sich um ein »typisches Nazi-Gesetz« (BODE & EMMERT 2000: 146; vgl. auch BODE 2015: 93) bis zu einer reinen Apologetik, wonach Entwürfe, die zur Zeit der Weimarer Republik gefertigt worden seien, als Beleg dafür gewertet werden, dass es sich schon deshalb nicht um ein Nazi-Gesetz handeln könne (GAUTSCHI 1998: 24–30; LEONHARDT 2008: 39; HARDER 2009: 240; DIRSCHERL 2012: 141 f., 204).

Die Kontroverse wird nicht nur in der Geschichtswissenschaft ausgetragen, sondern berührt, weil der Kernbestand des Reichsjagdgesetzes 1952 in das Bundesjagdgesetz (BJG) überführt wurde und auch die Novellen von 1961 und 1976 diesen Kernbestand nicht antasteten, auch den aktuellen, sehr kontrovers geführten Jagddiskurs (vgl. hierzu auch das Nachwort). Im Mittelpunkt dieser Analyse steht deshalb die erkenntnisleitende Frage, ob das Reichsjagdgesetz von 1934 als ein genuin nationalsozialistisches Gesetz zu charakterisieren ist.

2. Forschungsstand

2004 fertigte der wissenschaftliche Dienst des Deutschen Bundestages die Expertise »Entstehungsgeschichte des Bundesjagdgesetzes« an. Der Autor Helmut GOESER (2004: 10) kam in seiner Auswertung zu folgender Quintessenz:

> *»Insgesamt folgt die Assoziation des RJG mit der Nazi-Herrschaft nicht aus dem Wortlaut und Zustandekommen des Gesetzes, sondern aus der im Verlauf der Folgejahre zunehmend unheiliger werdenden Allianz mit Person und Rolle des später zum 2. Mann der NSDAP aufgestiegenen Reichsjägermeisters.*
> *Daß das BJG – unter Wegfall der Präambel – in weiten Teilen den Duktus des RJG übernommen hat, rechtfertigt vor diesem Hintergrund nicht die gedankliche Verbindung des BJG mit der Gesetzgebung der Nationalsozialisten und/oder der Person Görings.«*

Goesers und andere Untersuchungen leiden unter einem eklatanten Mangel. Sie beruhen auf einer nur unzureichenden Auswertung derjenigen Akten, die im Kontext des Gesetzgebungsverfahrens seit den 1920er Jahren angelegt wurden.

Im Falle Goesers basierte die Ausarbeitung sogar nur auf einer äußerst schmalen Auswertung zeitgenössischer Kommentarliteratur, der Autobiografie Otto Brauns, der Dissertation Klaus Mayleins aus dem Jahre 2001,[1] vor allem aber zentral auf der Dissertation Andreas Gautschis über den »Reichsjägermeister« Hermann Göring aus dem Jahre 1998 (GAUTSCHI 1998).[2] Zwei für die Fragestellung äußerst relevante Arbeiten bezog Goeser nicht in seine Analyse ein: die 1987 erschienene Dissertation Eugen Syrers, die sich explizit mit den Vorläufern und der unmittelbaren Entstehungsgeschichte der Novelle zum Bundesjagdgesetz 1976 auseinandersetzt (SYRER 1987), und die grundlegende Überblicksgeschichte zur Jagd von Werner Rösener aus dem Jahr 2004 (RÖSENER 2004).

Goeser übernahm im Wesentlichen die Positionen Gautschis. Dessen Dissertation weist auf den ersten Blick ein sehr beeindruckendes Quellen- und Literaturverzeichnis auf. Bei näherer Betrachtung zeigt sich aber, dass er relevante Quellen nicht eingesehen hat. In der Argumentation Gautschis nehmen Vorüberlegungen zu einem preußischen Jagdgesetz zur Zeit der Weimarer Republik eine große Rolle ein. Die Jagd ressortierte im Landwirtschaftsministerium. Eng mit zu beteiligen waren das Innen- und das Justizministerium. Insofern verwundert es, dass Gautschi zwar Akten

---

1   Sie wurde 2010 unter dem Titel »Die Jagd – Bedeutung und Ziele. Von den Treibjagden der Steinzeit bis ins 21. Jahrhundert« im Tectum Verlag publiziert.
2   Goeser datiert die Monografie Gautschis fälschlicherweise in das Jahr 2000. Insgesamt umfasst die Literaturliste Goesers nur sechs Publikationen.

des Geheimen Staatsarchivs Preußischer Kulturbesitz in Berlin-Dahlem zur Rominter Heide und zur Schorfheide auswertete, nicht jedoch die Akten der genannten Ministerien, die, wie noch zu zeigen sein wird, die von ihm geführte Argumentationskette entweder direkt widerlegen oder zumindest als sehr wenig plausibel erscheinen lassen. Gautschi versäumte es auch, die Akten des Reichsjustizministeriums im Bundesarchiv Berlin einzusehen, obwohl dieses Ministerium die Federführung beim Reichsjagdgesetz innehatte.

Gautschi argumentiert in seiner Dissertation eindeutig aus einer apologetischen Haltung heraus. Im Kern folgt er der Darstellung des »Reichsoberstjägermeisters« Ulrich Scherping aus dessen 1950 erschienener Autobiografie »Waidwerk zwischen den Zeiten« (SCHERPING 1950). Dass Gautschis Darstellung apologetisch ausgerichtet ist, verdeutlicht u. a., dass er zwar auf einige Passagen aus der Dissertation Syrers Bezug nimmt, seinen eigenen Thesen widersprechende Auffassungen Syrers allerdings nicht weiter diskutiert.

Im Mittelpunkt der Dissertation Syrers aus dem Jahre 1987 stehen die Einflussnahmen, die der Deutsche Jagdschutz-Verband (DJV) einerseits und die anderen Landnutzerverbände andererseits auf die Novelle des Bundesjagdgesetzes von 1976 nahmen. Er erweiterte allerdings bewusst den Zeithorizont bis ins ausgehende 19. Jahrhundert, denn in der Einflussnahme der Jagdverbände auf die Jagdgesetzgebung der Vergangenheit sah er den »Schlüssel für das Verständnis gegenwärtiger Vorgänge im Jagdwesen« (SYRER 1987: 10). Der zeitlich vor Gautschi entstandenen, aber wenig rezipierten Arbeit fehlt die jagdapologetische Grundausrichtung, allerdings stehen hier die forstwirtschaftlichen Auswirkungen der Jagd stark im Vordergrund. Für die Zeit vor 1970 bezieht sich Syrers Auswertung vornehmlich auf die gedruckte zeitgenössische Primär- und Sekundärliteratur. Ihm wurde in den 1980er Jahren noch die Einsichtnahme in die Ministerialakten durch die Bundesregierung wegen der einzuhaltenden 30-jährigen Sperrfrist verweigert. Auswerten konnte er allerdings die Protokolle des Bundestages und des Bundesrates einschließlich der Unterlagen der maßgeblichen Agrarausschüsse sowie eigene Materialien der am Novellierungsverfahren beteiligten Verbände (SYRER 1987: 6 f.).

Aus einer dem Deutschen Jagdschutz-Verband kritisch gegenüber stehenden Perspektive beschäftigen sich zwei andere Arbeiten mit dem Thema. Nahezu zeitgleich zu Gautschis Dissertation erschien 1998 von Wilhelm Bode und Elisabeth Emmert die Publikation »Jagdwende. Vom Edelhobby zum ökologischen Handwerk«. Ihre Darstellung erscheint weniger argumentativ-abwägend als die Politik der großen Jagdverbände ›entlarven‹ wollend (BODE & EMMERT 1998).[3]

---

3 Dabei folgt deren Darstellung für die Weimarer Republik auch weitgehend unreflektiert der Scherpings, beispielsweise bezogen auf die Rolle Otto Brauns; BODE & EMMERT 2000: 138 f.

Primär aus kultursoziologischer Sicht erschien 2010 die sehr umfängliche Dissertation Klaus Mayleins zur Jagd, ihren Zielen und ihrer Bedeutung. Maylein sieht zwar in der Verabschiedung des Reichsjagdgesetzes 1934 einen Paradigmenwechsel – die »unerwünschte bäuerlich-jagdliche Subkultur« sei zurückgedrängt worden und stattdessen »die waidmännische Jagd als eine Tugend und als Jagdleitkultur« etabliert worden (MAYLEIN 2010: 21). Diese These untermauerte er allerdings im Weiteren nicht, denn gerade den Zeitraum zwischen 1900 und 1970 spart die Arbeit rechts- und verbandshistorisch nahezu komplett aus.

Die rechtswissenschaftliche Dissertation Cai Niklaas E. Harders aus dem Jahre 2009 analysierte schwerpunktmäßig die Verfahrenswege und kontextualisierte das Gesetz bezüglich der Rahmengesetzgebungskompetenz des Bundes (HARDER 2009). Die Arbeit ist im Kern rechtspositivistisch ausgerichtet und basiert bezüglich der Kontextualisierungen des Reichsjagdgesetzes nicht auf eigener Quellenanalyse, sondern baut unkritisch auf Nachkriegsdarstellungen aus dem Umfeld des Deutschen Jagdschutz-Verbandes auf.[4]

2012 legte Stefan Dirscherl die Dissertation »Tier- und Naturschutz im Nationalsozialismus. Gesetzgebung, Ideologie und Praxis« vor, die unter dem Stichwort »Nebengesetze« auch die Entstehungsgeschichte des preußischen bzw. Reichsjagdgesetzes thematisiert. Methodisch kann die Arbeit wenig überzeugen, da sie bewusst auf die Auswertung von Akten verzichtete und stattdessen als Primärquellen nur »Gesetzeskommentare, Fachzeitschriftenartikel und Dissertationen der damaligen Zeit« auswertete (DIRSCHERL 2012: 20). Der Arbeit fehlt es an reflektierter Distanz zu den in der Regel von Jägern verfassten Quellen, und im Ergebnis erscheint sie noch stärker jagdapologetisch ausgerichtet zu sein als die Dissertation Gautschis.

Schließlich unternahm BODE (2015) erneut den Versuch, durch eine indirekte rechtshistorische und etymologische Beweisführung bezüglich der »allgemein anerkannten Grundsätze deutscher Weidgerechtigkeit [!]« (§ 1 Abs. 3 BJG), seine These vom »reinen Nazigesetz« erneut zu untermauern.

Der Forschungsstand zur Bewertung des Reichsjagdgesetzes und des auf diesem beruhenden Bundesjagdgesetzes mit seinen zwei Novellen bis 1976 bleibt also im Ergebnis widersprüchlich bzw. disparat. In der Gesamtschau ist deshalb Rösener zuzustimmen, der 2004 feststellte:

»Inwieweit dieses Gesetz nationalsozialistisches Gedankengut enthielt, ist umstritten und bedarf noch der gründlichen Analyse« (RÖSENER 2004: 19).

---

4   Ausweislich des Literaturverzeichnisses nahm er kritische Darstellungen wie beispielswiese die von BODE & EMMERT 1998 überhaupt nicht zur Kenntnis.

3. Quellen, Bewertungsmaßstab und Methodik

Der hauptsächliche Mangel bzw. die Schwächen der vorliegenden Analysen beruhen auf einer nur unzureichenden Auswertung von Aktenmaterial und gedruckten Primärquellen wie Parlamentsprotokollen etc. Um diese Lücke auszugleichen, wurde nach Aktenbeständen recherchiert, die für den Zeitraum von 1918/19 bis 1977 im Kontext der Gesetzgebungsverfahren zu einem zunächst preußischen Jagdgesetz, zum Reichsjagdgesetz sowie zum Bundesjagdgesetz 1952 und dessen zwei Novellierungen 1961 und 1976 entstanden. Bei der Suche wurde von Beginn an eine geweitete Perspektive eingenommen, d. h. es wurden auch Akten von zu beteiligenden Ministerien sowie der Staatskanzlei bzw. der Reichskanzlei, sofern zum betreffenden Thema Akten überliefert sind, mit in die Analyse einbezogen. Da durch die Kriegsverluste keine durchgängige Überlieferung des federführenden preußischen Landwirtschaftsministeriums vorhanden ist, mussten Parallelakten aus den am Gesetz- und Verordnungsgebungsverfahren beteiligten Innen- und Justizministerium sowie Akten des Landtages im Geheimen Staatsarchiv Preußischer Kulturbesitz in Berlin-Dahlem gleichsam zum Lückenschluss in der Überlieferung für die Analyse mit herangezogen werden.

Die Federführung für das Reichsjagdgesetz lag im »Dritten Reich« beim Reichsjustizministerium. Die betreffenden Akten dieses Ministeriums bzw. eine Parallelüberlieferung der Reichskanzlei konnten im Bundesarchiv Berlin ausgewertet werden. Für die NS-Zeit gelang es darüber hinaus, aus dem Nachlass von Ulrich Scherping im Bundesarchiv Koblenz Erkenntnisse zu gewinnen.

Für die bundesrepublikanische Gesetzgebung standen im Bundesarchiv Koblenz umfangreiche Aktenstände des Bundeslandwirtschaftsministeriums zum Bundesjagdgesetz 1952 und den zwei Novellen 1961 und 1976 zur Verfügung. Eine Parallelüberlieferung des Bundesjustizministeriums und des Bundeskanzleramtes wurde mit ausgewertet.

Einer Quelle kommt in der apologetischen Literatur eine zentrale Rolle zu: der 1950 veröffentlichten Autobiographie Ulrich Scherpings. In den Kapiteln zu den Gesetzgebungsbemühungen zur Zeit der Weimarer Republik (II) und im Gesetzgebungsverfahren zur Zeit des »Dritten Reiches« (III) bildet sie jeweils den Ausgangspunkt der Darstellung.

Die in der wissenschaftlichen Literatur, aber auch in politischen Diskussionen geäußerten Vorwürfe, dass das RJG ein »Nazi-Gesetz« sei, bleiben unspezifisch. Oft bleibt im Dunkeln, was denn überhaupt ein »Nazi-Gesetz« konstituiert. Die vorliegende Arbeit orientiert sich diesbezüglich an folgenden Kriterien:

* formale Dimension:

    Allein aus der Tatsache, dass ein Gesetz zur Zeit des »Dritten Reiches« verabschiedet wurde, lässt sich nicht zwangsläufig schließen, dass es sich um ein »Nazi-Gesetz« handelt. Wohl aber wird zu prüfen sein, ob ein Gesetz in der jeweiligen Ausgestaltung – unter normativen Kriterien – in einer parlamentarischen Demokratie auf Zustimmung hätte stoßen können oder aber ob die Verabschiedung nur unter den Bedingungen einer Diktatur plausibel erscheint.

• inhaltliche Dimension:
  Zu prüfen ist, ob im »Dritten Reich« verabschiedete Gesetze von Kernelementen der nationalsozialistischen Ideologie (Antisemitismus, Sozialdarwinismus, Volksgemeinschaft und Blut-und-Boden-Ideologie, Lebensraum, Führerprinzip etc.) durchdrungen waren.

Es zeigt sich jedoch, dass die Verengung der Fragestellung auf die Alternative »›Nazi-Gesetz‹ ja oder nein?« den Blick verstellt für ein sehr viel relevanteres Kernproblem, das bei der Verabschiedung des RJG und des Bundesjagdgesetzes (BJG) bzw. dessen Novellen bis 1976 deutlich wurde: Wie wirkungsmächtig war der Einfluss von Lobbys bzw. Netzwerken auf die Verabschiedung von Gesetzen in einer Diktatur, und als wie groß erwies sich diese Einwirkung in den parlamentarischen Demokratien der Weimarer Republik und der Bundesrepublik bis 1976?

Methodisch beschränkt sich diese Ausarbeitung deshalb auch nicht auf eine rechtspositivistische Analyse der Gesetzestexte bzw. der Novellen des Bundesjagdgesetzes, vielmehr bezieht sie politikwissenschaftliche Ansätze, insbesondere zum Einfluss von Lobbygruppen und Netzwerken auf die Gesetzgebungsprozesse, mit ein.

II. Jagdgesetzgebung in der Weimarer Republik

Die apologetische Literatur rekurriert auf Bemühungen aus der Weimarer Republik, eine Novelle der 1907 verabschiedeten Preußischen Jagdordnung[5] durchzusetzen. Um diesen Bestrebungen einen durch und durch demokratischen Anstrich zu geben, verweisen die Autoren darauf, dass auch Sozialdemokraten, insbesondere der preußische Ministerpräsident Otto Braun, diese Novellierungsanstrengungen unterstützt hätten. So sei in der parlamentarischen Demokratie der Weimarer Republik ein ideologiefreier Fachgesetzentwurf entstanden, auf dem das preußische Jagdgesetz vom 18. Januar 1934 und das wiederum auf diesem preußischen Gesetz aufbauende Reichsjagdgesetz vom 3. Juli 1934 basierten (GAUTSCHI 1998: 15–17; LAUVEN 2002: 23, 25; LEONHARDT 2008: 38 f.; DIRSCHERL 2012: 141).[6]

Eine solche Argumentation könnte auf eine Parallelentwicklung bei der Verabschiedung des Reichsnaturschutzgesetzes (RNG) verweisen und dadurch an Plausibilität gewinnen. Tatsächlich wurde für das am 26. Juni 1935 verabschiedete RNG im zuständigen preußischen Kultusministerium Ende der 1920er Jahre ein Referenten-

---

5 Zur Preußischen Jagdordnung von 1907 vgl. u. a. HARDER 2009: 47 ff.
6 Auch die auf »Entlarvung« der Jagdverbände setzende Studie von BODE & EMMERT 2000: 137–140 übernimmt unhinterfragt diese Darstellung.

entwurf entwickelt, der sich bereits im Abstimmungsprozess zwischen den Ressorts befand und auf dem nach 1933 die Autoren des Reichsnaturschutzgesetzes 1934/35 aufbauten (Gröning & Wolschke-Bulmahn 1995; Klueting 2003; Ditt 2003; Closmann 2005; Frohn 2006).[7]

Das bisherige, von der Dissertation Gautschis dominierte Narrativ reproduziert im Kern die Darstellung des früheren »Reichsoberstjägermeisters« Ulrich Scherping aus dem Jahre 1950. Deshalb wird hier nachgeholt, was in den bisherigen Studien unterblieb, nämlich eine quellenkritische Überprüfung der zwei Kernaussagen Scherpings zur Weimarer Republik, dass es nämlich bereits in der Weimarer Republik Bemühungen um eine Novelle der Preußischen Jagdordnung von 1907 gegeben habe, und dass es sich bei dem Entwurf um ein ideologiefreies Fachgesetz gehandelt habe.

1. Bemühungen um eine Novelle der Preußischen Jagdordnung von 1907 in der preußischen Ministerialverwaltung bzw. im Preußischen Landtag

Seit dem Anfang der 1920er Jahre sah sich der Preußische Landtag, dem Sachzwang folgend, dass angesichts der immer stärker werdenden Inflation, die schließlich in der Hyperinflation 1923 gipfelte, Jagdabgaben inflationsbedingt erhöht werden mussten, tatsächlich mehrmals zu Novellen der Preußischen Jagdordnung von 1907 veranlasst.[8] Im Kontext einer dieser Beratungen trug die Politik 1924 auch tatsächlich der Ministerialverwaltung auf, eine Reform der preußischen Jagdordnung vorzubereiten.

1907 war es nämlich bei der Verabschiedung der Jagdordnung im Preußischen Landtag zu heftigen Kontroversen zwischen der Regierung und der Parlamentsmehrheit gekommen. Im nach dem preußischen Dreiklassenwahlrecht gewählten Landtag bzw. im Herrenhaus verfügten die (ostelbischen) Großgrundbesitzer und großen Waldbesitzer über eine sehr einflussreiche Stellung. Sie setzten in beiden Häusern durch, dass die Jagdbezirke eine Mindestgröße von 75 ha aufweisen mussten (Gautschi 2009: 69).[9] Insbesondere gegen diese Regelung wandten sich in der Weimarer Republik die parlamentarischen Vertreter der Sozialdemokratie. Als nach dem Ende der Hyperinflation eine wegen der Währungsreform bedingte erneute Novelle der

---

7 Zur unterschiedlichen Wertung des Anteils des NS-Gedankenguts im RNG vgl. Gröning & Wolschke-Bulmahn 1995; Radkau & Uekötter 2003; Ditt 2003; Klueting 2003; Brüggemeier, Cioc & Zeller 2005; Closmann 2005; Uekötter 2006; Frohn 2006; Eissing 2014; Hönes 2015.
8 GStAPrD I. HA Rep. 77, Tit. 611, Br. 58, Bd. 17. Zu den entsprechenden Landtagsbeschlüssen vgl. I. HA Rep. 169 D Landtag XI k Nr. 2, Bd. 1.
9 Zur Preußischen Jagdordnung vgl. auch Hiller 2003: 53–56. Diese Arbeit hat aber nur die Perspektive der Jäger im Blick. Die Kontroversen um die Verabschiedung der Preußischen Jagdordnung und die Einwirkung der Jagdverbände thematisiert Hiller nicht. Sie verdienten allerdings eine besondere Untersuchung, die im Rahmen dieses Beitrages aber nicht möglich ist.

Jagdordnung anstand, forderte der sozialdemokratische Landtagsabgeordnete Siegfried Rosenfeld (1874–1947), dass die Jagdordnung von 1907 novelliert werden müsse,
weil die »großen Waldbesitzer und Großgrundbesitzer« damals mit Privilegien ausgestattet worden seien. So sei ihnen, wenn ihr Besitz eine Eigenjagd-Enklave umschloss,
ein »bevorzugtes Recht auf Übernahme der Jagd in diesen Enklaven« eingeräumt
worden. Dies habe dazu geführt, »daß die kleinen Grundbesitzer gezwungen worden sind, die Jagd auf ihrem Gebiete zu einem unbillig geringen Jagdpachtpreis durch
Dritte ausüben zu lassen.« Da die Jagdordnung auch noch andere Benachteiligungen[10]
enthielte, beantragte er für die Sozialdemokratie eine Novelle »im Interesse der kleinen
Besitzer«.[11] Diese Politik fügte sich in die generelle Linie der Agrar- und Forstpolitik
der Sozialdemokratie ein, die sich als Interessenwahrerin nicht nur der Land- und
Forstarbeiter, sondern auch der Kleinbauern und Bauernjäger verstand (WINKLER
1985: 99–105 u. ö.).

Nach der Gegenrede eines Vertreters der Deutschnationalen Volkspartei (DNVP),
die im Wesentlichen die Interessen der (ostelbischen) Großgrundbesitzer vertrat, verwies der Landtag den sozialdemokratischen Antrag an den Rechtsausschuss, der mit
den Stimmen der Weimarer Koalition (SPD, katholisches Zentrum und linksliberale
DDP) einen Entschließungsantrag mit der Aufforderung an die preußische Staatsregierung verabschiedete, einen Gesetzentwurf zur Änderung der Jagdordnung von 1907
dergestalt vorzulegen, dass u. a.

>a)   *die jetzt bestehenden Vorrechte der Eigentümer von großen Waldungen zum*
       Nachteil der Enklavenbesitzer beseitigt werden,
  b)   *die Gesamtheit der eine Jagdgenossenschaft bildenden Grundeigentümer nicht*
       mehr durch den Jagdvorsteher, sondern durch einen von den Grundbesitzern
       gewählten Jagdvorstand vertreten werden, [...]
  e)   *die ordentlichen Gerichte zur Entscheidung über Wildschadenersatzansprü-*
       che für zuständig erklärt werden.«[12]

Der Landtag stimmte dieser Entschließung, die eindeutig darauf abzielte, die Benach-
teiligung des bäuerlichen Jagdwesens aufzuheben und zudem die Jagdordnung zu
demokratisieren bzw. juristisch zu entprivilegieren, in seiner Sitzung am 24. Juni
1924 zu.[13]

---

10   Dies betraf insbesondere die Wildschadensregelung; vgl. hierzu auch HILLER 2003: 47–53.
11   Prot. Pr. Landtag, 20.5.1924:Sp. 21872 f., in: PrGStAD I. HA Rep. 77, Tit. 611, Br. 58, Bd. 17.
12   PrGStAD I. HA Rep. 77, Tit. 611, Br. 58, Bd. 17. Ds 7791; PrGStAD I. HA Rep. 84a, Nr. 565:
     Bl. 349, 352.
13   PrGStAD I. HA Rep. 77, Tit. 611, Br. 58, Bd. 17.

Das Landwirtschaftsministerium nahm offenbar auch bald erste Vorarbeiten auf. Darauf deutet jedenfalls die Reaktion auf die Anfrage des Abgeordneten der oppositionellen Deutschen Volkspartei (DVP) Theodor Held (1859–1947) hin (MANN 1988: 173), der gleichzeitig Vorsitzender der »Deutschen Jagdkammer« war. In einer Kleinen Anfrage Nr. 749 aus dem Jahre 1926 referierte er, dass das Ministerium Verbände und öffentlich-rechtliche Anstalten der Landnutzer um Stellungnahmen zur geplanten Novelle der Jagdordnung aufgefordert habe, es darauf aber seines Wissens nach bisher keine ministerialen Reaktionen gegeben habe. Das Landwirtschaftsministerium antwortete am 6. Februar 1926, dass an einem »Entwurf des Gesetzes zur Änderung einiger Vorschriften der Jagdordnung [...] gearbeitet [werde] und dem Landtag sobald als angängig vorgelegt« werde.[14] Die überlieferten Akten des Ministeriums, die zu diesem Zeitpunkt trotz genereller Kriegsverluste dicht sind, lassen allerdings nicht erkennen, dass über die Aufforderung an die Verbände und Kammern, Stellungnahmen abzugeben, hinaus Vorarbeiten an einer Novelle im oben genannten Sinne stattgefunden haben.

1.1 Jagdliche Verbändestrukturen

Da die Verbände im Gesetzgebungsverfahren eine eminent wichtige Rolle einnahmen, soll zunächst ein Blick auf die jagdliche Verbände- und Vereinslandschaft geworfen werden. Diese gestaltete sich im Bereich der Jägerschaft in der Weimarer Republik äußerst heterogen. Goeser zufolge bestanden ca. 550 territorial konkurrierende, stark sozial nach Schichten differenzierte Organisationen, in denen insgesamt ca. ein Drittel der Jagdscheininhaber organisiert war (GOESER 2004: 3). In Preußen konkurrierten vor allem der »Allgemeine Deutsche Jagdschutzverein« (ADJV) und die »Deutsche Jagdkammer« um die Vorrangstellung. Der ADJV hatte sich 1875 gegründet. Im Jahr 1900 hatten ihm in Preußen ca. 15.000 bis 20.000 Jäger angehört, was einem Anteil von ca. 6 % der Jagdscheininhaber entsprach (SYRER 1987: 117). Dieser Verband galt zu Beginn der Weimarer Republik als »feudal« bzw. »reaktionär«.[15] 1920 gründete der ADJV zusammen mit anderen Interessengruppen angesichts der veränderten politischen, d.h. nun demokratisch-pluralistischen Rahmenbedingungen die »Deutsche Jagdkammer«, weil die »an seiner Spitze [des ADJV – HWF] stehenden, meist dem Hochadel angehörenden Personen nicht die geeigneten Vertreter zur Verhandlung mit den Behörden« mehr gewesen seien.[16] Die Jagdkammer emanzipierte sich ganz

---

14 PrGStAD I. HA Rep. 169 D Landtag XI k Nr. 2 Bd. 1, Ds 2315 C.

15 Zitate aus dem Schreiben der Deutschen Jagdkammer (Theodor Held) vom 23.12.1925 an den Preußischen Innenminister; PrGStAD I. HA Rep. 77, Tit. 611, Br. 58, Bd. 17. SCHERPING 1950: 20 bestätigt diese Aussagen ex post 1950. In der Weimarer Republik habe der ADJV als »reaktionär«, die Jagdkammer dagegen als »demokratisch« gegolten.

16 PrGStAD I. HA Rep. 77, Tit. 611, Br. 58, Bd. 17, Schreiben der »Deutschen Jagdkammer« (Theodor Held) vom 23.12.1925 an den preußischen Innenminister.

offensichtlich zusehends vom ADJV, so dass es sehr bald zu heftigen Auseinandersetzungen kam. Scherping zufolge waren diese Kontroversen weniger politisch als vor allem durch »Geltungsbedürfnis und die liebe Eitelkeit« bestimmt (SCHERPING 1950: 20 f.). Dies habe solche Ausmaße angenommen, dass »Eingaben des einen Verbandes an den Gesetzgeber vom anderen Verband grundsätzlich abgelehnt« worden seien (SCHERPING 1950: 22). Die Akten des Landwirtschaftsministeriums bestätigen diese von Scherping behauptete grundsätzliche Ausrichtung allerdings nicht, so dass es plausibler erscheint, dass die Differenzen auf unterschiedlichen politischen Positionen beruhten.

So musste sich die »Deutsche Jagdkammer« massiver Angriffe des ADJV erwehren. Dieser hatte Ende 1925 beim Berliner Polizeipräsidenten rechtliche Mittel eingelegt, um der »Deutschen Jagdkammer« die Weiterführung ihres Namens untersagen zu lassen. Er begründete den eingereichten Antrag auf Namensentzug damit, dass »die Bezeichnung Kammer nur einer auf gesetzlicher Grundlage beruhenden, staatlich eingerichteten Organisation öffentlich rechtlichen Charakters«[17] zustehe. Dagegen verwahrte sich die Jagdkammer in einem Schreiben an den von der SPD gestellten Innenminister Carl Severing und verwies bei dieser Gelegenheit auf die Unterstützung sozialdemokratischer Kreise: »Der Herr Ministerpräsident Braun hat sich auf Anregung hin auch für die Arbeit der Jagdkammer, insbesondere zur Aenderung der preussischen Jagdordnung, interessiert. Er hat seine Unterstützung gütigst zugesagt. Der Herr Oberregierungspräsident Noske, Hannover, hat nach dem Bericht der Jagdpresse an der Sitzung des Niedersächsischen Jägerbundes in Hannover teilgenommen und ebenfalls seine Unterstützung für die Bestrebungen versprochen.«[18]

Im Innenministerium zeigte man sich trotz der Hinweise auf Braun und Noske unbeeindruckt und legte am 30. Januar 1926 als Richtschnur fest, sich nicht in die Kontroverse einzumischen. Die Entscheidung läge im Ermessen des Berliner Polizeipräsidenten,[19] der tatsächlich im Mai 1926 der Jagdkammer die Weiterführung ihres Namens untersagte.[20]

1927 wurde Scherping Geschäftsführer der »Jagdkammer« (SCHERPING 1950: 20).[21] Seiner Darstellung zufolge gelang es sehr bald, die Kontroversen zu beenden. Ende

17   PrGStAD I. HA Rep. 77, Tit. 611, Br. 58, Bd. 17, undatiertes Schreiben des ADJV-Vorsitzenden an den Preußischen Innenminister.

18   PrGStAD I. HA Rep. 77, Tit. 611, Br. 58, Bd. 17, Schreiben Helds v. 23.12.1925. Die angesprochene politische Unterstützung bezog sich auf die Rosenfeld-Initiative von 1924 und nicht auf den Vorschlag zu einer Novelle aus dem Jahre 1928.

19   PrGStAD I. HA Rep. 77, Tit. 611, Br. 58, Bd. 17

20   PrGStAD I. HA Rep. 84a, Nr. 566: Bl. 72.

21   Die Jagdkammer beschloss, gegen die Entscheidung des Polizeipräsidenten zu klagen. Über den Ausgang des Verfahrens finden sich in den Akten keine Hinweise. GAUTSCHI 1998: 17 zufolge schlossen sich die preußischen Provinzialjagdkammern am 9.4.1927 zum Preu-

der 1920er/Anfang der 1930er Jahre gründeten Vertreter des ADJV, des Preußischen Landesjagdverbandes, der Thüringer Jagdkammer, der Württembergischen Jägervereinigung, des Landesverbandes Mecklenburgischer Jagdvereine, der Jagdkammer Niedersachsen und anderer Organisationen den »Reichsjagdbund«, als dessen Geschäftsführer fortan Ulrich Scherping amtierte.[22]

1.2 Entwurf zu einem preußischen Jagdgesetz aus der Feder der Jagdverbände

Die Jagdverbände reichten, folgt man Scherpings Darstellung, 1928 einen Entwurf zu einem Jagdgesetz beim Preußischen Landtag ein:

> »In jener Zeit, im Jahre 1928, entstand der kühne Plan, dem zuständigen Parlament, dem preußischen Landtag, den Entwurf eines neuen preußischen Jagdgesetzes vorzulegen.« (SCHERPING 1950: 22 f.)

Formal waren die Jagdverbände aber gar nicht berechtigt, einen Gesetzentwurf in den Landtag einzubringen. So stellt sich die Frage, über welche Wege dies geschehen sein sollte. Scherping machte dazu keine Angaben. Nahe läge, dass Theodor Held einen solchen Entwurf über die DVP-Landtagsfraktion lancierte. Darauf deutet eine Stellungnahme der Landesregierung vom Frühjahr 1929 hin. Da immer noch keine Fortschritte zu einer Novelle der Jagdordnung von 1907 im Sinne der Entschließung von 1924 erkennbar waren, stellte der SPD-Landtagsabgeordnete August Haas (1881–1945) am 21. März 1929 eine parlamentarische Anfrage, zu der sich das zuständige Ministerium am 10. Mai 1929 wie folgt äußerte:

> »Die im Laufe der 2. Wahlperiode angeregte Änderung einiger Vorschriften der preußischen Jagdordnung habe ich im Hinblick auf das Ergebnis einer von der Deutschen Volkspartei einberufenen interfraktionellen Besprechung der Angelegenheit am 17. März 1927 […] nicht weiterverfolgt.«[23]

Die Stellungnahme zeigt zum einen, dass eine sozial ausgewogene und demokratisch ausgerichtete Novelle, wie sie die damalige Weimarer Koalition 1924 angestrebt hatte, mittlerweile nicht mehr mit einer Mehrheit im preußischen Landtag rechnen konnte. Zum anderen verdeutlicht sie, dass in jagdlichen Fragen die DVP eine entscheidende Rolle spielte. Diese befand sich aber in Preußen ab der Mitte der 1920er Jahre in der

---

ßischen Landesjagdverband zusammen, der am 18.6.1927 wiederum mit der Deutschen Jagdkammer fusionierte. Die Geschäftsführung übernahm Scherping.

22 GAUTSCHI 1998: 17 datiert den in Dresden erfolgten Zusammenschluss zum »Reichsjagdbund« auf den 30.8.1928, SCHERPING 1950: 26 hingegen auf das Jahr 1930.

23 PrGStAD I. HA Rep. 169 D Landtag XI k Nr. 2, Bd. 1.

Opposition, wobei Braun eine ausgeprägte Antipathie gegen die preußische DVP-Landtagsfraktion hegte (BRAUN 1949: 153, 162 u. ö.).[24]

Aber auch der Versuch der Jagdverbände, eine Novelle der Jagdordnung von 1907 zu erreichen, scheiterte zur Zeit der Weimarer Republik. Scherping bemerkt hierzu in seiner Autobiografie 1950:

> *Das war nicht nur kühn, sondern tollkühn. Es wurde ein Ausschuß aller Parteien gebildet, der, jagdlich gesehen, seinem Namen alle Ehre machte. Es war tatsächlich Ausschuß, d. h. bis auf einen Mann Menschen, die der Materie so fremd oder ablehnend gegenüberstanden, daß wir sehr froh waren, unseren Entwurf sang- und klanglos wieder zurückziehen zu können, nachdem wir eingesehen hatten, daß es den Herren weniger um sachliche Arbeit als um Wählerfang ging.* (SCHERPING 1950: 22 f.)

Mitzschke (1898–1964)[25] zufolge blieb denn auch der Entwurf »in parlamentarischen Vorgesprächen erfolglos und erreichte entwurfsmäßig nicht einmal den Referenten des zuständigen Preußischen Ministers für Landwirtschaft, Domänen und Forsten« (MITZSCHKE 1960: 35).

1.3 Einfluss Otto Brauns auf die preußische Jagdgesetzgebung?

Scherping zufolge ergab sich aber im

> *Winter 1928/29 [ein] günstiger Umstand, daß an der Spitze der damaligen preußischen Regierung ein guter und verständnisvoller Jäger, Ministerpräsident Otto Braun, stand. Er sah durchaus ein, daß etwas geschehen mußte, aber ›bitte ohne Parlament‹. So entstanden auf Grund des § 30 des Feld- und Forst-Polizeigesetzes von 1880 im Verordnungswege die Tier- und Pflanzenschutzverordnungen. Sie brachten erweiterte Schon- und Schutzzeiten für einige Wildarten und das Verbot des rauhen Schusses auf Schalenwild.*
> *Sie sind der eigentliche Vorläufer des späteren Reichsjagdgesetzes. Sie sind aber auch der erste durchschlagende Erfolg jener verantwortungsbewußten Jäger, die aus der Einsicht heraus, daß die immer und unaufhaltsam fortschreitende Entwicklung der Technik und der Zivilisation – nicht etwa der Kultur – ganz wesentlich schärfere Schutzbestimmungen für die Tierwelt notwendig machte, den Kampf gegen die anfangs sehr große und starke Front aus Gedankenlosigkeit, Dummheit und Bösar-*

---

24 Braun unterschied zwischen der von ihm auf Reichsebene unter Stresemann geschätzten DVP und der preußischen DVP-Landtagsfraktion, die er mit dem Attribut »mitunter groteske Formen annehmende Opposition der deutschen [!] Volkspartei« belegte; BRAUN 1949: 85.

25 Zur Biografie Mitzschke bei Auslassung seiner Einbindung in das NS-System vgl. HARDER 2009: 63 f. (Anm. 227).

tigkeit aufgenommen hatten. Sie waren das erste Anzeichen dafür, daß einer, wenn vielleicht auch noch nicht zahlenmäßigen Mehrheit der deutschen Jäger der Hirsch mit dem Kreuze und dem Leib des Erlösers erschienen war.« (SCHERPING 1950: 23 f.)

Die von Scherping angesprochene Tier- und Pflanzenschutzordnung datiert auf den 16. Dezember 1929. Die Argumentation Scherpings erscheint im Ergebnis allerdings wenig plausibel. Brauns Jagdleidenschaft war legendär.[26] In seiner grundlegenden Braun-Biografie thematisiert Hagen Schulz umfänglich dessen Jagdbegeisterung. Er habe in seiner Funktion als preußischer Landwirtschaftsminister die Jagd kennengelernt, »ein Erlebnis, das ihn nicht mehr losließ«. Jagd sei zu seiner »Passion« geworden, habe ihm aber sowohl in seiner Partei, die seiner Ansicht nach immer noch Jagd vornehmlich »mit Feudalismus und Junkertum gleich[ge]setz[t]« habe, als auch in der Öffentlichkeit erhebliche Kritik und sogar Häme eingetragen. Insbesondere seine politischen Gegner hätten ihn wegen seiner Jagdleidenschaft immer wieder diskreditiert (SCHULZ 1977: 494 f.; vgl. auch BRAUN 1940: 66 f.).

Indizien deuten darauf hin, dass Braun eine Reform der Preußischen Jagdordnung anstrebte, allerdings im Sinne der von seiner Partei geforderten stärkeren Berücksichtigung sozialer und demokratischer Kriterien. Es erscheint dagegen kaum plausibel, dass Braun, wie Scherping behauptet, wegen dieser »Passion« strategisch aus jagdlichen Beweggründen bewusst am Parlament vorbei die Artenschutzverordnung von 1929 durchsetzte. Gerade weil er wegen seiner Jagdleidenschaft unter besonderer Beobachtung seiner eigenen Partei, der Politik im Allgemeinen und der ihm oft nicht wohlgesonnenen Presse stand, spricht wenig dafür, dass er sich auf ein solches Wagnis hätte einlassen wollen. Eine solche Behauptung überschätzt zudem die Einflussmöglichkeiten Brauns und verkennt seinen tief verankerten demokratischen Impetus. Von seinen Gegnern wurde er zwar gerne als der »rote Zar von Preußen« denunziert. Doch einen so unterstellten verspäteten Absolutismus hätte er sich politisch gar nicht leisten können, stand er doch einer sehr heterogenen Koalitionsregierung (Sozialdemokratie, katholisches Zentrum, linksliberale DDP) vor, die zeitweise zudem noch nicht einmal über die absolute Mehrheit der Mandate im Landtag verfügte. Hagen Schulz pointiert zu Recht auf eine Eigenschaft, die dem Bild des »roten Zaren« entgegenstand, »denn das Geheimnis von Brauns langjährigem Regierungserfolg lag ja gerade in seiner Fähigkeit, mit anderen Parteien Kompromisse einzugehen und mit dem Landtag zusammenzuarbeiten« (SCHULZ 1977: 497). Hätte er also, wie Scherping behauptet, »bitte ohne Parlament« agiert, so hätte er noch nicht einmal in die Ressorts der sozialdemokratischen Minister ›durchregieren‹ können. Die Zuständigkeit für die Jagd lag 1929 beim Landwirtschaftsminister Heinrich Steiger (1862–1943), der dem Zentrum angehörte, und die für den Naturschutz, in dessen Ressort die erwähnte

---

26 BRAUN 1940: 66–68 berichtet ausführlich über seine Jagdpassion.

Tier- und Pflanzenschutzverordnung fiel, lag beim parteilosen Kultusminister Carl Heinrich Becker (1876–1933).

Nicht plausibel erscheint auch die Behauptung Scherpings, dass beim Erlass der Tier- und Pflanzenschutzverordnung vom 16. Dezember 1929 primär Jagdgründe ausschlaggebend gewesen seien und dass der Erlass gleichsam eine Kompensation für die Nichtverabschiedung einer Jagdgesetznovelle im Sinne der Interessen der Jagdverbände darstellte. Innerhalb des Naturschutzes arbeitete man aber bereits seit 1920 an einer Artenschutzverordnung. Damals fügte der Landtag im Rahmen einer Novelle des Preußischen Feld- und Forstpolizeigesetzes (PrFuFPolG) von 1880 einen neu gefassten § 34 ein, der es ermöglichte, dass die »zuständigen Minister und die nachstehenden Polizeibehörden [...] Polizeiverordnungen zum Schutze von Tierarten, von Pflanzen und von Naturschutzgebieten sowie zur Vernichtung schädlicher Tiere und Pflanzen« erlassen konnten. Auf der Basis dieses § 34 PrFuFPolG erließen die zuständigen Kultus- und Landwirtschaftsminister für das gesamte Staatsgebiet eine entsprechende Polizeiverordnung (P. 1930: 129; vgl. auch Frohn 2012: 60). Auf den unterschiedlichen Verwaltungsebenen ergingen weitere Schutzpolizeiverordnungen, so dass sehr bald der Wunsch nach einer Vereinheitlichung entstand. Hinzu kam, dass sich die Beschränkung auf Tier*arten* in der alltäglichen Naturschutzarbeit als hinderlich erwies, so dass am 21. Januar 1926 das PrFuFPolG erneut novelliert wurde und nun nach § 30 auch einzelne Tiere und Pflanzen unter Schutz gestellt werden konnten (P. 1930: 129). Die Federführung lag also weiterhin beim Naturschutz bzw. beim zuständigen Kultusministerium, wenn auch das Landwirtschaftsministerium, wo die Jagd ressortierte, immer wieder beteiligt wurde (P. 1930: 130).[27] Wie wenig plausibel die sehr direkte Einflussnahme der Jagd auf diese Verordnung erscheint, lässt sich sogar anhand der eigenen Darstellung Scherpings belegen. Ihm zufolge gestaltete sich zum damaligen Zeitpunkt gerade das Verhältnis zwischen Naturschutz und Jagd als sehr angespannt. Im damaligen Naturschutz seien starke Vorbehalte gegen die Jagd gepflegt worden: »Er sah, leider oft nicht ohne Grund, im Jäger nicht den Vollstrecker seines Willens in der Praxis, sondern seinen schlimmsten Widersacher, den Vernichter jener Tierarten, deren Schutz er aus guten Gründen auf seine Fahne geschrieben hatte« (Scherping 1950: 30).

2. Entwurf zu einem Jagdgesetz – ein reines Fachgesetz?

Scherping vermittelte 1950 den Eindruck, dass es sich bei dem von den Jagdverbänden 1928 entwickelten Entwurf zu einem umfassenden preußischen Jagdgesetz um ein reines Fachgesetz gehandelt habe. Dieser Entwurf ist weder in den Akten der preußischen Staatsregierung noch des preußischen Landtags überliefert. Die Frage, ob es sich um einen Entwurf für ein reines Fachgesetz gehandelt hat, kann deshalb nur auf der Basis

---

27   Vgl. auch PrGStAD I. HA Rep. 87B/3151.

der von Scherping aufgestellten Kernforderungen erörtert werden. Diese listete er 1950 in seiner Autobiografie wie folgt auf:

> »1. *Einheitliche jagdliche Gesetzgebung, vor allem einen Reichsjagdschein.*
> 2. *Wesentliche Verschärfung der Schon- und Schutzzeiten, vor allem gänzlicher Schutz aller seltenen Tierarten, gleichgültig, ob sie bisher als schädlich oder nützlich galten.*
> 3. *Organisationszwang für alle Jagdscheininhaber.*
> 4. *Eigene fachkundige Jagdbehörden.*
> 5. *Verbot des Tellereisens und aller Jagdarten und Methoden, die sich mit der in dieser Beziehung von Grund aus veränderten Einstellung des Jägers zur Tierwelt nicht mehr in Einklang bringen ließen.*
> 6. *Abschußplanung für eine Reihe von Wildarten, wie sie in den Staatsforsten längst eingeführt war.*
> 7. *Eigene Ehrengerichtsbarkeit für die Jäger, um ungeeignete Elemente, die sich ihrer Verantwortung gegenüber der heimischen Tierwelt nicht bewußt waren, von der Jagdausübung auszuschließen.*« (SCHERPING 1950: 27 f.)

Die erste Forderung erscheint nachvollziehbar. In den einzelnen Ländern des Deutschen Reiches existierten damals z. T. sehr widersprüchliche Regelungen, die nicht zuletzt die Schonzeiten betrafen.[28] Allerdings wurde mit dem Preußischen Landtag der falsche Adressat gewählt, denn die angestrebte reichseinheitliche Regelung hätte nur durch ein Reichsgesetz erfolgen können.[29] Die Forderungen 2, 4, 5 und 6 erscheinen nachvollziehbar und sprächen für einen Entwurf zu einem Fachgesetz.

Die Forderungen 3 und 7 hätten aber in einem grundlegenden Widerspruch zu einem Fachgesetz gestanden. Sie unterstreichen, dass die Jagdverbände für die Jagd einen umfassenden Geltungs- und Regelungsanspruch erhoben, der in einer pluralistischen Demokratie normativ auf Widerspruch stoßen musste. Dennoch forderten sie, dass dieser Anspruch staatlicherseits sanktioniert werden sollte.

Inhaltlich stehen die Positionen 3 und 7 in einem engen Zusammenhang, der sich aus dem Prinzip der Waidgerechtigkeit ergibt. Über diese wurde in den Kreisen der organisierten Jäger seit dem ausgehenden 19. Jahrhundert intensiv diskutiert (HILLER 2003: 122–159). Im Kern handelte es sich dabei um eine Trias aus jagdlichem »Handwerk«, Tierethik und Verhaltensregelungen gegenüber anderen Jägern. Darüber hin-

---

28 GOESER 2004: 3 verweist auf 24 verschiedene jagdpolizeiliche Gesetze zur Zeit der Weimarer Republik. Vgl. auch GAUTSCHI 1998: 15; LAUVEN 2002: 25; DIRSCHERL 2012: 141.

29 GAUTSCHI 1997: 73 zufolge sollen die Spitzengremien der Jagdverbände 1931 einen Entwurf für ein deutsches Jagdgesetz entwickelt haben. Er gibt aber keine Hinweise darauf, was dieser materiell enthielt und ob er überliefert ist. Ein entsprechender Hinweis bei SCHERPING 1950 fehlt.

aus wurden aber auch Fragen des Jagdbrauchtums in diesen Zusammenhang gestellt. Letztere spielten offenbar in der Weimarer Republik im Kontext der Gesetzesinitiative noch keine Rolle.

Die Stoßrichtung der Verbände wandte sich in der Weimarer Republik mit diesem Gesetzentwurf eindeutig gegen solche Jäger, die nach dem Weltkrieg bzw. der Hyperinflation zu Vermögen gekommen waren und nun aus Sicht der verbandlich organisierten Jäger unethisch jagten. Die Jagdpresse war voll von Berichten über solche »Parvenüs«, ja es erschienen sogar Monografien zu diesem Thema (BYERN 1923: insbes. 273 ff.; vgl. auch STAHL 1979: 68–75, 93 ff. u. ö.). Hinweise auf die Quantität solcher Jäger – legt man die Kriterien der diskutierten Waidgerechtigkeit als Bewertungsmaßstab zugrunde – lassen sich in der Literatur nicht finden.[30] Die Lösung des Problems durch eine Zwangsorganisation (Forderung 3) und eine daran gekoppelte Ehrengerichtsbarkeit (Forderung 7) erscheint aus der Perspektive der Jagdverbände dann plausibel, wenn man das Jagdwesen als ein in sich abgeschlossenes distinktives Sozialmilieu auffasst, das sich eigene Normen setzt und deren Nichteinhaltung sanktionieren will.

Nun hat der Staat in Teilbereichen Zwangsmitgliedschaften und Ehrengerichte zugebilligt. Dies betrifft zum einen Berufsgruppen wie Ärzte, Anwälte, Bauern etc., die über eigene »Kammern«, d. h. öffentlich-rechtliche Körperschaften, als Regelungsinstanzen verfügen. Eine Übertragbarkeit dieser Analogie auf das Jagdwesen erscheint aber problematisch, da sich der Geltungsanspruch nicht nur auf Berufsjäger erstrecken sollte, sondern auf alle Jagdscheininhaber, also auch auf solche Personen, die Jagd als Freizeitbeschäftigung betrieben. Zum anderen existieren beispielsweise im sportlichen Bereich Ehrengerichte. Aber auch hier erscheint der Vergleich unangemessen, da die Sportgerichte nur über Vereinsmitglieder richten können, die Jagdverbände 1928 in die Gerichtsbarkeit aber auch nicht-organisierte Jäger einbeziehen wollten. Die Mehrheit der Jagdscheininhaber war nicht in den Jagdverbänden organisiert. SYRER (1987: 117 f.) zufolge gehörten zur Zeit der Weimarer Republik von den ca. 260.000 Jagdscheininhabern nur ca. 80.000 einem Jagdverein an. Die Jagdvereine vertraten also mit ca. 30 % nur eine Minderheit der Jäger.[31]

Der Staat, insbesondere der demokratische Staat, wird aber danach fragen müssen, ob er den Anspruch auf eine kulturelle Hegemonie[32] einer Minderheit, deren

---

30 Die in der Literatur sehr umstrittene Einschätzung der Waidgerechtigkeit (vgl. S. 111 und 149 f., zuletzt sehr ausführlich BODE 2015) kann im Rahmen dieser Analyse nicht weiter erörtert werden, verdiente aber eine weitere gründliche, quellengestützte Untersuchung insbesondere für die Zeit der Weimarer Republik und des »Dritten Reiches«.

31 Die Zahlen beruhen auf SCHERPING 1950: 22 und MITZSCHKE 1960.

32 Hegemonialanspruch bezieht sich auf das von Antonio Gramsci entwickelte Konzept der »kulturellen Hegemonie«. Es benennt einen »Typus von Herrschaft«, der im »Wesentlichen auf der Fähigkeit basiert, eigene Interessen als gesellschaftliche Allgemeininteressen zu definieren und durchzusetzen«; SCHERRER & BRAND o. J.: 6.

gesellschaftliche und politische Ausrichtung in der Jägerschaft umstritten war, für eine ganze soziale Gruppe sanktionieren soll, und dies umso mehr, als der Forderungskatalog sehr nachvollziehbar enthielt, dass Jagdbehörden eingerichtet werden sollten. In deren Aufgabenkatalog hätten sich problemlos die Normierung und bei Nichteinhaltung der Normen deren Sanktionierung einfügen lassen, so dass die ordentliche Verwaltung bzw. die ordentliche Gerichtsbarkeit selbst die von den Jägern belegten Mängel in der Jagdpraxis hätte abstellen bzw. sanktionieren können.

Im Ergebnis ist festzuhalten, dass es sich, wären diese Forderungen Gegenstand der Gesetzgebung geworden, materiell nicht um ein reines Fachgesetz, sondern um ein Lobbygesetz mit einem umfassenden Geltungs- und Regelungsanspruch für das Sozialmilieu Jagdwesen gehandelt hätte.

3. Historische Einordnung

DIRSCHERL (2012: 141) resümiert, dass »die politische Zerstrittenheit und das parlamentarische Versagen während der Weimarer Republik« maßgeblich dafür gewesen seien, dass es in »Deutschland [nicht] viel früher zu einem einheitlichen Jagdgesetz gekommen« sei. Er übernimmt damit noch im Jahre 2012 völlig unreflektiert die Diktion der republik- und demokratiefeindlichen politischen Rechten der Weimarer Republik.

Die Verfassung der Weimarer Republik basierte normativ auf einer freiheitlich-demokratischen Grundordnung. In der von Dirscherl vorgenommenen Bewertung wird diese Struktur auf den Kopf gestellt. Es ist gerade die originäre Aufgabe von Regierungen und Parlamentariern bei der Entwicklung und der Verabschiedung von Fachgesetzen, diese in einen allgemeinpolitischen Zusammenhang zu stellen und mit anderen Belangen, im Falle des Jagdwesens vor allem mit denen der Landnutzer wie Land- und Forstwirtschaft, Fischerei, aber auch des Naturschutzes, abzuwägen.

Die von Scherping und in dessen Folge auch von Gautschi, Leonhardt und Dirscherl sowie anderen unternommenen Bestrebungen, dem am Ende der Weimarer Republik unternommenen Versuch zur Novelle der Preußischen Jagdordnung von 1907 im Sinne der Forderungen der Jagdverbände dadurch eine demokratische Ausrichtung zu geben, dass sie die Unterstützung des sozialdemokratischen Ministerpräsidenten Otto Braun gefunden hätten und dass dieser »ohne Parlament« dafür Sorge getragen habe, dass zumindest 1929 die Tier- und Pflanzenschutzverordnung erlassen worden sei, halten einer Quellen- bzw. Plausibilitätsprüfung nicht stand. Dirscherl unterläuft in seinem Bemühen, die Entwürfe und damit auch das spätere Reichsjagdgesetz vom Odium des »Nazi-Gesetzes« zu befreien, sogar ein gravierender Fehler. Scherping verwies 1950 darauf, dass bereits Mitte der 1920er Jahre Thüringen und Sachsen Jagdgesetze erlassen hätten,[33] die »insofern einen gewissen Fortschritt bedeu-

---

33   Zu den thüringischen und sächsischen Jagdgesetzen vgl. HARDER 2009: 59 ff.

teten, als in ihnen erstmals das Wort ›Hege‹ vorkam«. Dirscherl bemerkt dazu, dass »in den 1920er Jahren in Thüringen und Sachsen fortschrittliche Landesjagdgesetze unter sozialdemokratischen Regierungen« entstanden bzw. dass »[w]ichtige Vorentwicklungen [...] – zum größten Teil – unter sozialdemokratischer Regierung entwickelt [worden seien], welche Göring zum Abschluss brachte« (DIRSCHERL 2012: 141 f.). Sachlich falsch ist dabei der Verweis auf Thüringen. Als das Jagdgesetz am 27. April 1926 verabschiedet wurde (MITZSCHKE 1960: 34), amtierte in Thüringen seit 1924 eine politisch rechts stehende Minderheitenregierung unter dem DVP-Politiker Richard Leutheußer, zu der die SPD in Opposition stand.

Scherping, Gautschi, Dirscherl und andere denunzieren mit ihren Wertungen die Vorgänge bei der noch außerparlamentarischen Beratung des Entwurfs von 1928 und weisen dem Parlament letztlich nur die Aufgabe zu, Erfüllungsgehilfe von Lobbyinteressen zu sein.

Welchem expertokratischen Demokratieverständnis Scherping folgte, zeigt eindrücklich eine Passage aus seiner Autobiografie:

»Ich habe mir fast in jeder Versammlung Notizen gemacht, in denen ich das Ergebnis dieser Aussprachen festlegte. Sie allein sind dann materielles Recht, im Reichsjagdgesetz verankert, geworden. Es dürfte wohl nur sehr wenige Gesetze geben, die auf so demokratische Weise zustande gekommen sind wie dieses. Es war ein zum mindesten zahlenmäßig gewaltiges Parlament, das hier seine Stimme eindeutig und klar abgegeben hat, und es war – das scheint mir der größte Vorteil zu sein – ein Parlament, das sich aus den besten Fachleuten zusammensetzte, die unser Vaterland damals aufbringen konnte.« (SCHERPING 1950: 28)

Gegen sein Demokratieverständnis spricht formal, dass in den Verbänden nur eine Minderheit der Jäger organisiert war. Den oben beschriebenen Abwägungsprozessen und der demokratisch-parlamentarischen Debatte verweigerten sich aber die Jagdverbände.

Diese gehören aber zum politischen Kernbereich einer Demokratie, so dass sich die Jagdverbände damit mittelbar auch nicht dem Primat der Politik unterwerfen wollten. Den demokratischen Parlamentarismus schätzte dabei Scherping gering:

»Das Parlament, der preußische Landtag, hat an dieser Verbesserung der jagdlichen Zustände nicht mitgewirkt. Sie wären andernfalls in Demokratien auch nie zustande gekommen. [...] Jedenfalls kenne ich keine Demokratie, die gute jagdliche Gesetze geschaffen hätte.« (SCHERPING 1958: 111)

Scherping setzte auch 1950 noch rückblickend die Partikularinteressen der organisierten Jäger absolut. Hier sei deshalb noch einmal auf einen Teil des Eingangszitats verwiesen. Seine Aussage, dass die Parlamentarier »Ausschuß« gewesen seien, zeigt, dass er den Parlamentariern nicht nur die Fachkompetenz absprach, sondern dass sein Antiparlamentarismus mit Menschenverachtung einherging (SCHERPING 1950: 22 f.).

Die Verabschiedung eines novellierten und reformierten Jagdgesetzes scheiterte Ende der 1920er Jahre deshalb auch nicht an der Zerstrittenheit und Inkompetenz des Preußischen Landtages, sondern zum einen an der fehlenden Demokratie- und Diskursfähigkeit der organisierten Jägerschaft, die nicht willens war, sich Abwägungsprozessen zu unterwerfen, und die damit insofern das Primat der Politik nicht anerkannte. Zum anderen enthielten die Forderungen im Kern einen umfassenden Geltungs- und Regelungsanspruch für ein Sozialmilieu, der normativ von Vertretern einer freiheitlich-demokratischen und pluralistischen Grundordnung zumindest sehr intensiv hätte geprüft, diskutiert und abgewogen werden müssen.

III. Jagdgesetzgebungsverfahren im »Dritten Reich«

1. Jagdverbände und die sich etablierende NS-Diktatur – die Sicht Scherpings

Durch den so genannten Preußenschlag enthob die Reichsregierung unter Reichskanzler Franz von Papen den preußischen Ministerpräsidenten Otto Braun am 20. Juli 1932 seines Amtes. Am 30. Januar 1933 erfolgte auf Reichsebene die »Machtübernahme« der Nationalsozialisten. Die neue Reichsregierung unter Adolf Hitler beraumte für den 5. März 1933 parallel zu den Reichstagswahlen für Preußen Landtagswahlen an, die unter Terrorbedingungen stattfanden. Parallel zu den Entwicklungen im Reichstag wurden die kommunistischen Abgeordnetenmandate aberkannt, so dass die NSDAP im preußischen Landtag über die absolute Mehrheit der Mandate verfügte. Auf die Wahl eines Ministerpräsidenten verzichtete das NS-Regime. Gesetze vom 31. März und vom 7. April 1933 schalteten die bisherigen Länder gleich, so dass das Land Preußen nunmehr dem Reich direkt unterstand. Hitler ernannte am 11. April 1933 Hermann Göring zum preußischen Ministerpräsidenten. Der Landtag stimmte am 18. Mai 1933 einem eigenen preußischen Ermächtigungsgesetz und damit seiner Selbstentmachtung zu; der freiheitliche Rechtsstaat fand damit sein Ende, und die Gesetzgebung lag fortan beim Staatsministerium.

Innerhalb der organisierten Jägerschaft hatte Scherping zufolge stets eine Affinität zu ›starken Männern‹ im Staat bestanden, die die »Wünsche der Jäger mit der nötigen Sachkenntnis und den nun einmal zur Überwindung gewisser Widerstände notwendigen Nachdruck« vertreten hätten. In früheren Zeiten bis ins ausgehende Kaiserreich seien diese ›starken Männer‹ die deutschen Fürsten gewesen, zur Zeit der Weimarer Republik sei es in Preußen der sozialdemokratische Ministerpräsident Otto Braun gewesen. Nach dessen »Ausscheiden« [!] habe innerhalb der Jagdverbände »die fieberhafte Suche nach einem politischen rocher de bronce, […] von neuem« begonnen.

Das besondere Problem habe darin bestanden, dass bei der »Machtübernahme« die Lage der jagdlichen Spitzenorganisationen »keineswegs beneidenswert« gewesen sei: »Eine noch so lockere Fühlung mit den maßgeblich gewordenen Männern der NSDAP bestand nicht« (SCHERPING 1950: 38 f.).

Keiner der drei Präsidenten der großen Jagdverbände, nämlich Herzog Adolf Friedrich von Mecklenburg für den Reichsjagdbund, Prinz Alfons von Isenburg für den ADJV und der Ministerialrat im Preußischen Justizministerium Gustav Wagemann für den Preußischen Landesjagdverband sei damals »Pg.«, also Parteigenosse, sprich NSDAP-Mitglied gewesen bzw. hätte über »irgendwelche Fühlung mit maßgeblichen Stellen der Partei« verfügt (SCHERPING 1950: 39; vgl. hierzu auch GAUTSCHI 1998: 20). Zumindest für Gustav Wagemann dürfen an dieser Aussage Zweifel angemeldet werden.[34]

Die Geschäftsführerfunktionen der drei großen Jägervereinigungen übte Ulrich Scherping zu Beginn des Jahres 1933 in Personalunion aus. Scherping legte 1950 Wert darauf hinzuweisen, dass er »nicht Pg.« gewesen sei, denn dies sei mit dem von ihm verfolgten Grundsatz, »daß Jagd und Politik nichts miteinander zu tun hatten«, nicht vereinbar gewesen (SCHERPING 1950: 40). Daraus kann aber nicht geschlossen werden, dass Scherping unpolitisch war, ganz im Gegenteil. Ausweislich seines Lebenslaufs in seiner SS-Führerpersonalakte gehörte er 1921 den antirepublikanischen und antidemokratischen Freikorps an.[35] In der Kontinuität dieser Grundhaltung trat er 1930 dem republik- und demokratiefeindlichen Stahlhelm bei.[36] Politisch hatte sich Scherping also zur Zeit der Weimarer Republik eindeutig positioniert. Dass er »nicht Pg.« gewesen sei, ist definitiv falsch. Formal wurde er am 1. Mai 1933 in die NSDAP aufgenommen.[37] Es kann aber mit großer Plausibilität davon ausgegangen werden, dass Scherping den Aufnahmeantrag bereits etliche Zeit früher gestellt hatte, denn die Parteizentale hatte am 19. April 1933 eine formale Aufnahmesperre für Neumitglieder verfügt, da sie sich dem Ansturm von Neumitgliedern, so genannten »Märzgefallenen«, nach der Reichs- und Landtagswahl am 5. März 1933 nicht mehr gewachsen sah. Dass Scherping offenbar bereits in der Weimarer Republik Kontakte zur NSDAP hatte, deutete Rubner an. Als Kontaktpersonen nennt er Philipp Reemtsma, der die SA mit Zigaretten versorgte, und Paul Körner, der später als Staatssekretär Görings ›rechte Hand‹ wurde (RUBNER 1997: 104).

Um aus der als »nicht beneidenswert« eingeschätzten Lage zu Beginn der Diktatur herauszukommen, begann Scherping mit dem Lobbying. So nahm er im Frühjahr 1933

---

34   Vgl. hierzu S. 99.
35   BAB SS-Führerpersonalakten – Scherping, Ulrich: Bl. 18.
36   BAB B SS-Führerpersonalakten – Scherping, Ulrich: Bl. 25.
37   BAB B SS-Führerpersonalakten – Scherping, Ulrich.

Kontakte zum NSDAP-Landtagsabgeordneten Karl von Wedel-Parlow (1873–1936) auf, die sich allerdings als »nicht gerade ermutigend« herausgestellt hätten (SCHER-PING 1950: 40). Die entscheidende Initiative zur Verabschiedung eines – noch preußi-schen – Jagdgesetzes ging Scherpings Darstellung zufolge vom nunmehrigen preußi-schen Ministerpräsidenten Hermann Göring aus: »In dieser Zeit einer gewissen Ratlo-sigkeit platzte nun ein Anruf des Büros des Preußischen Ministerpräsidenten Göring, in dem ich zur Entgegennahme gewisser Weisungen auf jagdlichem Gebiet am 9. Mai 1933 in dessen Diensträume bestellt wurde.« Hier sei ihm die »Anweisung [erteilt worden], vorerst für Preußen ein Jagdgesetz auszuarbeiten, das den Wünschen der Jäger und den neuen Erkenntnissen auf jagdlichem und naturschützerischem Gebiet entsprach« und mit einer Frist von »wenn ich mich richtig erinnere, acht Wochen« in Auftrag gegeben wurde (SCHERPING 1950: 40 f.).

Scherping reklamierte in seiner Monografie 1950, dass bereits seit 1932 ein Ent-wurf für ein Reichsjagdgesetz, der materiell auf der Basis seiner verbandlichen Erfah-rungen seit 1927 aufbaute, »fertig auf meinem Arbeitstisch« gelegen habe. Dieser Entwurf hätte natürlich noch einer juristischen Bearbeitung bedurft. Diese sei durch den »damaligen Justitiar des Preuß. Ministeriums für Landwirtschaft, Domänen und Forsten, Ministerialrat Dr. Vollbach« erfolgt, wobei an »den materiellen Bestimmun-gen kaum etwas geändert worden« sei (SCHERPING 1950: 41 f.). Vollbach bestätigte 1960 diese Aussage und erklärte, dass er im Herbst 1933 Kontakte zum Preußischen Justizministerium aufgenommen habe, um dieses am juristischen Feinschliff zu betei-ligen. Vollbach verweist ausdrücklich darauf, dass die beiden im Justizministerium beteiligten Referenten »alte Jäger« gewesen seien (VOLLBACH 1960: 37), so dass vieles dafür spricht, dass es sich bei einem der Angesprochenen um Gustav Mitzschke gehandelt hat, der nach 1945 bei der Verabschiedung des Bundesjagdgesetzes noch die zentrale Rolle einnehmen sollte. Auf der Basis dieser Zusammenarbeit, so die Dar-stellungen Scherpings und Vollbachs, sei das »preußische Jagdgesetz, dessen Abbild später das Reichsjagdgesetz wurde«, entstanden (SCHERPING 1950: 44). Scherping selbst bekam, noch als privatrechtlich amtierender Geschäftsführer, zum 15. Juni 1933 ein Büro im Preußischen Landwirtschaftsministerium und erhielt zum 1. Januar 1934 seine Ernennung zum Jagdreferenten der preußischen Landesforstverwaltung (GAUTSCHI 1998: 24).

2. Die Entstehung und Verabschiedung des preußischen Jagdgesetzes – aus der Perspektive der Quellen

Nach der Auswertung der Akten und anderer Quellen ergibt sich ein anderes Bild. Unverkennbar wartete die Jagdpresse mit einer Vielzahl von Artikeln auf, in denen sich das Jagdwesen in opportunistischer Weise dem neuen NS-Regime andiente (GAUT-SCHI 1998: 18 f.). Damit unterschied sich das Jagdwesen allerdings auch in keinster Weise von anderen bürgerlichen Organisationen in dieser frühen Phase des »Dritten Reiches«.

Auch schien die Lage unmittelbar nach der »Machtergreifung« unter Lobbyge-sichtspunkten alles andere als aussichtlos. Auch wenn Scherping 1950 bestritt, dass keine »noch so lockere Fühlung mit den maßgeblich gewordenen Männern der NSDAP« bestanden habe, bahnte er sie offenbar über einen Mittelsmann selbst an. Seinen Stellvertreter im Amt des Geschäftsführers, Gustav Tigör (1891–1983),[38] der Göring aus gemeinsamer Kadettenzeit in Lichterfelde als dessen vormaligen Stu-benältesten kannte (TIGÖR 1982: 40), drängte Scherping, folgt man der Darstellung Tigörs, dazu, Göring durch das Erlegen eines Hirsches im Keudellschen Revier in Hohenlübbichow »Blut lecken« zu lassen (GAUTSCHI 1998: 20; TIGÖR 1982: 40). Der Wahrheitsgehalt dieser Aussage lässt sich heute allerdings nicht mehr überprüfen, so dass hier der Darstellung Gautschis gefolgt werden muss, wonach es nicht exakt nachzuweisen sei, »ob Göring aus eigenem Antrieb das Jagdwesen in die Hand neh-men wollte bzw. ob er die Anregung hierzu von Seiten der Jagdverbände erhielt, wenn auch Tigör wiederholt betonte, dass er und Scherping es waren, die Göring zum Jäger gemacht hätten« (GAUTSCHI 1998: 20).

Die Aufforderung Görings vom 9. Mai 1933 fiel allerdings entgegen der Darstel-lung Scherpings nicht vom heiteren Himmel. Scherping hatte ihm nämlich unmit-telbar zuvor die Schirmherrschaft über das deutsche Jagdwesen angetragen. In der parteioffiziellen Biografie Hermann Görings heißt es dazu:

> »*Am 9. Mai 1933 bietet der Reichsjagdbund dem Ministerpräsidenten die Schirm-herrschaft über die deutsche Jagd an. Ist das nebensächlich? Nein! Erbe und Sitten der Väter zu wahren, ist immer wichtig. Hermann Göring erkennt sofort, daß hier lebenswichtiges Volksgut noch zu retten ist, wenn mit starker Hand von oben ein-gegriffen wird. [...] ›Ich werde mich an Ihre Spitze stellen. Ich tue es in dem festen Willen, der deutschen Jagd wieder die Geltung zu verschaffen, die ihr gebührt. Ich will, daß ein neues Jagdgesetz für Preußen geschaffen wird, das später, nachdem man Erfahrungen mit ihm gesammelt hat, für das Deutsche Reich gelten soll. Ich will, daß dieses Gesetz das deutsche Weidwerk in seiner edelsten Form dem deutschen Volke als Vermächtnis längst vergangener Tage für immer erhält.‹*« (GRITZBACH 1938: 99 f.)

Tatsächlich nahm Scherping, wie in seiner Autobiografie geschildert, an diesem Tag die Tätigkeit im Mitarbeiterstab Görings auf, wo er fortan als »rechte Hand des Reichs-jägermeisters in allen Jagdsachen« agierte (GRITZBACH 1938: 100).

Nach Aktenlage gestaltete sich allerdings fortan die Arbeit an einem Entwurf zu einem preußischen Jagdgesetz differenzierter bzw. sogar ganz anders, als Scherping

---

38 http://www.lexikon-der-wehrmacht.de/Personenregister/T/TigoerGustav.htm (zuletzt gesehen am 7.7.2016).

1950 den Eindruck vermittelte. Ob im Preußischen Landwirtschaftsministerium das Duo Scherping/Vollbach an einem Entwurf zu einem Jagdgesetz arbeitete, lässt sich weder verifizieren noch falsifizieren, denn die entsprechenden Akten des Preußischen Landwirtschaftsministeriums weisen für den betroffen Zeitraum Kriegsverluste auf. Parallelakten des zu beteiligenden Preußischen Innenministeriums sind wegen Kriegsverlusten nur bis in das Jahr 1926 überliefert.[39] Sicher ist jedoch, dass derjenige Entwurf, der am 18. Januar 1934 in die Ressortabstimmung ging, zumindest juristisch nicht aus der Feder Vollbachs stammte. Als – alleinige – juristische Autoren werden hier Gustav Wagemann und Friedrich Preiser genannt.[40]

Sicher ist außerdem, dass parallel zu den von Göring in Auftrag gegebenen Arbeiten – und offenbar ohne dessen Wissen – das Reichsjustizministerium im August 1933 die Gesetzesmaschinerie in Jagdangelegenheiten anlaufen ließ.[41] Gustav Mitzschke begann mit ersten Sondierungen bzw. formalen Vorbereitungen für ein Reichsjagdgesetz.[42] Diese Arbeiten lassen sich aus den Gleichschaltungsgesetzen vom 31. März und 7. April 1933 herleiten, nach denen die bisherigen Länder ihre politische Souveränität an das Reich verloren. In diese Vorarbeiten schaltete das Reichsjustizministerium auch die Rechtsabteilung der NSDAP in München ein. Das Reichsjustizministerium forderte diese zu einer Stellungnahme zu einer aus dessen Sicht zentralen Jagdfrage auf, »ob das Jagdrecht [als] ein Ausfluß des Grundeigentums« zu verstehen sei. Das am 26. Oktober 1933 von der NSDAP-Rechtsabteilung erstellte Gutachten kam zu dem Schluss, dass diese Ableitung zu verneinen sei:

»Es entspricht nicht der sozialistischen [!] Denkweise, einem Grundeigentümer eine Nutzung zu gewähren, die er nicht durch eigene Arbeit verdient hat. In dieser Hinsicht hat die deutsche Vergangenheit, wenn auch aus anderen rechtlichen und politischen Gründen, das Jagdregal als gerecht hingenommen. Wollte man dem Grundeigentümer das Jagdrecht auf seinem Grunde schlechthin zugestehen, so könnte dies bei Grundeigentum größeren und größten Ausmaßes dahin führen, daß die Jagdgier des Grundeigentümers die Jagd in gewissen Teilen Deutschlands zerstört und alle jagdbaren Tiere ausrottet. [...]
Selbst wenn man davon ausgeht, daß die Jagdausübung nach wie vor bei der Einführung der Grundeigentumsjagd beaufsichtigt werde und gesetzlichen Regeln unterworfen bleiben soll, so würde doch auch das Gegeneinanderwirken vieler kleiner Jagdberechtigter, deren Jagdausübung gesetzlich schwerlich in billiger Weise gegen-

---

39 Als letzte aus dieser Parallelüberlieferung liegt im PrGStAD I. HA Rep. 77 Ministerium des Innern Tit. 611, Br. 58, Bd. 17 Akten betr. die Forst- und Jagdpolizei-Gesetzgebung 24.1.1923 bis 18.2.1926 vor.

40 PrGStAD I. HA Rep. 84a, Nr. 568.

41 BAB R 43I/1296: Bl. 178.

42 Zu dessen Biografie vgl. S. 115.

*einander abgegrenzt werden kann, den gemeinwirtschaftlichen Belangen und den
Zwecken der Erhaltung des jagdbaren Bestandes widerstreiten.*
*Vom nationalsozialistischen Standpunkt aus wird man daher die Jagdberechtigung
des Grundeigentums, wenn nicht in besonderen gesetzlich vorgesehenen Schranken,
im allgemeinen versagen müssen.«*[43]

Mit dieser Stellungnahme obsiegte innerhalb der in Eigentumsfragen zum damaligen
Zeitpunkt ideologisch noch sehr heterogenen NSDAP zumindest in Jagdfragen der
sozialistische Flügel.

3. Verabschiedung des Preußischen Jagdgesetzes

Göring setzte als Ministerpräsident die preußischen Ministerien unter enormen Zeitdruck. Über die ihm direkt unterstellte Preußische Landesforstverwaltung gab er den
Entwurf zu einem preußischen Jagdgesetz mit Datum vom 9. Januar 1934 dem Preußischen Justizministerium zur Kenntnis und erklärte, dass er ab dem 11. Januar »im
Wege des beschleunigten Umlaufs« bei den Ressorts das Einverständnis herbeizuführen gewillt sei, denn das Gesetz sollte bereits am 15. Januar 1934 vom Staatsministerium verabschiedet werden.[44]

Der in das verkürzte Abstimmungsverfahren eingespeiste Entwurf enthielt auf dem
Vorblatt den Vermerk:

*»Der Gesetzentwurf wurde auf Anordnung des Herrn Preuss. Ministerpräsidenten
vom Reichsjagdbund und Preussischen Landesjagdverband ausgearbeitet.*
*Die juristische Bearbeitung erfolgte durch den kürzlich verstorbenen Staatsrat Gus-
tav Wagemann und den Senatspräsidenten Dr. Preiser, Potsdam.«*[45]

Somit kann nicht sicher angenommen werden, dass Scherping, wie von ihm und anderen behauptet, wirklich der alleinige Verfasser zumindest der Inhalte des Jagdgesetzes
war. Es erscheint allerdings sehr plausibel, da dieser als Geschäftsführer der genannten
Jagdverbände amtierte, dass er ganz maßgeblich an der Formulierung beteiligt war. Als
falsch erweist sich hingegen die Darstellung Scherpings und Vollbachs bezüglich der
juristischen Bearbeitung der inhaltlichen Materie des von Göring vorgelegten Entwurfs. Offenbar wurde der aus dem Landwirtschaftsministerium kommende Vollbach
zumindest im Laufe des juristischen Formulierungsverfahrens ausgegrenzt. Damit

---

43   BAB R 3001/620: Bl. 16 f.
44   PrGStAD I. HA Rep. 84a, Nr. 567: Bl. 1.
45   BAB R 43I/1296: Bl. 103. Vgl. auch PrGStAD I. HA Rep. 84a, Nr. 567: Bl. 2. Vom Justizmi-
     nisterium redigierte Fassung in Nr. 568.

hätten sich auch die üblichen hausinternen Abwägungsprozesse mit den Belangen der Land- bzw. Forstwirtschaft umgehen lassen.[46]

Wer waren nun aber die genannten Autoren des Entwurfs?

Gustav Wagemann (1885–1933) war zunächst ab 1921 als Justizrat, ab 1925 als Ministerialrat im Preußischen Justizministerium tätig. Mit Zustimmung seines Ministers Hermann Schmidt(-Lichtenberg) vom Zentrum übernahm er 1930 den Vorsitz des Preußischen Landesjagdschutzverbandes. Politisch geriet er in der Endphase der Weimarer Republik mit seinem Dienstherrn in Konflikt. Als einer seiner Söhne demonstrativ auf dem Balkon der Familienwohnung eine Hakenkreuzfahne hisste, leitete die Regierung auf Betreiben des SPD-Fraktionsvorsitzenden Ernst Heilmann ein Disziplinarverfahren mit dem Ziel der Entlassung ein, das jedoch ohne Konsequenzen blieb (SCHERPING 1933: 374). Nun wird man sicherlich gerade vor dem Hintergrund der aufkommenden NS-Diktatur nicht im Sinne einer Sippenhaft direkt aus dieser Affäre ableiten können, dass Wagemann in der Endphase bereits Nationalsozialist war. Eine Aktenauswertung des Bundesarchivs enthält allerdings den Hinweis darauf, dass Wagemann bereits vor 1933 Mitglied der NSDAP war.[47] Nach der Machtergreifung machte er schnell Karriere und wurde neben seiner Tätigkeit im Justizministerium zum Präsidenten des Erbhofgerichts[48] Celle ernannt und amtierte als Mitglied des Preußischen Staatsrates.

Zum zweiten juristischen Autor des Entwurfes, Friedrich Preiser (*1898), ließen sich nur wenige Angaben ermitteln. Er amtierte zum Zeitpunkt der Einreichung des Entwurfs als Senatspräsident in Potsdam. Nach Angaben des Berlin Document Centers (Bundesarchiv Berlin) wurde er wie Scherping formal am 1. Mai 1933 in die NSDAP aufgenommen.[49] Wie bei Scherping kann davon ausgegangen werden, dass der Antrag zur Mitgliedschaft bereits einige Zeit zuvor gestellt worden war.

Die Autoren des Entwurfs legten in der Begründung dezidiert Wert darauf, dass sie mit dem Gesetz einen Paradigmenwechsel intendierten. So verwiesen sie darauf, dass die Preußische Jagdordnung vom 15. Juli 1907 im Kern Jagdanschauungen vertreten

---

46   Noch 1934 veröffentlichten allerdings Scherping und Vollbach einen gemeinsamen Kommentar zum preußischen Jagdgesetz: SCHERPING & VOLLBACH 1934.

47   http://www.bundesarchiv.de/aktenreichskanzlei/1919-1933/0000/adr/adrsz/kap1_5/para2_5.html = Edition »Akten der Reichskanzlei. Weimarer Republik«. Online (zuletzt eingesehen am 7.7.2016).

48   Das Reichserbhofgesetz, das mit großem propagandistischem Aufwand am 1.10.1933 von Walther Darré verkündet worden war, nahm eine wesentliche Rolle in der Blut-und-Boden-Ideologie ein; GRUNDMANN 1979: 43 ff.; MÜNKEL 1996: 573.

49   Schreiben des Bundesarchivs an den Verfasser vom 23.10.2013. Zur NS-Zeit amtierte er u. a. als Referatsleiter für politische Strafsachen und machte nach 1945 ungebrochene Karriere, u. a. als Oberlandesgerichtsdirektor in Braunschweig; NATIONALRAT 1968: 173.

habe, »die sich seit dem Jahre 1848 gebildet hatten. Es ging von der Auffassung aus, dass jeder Jagdausübungsberechtigte mit der heimischen Tierwelt, dem Allgemeingut des ganzen Volkes, nach freiem Ermessen schalten und walten konnte. Weder die Vernichtung seltener Tierarten aus reiner Zerstörungswut, noch das Ausschiessen einzelner Reviere aus ungezügelter Mordlust oder Habgier war durch das Gesetz verhindert.«[50] Wie nicht anders bei einem Text zu erwarten, der aus der Feder von Verbandsfunktionären stammt, lobten sie dann die »freiwillige geleistete Aufbauarbeit *eines Teiles* der Jäger«, die »aus der besseren Einsicht heraus im Interesse der Allgemeinheit geübten Entsagung« so waidmännisch gejagt hätten, dass »auch heute noch seltenen Tierarten eine Freistatt gewährt und ausreichende Wildbestände erhalten geblieben« seien.[51] Zwar kann aus den Erfahrungen der damaligen Jahre konzediert werden, dass in Teilen der Jägerschaft nichtnachhaltige Jagdpraktiken ausgeübt wurden. Die in der Begründung erhobene Unterstellung, dass die nicht in den Jagdverbänden organisierten Jäger vorwiegend aus »Zerstörungswut« und »ungezügelter Mordlust oder Habgier« jagten, wird der damaligen Situation aber nur unzureichend gerecht.

Aus den beschriebenen Missständen im Jagdwesen, die die nicht in den Jagdverbänden Organisierten verursacht hätten, zogen die Autoren die Konsequenz, dass »[e]in neues Jagdrecht im neuen Staat« geschaffen werden müsse, und dass der »Grundsatz beseitigt [werden müsse], dass jeder Volksgenosse ohne Rücksicht auf die Allgemeinheit den ihm anvertrauten Wildbestand bewirtschaftet. Es [das Gesetz – HWF] musste Mittel und Wege finden, um eine Vernichtung einzelner Tierarten und ganzer Wildbestände zu verhindern.« Die Autoren stellten ihren Entwurf hier auch in einen naturschützerischen Kontext, den sie mit dem Hinweis, dass das Gesetz seinen Zweck, »die Erhaltung der freilebenden Tierwelt der Heimat auch für spätere Geschlechter nur dann erfüllen« könne, »wenn neben den rein wirtschaftlichen Fragen auch sittliche Belange genügende Berücksichtigung« fänden.[52]

Mit Beginn des beschleunigten Umlaufverfahrens versuchte umgehend das Preußische Justizministerium – also das Haus, in dem Wagemann gewirkt hatte –, Zeit für und Einfluss auf die Beratungen zu gewinnen. So verwies man hier darauf, dass die Begründung des Gesetzentwurfs »nicht zu allen beabsichtigten Neuerungen Stellung« nähme; zudem bestünden im Ministerium »aufgetretene Bedenken [an] zahlreichen Vorschriften des Zivil- und Strafrechts«, und man drängte zumindest auf eine Besprechung, an der für die zivilrechtliche Seite Gustav Mitzschke und für die strafrechtliche Seite Karl Schäfer unbedingt beteiligt werden müssten.[53] Auch das Finanzministerium mahnte wegen der geplanten »Neueinrichtung der Behörden« ausreichende Bera-

---

50   BAB R 43I/1296: Bl. 170.
51   BAB R 43I/1296: Bl. 170; Hervorhebung HWF.
52   BAB R 43I/1296: Bl. 170 f.
53   PrGStAD I. HA Rep. 84a, Nr. 567: I 6030/34.

tungszeit an.[54] Bedenken kamen auch aus dem Preußischen Innenministerium. Die informierten Reichsministerien für Ernährung und Landwirtschaft sowie für Justiz vertraten den Standpunkt, dass es sinnvoller sei, die Arbeiten an einem preußischen Landesjagdgesetz solange einzustellen, bis ein ohnehin in Vorbereitung befindliches Reichsjagdgesetz verabschiedet sei.[55] Tatsächlich fand am 16. Januar 1934 noch eine Besprechung statt, in der jedoch nur marginale redaktionelle Veränderungen am Gesetz durchgesetzt werden konnten.[56] Von einem geregelten Abstimmungsprozess konnte unter diesen Bedingungen keine Rede sein. Bis auf wenige redaktionelle Änderungen in den Schlussberatungen beschloss der Ministerrat den Entwurf am 18. Januar 1934 als Gesetz.[57]

4. Das preußische Landesjagdgesetz

Das 93 Paragrafen umfassende Gesetz gliederte sich in 15 Abschnitte. Der erste Abschnitt mit den §§ 1–4 definierte die jagdbaren Tiere, das Jagdrecht des Grundeigentümers, die Inhalte des Jagdrechts und führte die Prinzipien »Waidgerechtigkeit und Hegepflicht« (§ 4) ein. Die Begründung des ursprünglichen Entwurfs machte deutlich, dass hier ein Paradigmenwechsel eingeleitet wurde, habe die Jagdordnung von 1907 doch »eine Pflicht des Jagdberechtigten, das Wild zu pflegen«, nicht gekannt. Vielmehr habe es ihnen erlaubt, »den Wildbestand unbeschränkt zu nutzen.« Begründet wurde dieser Wandel nicht zuletzt auch mit dem nationalsozialistischen Staats- und Gesellschaftsverständnis, denn diese »liberalistische Auffassung« habe »in keinster Weise in den heutigen Staat« mehr gepasst und hätte deshalb beseitigt werden müssen.[58]

Der zweite Abschnitt beschäftigte sich mit den Strukturen der Jagdbehörden und der Jagdorganisation. Als oberste Jagdbehörde wurde der Preußische Ministerpräsident bzw. die ihm direkt unterstellte Landesforstverwaltung festgelegt. Den Verwaltungsebenen entsprechend amtierten fortan Landes-, Provinzial- und Kreisjägermeister und auf der untersten Ebene die Jagdvorsteher. Hier herrschte das Führerprinzip, d. h. die jeweiligen Jägermeister wurden vom jeweils Ranghöheren ernannt. Die Landes-, Provinzial- und Kreisjägermeister hatten ihre »Ämter ehrenamtlich« zu versehen. § 8 sah vor, dass sich alle »Inhaber der in Preußen gelösten Jahresjagdscheine« zwangsweise im Landesverband der preußischen Jäger zu organisieren hatten, die als Körperschaft des öffentlichen Rechtes bestand. Damit folgten die Autoren der »Weisung« Görings, die er am 9. Mai 1933 Scherping erteilt hatte, »in Preußen eine jagdliche Einheitsorganisation zu schaffen« (SCHERPING 1950: 41). Dieser Zusammenschluss wurde auf der

---

54 PrGStAD I. HA Rep. 84a, Nr. 567: Bl. 5.
55 BAB R 3001/620: Bl. 23, 24 V.
56 PrGStAD I. HA Rep. 84a, Nr. 568: Bl. 96; vgl. auch PrGStAD I. HA Rep. 84a, Nr. 567: Bl. 15–22.
57 PrGStAD I. HA Rep. 84a, Nr. 567: Bl. 27 (Prot. Sitzung des Ministerrates v. 18.1.1933).
58 BAB R 43I/1296: Bl. 171.

pragmatischen Ebene deshalb für notwendig erachtet, um den »bisherigen Zustand, dass jeder mit einem geladenen Gewehr auf die Natur losgelassen wurde«, zu beenden.[59] Andererseits fand auch hier wiederum die Einbettung in die NS-Ideologie statt, die den Vorrang Gemeinwohl vor Eigennutz postulierte. »Der Zwang für alle Jagdscheininhaber, der jagdlichen Organisation anzugehören, verankert auch im Jagdwesen das national-sozialistische [!] Gedankengut, dass nur der Rechte ausüben darf, der seine Pflichten der Allgemeinheit gegenüber erfüllt.«[60]

Der dritte Abschnitt regelte in den §§ 9–15 Fragen der Jagdbezirke, der vierte Abschnitt umfasste in den §§ 16–26 Regelungen zu den Jagdpachtverträgen. Im fünften Abschnitt (§§ 27–35) waren die Kriterien für die Jagdscheine (inkl. der Jagdprüfung), im sechsten Abschnitt Fragen der Jagdausübung in Festungswerken (§§ 36 f.) definiert.

Der siebte Abschnitt (§§ 38–48) regelte die Jagd- und Schonzeiten. Das Gesetz übernahm hier mit nur geringfügigen Änderungen die Vorgaben der preußischen Tier- und Pflanzenschutzverordnung vom 16. Dezember 1929, die sich bewährt hätten und zudem bereits von anderen Landesregierungen übernommen worden seien.[61] Aus Naturschutzsicht relevant war die Schaffung von Schutzgebieten für das Elchwild und für vom Aussterben bedrohte Robbenbestände (§ 41). Zahlenmäßige Regelungen zur Festlegung von Abschusszahlen, die das Schalenwild betreffen sollten (§ 42), begründete man damit, dass sie »allein die Gewähr dafür [böten], dass ein beschränkter, gesunder und auf einem richtigen Geschlechterverhältnis aufgebauter Wildbestand erhalten« bleiben könne. Damit werde auch ein »rücksichtsloser Abschuss der Geweih- und Gehörnträger aus der Sucht nach guten Trophäen heraus« verhindert.[62]

Der achte Abschnitt (§§ 49–51) definierte den Jagdschutz. Der neunte Abschnitt (§§ 52–56) listete mit ausdrücklichem Hinweis auf die »heutige Auffassung von Tierschutz und Naturschutz« die verbotenen Jagdarten auf.[63] Der zehnte Abschnitt widmete sich Fragen der Wildschadensverhütung (§§ 57–60), denn die »Förderung der Jagd [finde] ihre natürliche Begrenzung an den berechtigten Interessen der Landeskultur«. Bei Überbeständen war der Jagdbehörde die Befugnis erteilt, Schonzeiten aufzuheben und »bei passivem Widerstand des Jagdausübungsberechtigten durch von ihr bestellte Jäger den Abschuss auf dessen Kosten durchzuführen«.[64]

Der elfte Abschnitt regelte die Probleme des Wildschadenersatzes (§§ 61–73). Der zwölfte Abschnitt beschäftigte sich mit dem Wildhandel (§§ 74–76). Der 13. Abschnitt enthielt die Strafbestimmungen (§ 77–81). Der 14. Abschnitt führte ehrengerichtliche Verfahren (§§ 82–88) mit der Begründung ein, dass den Jägerorganisationen die

---

59   BAB R 43I/1296: Bl. 170.
60   BAB R 43I/1296: Bl. 171 f.
61   BAB R 43I/1296: Bl. 173.
62   BAB R 43I/1296: Bl. 173.
63   BAB R 43I/1296: Bl. 174.
64   BAB R 43I/1296: Bl. 174.

»Möglichkeit gegeben werden [müsse], unwürdige Mitglieder auszuschliessen und die weitere Jagdausübung durch sie zu verhindern, um das Ansehen der Jägerschaft in ihrer Gesamtheit als Treuhänder wertvollsten Volksgutes, der heimischen Tierwelt, [zu] wahren«.[65] Das Gesetz schloss im 15. Abschnitt mit Übergangs- und Schlussbestimmungen (§§ 89–93). Bereits am 24. Februar 1934 erging ein Erlass mit den Ausführungsbestimmungen zum preußischen Jagdgesetz (SCHERPING & VOLLBACH 1934: 103–152).

Ein Vergleich mit den während der Weimarer Republik laut Scherping aufgestellten Forderungen zeigt (SCHERPING 1950: 27 f.), dass bis auf den Punkt 1, wonach im Deutschen Reich eine einheitliche Jagdgesetzgebung verabschiedet und ein einheitlicher Reichsjagdschein herausgegeben werden sollte, alle weiteren Forderungen Gesetzeskraft erhalten hatten. Insbesondere die in der Weimarer Republik nicht durchsetzbare Zwangsmitgliedschaft (Forderung 3) und die nach einer Ehrengerichtsbarkeit jenseits der ordentlichen Gerichtsbarkeit (Forderung 7) ließen sich nun mit tatkräftiger Unterstützung Hermann Görings durchsetzen.

Das preußische Jagdgesetz vom 18. Januar 1934 entsprach im Kern dem Entwurf zweier Jagdverbände, d. h. es handelte sich um ein reines Lobbygesetz.

5. Der Weg vom preußischen Jagdgesetz zum Reichsjagdgesetz

Formal waren die Reichsministerien für Landwirtschaft und Justiz bereits in das Verfahren zur Verabschiedung des Landesgesetzes einbezogen gewesen. Bereits am 15. Januar 1934 hatte Staatssekretär Herbert Backe aus dem Reichsministerium für Ernährung und Landwirtschaft empfohlen, »ein Reichsjagdgesetz möglichst bald zu erlassen«.[66] Das Reichsjustizministerium intervenierte zugunsten eines Reichsjagdgesetzes im Sinne eines Rahmengesetzes. Ein solcher Entwurf ließe sich binnen kurzer Zeit ausarbeiten, »da schwerwiegende Rechtsprobleme nicht zu lösen sein werden.« Es gelte hier, »einige der allgemeinen Rechtsüberzeugung entsprechende Grundsätze des Jagdrechts im Reichsrecht zu verankern.« Eine Gesetzesstruktur lag zum 16. Januar 1934 bereits vor:

> *»1. Für eine einheitliche Regelung im Reichsrecht kämen insbesondere in Betracht: der Grundsatz, daß das Jagdrecht dem Eigentümer auf seinem Grund und Boden zusteht,[67]*
>
> *2. die Bestimmung des Inhalts des Jagdrechts als*
>
> > *a) Befugnis jagdbare Tiere zu jagen und sich anzueignen,*

---

65   BAB R 43I/1296: Bl. 176.
66   BAB R 3001/620: Bl. 23.
67   Dieser Punkt stand in der Kontinuität der Preußischen Jagdordnung von 1907, aber im Widerspruch zum Gutachten der NSDAP-Rechtsabteilung.

        b)   Pflicht, das Wild zu hegen,

  3. *die Bestimmung der jagdbaren Tiere,*

  4. *die Beschränkung der Jagdausübung*

        a)   auf Jagdbezirke (Eigenjagdbezirke, gemeinschaftliche Jagdbezirke),

        *b)   auf Personen, denen die Jagderlaubnis erteilt ist, dazu Grundsätze über
die Erteilung der Jagderlaubnis (Jagdschein),*

  5. *die Bestimmung der Jagdbannbezirke (Naturschutzgebiete, aus militärischen
Gründen geschützte Gebiete),*

  6. *die Regelung der Wildfolge,*

  7. *Wildschadensverhütung und Wildschadenersatz,*

  8. *Wildhandelsbeschränkungen,*

  9. *Strafrecht.«*[68]

So setzten nach der Verabschiedung des preußischen Landesjagdgesetzes im Reichs-
justizministerium sehr zügig die Arbeiten zu einem Reichsjagdgesetz ein. Die zu
Stellungnahmen aufgeforderten zuständigen Landesministerien reagierten schnell.
Bayern beispielsweise schlug angesichts der Detailliertheit des preußischen Gesetzes
vor, Passagen abzuspecken und umzustrukturieren; Details ließen sich später auf dem
Verordnungswege regeln. Zustimmung äußerte Bayern insbesondere bezüglich der
geplanten Zwangsmitgliedschaft »unter Ausschluß aller ungeeigneten Elemente vom
Verband und damit von der Jagd«, denn dies entspräche »der Verwirklichung des
nationalsozialistischen Programms vom Ständestaat«.[69]

    Währenddessen leistete bezüglich des weiteren Procederes das Reichslandwirt-
schaftsministerium nach den Erfahrungen bei der Verabschiedung des preußischen
Jagdgesetzes grundsätzlichen Widerstand und beanspruchte mit Vehemenz die Federführung für das weitere Gesetzgebungsverfahren,[70] konnte sich damit aber nicht
durchsetzen.[71]

    Hermann Göring, als preußischer Ministerpräsident eigentlich ohne Zuständig-
keit in der Materie, schaltete sich nach den ersten Interventionen der Länder und der
anderen Ministerien massiv in das Verfahren ein. Reichsjustizminister Franz Gürtner
erhielt am 2. Mai 1934 aus den Händen des preußischen Staatssekretärs (»Landesforst-
meister«), Walter von Keudell, einen umstrukturierten, auf 52 Paragrafen gekürzten
Entwurf zu einem Reichsjagdgesetz.[72] Gürtner erklärte umgehend von Keudell schrift-
lich, dass er den Entwurf »für eine sehr geeignete Grundlage für eine reichsrechtliche

---

68   BAB R 3001/620: Bl. 24 V+R.

69   BAB R 3001/620: Bl. 74; vgl. auch Bl. 36 (Baden).

70   BAB R 3001/620: Bl. 44. Es lud zum 9.3.1934 »zu einer Besprechung über Fragen der Federführung betr. das Reichsjagdgesetz«.

71   BAB R 3001/620: Bl. 46.

72   BAB R 3001/620: Bl. 75.

Regelung des Jagdrechts [halte], wenn man Reichs- und Landesrecht auch künftig nebeneinander gelten lassen will.« Dennoch behalte sich sein Haus vor, weiterhin eigene Überlegungen anzustellen, über die er von Keudell stets informell in Kenntnis setzen werde.[73]

Am 30. Mai 1934 intervenierte Göring vehement. Durch von Keudell ließ er Gürtner persönlich ausrichten, er erwarte »die rasche Erledigung des Jagdgesetzes«, »finde die Präambel zu wenig schwunghaft« und lege Wert darauf, »das Gesetz mit[zu]unterzeichnen«. Man möge hier nach Wegen suchen, ihm dies rechtlich zu ermöglichen.[74]

Da ihm die Mühlen der Ministerialverwaltung zu langsam mahlten, die umfängliche Rechtsgutachten zu der Problematik fertigte, verhandelte Göring selbst mit Adolf Hitler. Mit ihm vereinbarte er, dass analog zur Struktur in Preußen ein Reichsforstamt (d. h. ein Reichsforstministerium) eingerichtet werden sollte; in diesem zu schaffenden Ministerium wiederum sollte das Amt eines Reichsjägermeisters eingerichtet werden.[75] Gesetzestechnisch bedeutete dies, dass das Kabinett neben dem Reichsjagdgesetz ein Gesetz zur Überleitung des Forst- und Jagdwesens auf das Reich erlassen würde. Mit diesem würden die Kompetenzen für die Verwaltung und Bewirtschaftung der öffentlichen Forsten, die Aufsicht über die nichtstaatlichen Forsten, das forstliche Bildungswesen und die Angelegenheiten des Jagdwesens, soweit dafür bisher die obersten Landesbehörden zuständig waren, auf das Reich übergehen. Für das gesamte Forst- und Jagdwesen entstand als oberste Reichsbehörde ein Reichsforstamt, an dessen Spitze ein vom Reichskanzler ernannter »Reichsforstmeister« stand. In Jagdangelegenheiten trug dieser die »Amtsbezeichnung Reichsjägermeister«.[76] Damit waren die formalen Voraussetzungen geschaffen, dass Göring das Reichsjagdgesetz mitunterzeichnen konnte.

Der Druck Görings wirkte. Ein Entwurf des Reichsjustizministeriums verließ am 2. Juni 1934 das Haus und wurde am 7. Juni Gegenstand einer »kommissarischen Besprechung des Entwurfs«.[77] Das, was auf der preußischen Regierungsebene weitestgehend unterblieben war, die Abwägung mit den Belangen der Landwirtschaft, löste nun auf der Reichsebene Widerstand aus. Das Reichslandwirtschaftsministerium intervenierte, der Entwurf betone zu sehr die Interessen der Jagd (RUBNER 1997: 105). Göring schaltete sich erneut massiv in das weitere Verfahren ein. So heißt es in der parteioffiziellen Biografie Görings:

---

73 BAB R 3001/620: Bl. 84a (Schreiben vom 17.5.1934).

74 BAB R 3001/621: Bl. 5, handschriftlicher Vermerk Gürtners über einen abendlichen Besuch von Keudells am 30.5.1934.

75 BAB R 43I/1156: Bl. 2.

76 Reichsgesetzblatt Teil I 1934, Nr. 71 3. Juli 1934: 529; BAB R 43I/1156: Bl. 7.

77 BAB R 43I/1296:Bl. 199, Entwurf Bl. 200.

»Dem neuen Gesetz prägt Hermann Göring seinen eigenen Willen auf. Täglich gibt er neue Anordnungen und neue Anregungen. Vortrag folgt auf Vortrag. Die entscheidenden und wichtigsten Punkte formuliert er selbst und schreibt sie nieder.«
(GRITZBACH 1938: 100)[78]

Er setzte sich mit seinen Forderungen durch. Dennoch versuchte Reichslandwirtschaftsminister Darré noch auf der Zielgeraden zumindest Einfluss auf die Umsetzung des Gesetzes zu nehmen. So stellte sein Haus gleich 53 Abänderungsanträge, die im Wesentlichen darauf hinausliefen, jeweils eine Beteiligung des Reichslandwirtschaftsministeriums oder lokaler landwirtschaftlicher Instanzen wie der Kreisbauernführer zu implementieren, denn die sich auf der Basis des neuen Gesetzes ausprägende Jagdkultur werde »Auswirkungen auf die allgemeine Landeskultur« haben.[79] Nachhaltig durchsetzen konnte sich Darré mit seinen Forderungen nicht.

6. Das Reichsjagdgesetz

Das am 3. Juli 1934 vom Reichskabinett beschlossene Reichsjagdgesetz fasste durch Umstrukturierungen statt der 93 Paragrafen des preußischen Landesjagdgesetzes nun in zwölf Abschnitten 71 Paragrafen. So wurden beispielsweise die Jagdbehörden, die Organisation der Jägerschaft und die Ehrengerichtsbarkeit in einem Abschnitt zusammengefasst.

Damit war das preußische Jagdgesetz substanziell in das Reichsjagdgesetz überführt worden. Modifiziert wurde der ursprüngliche § 8 des preußischen Jagdgesetzes, der die Errichtung eines »Landesverbandes der preußischen Jäger«, einer Körperschaft des öffentlichen Rechts mit der Zwangsmitgliedschaft aller Jagdscheininhaber vorsah. Durch § 56 des Reichsjagdgesetzes wurde der »Reichsbund ›Deutsche Jägerschaft‹« etabliert, auch er eine Körperschaft des öffentlichen Rechts. In diesem Paragrafen ergänzten sich die Politik des NS-Regimes, sämtliche Bereiche des zivilgesellschaftlichen Lebens gleichzuschalten und damit den Pluralismus der Weimarer Republik zu beenden, und der hegemoniale Anspruch der Jagdverbände. Im Reichsbund galt das

---

78　Im Nachlass Scherpings findet sich ein Aufsatz-Typoskript »Der Reichsjägermeister!« vom 10. Mai 1937, in dem es heißt: »Hermann Göring hat sich seine Mitarbeiter ausgewählt; immer wieder lässt er sich von ihnen trotz seiner übermenschlichen Arbeitslast Vortrag halten; immer wieder gibt er neue Anordnungen und Anregungen, prägt dem entstehenden Gesetz seinen Willen auf.« Offenbar lieferte Scherping mit dem Manuskript der parteioffiziellen Biografie zu; BAK N 1684/3 (»Autobiographische Aufzeichnungen«): Bl. 393.

79　BAB R 3001/621: Bl. 41. Änderungsanträge des Reichsministeriums für Ernährung und Landwirtschaft zum Entwurf eines Reichsjagdgesetzes vom 18.6.1934. Das Schreiben umfasste 18 Seiten. Allein der Umfang deutet darauf hin, dass im Preußischen Landwirtschaftsministerium, das auch Darré unterstand, beim preußischen Jagdgesetz kein Abwägungsprozess stattgefunden haben kann.

nationalsozialistische Führerprinzip, d. h. der Reichsbund unterstand unmittelbar der »Aufsicht des Reichsjägermeisters«, der auch dessen Satzung erließ. Absatz 4 beendete formal auch den Prozess der nationalsozialistischen antipluralistischen Gleichschaltung: »Neben der Deutschen Jägerschaft sind Vereinigungen mit gleicher oder ähnlicher Zielsetzung unzulässig« (SCHERPING & VOLLBACH 1935: 141).

Auch bezüglich des Behördenaufbaus traten nach der erfolgten Gleichschaltung der Länder Änderungen ein. Am 2. Juli 1934 warnte Reichsinnenminister Wilhelm Frick noch davor, dass mit dem geplanten Gesetz der Grundsatz der Einheit der Verwaltung zerstört werden würde, wenn, wie vorgesehen, nicht die ursprünglichen Länder, sondern die neugeschaffenen Gaustrukturen zum Maßstab für den Aufbau der Jagdbehörden würden. Dies berge die »Gefahr der Zersplitterung der Tätigkeiten der beteiligten Behörden« in sich.[80] Frick unterlag jedoch im Kabinett, so dass nach § 52 das Reichsgebiet in »Jagdgaue« eingeteilt wurde, die wiederum mehrere »Jagdkreise« umfassten. Damit ergab sich folgende Hierarchie:

Reich und damit oberste Reichsbehörde:	Reichsjägermeister
Gaue:	Gaujägermeister[81]
Kreise:	Kreisjägermeister.

Es galt auch hier das nationalsozialistische Führerprinzip, d. h. der Reichsjägermeister ernannte die Gaujägermeister, die wiederum die Kreisjägermeister beriefen. Gau- und Kreisjägermeister, die weiterhin ehrenamtlich amtierten, hatten nach Absatz 5 »ihre Aufgaben im engsten Einvernehmen mit den Behörden der allgemeinen Verwaltung zu erfüllen«.[82] Neu hinzu kam auch die Möglichkeit nach § 55 für staatseigene Jagden. § 57 bestätigte die Ehrengerichtsbarkeit.

Görings Wunsch nach einer »schwunghaften« Präambel ging mit der Einbeziehung unmittelbarer Bezüge zur völkischen und Blut-und-Boden-Ideologie in Erfüllung:

»Die Liebe zur Natur und ihren Geschöpfen und die Freude an der Pürsch in Wald und Feld wurzelt tief im deutschen Volk. Aufgebaut auf uralter germanischer Überlieferung, hat sich so im Laufe der Jahrhunderte die edle Kunst des deutschen Waidwerks entwickelt. Für alle Zukunft sollen Wild und Jagd als wertvolle deut-

---

80 BAB R 43I/1296: Bl. 264.

81 Die Ausführungsbestimmungen sahen, vor dem Hintergrund des für das »Dritte Reich« typischen Chaos unterschiedlicher staatlicher und NSDAP-Verwaltungsstrukturen (Gaue), entgegen des Gesetzestextes weiterhin das Amt eines Landesjägermeisters vor; SCHERPING & VOLLBACH 1935: 135.

82 Nach § 65 konnten die Aufgaben der Gau- und Kreisjägermeister aber auch bestehenden Landesbehörden übertragen werden. Dies ließ für die nichtpreußischen Länder die Möglichkeit zu, auf den Aufbau eigener Jagdbehörden zu verzichten.

sche Volksgüter dem deutschen Volk erhalten bleiben, die Liebe des Deutschen zur heimatlichen Scholle vertiefen, seine Lebenskraft stärken und ihm Erholung bringen von der Arbeit des Tages. [...]

Das Jagdrecht ist unlösbar verbunden mit dem Recht an der Scholle, auf der das Wild lebt und die das Wild nährt. Die Ausübung des Jagdrechts aber kann nur nach den anerkannten Grundsätzen der deutschen Waidgerechtigkeit zugelassen werden.«

7. Historische Einordnung des Reichsjagdgesetzes

Die Bandbreite zur Beurteilung des Reichsjagdgesetzes ist, wie in der Einleitung dargetan, sehr disparat. Im Gegensatz zu einer verbreiteten Schwarz-Weiß-Rhetorik kam SYRER schon 1987 zu einer differenzierten Beurteilung:

»Das Reichsjagdgesetz ist ein einzigartiges Beispiel dafür, wie eine relativ kleine, gut organisierte Interessengruppe ihre partikulären Ziele und Wünsche durch geschicktes politisches Handeln in allgemein gültige, staatliche Gesetzesziele verwandeln konnte.« (SYRER 1987: 120)

Er benannte damals zwei Hauptgründe, die seiner Wertung zugrunde lagen:

»1.   Personelle Gründe: Die Tatsache, daß Hermann Göring die materiellen Ziele der organisierten Jäger akzeptierte und förderte.

2.   Politisch-strukturelle Gründe: Jede Verbandsspitze hat das Bestreben die Einflußstärke der Interessengruppe durch geschlossenes Auftreten zu verbessern Dieses Bemühen hat zwangsläufig die Tendenz zu monistischen Organisationsstrukturen. In ihren Bestrebungen nach einer möglichst straffen Einheitsorganisation mit der Zwangsmitgliedschaft aller Jagdscheininhaber, deckten sich die Ziele der Verbandsspitzen der Jagdverbände mit der Ideologie der Nationalsozialisten.« (SYRER 1987: 120)

Nach der Einbeziehung der Akten der preußischen und der Reichsministerialverwaltung, die die DDR Syrer in den 1980er Jahren verwehrt hatte, kann diese Wertung dem Grunde nach bestätigt werden, sie muss jedoch partiell modifiziert bzw. um weitere Punkte ergänzt werden.

Die Aussage, dass sich die Interessen der Verbandsspitzen der Jagdverbände mit der Ideologie der Nationalsozialisten deckten, entsprach in dieser Eindeutigkeit schon 1987 nicht mehr dem Stand der Forschung. Die NSDAP-Ideologie war alles andere als homogen. Zu Beginn der NS-Diktatur existierte innerhalb der NSDAP durchaus noch ein als Machtfaktor zu kalkulierender antikapitalistisch-antifeudaler linker Flügel. Das Gutachten der Rechtsabteilung der NSDAP ist in diesen Kontext zu stellen. Hätte sich diese Linie durchgesetzt, wäre mit dem zentralen Grundprinzip des Jagdwesens seit 1848, der Bindung der Jagd an Grund und Boden, gebrochen worden. Dass es offenbar solche Ansätze gab, deutete Scherping an, der für die Zeit unmittelbar nach der »Machtergreifung« von »ersten NS-Jägervereine[n berichtet], die gewaltig die Werbetrommel rührten und leider auch nicht davor zurückschreckten, die bisherigen jagdlichen Organisationen als rückständig – man benutzte das schöne Schlagwort ›reaktionär‹, das bald zu einem gefährlichen Schlagwort wurde – zu beschimpfen« (SCHERPING 1950: 40). Bis zu den Ereignissen des so genannten Röhm-Putsches Ende Juni/Anfang Juli 1934 befanden sich die Machtverhältnisse innerhalb der NSDAP noch in der Schwebe. Da der linke Flügel unterlag, konnten sich diese Ansätze folglich nicht durchsetzen. Korrekterweise müsste deshalb die Aussage getätigt werden, dass sich die Interessen der Verbandsspitzen 1933/34 mit denen derjeniger Nationalsozialisten deckten, die, wie die Präambel zeigt, eine völkische bzw. eine Blut-und-Boden-Ideologie vertraten, vor allem aber mit den machtpolitischen und persönlichen Interessen Hermann Görings. In dieser Spezifizierung unterstreicht eine solche Aussage die erste Begründung Syrers, d. h. ohne die Unterstützung durch die Person Görings hätte das Reichsjagdgesetz auf der Basis des Entwurfs der Jagdverbände nicht durchgesetzt werden können.

Eine Deckungsgleichheit der Interessen begründete sich auch machtpolitisch. Die Spitzen der Jagdverbände, in denen nur ca. ein Drittel der Jagdscheininhaber organisiert war, drängten seit den späten 1920er Jahren auf einen Organisationszwang, d. h. auf eine Zwangsmitgliedschaft, denn sie wollten dadurch die kulturelle Hegemonie im Jagdwesen mithilfe des Staates erreichen. Dieses Bestreben der Jagdverbände deckte sich mit dem totalitären Machtanspruch der Nationalsozialisten, so dass im Rahmen der nationalsozialistischen Gleichschaltungspolitik die Gründung des »Reichsbundes ›Deutsche Jägerschaft‹« erfolgte.[83] Der Reichsbund war Teil des totalitären NS-Regimes, und in ihm galt das nationalsozialistische Führerprinzip. In dieser Frage kann das Reichsjagdgesetz folglich auch als partiell totalitäres Gesetz bewertet werden – ein Instrument des NS-Staates also, mit dem die Jäger ihr seit Jahrzehnten angestrebtes Prinzip der Waidgerechtigkeit als verbindlich durchsetzten.

Ob das Gesetz sozial desintegrierend wirkte, d. h. insbesondere der bäuerlichen Bevölkerung die Möglichkeit zur Jagd nahm, erscheint zweifelhaft. BODE & EMMERT (2000: 143) zufolge erhöhten sich die sozialen bzw. wirtschaftlichen Hürden, denn Jagen hätte fortan nur noch derjenige gedurft, der eine Jägerprüfung, das »›Abitur‹ deutscher Waidgerechtigkeit«, absolviert habe.[84] Dem steht aber entgegen, dass »Alt-

---

83 Darüber hinaus sollte aber auch durchaus ein disziplinierender Effekt nicht außer Acht gelassen werden. Kontroll- und Sanktionsmöglichkeiten bestanden gegenüber denjenigen Jägern, die sich unethisch verhielten.

84 BODE & EMMERT 2000: 143 ff. weisen zudem darauf hin, dass gemäß § 12 Abs. 4 Pächter eines genossenschaftlichen Jagdbezirkes, also eines Reviers, das den Besitz aller kleineren Grundeigentümer zusammenfasste, nur noch solche Jäger sein konnten, die bereits seit mindestens drei Jahren über einen Jagdschein verfügten. Ein privatrechtlicher Zusammenschluss dörflicher Jäger als Pächter des eigenen Grund und Bodens sei dadurch ausgeschlossen gewesen.

jäger« die nun reichseinheitlich vorgeschriebene Prüfung nicht ablegen mussten. Die soziale Ausgrenzung machte sich also erst mittelfristig bemerkbar. Eine bewusste soziale Ausgrenzung bäuerlicher Jäger wäre auch in keinster Weise kompatibel gewesen mit der Blut-und-Boden-Ideologie der Nationalsozialisten, wonach das »deutsche Bauerntum« massiv zu fördern sei.

Syrer zufolge habe sich die soziale Ausgrenzung unmittelbar in der Zahl der Jagdscheininhaber niedergeschlagen. Diese sank von ca. 250.000 im Jahre 1925 auf ca. 180.000 im Zeitraum 1935/36 (SYRER 1987: 24). Die Jagdpresse wartete nach 1934 auch immer wieder mit »Erfolgsmeldungen von der Säuberung der eigenen Reihen und der Säuberung von undeutschen Elementen« auf (SYRER 1990: 24). Damit wurden aber vornehmlich Einzelfälle angesprochen, die quantitativ kaum ins Gewicht fielen. Zudem überzeugt diese monokausale Erklärung auch weiter nicht. Zu den »undeutschen Elementen« zählten sicherlich aus rassistischen Gründen Jäger jüdischen Glaubens.[85] Auch etliche der in der Weimarer Republik kritisierten »Parvenüs« dürften ausgeschlossen worden sein. Als Reaktion auf deren Jagdpraktiken wurde in § 35 eine sehr detaillierte Liste von Jagdbeschränkungen (»Sachliche Verbote«) aufgenommen. Dass aber mehrere Zehntausende aus dem Bauerntum beispielsweise durch die Regelung, dass die Zahl der Personen bei Eigenjagdbezirken beschränkt (§ 5 Abs. 2) worden sei, aus dem Jagdwesen heraus gedrängt worden seien, erscheint insofern nicht plausibel, als diese Regelung über eine Vereinsjagd umgangen werden konnte, die einzelnen Bauern aber ihre Jagdscheine behielten, also in der Statistik weitergeführt wurden. Eine Erklärung für die von Syrer angeführte gesunkene Ziffer könnte dagegen auf die Wirkungen der Weltwirtschaftskrise in der ausgehenden Weimarer Republik zurückgeführt werden. Offensichtlich ist, dass auf diesem Feld noch ein Desiderat der Forschung liegt.

Unverkennbar ist jedoch, dass das Reichsjagdgesetz uniformierend wirkte. Es stand damit aber in der Kontinuität der Preußischen Jagdordnung von 1907, die bis auf Hannover und einige andere preußische Territorien die Vielfalt der Jagdregelungen in den preußischen Landerwerbungen vereinheitlicht hatte (HILLER 2003: 55). Regionale Jagdspezifika fanden mit der Verabschiedung des RJG ein Ende.

In der pluralistischen Demokratie der Weimarer Republik war die Forderung nach einer eigenen Ehrengerichtsbarkeit gescheitert. Diese Sondergerichtsbarkeit ließ sich nun in der Diktatur durchsetzen. Gleiches galt für die Verankerung der »Deutschen Waidgerechtigkeit« im RJG. Beides wiederum unterstreicht die erste Begründung Syrers, d. h. ohne die Unterstützung Görings wären diese Sondergerichte nicht durchsetzbar gewesen. Ehrengerichte und die Einführung der Kriterien der »Deutschen

---

85   Zu den rassistischen Beschränkungen bei der Jagdschein- und der Pachtvergabe vgl. DIRSCHERL 2012: 145.

Waidgerechtigkeit«[86] lassen sich allerdings nicht als spezifisch nationalsozialistisch einordnen. Die »Deutsche Waidgerechtigkeit« mit ihrer Trias aus jagdlichem »Handwerk«, Tierethik und Verhaltensregeln gegenüber anderen Jägern wurde eher im Sinne der guten fachlichen Praxis verstanden. Dies schloss nicht aus, dass sich unter den Regeln des jagdlichen »Handwerks« Reste feudalen Gedankenguts befanden. »Deutsche Waidgerechtigkeit« im Sinne des RJG umfasste aber im Kern diese Trias. Dies sollte sich allerdings im weiteren Verlauf des »Dritten Reiches« ändern, als Walter Frevert[87] im Auftrag Scherpings begann, das jagdliche Brauchtum zu kodifizieren. Basierend auf dem Brauchtum im Bereich der preußischen Landesforstverwaltung flossen hier weitere regionale Bräuche, aber auch zufällig auf Reisen ihm bekannt gewordene lokale Revierbesonderheiten ein. 1936 legte Frevert diesen Kodex vor (FREVERT 1936). Mit der dritten Auflage 1939 wurde dieser allerdings durch die Reichskammer für verbindlich erklärt (FREVERT 1939: Geleitwort). Nun umfasste die »Deutsche Waidgerechtigkeit« also auch starke kulturelle Normen. 1939 gelang es damit, den in der Weimarer Republik erhobenen Anspruch der kulturellen Hegemonie der minoritären Jagdverbände staatlich zu sanktionieren.

An der Person Göring lässt sich aber noch ein weiteres Spezifikum festmachen. Das Reichsjagdgesetz wurde weitestgehend ohne die Beteiligung der anderen Ministerien und der damit verbundenen Abwägung mit anderen Belangen, insbesondere mit denen der Land- und Forstwirtschaft, durchgesetzt. Dieses Nichtabwägen kam nur deshalb zustande, weil Göring sich selbst intensiv in die Verhandlungen einschaltete, auch wenn SCHERPING (1950: 44) behauptete, »daß Göring sich mit der Materie des Gesetzes niemals, weder vor noch nach seinem Inkrafttreten, eingehend beschäftigt« habe.

Im Gesetzesvollzug zeigte sich denn auch bald, dass die Belange der Land- und Forstwirtschaft gegenüber denen der Jagd zurückfielen und sich vor dem Hintergrund der ab 1936 mit Macht durchgesetzten Autarkiepolitik (»Ernährungsschlachten«) in Land- und Forstwirtschaft massive Probleme einstellten. So formulierte 1936 in Oberbayern ein Ortsbauernführer pointiert: »Die Bauern sagen mir, Du predigst

---

86 BODE & EMMERT 2000: 144 zufolge handelte es sich bei »Waidgerechtigkeit« um einen Nazi-Begriff. Diese Aussage kann nicht geteilt werden. Über das Konzept einer Waidgerechtigkeit wurde in Deutschland bereits seit Jahrzehnten debattiert. Hier flossen eher völkische und mittelbar feudale Überlegungen denn spezifisch nationalsozialistische ein. Zur Rolle der Ehrengerichtsbarkeit (die ordentliche Gerichtsbarkeit blieb unberührt) und der Nichtgeltung des Brauchtums als Bestandteil der »Deutschen Waidgerechtigkeit« vgl. SCHERPING & VOLLBACH 1938: 27, 183 f. Eine intensivere Auseinandersetzung mit den höchst kontrovers diskutierten Fragen der »Deutschen Waidgerechtigkeit« bleibt ein Desiderat der Forschung.

87 Zu Frevert vgl. GAUTSCHI 2005.

Erzeugungsschlacht und der Kreisjägermeister treibt Vernichtungsschlacht« (zit. nach SYRER 1987: 124). Da half es auch nicht, dass Wildschäden auszugleichen waren.

In der Summe bedeutet dies, dass es sich beim Reichsjagdgesetz bis auf die Präambel im Kern um ein reines Lobbygesetz handelte. Zu einem »Nazi-Gesetz« wäre es geworden, wenn sich die Position der Rechtsabteilung der NSDAP durchgesetzt hätte, das Jagdrecht von Grund und Boden zu entkoppeln. Das RJG enthielt Elemente eines für das gesamte Jagdwesen geltenden umfassenden Geltungs- und Regelungsanspruchs: die Zwangsorganisation in der »Reichskammer ›Deutsche Jägerschaft‹«, in der das nationalsozialistische Führerprinzip galt, sowie die Ehrengerichtsbarkeit. Auf die Belange anderer Landnutzer nahm das Gesetz nur unzureichend Rücksicht. Die Verabschiedung eines derart gestalteten und wirkenden Gesetzes war *nur* unter den Bedingungen der NS-Diktatur möglich; Göring setzte es »mit der ganzen Wucht seiner Persönlichkeit« (VOLLBACH 1960: 39) durch.

IV. Auf dem Weg zum Bundesjagdgesetz

1. Die Alliierten, die Jagd und die Restauration der Jagdverbände

Die Alliierten erließen am 10. Oktober 1945 das Kontrollrats-Gesetz Nr. 2, nach dem die NSDAP, »ihre Gliederungen, die ihr angeschlossenen Verbindungen und die von ihr abhängigen Organisationen, einschließlich der halbmilitärischen Organisationen und aller anderen Nazieinrichtungen, die von der Partei als Werkzeuge ihrer Herrschaft geschaffen wurden«, verboten wurden. Dies betraf auch den »Reichsbund ›Deutsche Jägerschaft‹«, der im Anhang als Nr. 48 aufgeführt war.[88] Aufgrund der Kontrollratsdirektive Nr. 24 vom 12. Januar 1946 wurden »Nationalsozialisten und Personen, die den Bestrebungen der Alliierten feindlich gegenüberstehen«, aus Ämtern und verantwortlichen Stellen entfernt. § 10 Abs. 2 listete unter der Rubrik »weitere unter nationalsozialistischem Einfluß stehende Organisationen« in der Position 32 auch den »Reichsbund ›Deutsche Jägerschaft‹« auf.[89] Da zwischen dem »Reichsbund ›Deutsche Jägerschaft‹« und den Jagdbehörden Personalunionen bestanden, bedeutete diese Direktive faktisch die Auflösung der Jagdbehörden (SYRER 1987: 127). Zudem kam seit dem Kontrollratsbefehl Nr. 2 über die »Einziehung und Ablieferung von Waffen und Munition« vom 7. Januar 1946[90] die Jagd durch Deutsche zum Erliegen.

Trotz dieser widrigen Umstände gelang sehr schnell die Restauration im Verbandswesen. Jäger begannen bald nach 1945, sich zunächst lokal und regional zu organisieren. 1946 erfolgte in Kiel die Wiederbegründung des »Allgemeinen Deutschen Jagd-

88   http://www.verfassungen.de/de/de45-49/kr-gesetz2.htm (zuletzt eingesehen am 7.7.2016).

89   http://www.verfassungen.de/de/de45-49/kr-direktive24.htm (zuletzt eingesehen am 7.7.2016).

90   http://www.verfassungen.de/de/de45-49/kr-befehl2.htm (zuletzt eingesehen am 7.7.2016).

schutzvereins« (RÖSENER 2004: 87). 1947 schlossen sich Verbände der britischen und US-amerikanischen Besatzungszonen unter dem Namen »Arbeitsgemeinschaft der Jagdverbände der amerikanischen und britischen Zone« zusammen. Zu ihrem Bevollmächtigten ernannten sie im November 1948 Gustav Mitzschke, der im Reichsjustizministerium für Jagdfragen zuständig gewesen war und aus dessen Feder einer der maßgeblichen Kommentare zum Reichsjagdgesetz stammte (SYRER 1987: 133; MITZSCHKE & SCHÄFER 1935). Nach der Gründung der Bundesrepublik schlossen sich die bestehenden Verbände schließlich am 30. November 1949 zum Deutschen Jagdschutz-Verband (DJV) zusammen (SYRER 1987: 132; RÖSENER 2004: 377).

Dass durch die NS-Diktatur Belastete im Jagdwesen sehr bald wieder Oberhand gewannen, verdeutlicht das Schicksal des Jagdreferenten im bayerischen Landwirtschaftsministerium, Freiherr von Beck. Einstellungsvoraussetzung für ihn war vor dem Hintergrund der Kontrollratsdirektive Nr. 24 gewesen, dass der neue Referent dem Kreis der privaten Jäger entstammen musste.[91] Der offenbar unbelastete Beck musste bald feststellen, dass in den sich neu organisierenden Jagdverbänden frühere, NS-belastete Funktionäre immer stärker einflussreiche Positionen einnahmen. Er dokumentierte diesen Prozess und machte daraus ein Politikum. Die Jagdvereine übten daraufhin auf das bayerische Landwirtschaftsministerium einen derartigen Druck aus, dass Beck schließlich im September 1948 resignierte und sein Amt zur Verfügung stellte (SYRER 1987: 129). Dies reichte den Verbandsvertretern aber noch nicht, denn sie reklamierten für sich das Recht, dass der »neue Jagdreferent im Ministerium auf Vorschlag des Bayer. Jagdschutz- und Jägerverbandes [...] ernannt« werden solle.[92]

Trotz der alliierten Verbote, die das Jagdwesen für Deutsche praktisch zum Erliegen gebracht hatten, machten die restaurierten Jagdverbände politischen Druck. Mitzschke war bereits 1947 von den Jagdverbänden aufgefordert worden, einen Entwurf für ein überarbeitetes Jagdgesetz zu fertigen (SYRER 1987: 133). Zum 15. Oktober 1947 legte die »Arbeitsgemeinschaft der Jagdverbände in der amerikanischen und britischen Besatzungszone Deutschlands« schließlich den »Entwurf eines Gesetzes zur Überleitung des Reichsjagdgesetzes (Jagdgesetz)« vor. Mit dem Hinweis darauf, dass der Entwurfstext durch 65.000 organisierte Jäger legitimiert sei, richteten diese an den Präsidenten des Bizonenrates die »Bitte«, »das Jagdrecht für die Länder der vereinigten Zonen einheitlich zu ordnen und dabei von den noch geltenden Vorschriften des Reichsjagdgesetzes auszugehen«.[93] Dabei positionierten sich die organisierten Jäger bezüglich der Aufarbeitung der NS-Vergangenheit – zeitparallel liefen noch überall in Deutschland die Entnazifizierungsverfahren – in der Begründung des Gesetzent-

---

91   Mit Hinweis auf § 2 VO Nr. 135; SYRER 1987: 127.
92   Wild und Hund 1949, Nr. 2, zit. nach SYRER 1987: 129.
93   BAK B 116/202, Denkschrift Arbeitsgemeinschaft der Jagdverbände in der amerikanischen und britischen Besatzungszone Deutschlands v. 15.10.1947.

wurfes eindeutig: Da es sich beim Reichsjagdgesetz um »kein nationalsozialistisches Gesetz« gehandelt habe, wolle man »an den Grundsätzen des Reichsjagdgesetzes fest-halten und es in seiner Fassung nur insoweit geändert wissen, als es die demokratische Staats- und Rechtsordnung« gebiete. Damit spielte man auf das erfolgte Verbot des »Reichsbundes ›Deutsche Jägerschaft‹« an. Man drängte aber darauf, dass den Jagd-verbänden in Kompensation zur Tätigkeit des Reichsbundes »gewisse Aufgaben einer Selbstverwaltung wie z. B. das jagdliche Prüfungswesen übertragen« werden sollten. Nicht mehr im Entwurf enthalten war die Ehrengerichtsbarkeit. Dieser Verzicht war aber der Einsicht geschuldet, dass man diese angesichts der föderalen Rahmenbedin-gungen nicht für durchsetzbar hielt.[94]

Am 15. Mai 1948 präzisierte die Arbeitsgemeinschaft der Jagdverbände ihren Ent-wurf. Nochmals wies man den Vorwurf zurück, das Gesetz sei ein »Geisteszeugnis des ›Dritten Reiches‹«. Bis auf die Ernährungsminister von Bayern und Württem-berg-Baden, die sich grundsätzlich ablehnend positionierten, zeigten sich die anderen Minister aus den Bizonenländern diskussionsoffen.[95]

Eine solche Offenheit überrascht angesichts der politischen Großwetterlage, die damals noch durch die Notgesellschaft charakterisiert war: alltäglicher Mangel an Nahrungsmitteln und Brennstoffen etc.; die Währungsreform trat erst zum 20./21. Juni 1948 in Kraft.

Aufgrund der jagdlichen Restauration schaltete sich im Herbst 1948 die US-ame-rikanische Besatzungsmacht massiv ein. Ein Vertreter der US-amerikanischen Mili-tärregierung erklärte am 7. September 1948 in einer Sitzung des Landwirtschafts-ausschusses des Bayerischen Landtags, dass man zwar »in Deutschland vom edlen Waidwerk« spreche, dass man aber leider habe feststellen müssen, »daß das Waidwerk nicht nur edel, sondern auch den Edlen vorbehalten« gewesen sei. Seitens der US-Militärregierung wolle man »helfen und bessern«. Ziel müsse es sein, »ein demokrati-sches neuzeitliches Jagdrecht zu schaffen.« Die US-amerikanische Kritik zielte auf die soziale Unausgewogenheit und mangelnde demokratische Strukturen.[96] Schließlich intervenierte die US-Militäradministration und setzte mit dem Gesetz Nr. 13 vom 15. November 1948 das Reichsjagdgesetz in ihrer Zone außer Kraft (MITZSCHKE & SCHÄFER 1957: 13), da es »nationalsozialistisches Gedankengut« enthalte (zit. nach DIRSCHERL 2012: 142).

94   Ebd., S. 9 f. Dieser Entwurf lag bereits 1947 und nicht, wie bei SYRER 1987: 133 nachzulesen, erst im Dezember 1948 vor. Vgl. auch BAK B 116/200.

95   BAK B 116/202, Denkschrift der Arbeitsgemeinschaft der Jagdverbände in der amerikani-schen und britischen Besatzungszone Deutschlands vom 15.5.1948: 2.

96   Protokoll der Sitzung des bayerischen Ernährungsausschusses v. 7.9.1948; zit. nach SYRER 1987: 128. Die Kritik orientierte sich an den jagdlichen Traditionen der USA (jagdliche Frontier-Ideologie), wobei die US-Jagd kein Reviersystem kennt.

Aus dem Verbot folgte für die US-amerikanische Besatzungszone, dass zum 1. Februar 1949 die Länder Bayern, Bremen, Hessen und Württemberg-Baden die vor dem 30. Januar 1933 in den jeweiligen Ländern geltenden Gesetze wieder in Kraft setzten (MITZSCHKE & SCHÄFER 1957: 14).

Die US-amerikanische Militärregierung erwies sich als hartnäckig und legte am 31. Januar 1949 ein 12-Punkte-Programm »Demokratisierung des Jagdwesens« vor. So sollte die Jagd nicht länger mehr nur ein Vorrecht für nur Wenige bleiben, sondern möglichst vielen – befähigten – Jägern sollte die Möglichkeit zur Jagd eingeräumt werden (SYRER 1987: 130).

2. Ländergesetzgebung in der US-amerikanischen Besatzungszone

Aus der Sicht der Jagdverbände waren dagegen die durch das Reichsjagdgesetz geschaffenen reichseinheitlichen Regelungen unbedingt zu erhalten. Angesichts der beginnenden Diskussionen in den Ländern erschien deshalb aus Sicht der Arbeitsgemeinschaft eine zentrale Koordination notwendig. So trafen sich am 4. Mai 1949 in Nürnberg ehemalige Verbandsspitzen des verbotenen »Reichsbundes ›Deutsche Jägerschaft‹«, frühere Leiter der Reichsjagdbehörden und Vertreter der Spitzen der restituierten Jagdverbände. Gustav Mitzschke, der mittlerweile in Hessen wirkte, wurde die Federführung übertragen. Mitzschke (1898–1964) war bereits in der Endphase der Weimarer Republik der NSDAP am 1. November 1932 beigetreten. Nach der »Machtübernahme« der Nationalsozialisten wechselte er in das Reichsjustizministerium, wo er am 1. Mai 1933 als Landgerichtsrat verbeamtet wurde. Es bestanden enge Kontakte zu Göring, der ihn privat zur Jagd einlud. Nach dem »Gesetz zur Änderung des Reichsjagdgesetzes vom 23. April 1938« wurde er zum Vorsitzenden des Ehrensenats berufen.[97]

Die 1949 eingerichtete Arbeitsgemeinschaft erarbeitete einen Landesjagdgesetzentwurf für Bayern als dem flächenmäßig größten Land der US-Zone, den sie an das zuständige Landwirtschaftsministerium und die Staatskanzlei weiterleitete (SYRER 1987: 132). Ähnlich fordernd wie bei der Bestellung eines Nachfolgers für den Jagdreferenten 1948 trat der Jagdverband nun erneut auf, verlangte er doch, dass zu den Beratungen des Gesetzentwurfs im Landwirtschaftsausschuss offiziell ein Verbandsvertreter hinzugezogen werden müsse. Ein solches, damals in Gesetzgebungsprozessen unübliches Verfahren rief den Unmut des zuständigen Staatssekretärs hervor. Die Verbandsvertreter seien bereits im Vorfeld bei der Erstellung des Entwurfs stark beteiligt gewesen. Er unterlag jedoch im Ausschuss mit dieser Position, und fortan nahm neben dem Vorsitzenden auch der Rechtsexperte des Jagdverbandes an den Ausschussberatungen teil. Im Ergebnis gelang es im bayerischen Jagdgesetz, das mit rückwirkender Wirkung zum 1. Februar 1949 am 15. Dezember 1949 verabschiedet wurde, den materiellen Inhalt des Reichsjagdgesetzes beizubehalten (SYRER 1987: 132).

---

97   R 3001/68615, Personalakte Gustav Mitzschke.

3. Rahmengesetzgebungskompetenz des Bundes

Die Kompetenzverteilung des Grundgesetzes sah 1949 für den Bund hinsichtlich des Jagdwesens eine Rahmengesetzgebungskompetenz nach Art. 75 Nr. 3 GG vor. Vor dem Hintergrund der Bestrebungen in den Ländern der früheren US-amerikanischen Besatzungszone, aber auch, um die deutsche Jagdhoheit wiederherzustellen, gelangte das Jagdwesen erstaunlich frühzeitig auf die Tagesordnung des Deutschen Bundestages. Bereits am 21. Oktober 1949 brachten Abgeordnete unter der Federführung von Eugen Gerstenmaier und Robert Lehr (beide CDU) den Antrag in den Bundestag ein, die Bundesregierung möge bei den Hohen Kommissaren bewirken, »daß die deutsche Jagdhoheit im gesamten Bundesgebiet wieder hergestellt wird und ausreichend Jagdwaffen zur Verfügung gestellt werden«.[98] Die Fraktion der nationalkonservativen Deutschen Partei (DP) beantragte am 24. November 1949, die Bundesregierung solle ersucht werden, »gemäß Artikel 75 Ziffer 3 des Grundgesetzes unter Verwendung der mit dem Reichsjagdgesetz gesammelten Erfahrungen und unter Berücksichtigung der besonders bewährten Vorschriften aus den Landesgesetzen ein Rahmengesetz für die Jagd vorzulegen.« Diese Aufforderung machten sich zuerst der Ausschuss für Ernährung, Landwirtschaft und Forsten am 17. Januar 1950 und dann am 27. Januar 1950 das Plenum des Bundestages zu eigen.[99] Sehr schnell nahm die Regierung die Arbeiten auf. Schon am 18. März 1950 erklärte Bundeskanzler Adenauer, dass bereits Besprechungen über den Entwurf eines Bundesjagdrahmengesetzes mit Vertretern der Länder eingeleitet worden seien und dass dem Kabinett der Entwurf des Gesetzes zur Beschlussfassung im Laufe der Monate März oder April vorgelegt werden solle.[100]

Aus der Sicht der Jäger erscheint ein solches Drängen nachvollziehbar. Sie verwiesen u.a. auf eine Schwarzwildplage, die zu Beeinträchtigungen in der Landwirtschaft führte, oder beklagten eine verbreitete »Wilderei«.[101] Die Praxis der Alliierten, die zum Teil mit Maschinengewehren auf Jagd gingen und keine Nachsuche betrieben, erschien ihnen nicht waidgerecht. Vor allem aber wollte man die Jagdrechte wieder aufleben lassen (vgl. u.a. HOLTHOFF & WACKER 1996). Nimmt man jedoch die allgemeinpolitische bzw. -gesellschaftliche Perspektive ein, so ruft ein solches extrem enges Zeitfenster gleich mehrfaches Erstaunen hervor. Deutschland lag immer noch in extrem großen Teilen in Schutt und Asche, der Bevölkerung fehlte es am Nötigsten. Besaß da die Verabschiedung eines Bundesjagdgesetzes eine solch hohe Priorität? Und

---

98   BAK B 116/5797: Ds 147.
99   BAK B 141/8134: Bl. 1. Drucksache Nr. 229 der 1. Wahlperiode des Dt. Bundestages. Bl. 2 Ds 401. Vgl. auch MITZSCHKE & SCHÄFER 1957: 15.
100 BAK B 141/8134: Bl. 3. Ds 731.
101 Diese stand jedoch wiederum in einem unmittelbaren Kontext zu den extremen Problemen der Lebensmittelversorgung, d.h. Wild diente auch als Eiweißlieferant.

konnte die Ministerialverwaltung ›zaubern‹ und binnen so kurzer Zeit einen abstim-
mungsfähigen Gesetzentwurf kreieren?

Nein, ›zaubern‹ brauchte sie nicht. Im Vorfeld hatte Mitzschke enge Absprachen
mit dem Jagdreferenten des BML getroffen.[102] Bereits am 1. Januar 1950 reichte der
DJV beim Bundesministerium für Ernährung, Landwirtschaft und Forsten einen
kompletten Gesetzentwurf für ein Bundesjagdgesetz ein. Er schloss sich »mit seinen
62 Paragraphen im Wesentlichen an die noch geltenden Vorschriften des Reichsjagdgesetzes und an den Entwurf des hessischen Jagdgesetzes« an.[103] Der DJV-Entwurf erreichte sehr bald den »Unterausschuss Jagd« des Bundestagsausschusses für
Ernährung, Landwirtschaft und Forsten,[104] der ihn in Anwesenheit von Vertretern
des DJV[105] am 1. Februar 1950 erstmals erörterte. Dieser Unterausschuss empfahl
wiederum der Bundesregierung, den DJV-Entwurf einem zu entwickelnden Regierungsentwurf zugrunde zu legen (MITZSCHKE & SCHÄFER 1957: 14). Der Beschluss
des Unterausschusses gab auch bereits eine zeitliche Zielmarke vor, bat man doch
»um beschleunigte Bearbeitung, damit das Gesetz möglichst bei Beginn des neuen
Jagdjahres am 1.4. in Kraft treten« könne.[106] Der Ausschuss für Ernährung, Landwirtschaft und Forsten und schließlich sogar das Plenum des Bundestages übernahmen
die Position des Unterausschusses (MITZSCHKE & SCHÄFER 1957: 14).

Das Netzwerk im Bundestag war zum Einsatz gekommen. Diesen ungewöhnlichen
Beschluss ordnet Syrer politikwissenschaftlich wie folgt ein:

»*Hier empfahl ein Organ der Legislative, unter Hinzuziehung eines privaten Verbandes, der Exekutive den Entwurf eben dieses Verbandes. Die Exekutive sollte ihn
als Grundlage für einen Regierungsentwurf nehmen, über den dann die Legislative wieder abstimmen wollte. Unter politikwissenschaftlichen Gesichtspunten*

---

102 Zum Selbstverständnis der Jagdreferenten in der frühen Bundesrepublik vgl. Kap. IV.5
     (S. 119 f.).

103 BAK B 116/199, Deutscher Jagdschutz-Verband, Rechtsabteilung (Mitzschke) an Graf von
     der Recke v. 1.1.1950 [!] im BML. Vgl. auch MITZSCHKE & SCHÄFER 1957: 14. Der Entwurf
     des hessischen Jagdgesetzes stammte wiederum aus der Feder Mitzschkes.

104 Dieser war als Reaktion auf den Antrag der DP-Fraktion vom Bundestagsausschuss
     für Ernährung, Landwirtschaft und Forsten am 6.12.1949 eingerichtet worden; BAK B
     116/5797.

105 Mitzschke nahm während der Beratungen insofern eine Doppelrolle ein, als er als Vertre-
     ter des Landes Hessen gleichzeitig als »Sachverständiger« fungierte. Anwesend als wei-
     terer Sachverständiger war auch der Präsident des DJV Krohn; BAK B 116/204, Vermerk
     über die Sitzung des Unterausschusses Jagd am 1.2.1950 vom 2.2.1950.

106 BAK B 116/203; »Material für die Sitzung am 16.2.1950«. In der Unterausschuss-Sitzung
     am 16.2.1950 wurden gegenüber dem Entwurf nur Marginalien geändert.

der Gewaltenteilung und des Interessenausgleichs ein bemerkenswerter Vorgang.«
(SYRER 1987: 135)

Dass sich das weitere parlamentarische Verfahren im Ergebnis dann doch noch über fast drei Jahre hinzog, resultierte daraus, dass die Länder, insbesondere Bayern, verfassungsrechtlich-föderale Bedenken erhoben, die sich auf die Art. 72, 74 Nr. 1, 17 und insbesondere auf Art. 75 Nr. 3 GG (Rahmengesetzgebungskompetenz und damit Verbot des Erlasses von Vollregelungen) bezogen. Diese nahm man innerhalb der Bundesregierung insofern auch ernst, als ein möglichst kurzer Text für ein Rahmengesetz erstellt werden sollte. So wurde die Zahl der Paragrafen von 62 im Entwurf des DJV auf zunächst 51,[107] später auf 44[108] reduziert (MITZSCHKE & SCHÄFER 1957: 14 f.).

4. Einflussnahme des Deutschen Jagdschutz-Verbandes und der Landnutzerverbände auf die ministerialen und parlamentarischen Beratungen

Der DJV verhielt sich partiell ähnlich wie die Jagdverbände in der ausgehenden Weimarer Republik. Er kritisierte die Veränderung des Entwurfs in aller Schärfe und reklamierte weiterhin Sonderrechte.[109]

Unverkennbarer Korpsgeist zeigte sich auch in halboffiziellen Eingaben. Forstmeister Hornbostel aus Mölln empörte sich darüber, dass »Dr. Mitschke [!], welcher das Vertrauen auch von uns im Norden besitzt«, zwar sein Möglichstes getan habe. Den Entwurf des Ministeriums könne man nur als »schlecht« beurteilen. Wenn die Jägerschaft »nun durch die politische Entwicklung in Deutschland gezwungen« sei, dass Reichsjagdgesetz »demokratisch neu einzukleiden, so können wir im Deutschen Jagdschutzverband zusammengeschlossenen Jäger erwarten, daß der wirklich bedeutsame Inhalt des Reichsjagdgesetzes übernommen« werde. Unverhohlene Drohungen standen hier neben den bekannten anti-demokratischen Ressentiments der politischen Rechten aus der Weimarer Republik: »Ihr Entwurf […] ist nicht geeignet, für die Arbeit in Bonn zu werben oder gar für die Demokratie, welche Sie an erster Stelle vertreten. Wir werden nur allzusehr an die Weimarer Zeit erinnert. Es ist nicht klug, das Reichsjagdgesetz so – verzeihen Sie den Ausdruck – zu verhunzen und sich in betonten Gegensatz zu den im deutschen Jagdschutzverband zusammengeschlossenen Jägern zu stellen. Sie werden das von dieser Seite auch noch zu spüren bekommen. Kampflos ergeben wir uns nicht.«[110]

---

107   BAK B 116/203., undatierter Entwurf zu einem Bundes-Jagdgesetz.
108   BAK B 116/203, Entwurf für Rahmengesetz für die Jagd, Entwurfsdatum 24.5.1950.
109   BAK B 116/204, Stellungnahme des DJV zum Referentenentwurf eines Bundesrahmengesetzes für die Jagd, 15.3.1950; BAK B 116/199, vorläufige Stellungnahme des DJV v. 20.7.1950.
110   BAK B 116/203, Schreiben Hornbostel an Minister Niklas v. 17.3.1950.

Der DJV war auch in den Anfangsjahren der Bundesrepublik weiterhin nicht willens, in Jagdangelegenheiten das Primat der Politik anzuerkennen – Politik verstanden
als Verfahren des Interessenausgleichs. Diesen forderte Bundeslandwirtschaftsminister Wilhelm Niklas (1887–1957) (CSU) aber ein. Er beschied eine förmliche Beschwerde
des DJV vom 24. Juli 1950 mit dem Hinweis auf eine politische Selbstverständlichkeit:
Zwar sei er an einer »vertrauensvollen Zusammenarbeit« weiter interessiert. Doch
diese Bereitschaft dürfe nicht »so aufgefaßt werden, daß alle Wünsche des Verbandes
erfüllt werden. Ich habe nicht nur die Interessen der Jäger, sondern auch die der Land-
und Forstwirtschaft zu berücksichtigen, die teilweise von denen der Jäger erheblich
abweichen. Meine Aufgabe ist es, eine für alle Teile tragbare und möglichst gerechte
Lösung zu finden.«[111]

5. Selbstverständnis und Rolle der Jagdreferenten

Einem anderen Selbstverständnis als die Hausspitzen folgten dagegen die Jagdreferenten. Der Jagdreferent des Bundeslandwirtschaftsministeriums Graf von der Recke
verstand sich eindeutig als Wahrer der Interessen des DJV. Allerdings hatten sich im
Jagdwesen erste Friktionen eingestellt. Parallel zum DJV hatte sich 1949 die »Schutzgemeinschaft Deutsches Wild« gegründet, in der auch Vertreter der Naturschutzverbände agierten.

Die Biografien der beiden Hauptprotagonisten zeigen eindringlich die Unterschiede zwischen beiden Organisationen auf. An führender Stelle wirkte im DJV
Christian Graf Dönhoff, der Bruder der Publizistin Marion Gräfin Dönhoff. Er hatte
sich 1948 gegenüber der Zentralstelle für Naturschutz und Landschaftspflege mit dem
Hinweis ins Gespräch gebracht, er habe im Reichsforstamt und später in Paris für den
internationalen Naturschutz gewirkt. Gerade der Hinweis auf »Paris« sollte bald zu
einem internationalen Eklat führen. Als Dönhoff 1951 den Naturschutz auf der Konferenz des IUCN-Vorgängers IUPN vertreten sollte, intervenierten führende Repräsentanten, dass es beim Erscheinen Dönhoffs auf der Konferenz zu »Zusammenstößen«
kommen würde. Zwischenzeitlich war nämlich bekannt geworden, dass Dönhoff von
1942 bis 1944 als Verbindungsmann im Auftrag der NSDAP-Auslandsorganisation
in Paris tätig gewesen war (WÖBSE 2006: 682). An der Spitze des DJV stand also ein
ausgewiesener Nationalsozialist, der auf internationalem Parkett zur unerwünschten
Person erklärt worden war.

Ganz anders gestalteten sich die Verhältnisse in der »Schutzgemeinschaft Deutsches Wild«. Diese entstand u. a. auch als eine Reaktion auf die Jagdpraxis der US-
amerikanischen Besatzungsmächte. Dem Verein gehörten korporativ u. a. der Bund
Naturschutz in Bayern, der Verein Naturschutzpark und der Verein zum Schutze der
Alpen-Pflanzen und -Tiere an. Der Geschäftsführer der Schutzgemeinschaft Wolfgang

---

111   BAK B 116/199, Schreiben Minister Niklas an den DJV v. 9.8.1950.

E. Burhenne war jung an Jahren und verfügte als jemand, der den Widerstand unterstützt hatte und deshalb inhaftiert worden war, über demokratische Reputation.[112]

Die Schutzgemeinschaft Deutsches Wild legte ihrerseits am 9. Mai 1950 einen Entwurf zu einem Bundesrahmengesetz zur Jagd vor,[113] den der DJV jedoch ablehnte, so dass Graf von der Recke ihn vom weiteren Verfahren ausschloss.[114] Graf von der Recke zog im Hintergrund mit dem DJV und insbesondere mit Mitzschke die strategischen Fäden.

Gustav Mitzschke agierte wie die Spinne im Netz – und das oft in ungeklärter Doppelfunktion. Seit 1948 amtierte er im Hessischen Ministerium für Ernährung, Landwirtschaft und Forsten als Jagdreferent. Von Wiesbaden aus koordinierte er die Kontakte der Landesregierungen der US-amerikanischen Zone zur Militärregierung. Gleichzeitig war er als ehrenamtlicher Justiziar des DJV tätig. Am 19. September 1949 erschien, durch ihn lanciert, ein persönliches Schreiben der Landwirtschaftsminister der US-amerikanischen Zone an den Militär-Gouverneur und Hohen Kommissar John McCloy in der Jagd-Zeitschrift »Die Pirsch«. In Bayern sorgte dies für großen Unmut. Hier bestand man auf einer scharfen Trennung zwischen Jagdbehörden und Jägerorganisationen. Zur Rolle und zu den Auffassungen von Mitzschke stellte man seitens Bayerns klar: »Es unterliegt keinem Zweifel, dass hoheitliche Aufgaben verantwortlich ausschließlich von Staatsbehörden wahrgenommen werden können bei selbstverständlicher, demokratischer Auffassung entsprechender Einschaltung und Anhörung der privaten Interessenverbände. Eine weitergehende Einflussnahme kann solchen Verbänden nicht zuerkannt werden, ganz besonders nicht auf dem Gebiet des Jagdwesens, wo vielfach sich widerstreitende Interessen, hauptsächlich der Jägerschaft, der Landwirtschaft und der Forstwirtschaft zum Wohle der Allgemeinheit miteinander in Einklang gebracht werden müssen. Maßgebende Stellen in Jagdbehörden und Jägerorganisationen können daher nach übereinstimmender Auffassung des Bayer. Landtages und der Bayer. Staatsregierung nicht, wie dies ehedem der Fall war, in Personalunion besetzt werden.«[115]

Mitzschke agierte im Zweifelsfalle eher als Lobbyist der Jagdverbände denn als ein dem Gemeinwohl verpflichteter Hoheitsträger (Jagdreferent) und konterkarierte mit seinen eigenen Bemühungen seinen Kernauftrag, als Koordinator föderaler Interessen zu wirken, indem er Absprachen mit von der Recke traf, die auf die bewusste Ausschaltung bayerischer Interessen hinausliefen.[116]

---

112   Wöbse 2006: 681. Vgl. hierzu jüngst Klimke 2015: 36–66 und den Beitrag von Frohn, Potthast & Rosebrock in diesem Band (bes. S. 168).

113   BAK B 141/8134, Bl. 25 ff.; vgl. auch BAK B 116/2738 sowie BAK B 116/204.

114   BAK B 116/2738, Graf v. d. Recke an Mohry, 18.10.1950; BAK B 116/2738.

115   Schreiben v. 5.11.1949; zit. nach Syrer 1987: 134 f.

116   BAK B 116/199, Mitzschke an Graf von der Recke auf dem Bogen des Deutschen Jagdschutz-Verbandes, Rechtsabteilung 1.1.1950 [!].

Eine Besprechung der Jagdreferenten des Bundes und der Länder am 16. Februar 1950 zeigte, wie sich die Mehrheit positionierte. Mehrheitlich folgte man der Position des Vertreters von Rheinland-Pfalz, Olfm. Gussone, »daß das alte Reichsjagdgesetz hervorragend [gewesen sei]. Die Jäger können nur einem Gesetz zustimmen, das dem Reichsjagdgesetz ähnlich ist.« Man verstand sich als Funktionsgehilfen der Jagdverbände. Nur der Jagdreferent des Landes Württemberg-Baden, Ofm. Wulz, anerkannte das Primat der Politik und positionierte sich seiner Aufgabenstellung gemäß allgemeinwohlverpflichtet und föderal, »daß dies vom Jägerstandpunkt aus richtig ist, vom Standpunkt des Landes aus handelt es sich um eine eminent politische Frage, bei der der Jägerstandpunkt auszuschalten sei«.[117]

6. Erstes Scheitern im Bundesrat

Im August 1950 legte die Bundesregierung den Gesetzentwurf dem Bundesrat vor. Dessen Agrar- bzw. Rechtsausschuss empfahlen gegen die ablehnenden Voten der Länder Bayern, Württemberg-Baden und Württemberg-Hohenzollern zwar einige Detailänderungen und -ergänzungen, erhoben im Übrigen aber keine Einwendungen gegen den Entwurf.[118] Über dieses Votum setzte sich dann allerdings am 18. August 1950 mit 23:17 Stimmen das Plenum des Bundesrates hinweg. Der Bundesrat lehnte den Entwurf des Bundes wegen der Kompetenzüberschreitung zutreffend und mit dem stärkstmöglichen Argument ab, weil er aus seiner Sicht weit über den Rahmen von Art. 75 Nr. 3 GG hinausgehe und auch nicht durch Art. 74 Nr. 1 und 17 GG gedeckt sei.[119]

Daneben dürften aber auch allgemeinpolitische Gründe bedeutsam gewesen sein. Das Drängen der Jagdverbände erschien aus deren Sicht zwar nachvollziehbar,[120] vor dem Hintergrund der 1950 noch für jedermann unmittelbar erlebbaren Notgesellschaft der Nachkriegsjahre allgemeinpolitisch jedoch absolut fehl am Platz. Darauf deutet auch ein ausführliches Schreiben des württembergisch-badischen Landwirtschaftsministers Heinrich Stooß (1896–1971) (CDU) an Bundeslandwirtschaftsminister Wilhelm Niklas (CSU) vom März 1950 hin. Politisch sah er das Reichsjagdgesetz mit dem Odium belastet, dass der Wunsch der Jäger nach einem Reichsjagdgesetz »ohne Göring und Nationalsozialismus bis heute ein Traum geblieben wäre.« Vehement wehrte er sich dagegen, dass es den Jagdverbänden gelungen sei, das Bundeslandwirtschaftsministerium auf einem aus seiner Sicht nachrangigen Politikfeld dazu

---

117 BAK B 116/204, Niederschrift Sitzung betr. Beratung eines Rahmenjagdgesetzes am 16.2.1950.

118 BAK B 141/8135: Bl. 38 f. sowie BAK B 116/204, Ergebnisprotokoll über die Sitzung des Agrarausschusses des Bundestages v. 17.8.1950 mit Begründung der Abänderungsvorschläge.

119 BAK B 141/8135: Bl. 84 f.; 33, Sitzung des Deutschen Bundesrates am 18.8.1950; vgl. auch Mitzschke & Schäfer 1957: 15.

120 Vgl. hierzu S. 116 f.

zu bewegen, das Parlament und die Länder unter einen derartigen Zeitdruck zu versetzen: »Es erfüllt mich mit Sorge, zu sehen, mit welcher Intensität die Dinge auf den im ganzen gesehen doch ziemlich unbedeutenden Gebiet der Jagd vorangetrieben werden und wie sie dabei auf falsche Bahnen kommen«.[121] Eines dürfe auf keinen Fall geschehen, nämlich »ein Jagdgesetz zu schaffen, das einseitig nur den Wünschen der Jäger Rechnung trägt«. Vor dem Hintergrund der kaum zu bewältigenden Versorgungsprobleme sehe er sich politisch nicht in der Lage, sich vorstellen zu können, »wie man den Bauern und den Forstleuten verständlich machen will, dass ›der Jäger das Recht und die Pflicht hat, das Wild zu hegen‹«, wenn man andererseits von ihnen die größten Anstrengungen verlangt, die Produktion zu steigern. Es sei an der Zeit, wieder den Primat der Politik einzufordern und deshalb sehe er sich auch in der Pflicht zu fordern, »dass in erster Linie die übergeordneten Gesichtspunkte allgemeinpolitischer und agrarpolitischer Art Berücksichtigung finden sollten«. Daraus ergäbe sich wiederum, dass die Politik sich der Angelegenheit wieder annehme und entscheide, denn »die Angelegenheit [sei] in ihren Auswirkungen doch zu bedeutsam, als dass man sie ausschliesslich den Referenten überlassen könnte«.[122]

Nach dem Votum des Bundesrates schien die Verabschiedung eines umfassenden Bundesjagdgesetzes zunächst aussichtslos. Im Bundeslandwirtschaftsministerium setzte man auf Taktik. Zunächst sollten die nächsten Landtagswahlen abgewartet werden.[123] Die jagdlichen Netzwerker aus dem Unterausschuss Jagd hingegen drängten bereits am 3. Oktober 1950 wieder darauf, beschleunigt einen neuen überarbeiteten Text zu entwickeln. Am 20. Januar 1951 legte die Bundesregierung schließlich dem Bundestag einen überarbeiteten Gesetzentwurf vor, in den die Änderungsvorschläge des Agrarausschusses des Bundesrates eingearbeitet worden waren. Der Bundestag

121 BAK B 116/204, Schreiben Landwirtschaftsminister Württemberg-Baden Stooß an Bundeslandwirtschaftsminister Niklas vom März 1950 (ohne handschriftliche Tagdatierung; Eingangsstempel 18. März 1950). In ähnlicher Weise äußerte sich auch der bayerische Landwirtschaftsminister Alois Schlögl am 17.3.1950: »Man kann sich des Eindrucks nicht erwehren, daß durch die starke Betonung der Eilbedürftigkeit versucht wird, eine überstürzte Verabschiedung des Gesetzes zu erreichen und vollendete Tatsachen zu schaffen.«; BAK B 116/204. Vgl. auch die Stellungnahme des württembergisch-hohenzollernschen Landwirtschaftsministers Franz Weiß v. 17.3.1950: »Abgesehen von diesen rechtlichen Erwägungen hat mein Vertreter bereits in der Besprechung am 16.2.1950 zum Ausdruck gebracht, dass die gesetzgebenden Körperschaften des Bundes gegenwärtig dringendere Aufgaben haben dürften, als sich mit einem Jagdgesetz zu befassen. Auch aus diesem Grund scheint mir die Eile, mit der die Vorlage behandelt wird, trotz der durch den Bundestag erhobenen Forderung auf Vorlage eines Bundesgesetzes über die Jagd, nicht verständlich« (ebd.).
122 BAK B 116/204; ebd.
123 BAK B 116/205, Vermerke vom 31.8.1950 und 8.12.1950.

überwies diesen ohne Aussprache am 1. Februar 1951 an den Ernährungsausschuss (MITZSCHKE & SCHÄFER 1957: 15).

7. Widerstand der Landnutzerverbände

Der Überrumpelungsversuch der Jagdverbände war also zunächst an föderalen Widerständen gescheitert. Die dadurch gewonnene Zeit bot aber den anderen Landnutzern die Möglichkeit, die unterbliebenen politischen Abwägungsprozesse einzufordern.

Die Stellungnahmen der Landnutzerverbände erfolgten vor dem Hintergrund der immer noch herrschenden alltäglichen Mangelversorgung mit Nahrungsmitteln und Brennstoffen. Der »Waldbesitzerverband für Nordwürttemberg und Nordbaden e. V.« erklärte beispielsweise, dass der Entwurf »auf die wesentlichen Belange der Landeskultur, namentlich der Forstwirtschaft, nur ungenügend Rücksicht« nehme. Man beklagte vor allem, dass eine »sachgemässe Planung waldbaulicher Massnahmen, die Wiedergesundung der Wälder und das Ziel der Leistungssteigerung« immer wieder durch »allzugroße Wildbestände, zumal des Schalenwildes [...] beeinträchtigt, ja vereitelt« worden seien. »[U]nter keinen Umständen« dürften Jagdbehörden im Sinne des früheren Reichsjagdgesetzes wieder aufleben; denn damals sei der »grundsätzliche Fehler begangen [worden], dass die Jagdbehörden reine Vertreter der Jagdinteressenten waren und damit Richter in eigener Sache darstellten.« Sie forderten kurzum die Umkehrung der Machtverhältnisse: »Die Jagdaufsichtsbehörde muss eine staatliche Behörde der allgemeinen inneren Verwaltung sein, der ein Beirat aus Land- und Forstwirtschaft zur Seite steht. Vertreter der Jägerorganisationen sind allenfalls beizuziehen.«[124]

Der »Waldbauernverband Nordrhein-Westfalen« argumentierte ähnlich und legte in seiner Stellungnahme Wert darauf, dass der Forstwirtschaft der Vorrang vor der Jagd gebühre, woraus sich ableitete, dass »die jeweilige Wilddichte den forstlichen Belangen angepasst« werden müsse. Folglich müsse gewährleistet sein, dass Vertreter des Waldbesitzes Einfluss auf die Abschusspläne erhielten.[125]

Besonders große öffentliche Aufmerksamkeit erreichte ein kleiner Naturschutzverein, der unter dem Dach des Deutschen Heimatbundes agierte. Als 1940 unverkennbar geworden war, dass aufgrund der NS-Autarkiepolitik immer stärker Nadelbaummonokulturen entstanden, gründete der Sauerländer Wilhelm Münker den »Ausschuß zur Rettung des Laubwaldes« (UEKÖTTER 2004: 37–56; LIECKFELD 2006: 60 f.). Münker streute 1950/51 seine in hoher Auflage erschienenen Broschüren »Wald über Jagd!« und »Wald über Jagd 2. Teil« an Politik, Regierungsstellen und andere Landnutzer (MÜNKER o.J.a; MÜNKER o.J.b). Zeitweise gelang es, die Jagdverbände so sehr in die

---

124 BAK B 116/203, Schreiben des Waldbesitzerverbandes für Nordwürttemberg und Nordbaden e. V. an das BML, 5.4.1950.

125 BAK B 116/202, Stellungnahme des Waldbauernverbandes Nordrhein-Westfalen v. 19.7.1951.

Defensive zu drängen, dass diese sich gezwungen sahen, sich in ihren Organen mit seinen Schriften auseinanderzusetzen.[126] Welche Wirkung die Schriften erzielten, verdeutlicht ein Schreiben des Verbandes der Landwirtschaftskammern vom 30. April 1951. Die »starke Propaganda zur weiteren Einschränkung der Wildbestände« habe mittlerweile so viel Wirkung erzielt, dass »offenbar auch das Zustandekommen eines Bundesjagdgesetzes« als gefährdet angesehen werden könne.[127]

Die Kontroversen zwischen dem DJV, den Landnutzerverbänden, den Ländern und der Politik rankten im Kern um die Frage, ob

1. die Belange von Land- und Forstwirtschaft ausreichend berücksichtigt worden seien,
2. die vorgesehene Mindestgröße der Jagdbezirke angemessen sei,
3. der Ersatz von Wildschäden, insbesondere in Forstkulturen, wirtschaftlich verträglich zu regeln sei und
4. die Abschusspläne insbesondere für das Schalenwild nach den Erfahrungen im »Dritten Reich« als Instrument weitergelten sollten (MITZSCHKE & SCHÄFER 1957: 15).

Insbesondere die forstwirtschaftliche Abteilung des Bundeslandwirtschaftsministeriums versuchte nun, da der Zeitdruck entfallen war, noch Einfluss auf den Entwurfstext zu nehmen. Der Jägerkorpsgeist funktionierte indes auch im Ministerium, wurde doch Jagdreferent Graf von der Recke informell über Bestrebungen der Forstabteilung informiert. Diese plane über Bande zu spielen. Der Bewertungsrat der forstwirtschaftlichen Abteilung arbeite »an einer Denkschrift zum Entwurf des Bundesjagdgesetzes – besser: gegen das Bundesjagdgesetz«. Darin solle auch »der Steuerausfall durch den Wertrückgang der Bestände infolge Rotwildbestände« thematisiert werden, woraus man die Folgerung ableite, dass die »Abschußplanung durch die Waldbesitzer selbst – nicht durch Jagdbehörden – nach waldbaulichen Gesichtspunkten« erfolgen müsse. Da bei der Verabschiedung des vorliegenden Entwurfes aus der Sicht der Abteilung Steuerausfälle zu befürchten seien, solle die Denkschrift auch dem Finanzminister zugestellt werden, um »ihn [zu] veranlassen, sich seinerseits in den Gesetzentwurf einzuschalten«.[128]

In Teilen der organisierten Jägerschaft entstand der Eindruck, dass die Überführung des Reichsjagdgesetzes in ein Bundesjagdgesetz scheitern könne. Aus dem Hin-

---

126 BAK B 116/202. Vgl. hier den Ausriss aus einer Jägerzeitschrift in der Rubrik »Zeitfragen«: »Revolution in der deutschen Jägerei? Ist Wilhelm Münker ein Feind des Wildes?«
127 BAK 116/201, Schreiben des Verbandes der Landwirtschaftskammern an das BML v. 30.4.1951.
128 BAK B 116/202, Vermerk V A 4–7405 v. 3.12.1951.

tergrund schaltete sich der durch sein NS-Amt diskreditierte Ulrich Scherping mittelbar in die Strategiedebatte zwischen DJV und Jagdreferent im BML ein.[129] Scherping empfahl, nachdem er zuvor Gespräche mit Mitzschke geführt hatte, sich zunächst auf »ein vernünftiges Rahmengesetz nach eingehender Beratung, bei der auch Fachleute ein Wort mitzureden haben […] [zu beschränken], als sich auf einen parlamentarisch zusammengesetzten Vermittlungsausschuss allzusehr zu verlassen.« Er begründete seine Position mit der historischen Erfahrung, die man in der Weimarer Republik mit dem Entwurf zu einer Novelle der preußischen Jagdordnung gemacht habe, »der von uns sofort nach der ersten Fühlungnahme mit dem parlamentarischen Ausschuß zurückgezogen wurde, weil wir sahen, dass nur eine Verschlechterung herauskommen konnte. Das war damals richtig!«[130] Er empfahl mit Hinweis auf die historische Analogie, auf günstigere Zeiten zu warten, um dann ein umfassendes Bundesjagdgesetz nachzuschieben. Den unmittelbaren Anlass zu dieser Empfehlung bot die heftig ausgetragene Debatte um die Reduzierung der Größe der gemeinschaftlichen Jagdbezirke auf 150 ha. Er argumentierte, dass damit die Größenverhältnisse in bestehenden Landesjagdgesetzen unterschritten würden, was Scherping zufolge »eine Aufforderung an alle jagdfeindlichen Kräfte in den Länderparlamenten bedeuten« würde, die dort bestehenden Landesregelungen – in Bayern beispielsweise 250 ha – an die dann »schlechteren des Bundesjagdgesetzes anzupassen«.[131] Der Jagdreferent im Bundeslandwirtschaftsministerium setzte sich allerdings über diese Empfehlung Scherpings hinweg und beförderte weiterhin das Gesetzgebungsverfahren für ein umfassendes Bundesjagdgesetz.

Parallel zu den hinter verschlossenen Türen geführten strategischen Absprachen zwischen dem Jagdreferenten im BML und der Verbandsspitze forderte der DJV die Politik auf offener Bühne heraus. Unter dem Titel »Endkampf um das Bundesjagdgesetz. Gefährdung durch parteipolitischen Unverstand?« erschien in der Zeitschrift »Wild und Hund« ein Frontalangriff auf den Parlamentarismus generell und auf CDU/CSU im Besonderen.[132] Was war geschehen? Der Entwurf war nach den Beratungen im »Unterausschuss Jagd« in den Bundestagsausschuss für Ernährung, Landwirtschaft und Forsten eingespeist worden. Nachdem bisher also eine Beratung maßgeblich unter reinen Interessenvertretern bzw. innerhalb des parlamentarischen jagdlichen Netzwerkes erfolgt war, stand nun im Ausschuss die Abwägung mit anderen, in der immer noch herrschenden Versorgungsnotgesellschaft relevanteren Belangen der Land- und Forstwirtschaft an. Abgewogen werden musste aber auch, inwieweit sich ein Bundes-

---

129   Vgl. die Briefe von der Reckes an Dönhoff v. 19.11.1951 und 26.11.1951; BAK B 116/202.

130   BAK B 116/202, Schreiben Scherpings an Dönhoff in der Abschrift als Anlage an das Schreiben Dönhoffs an v. d. Recke v. 19.11.1951.

131   Indirekt wiedergegeben durch Dönhoff an v. d. Recke; 19.11.1951; BAK B 116/202.

132   WILD UND HUND Nr. 16 v. 24.10.1951, Abschrift in BAK B 116/202.

jagdgesetz in die föderalen Strukturen einfügte. Diese in der pluralistischen und föderal organisierten Demokratie vollkommen normalen und konstitutiv notwendigen, im
Übrigen durch die Gemeinsame Geschäftsordnung der Bundesregierung vorgeschriebenen Abwägungsprozesse wurden nun als »destruktive[s] Verfahren« bewertet, das
umso mehr abzulehnen sei, weil »möglicherweise *politische* und *parteipolitische
Momente über die Sache* gestellt« würden. Massive Kritik erntete »eine grosse Partei,
die massgeblich an der Regierung beteiligt« sei, nämlich die CDU, die »sich aus partei-
politischer oder übertriebener föderalistischer Rücksichtnahme anschicken sollte,[133]
einer vernünftigen jagdlichen Gesetzgebung den Todesstoss zu versetzen« und damit
»Millionen Naturfreunde aufs schwerste erschüttern« würde. Unverkennbar knüpfte
man auch hier aus der expertokratischen Perspektive wieder an die antiparlamentarischen Ressentiments der politischen Rechten aus der Weimarer Republik an: »Sehen
die Herren Volksvertreter nicht endlich ein, dass es nicht ihre Sache ist, überall ihre
Nase hineinzustecken? Begreifen sie nicht endlich, dass es auch Dinge im menschlichen Leben gibt, die man nicht durch die politische Brille sehen darf?«[134]

8. Parlamentarische Beratungen im Bundestag

Nach der Schlussberatung im Ernährungsausschuss speiste dieser den Gesetzestext
zu einem Bundesjagdgesetz als Drucksache Nr. 3240 am 19. März 1952 in die Plenarberatungen des Bundestages ein. Dieser beriet das Gesetz am 24. April 1952 in zweiter
Lesung. Der Ausschussberichterstatter, der SPD-Abgeordnete Friedrich Nowak, verwies dabei auf die kontrovers geführten Ausschussdebatten.[135] Besonders umkämpft
sei § 21 zur Abschussregelung gewesen. Hier schlage man gegenüber dem Reichsjagdgesetz eine Modifikation vor, dass die Abschusspläne »in gemeinschaftlichen Jagdbe-

133   Im Gesamtausschuss hatten die aus Bayern und Württemberg stammenden CDU/CSU-
      Abgeordneten Bauknecht und Aichner erklärt, dass sie ein Bundesjagdgesetz »für absolut
      überflüssig hielten und dagegen stimmen würden.« V. d. Recke an Dönhoff am 14.2.1951
      verbunden mit der Bitte an Dönhoff: »Ich möchte empfehlen, daß die süddeutschen Jagd-
      schutzverbände bald und möglichst eingehend aufklärend auf ihre Bundestagsabgeord-
      neten einwirken«; BAK B 136/202.
134   WILD UND HUND Nr. 16 v. 24.10.1951, Abschrift in B 116/202 Hervorhebung im Original.
      Dass dies kein »Ausrutscher« war, zeigt die Entschließung der »Württemberg-Badischen
      Jägervereinigung« vom 15.9.1950, in der es hieß: »Die Jägerschaft hat ernste Bedenken,
      dass die Gegner das Jagdgesetz politischen Tendenzen opfern wollen, was von allen Jägern
      einmütig abgelehnt wird« BAK B 116/200; bzw. die Resolution der Vertreter der vier Lan-
      desjagdverbände der US-Zone vom 5.9.1950: »Sie legen Verwahrung dagegen ein, daß das
      Jagdgesetz zum Gegenstand politischer und nicht sachlicher Entscheidungen gemacht
      wird«, BAK B 116/200; vgl. auch BAK B 116/202.
135   Zum Folgenden vgl. Schriftl. Bericht Ausschuss Ernährung, Landwirtschaft und Forsten,
      Anlage zum Stenog. Bericht der 206. Sitzung des Bundestages: 8949–8951, in BAK B
      116/2738. Vgl. auch in BAK B 141/8137: Bl. 85–86.

zirken vom Jagdausübungsberechtigten im Einvernehmen mit dem Jagdvorstand, in verpachteten Eigenjagdbezirken vom Jagdausübungsberechtigten im Einvernehmen mit dem Eigentümer oder Nutznießer und in nicht verpachteten Eigenjagdbezirken von dem Eigentümer oder Nutznießer aufzustellen« seien. Komme ein Einvernehmen nicht zustande, entscheide der Jagdbeirat, dessen Zusammensetzung in § 37 geregelt sei. Mit dieser Regelung, so Nowak, glaube der Bundestagsausschuss, »die berechtigten Wünsche aller Beteiligten, der Jagdverpächter und -pächter, der Land- und Forstwirtschaft, der Landschaft und des Wildes, aber auch der Länder berücksichtigt« zu haben: »Es war nicht immer leicht, hier einen gerechten Ausgleich zu finden, und doch glaubt der Ausschuß, ihn gefunden zu haben.«[136]

Diese Auffassung teilten interfraktionell insbesondere 33 süddeutsche Bundestagsabgeordnete nicht, die zur zweiten Lesung am 24. April 1952 einen Abänderungsantrag einbrachten. 25 gehörten der CDU-,[137] drei der SPD-Fraktion,[138] vier der FDP-Fraktion und zwei der Fraktion der Bayern-Partei an. Weitüberwiegend entstammten sie dem bäuerlichen bzw. forstlichen Milieu.[139] In der Begründung verwiesen sie auf die historisch sehr unterschiedlich gewachsenen Strukturen in den einzelnen Bundesländern und auf differente Jagdtraditionen, die nun nach dem Reichsjagdgesetz eine zweite Welle der Uniformierung erfahren sollten. So beantragten süddeutsche Abgeordnete, den § 7 Abs. 1, durch den die Eigenjagdbezirksgröße auf 75 ha festgelegt wurde, durch einen ergänzenden Satz aufzuweichen, der es den Ländern ermöglichte, nach unten abweichende Regelungen treffen zu können.[140] Einer ihrer Sprecher, der CDU-Abgeordnete Bernhard Bauknecht aus Ravensburg, von Beruf Bauer,[141] rekurrierte darauf, dass man im deutschen Südwesten bezogen auf die Jagd auf »sehr viel längere demokratische Rechte« zurückblicken könne. Das Reichsjagdgesetz habe hier leider uniformierend gewirkt, d. h. man habe die »Eigenjagden […] durch das Dritte Reich im Jahr 1933 verloren.« Wie groß der Druck des jagdlichen Netzwerkes und der Lobbyismus des DJV war, verdeutlicht, dass Bauknecht sich dennoch kompromissbereit zeigte,

---

136 Schriftl. Bericht Ausschuss Ernährung, Landwirtschaft und Forsten, Anlage zum Stenogr. Bericht 206. Sitzung Bundestag: 8949–8491, in: BAK B 116/2738; hier S. 8951.

137 15 hatten ihre Wahlkreise im Gebiet des heutigen Baden-Württemberg, sechs kamen aus Rheinland-Pfalz, je einer aus Niedersachsen und Schleswig-Holstein. Unter den Antragstellern befanden sich u. a. auch der frühere württembergisch-hohenzollernsche Landwirtschaftsminister Franz Weiß sowie Kurt Georg Kiesinger.

138 Darunter auch die Agrarexperten Herbert Kriedemann und Friedrich Nowak sowie Fritz Erler.

139 BAK B 141/8137: Bl. 81.

140 BAK B 141/8137: Bl. 81, Deutscher Bundestag 1. Wahlp. 1949, Umdruck 489 v. 24.4.1952.

141 Bernhard Bauknecht (* 31. März 1900 in Albertshofen), Bauer; Präsident des Landesbauernverbandes Württemberg-Hohenzollern; SÄNGER 1949: 109.

denn man wolle sich »den allgemeinen Ansichten und dem Jagdgebrauch fügen«, doch
sei man gewillt, »daß das alte Bauernrecht nicht völlig begraben« werde.[142]

In der Frage der Jagdgesetzgebung zeigte sich die CDU/CSU-Fraktion tief gespalten. Der CDU-Abgeordnete Hubert Schulze-Pellengahr hielt die Gegenrede. Es blieb
dem SPD-Agrarexperten Herbert Kriedemann[143] vorbehalten, noch im Plenum einen
auf Kompromiss abzielenden Modifikationsantrag auf der Basis der Bauknechtschen
Intentionen zu stellen.[144] Er begründete dies damit, dass die Verfügung des einzelnen
über sein Privateigentum, über seinen Grund und Boden nur so weit eingeschränkt
werden dürfte, als es durch die Interessen der Gesamtheit unter allen Umständen
geboten erscheine. »Ich vermag nicht einzusehen, warum sich nicht auch drei Bauern
zusammen das Vergnügen erlauben sollen, das ein Grundbesitzer hat, der das Glück
hat, auf einem größeren Areal geboren zu sein, oder der sich durch seine Tüchtig-
keit ein solches zusammenkaufen konnte.« Ziel müsse es sein, dass mit dem geplanten Bundesrahmengesetz dieser »an sich ganz begreifliche Wunsch der bäuerlichen
Grundeigentümer nicht zunichte« gemacht werde.[145] Dieser nun modifizierte Ände-
rungsantrag fand die Zustimmung der Mehrheit des Bundestages.[146] Zumindest partiell kamen die Abgeordneten in der zweiten Lesung damit föderalen Bedenken noch
entgegen, ohne die Substanz des ausgehandelten Kompromisses jedoch in Frage zu
stellen.

Genau darauf zielte aber ein Antrag der DP-Fraktion. Sie forderte die Streichung
des § 37. Stattdessen sollte die Zusammensetzung des Jagdbeirates den Ländern über-

---

142 BAK B 141/8137, Protokoll des Dt. Bundestages, 206. Sitzung 24.4.1952: 8933. Gemeint
     waren also einerseits kulturelle Traditionen und andererseits Eigenjagdstrukturen, die
     sich aus der im Südwesten verbreiteten Realerbteilungstradition ergaben. Damals wurde
     allerdings nicht erörtert, ob es sich dabei aus wildökologischer Perspektive um sinnvolle
     Traditionen bzw. Strukturen handelte. Das kulturelle Argument überwog.
143 Herbert Kriedemann (* 1. März 1903 in Berlin), Studium der Agrarwissenschaften und
     Nationalökonomie in Berlin, Widerstandskämpfer, 1945 besoldetes Mitglied des Partei-
     vorstandes der SPD, Referent für Agrarpolitik; SÄNGER 1949: 180 f.
144 »Die Länder können, soweit beim Inkrafttreten dieses Gesetzes eine solche Regelung
     besteht, abweichend von Satz 1 bestimmen, daß ....« BAK B 141/8137, Protokoll des Dt.
     Bundestages, 206. Sitzung 24.4.1952: 8934.
145 BAK B 141/8137, Protokoll des Dt. Bundestages, 206. Sitzung 24.4.1952: 8934.
146 Der Passus lautete in § 7 Absatz 1 Satz 4 schließlich: »Die Länder können, soweit bei
     Inkrafttreten dieses Gesetzes eine solche Regelung besteht, abweichend von Satz 1 bestim-
     men, daß auch eine sonstige zusammenhängende Fläche von 75 Hektar einen Eigenjagd-
     bezirk bildet, wenn dies von Grundeigentümern oder Nutznießern zusammenhängender
     Grundflächen von mindestens je 15 Hektar beantragt wird.« Ein nahezu gleichlautender
     Beschluss des Württembergisch-Hohenzollernschen Landtages von 1949 erhielt damit
     Bestandsschutz.

lassen werden.[147] Darauf intervenierte massiv erneut der SPD-Agrarexperte Kriedemann, der einen Einblick gewährte, welche harten Konflikte im Ausschuss ausgetragen
worden waren. Letztlich ziele dieser Antrag mittelbar darauf, dass der Abschussplan
»nach altbewährtem Muster von der Behörde festgesetzt werden« solle. Kriedemann
führte den Jagdnetzwerkern noch einmal die allgemeinpolitische Situation vor Augen,
die es bei dem Abwägungsprozess zu berücksichtigen galt. Weil sein Redebeitrag einen
tieferen Einblick in die sehr konfliktreichen parlamentarischen Ausschussberatungen
gibt, sei er hier in einer längeren Passage wiedergegeben.

*»Ich glaube, daß die Landwirtschaft und diejenigen, die im Walde eine Quelle des
Volkseinkommens, und zwar nicht nur durch Rehbraten, sondern durch Holz –
Holz ist immerhin eine ganz interessante Mangelware – sehen, nicht zu Unrecht in
dem leidenschaftlichen Fordern nach einem solchen vom Staat her kontrollierten
Abschußplan das Bemühen derjenigen gesehen haben, die nun einmal sehr an der
Jagd interessiert sind, das Bemühen um die Erhaltung eines Wildbestandes, der eben
mehr diesem Vergnügen, diesem sehr respektablen und von mir zwar nicht geteilten,
aber immerhin auch nicht abgelehnten Vergnügen Rechnung trägt als den Bedürf-
nissen der Volkswirtschaft hier vertreten durch die Landwirtschaft und durch die
Holzwirtschaft. Es kann nicht bestritten werden, daß jeder Überbestand an Wild zu
einer erheblichen Beeinträchtigung aller der Resultate führt, um derentwillen man
auf dem Lande und im Walde arbeitet.*

*Es ist also von einer sehr zahlreichen Gruppe der Standpunkt vertreten worden, daß
man am besten überhaupt keinen Abschußplan machen, sondern es den unmittelbar Beteiligten überlassen solle, wieviel geschossen werde. Wir haben uns dann um
einen Kompromiß bemüht. Wir glaubten einen sehr brauchbaren Kompromiß in
der Form gefunden zu haben, daß wir sagten, diejenigen, die unmittelbar, und zwar
privatrechtlich, an der Sache interessiert sind, nämlich derjenige, der das Recht auf
die Ausübung der Jagd hat, weil er der Grundbesitzer ist, und derjenige, dem er
dieses Recht als Jagdpächter abtritt, sollten sich zunächst über den Abschußplan
einigen, über die Zahl der Tiere, die aus dem Wald herausgenommen werden sollten,
und über den Tierbestand, der nach Maßgabe der Bestimmungen erhalten werden
soll, die Sie vorn am Anfang des Gesetzes finden. Dort heißt es, daß eine Hege mit
dem Ziel betrieben werden soll, einen artenreichen und den landwirtschaftlichen
Verhältnissen angepaßten Wildbestand zu erhalten und Wildschäden möglichst
zu vermeiden. Wir wollten diese Angelegenheit aus der Zuständigkeit der Behörde
herausnehmen, die im Zweifelsfall vielleicht nicht ganz so objektiv ist, sondern hier*

---

147   BAK B 141/8137, Bl. 80. § 37 lautete: »In den Ländern sind Jagdbeiräte zu bilden, denen
      Vertreter der Landwirtschaft, der Forstwirtschaft, der Jagdgenossenschaften und der Jäger
      angehören müssen.«

dargestellt wird durch Leute, die aus ihrem Beruf heraus nun einmal vielleicht mehr für die Jagd als für den Wald in Form von Holz empfinden.

Darum haben wir hier diesen Jagdbeirat eingesetzt, der die Kontrollinstanz dafür sein soll, ob in der Vereinbarung zwischen Verpächter und Pächter die vorn ange-deuteten Grundsätze eingehalten werden.

Das ist eine Form der Selbstverwaltung, die allen Beteiligten gerecht wird, nicht nur den Jägern, den ›Sachverständigen‹, sondern auch denen, die für die Wildschäden sachverständig sind, den Landwirten, den Waldbesitzern usw. Wir haben die öffent-liche Hand in einer Weise eingeschaltet, wie Sie es im Gesetzestext sehen.«[148]

Nach dieser Intervention Kriedemanns wurde der Antrag der DP-Fraktion mehrheit-lich abgelehnt.

Die Kritiker in der CDU/CSU-Fraktion boten aber weiteren, vor allem föderal motivierten Widerstand auf. So verhinderte Michael Horlacher, der eine maßgebliche Rolle im Bauernverbandsflügel der CSU spielte, durch eine formelle Widerrede, dass es direkt im Anschluss an die zweite zur entscheidenden dritten Lesung des Bundes-jagdgesetzes kam. Die Interessen der Südländer seien im Gesetz nicht ausreichend berücksichtigt worden. Der Tagesordnungspunkt und damit die Verabschiedung des Gesetzes musste deshalb am 24. April 1952 abgesetzt werden.

Die dritte Lesung fand am 29. Mai 1952 statt. Interfraktionell unternahmen bay-erische Abgeordnete noch einmal den Versuch, das Gesetz in den Agrarausschuss zurück zu überweisen. Da für den amtierenden Bundestagsvizepräsidenten Hermann Schäfer (FDP) nicht klar erkennbar wurde, ob der Antrag mehrheitlich Zustimmung oder Ablehnung erfuhr, musste ein »Hammelsprung« durchgeführt werden: 92 Parla-mentarierinnen und Parlamentarier stimmten für eine Rücküberweisung, 164 dagegen und fünf enthielten sich.[149] Nach der mehrheitlichen Zustimmung des Bundestages rief der Bundesrat am 20. Juni 1952 den Vermittlungsausschuss an, der am 17. Juli 1952 17 kleine Änderungsanträge beschloss,[150] die aber wiederum am 18. Juli 1952 der Bun-destag zurückwies.[151] Daraufhin rief die Bundesregierung am 13. August bzw. noch-mals am 29. September ihrerseits den Vermittlungsausschuss an. Dieser beschloss am 23. Oktober 1952 zwei Änderungen, die die Größe der Eigenjagdbezirke und die Jagd-beiräte (§ 37) betrafen.[152] Schließlich stimmte der Bundestag dem Bundesjagdgesetz

---

148 BAK B 141/8137: Bl. 85, 2. Lesung 24.4.1952; ähnlich in der 3. Lesung Schmidt(-Gellersen) 29.5.1952: »Unsere Aufgabe, unser Ziel war, das Gleichgewicht der Kräfte wiederherzu-stellen. Wir waren bemüht, den Haushalt der Natur wieder in Ordnung zu bringen«, BAK B 141/8137: Bl. 92.

149 BAK B 141/8137: Bl. 90 ff.; BAK B 141/8137: Bl. 94.

150 BAK B 141/8138: Bl. 38 f., Ds 3588.

151 BAK B 141/8138: Bl. 41.

152 In § 7 Abs. 1 Satz 3 werden die Worte »über 85 ha« durch die Worte »über 100 ha« ersetzt.

am 30. Oktober 1952 zu,[153] und auch der Bundesrat gab gegen die Stimmen Bayerns am 7. November 1952 schließlich seine Zustimmung (MITZSCHKE & SCHÄFER 1957: 15).

9. Der DJV und das Bundesjagdgesetz

Der DJV hatte die Ausschuss- und Plenarberatungen mit lautem Klappern begleitet. So sah sich der SPD-Abgeordnete Martin Schmidt(-Gellersen) während der dritten Lesung des Bundesjagdgesetzes zu der Bemerkung veranlasst, dass die Jagdverbände es »gerade in letzter Zeit für nötig befunden haben, sich Dinge zu leisten, die man nicht so ohne weiteres hinnehmen« könne. In Briefen, Zeitungsartikeln und Reden habe es geheißen, man habe »hier parteipolitischen Unverstand walten lassen, wir seien rückschrittliche Politiker und hätten das Wild zu einem Schacherobjekt der Wirtschaft gemacht«. Er empfahl den Jägern, weniger darauf zu achten, wie es um ihr Ansehen bei den Jägern im Ausland bestellt sei, sondern riet ihnen, alles daran zu setzen, »das Vertrauen wiederzugewinnen, das sie bei den deutschen Bauern und Forstwirten verloren« hätten.[154]

Der DJV hatte vor allem Theaterdonner erzeugt, um möglichst viel vom Reichsjagdgesetz in das neue Bundesjagdgesetz zu überführen. Offenbar zeigte man sich zufrieden, übermittelte doch Graf Dönhoff am 30. Mai 1952 Bundeslandwirtschaftsminister Niklas seine »persönlichen Glückwünsche […], dass es Ihnen und Ihrem Ministerium nach so langer Arbeit gelungen ist, diese Regierungsvorlage durchzubringen«.[155]

10. Historische Einordnung

Dem DJV und dem jagdlichen Netzwerk im Bundestag gelang es, die Kernbestandteile des Reichsjagdgesetzes 1952 in das Bundesjagdgesetz zu überführen. 1950 wiederholte sich somit ein Vorgang, der sich bereits 1933 einmal abgespielt hatte. Ein von einem Verband eingereichter Gesetzentwurf bildete die substanzielle Basis der weiteren ministerialen und parlamentarischen Beratungen. Anders als in der NS-Diktatur, in der Hermann Göring eine entsprechende Weisung gab, empfahl in der Demokratie der frühen Bundesrepublik 1950 eine gesetzgebende Körperschaft, der Deutsche Bundestag, der Regierung, diesen Verbandsentwurf zur Grundlage der weiteren Beratungen zu erheben. Ein demokratietheoretisch zumindest sehr bemerkenswerter Vorgang, der verdeutlicht, über welch großen Einfluss der DJV und das jagdliche Netzwerk damals im Bundestag verfügt haben müssen.

Diese Änderung wurde vorgenommen, damit das hessische Landesjagdgesetz nicht novelliert werden musste. § 37 erhielt folgenden Wortlaut: »In den Ländern sind Jagdbeiräte zu bilden, denen Vertreter der Landwirtschaft, der Forstwirtschaft, der Jagdgenossenschaften und der Jäger angehören müssen«; BAK B 116/2738.

153   BAK B 141/8138: Bl. 62.
154   BAK B 114/8137: Bl. 92.
155   BAK B 116/2738, DJV Graf Dönhoff an Niklas 30.5.1952.

Das ohne ein demokratisches Verfahren dekretierte und von den Jagdverbänden weitestgehend formulierte RJG wurde bis auf wenige Abstriche in das Bundesjagdgesetz in der Fassung von 1952 überführt. Dass das Gesetzgebungsverfahren bereits 1949 einsetzte und 1952 zum Abschluss gebracht werden konnte, ist allein dem politischen Druck und Einfluss des DJV und des jagdlichen Netzwerkes geschuldet. Dieser Einfluss verringerte sich jedoch während der Beratungszeit. Widerstand machte sich in den meisten Fraktionen bemerkbar, so dass der Entwurf im Verlauf der weiteren parlamentarischen Beratungen polarisierend wirkte und Friktionen in fast allen Bundestagsfraktionen auslöste. Insbesondere die CDU/CSU-Fraktion zeigte sich in der Frage eines Bundesjagdgesetzes tief gespalten. Dennoch gelang es, das Gesetz durchzusetzen.

Mitzschke und Schäfer kamen 1957 zu dem Schluss, dass »jedes Jagdgesetz das Spiegelbild seiner Zeit gewesen« sei (MITZSCHKE & SCHÄFER 1957: 13). Ob diese Aussage angemessen ist, muss vor der wirtschaftlichen, sozialen und politischen Realität der Jahre 1949 bis 1952 beurteilt werden.

Vor dem wirtschaftlichen und sozialen Hintergrund erscheint die frühzeitige Verabschiedung nur aufgrund des starken Lobbyings des DJV und des jagdlichen Netzwerkes im Bundestag nachvollziehbar. Aus der Sicht der Jäger bestand akuter Handlungsbedarf: Die jagdliche Praxis der Alliierten entsprach nicht den Normen der Waidgerechtigkeit und wurde als »Verwüstung« des »deutschen Waldes« und des »deutschen Wildes« wahrgenommen. Materiell kam es in der Folge beispielsweise zu Überpopulationen beim Schwarzwild, was wiederum wirtschaftliche Schäden nach sich zog. Das faktische, durch die Alliierten verordnete Jagdverbot empfanden die Jäger als Form der Kolonialisierung. Vor allem aber wollte man wieder selbst jagen, wieder die alten Rechte wahrnehmen. Im Spannungsverhältnis zu dieser Binnensicht des Sozialmilieus Jagd steht jedoch die allgemeinpolitische bzw. gesamtgesellschaftliche Situation.[156] Wegen der damals immer noch herrschenden schieren Not (Versorgungsengpässe bei Lebensmitteln, Brennstoffen, Wohnraum etc.) kam der Verabschiedung eines Jagdgesetzes allgemeinpolitisch absolut keine Priorität zu. Insofern ist dem württembergisch-hohenzollernschen Landwirtschaftsminister zuzustimmen, dass es sich bei der Jagd zu Beginn der 1950er Jahre im »ganzen gesehen doch [um ein] ziemlich unbedeutendes Gebiet«, d. h. Politikfeld handelte. Naheliegender wäre unter allgemeinpolitischen Gesichtspunkten gewesen, dass die Jagdgesetzgebung angesichts der im Reichsjagdgesetz nur unzureichend vorgesehenen Abwägungen mit land- und forstwirtschaftlichen Belangen solange

---

156   Das Spannungsverhältnis zwischen der Wahrnehmung der Allgemeinpolitik und dem Drängen der Jäger lässt sich ansatzweise durch die Gesellschaftstheorie Pierre Bourdieus erklären, der zwischen ökonomischem, sozialem und symbolischem/kulturellem Kapital unterscheidet. Der ökonomische Kapitalmarkt kann als Ökonomie des Mangels bezeichnet werden. Letztlich leitete aber die Jäger ihr symbolisches bzw. kulturelles Kapital. Obwohl das Wild ökonomisch nahezu irrelevant war, wollte man als Jäger endlich wieder »Herr im Haus« bzw. korrekter »Herr im eigenen Jagdbezirk« sein.

Nachrang hätte erhalten sollen, bis die akuten Probleme dieser Landnutzer angesichts der Versorgungslage gelöst worden wären. Der massive Widerstand im Bundestag insbesondere bei der dritten Lesung darf dafür als ein sicheres Indiz gelten.

Politisch ist das Gesetz ein Spiegelbild der allgemeinen Restauration, die mit dem »Kalten Krieg« einsetzte und die alte totalitäre Kräfte und Ideen wieder gesellschafts- und politikfähig machte. Die Bemühungen der US-amerikanischen Militärregierung um eine Demokratisierung und breitere soziale Verankerung des Jagdwesens (12-Punkte-Programm) wirkten zwar 1949, wie MITZSCHKE & SCHÄFER (1957: 14) bemerkten, als hinderlich für eine bayerische Jagdgesetzgebung, wurden dann aber sehr schnell Opfer der allgemeinen gesellschaftlichen und politischen Restauration.

Als förderlich für die Verabschiedung des Bundesjagdgesetzes erwies sich die leichte zeitliche Retardierung, die durch das Intervenieren des Bundesrates zustande kam. Zum einen verringerten sich mit jedem Jahr aufgrund der Wirtschaftspolitik Ludwig Ehrhardts die akuten Versorgungsprobleme, die die Politiker zu meistern hatten. Zum anderen hatte die Länderfusion in Baden-Württemberg Ende 1951/52 zur Folge, dass die dem DJV-Entwurf sehr ablehnend eingestellten Landwirtschaftsminister ihre Ämter verloren und sich damit der föderale Widerstand fortan auf Bayern beschränkte.

Der Kernbestand des Reichsjagdgesetzes blieb also erhalten. Die totalitären bzw. hegemonialen Elemente wie die jagdliche Zwangsorganisation im »Reichsbund ›Deutsche Jägerschaft‹« und die Ehrengerichtsbarkeit, die sich nur zur Zeit des »Dritten Reiches« durchsetzen ließen, entfielen. Dies war der freiheitlich demokratischen Grundordnung geschuldet.

Bezüglich der Ehrengerichtsbarkeit ließen aber der DJV und insbesondere Mitzschke nicht locker. Am 2. März 1951 sandte er Graf von der Recke einen Entwurf zur Eingliederung der Ehrengerichtsbarkeit in das Bundesjagdgesetz. Auch dieses Ansinnen scheiterte an verfassungsrechtlichen Bedenken, die vorwiegend aus der föderalen Verfasstheit abgeleitet wurden. Da der Bund nach Art. 96 GG nur genau bestimmte Gerichte errichten könne, zähle vor allem der Hinweis, dass die Länder aus einer solchen Gerichtsbarkeit einer »materiellen und formellen Regelung rechtlich eine Durchführungsmassnahme« ableiten könnten, »die den Ländern ausschließlich auf Grund ihrer Durchführungsbefugnis nach Artikel 83 ff. GG« obliege. Politisch ergebe sich deshalb eine heikle Situation für den Gesetzgebungsprozess, denn es müsse »alles vermieden werden, was neue Schwierigkeiten bei den Ländern hervorrufen könnte«.[157]

In der frühen Bundesrepublik sprach der DJV Politikern jenseits des eigenen Netzwerkes jegliche Fachkompetenz ab und beschuldigte sie einer – pejorativ verstandenen – Parteipolitik, wenn sie auf in der pluralistischen und föderal organisierten

---

157 BAK B 116/2738, Vermerk für RD Mohry BELF 24.2.1951; vgl. auch Vermerk von Mohry an Recke vom 2.3.1951.

Demokratie vollkommen normalen und konstitutiv notwendigen Abwägungsprozessen bestanden. Dieser Vorwurf geht jedoch fehl, da die notwendigen Abwägungsprozesse mit zum Kernbereich der Politik zählen. Insofern stellte der DJV das Primat der Politik in Zweifel und versuchte, die Jagd oberhalb der Abwägungsprozesse mit anderen Belangen zu verorten.

1953 fand der Restaurationsprozess antidemokratischer Kräfte im DJV insofern seinen Höhepunkt, als der frühere Reichsoberstjägermeister Scherping die Hauptgeschäftsführung des DJV übernahm (BODE & EMMERT 2000: 159). 1950 hatte dieser in seiner Autobiografie noch die antiparlamentarischen Ressentiments der politischen Rechten zur Zeit der Weimarer Republik pointiert insofern wiederholt, als er in menschenverachtender Weise Politiker, die damals nicht willens waren, die Forderungen der Jagdverbände unverändert als Gesetze zu beschließen, als »Ausschuß« bezeichnet hatte (SCHERPING 1950: 22). 1958 betonte er in einer zweiten Darstellung seines Lebens, dass ihn »die ressentimentgeladenen Stimmen im eigenen Land, daß [das RJG – HWF] ein Nazi-Gesetz war, [...] mich nicht zu beunruhigen [vermochten]. Ich bin auch heute noch ein Anhänger der Pflichtorganisation, [...]. Die Ehrengerichte waren schon eine gute Einrichtung« (SCHERPING 1958: 113). Als eine kritische Auseinandersetzung mit der Vergangenheit kann man dies mit Sicherheit nicht ansehen.

Gegen großen parlamentarischen Widerstand konnte 1952 faktisch das Reichsjagdgesetz im Kern ins Bundesjagdgesetz überführt werden, d. h. der reine Lobbycharakter des Gesetzes blieb, auch wenn den anderen Landnutzern über die Jagdbeiräte nun stärker die Möglichkeit eingeräumt wurde, sich in die konkreten Abwägungsprozesse vor Ort, insbesondere beim Abschussplan, einzuschalten.

V. Erste Novelle zum Bundesjagdgesetz 1961

Bald nach der Verabschiedung des Bundesjagdgesetzes äußerten Jäger Kritik an Detailregelungen des Gesetzes. Sie betrafen insbesondere die Abstimmungsverhältnisse in Jagdgenossenschaften, Verpachtungen, aber auch Schutzvorrichtungen zur Vermeidung von Wildschäden.[158]

1. Landesjagdverbände als Körperschaften des öffentlichen Rechts?

1956 griff der DJV diese Kritik aus der Jägerschaft an Einzelregelungen des BJG auf und arbeitete einen Entwurfstext für eine Novelle des BJG aus, den das jagdliche Netzwerk als interfraktionellen Initiativantrag in den Bundestag eingehen ließ (MITZSCHKE & SCHÄFER 1982: 13; HARDER 2009: 209). MITZSCHKE & SCHÄFER (1982: 13) verweisen in ihrer Überblicksdarstellung darauf, dass die Hauptpunkte die »Beschlußfassung der Jagdgenossenschaft, die Verpachtung von Teilen eines Jagdbezirks, die Jagdpacht-

158   BAK B 141/8141: Bl. 16 V-19R

höchstfläche, das Erlöschen des Jagdpachtvertrages und die Rechtsstellung der Mit-
pächter, die Wildschadensverhütung,[159] die Überwachung des Wildhandelns« gewesen seien. Den Hauptkonflikt der weiteren Auseinandersetzungen erwähnen sie nur
sehr summarisch in der weiteren Aufzählung mit »Beteiligung der Jägerschaft im
Jagdscheinverfahren«. Hier unternahm der DJV erneut einen Restaurationsversuch,
zumindest Teilideen der »Reichskammer ›Deutsche Jägerschaft‹« und der »Ehrengerichtsbarkeit« wieder in das Bundesjagdgesetz einzuführen. Der Bundestag verwies
den Antrag nach erster Lesung am 11. Januar 1957 an den zuständigen Ernährungsausschuss, der jedoch bis zum Ende der Legislatur 1957 den Antrag nicht mehr durchberaten konnte.

So wurde er von den Abgeordneten Hubert Schulze-Pellengahr (CDU), Heinrich-
Wilhelm Ruhnke (SPD), Rolf Dahlgrün (FDP), Ludwig Schneider (FDP) und anderen
im Laufe der 3. Legislaturperiode erneut als interfraktioneller Initiativantrag in den
Bundestag eingebracht.[160]

Um die Forderung nach einer »Beteiligung der Jägerschaft im Jagdscheinverfahren« entbrannten nun politische und rechtliche Auseinandersetzungen. Der DJV ließ
nicht locker und beauftragte den Bonner Staatsrechtsprofessor Ulrich Scheuner mit
dem Gutachten »Öffentlich-rechtliche Zusammenschlüsse der Jägerschaft«, in dem er
klären sollte, ob der Wunsch des DJV, »die Jagdscheininhaber zu einer Körperschaft
des öffentlichen Rechts zusammenzuschließen und dieser gewisse mitwirkende Funktionen bei den Jagdbehörden einzuräumen«, rechtlich möglich sei.[161] Auf der Basis des
Scheuerschen Gutachtens entwickelte der DJV einen Novellierungsvorschlag, wonach
bei einer Novelle ein neuer § 36a eingefügt werden sollte:

»Landesjägerschaft

*(1)   In den Ländern sind Landesjägerschaften als Körperschaften des öffentlichen
       Rechts zu bilden, denen die Inhaber der in einem Lande ausgegebenen Jagd-
       scheine angehören.*

(2)   Die Landesjägerschaft hat die Aufgabe,

       *1.   Die Jagdbehörden bei der Überwachung der Ausübung der Jagd und der
            Hege zu unterstützen,*

       *2.   bei der Erteilung, Versagung oder Einziehung des Jagdscheins mitzuwirken
            (§§ 15–18).*

*(3)   Die Landesjägerschaft ist vor der Erteilung, Versagung oder Einziehung zu
       hören. Sie kann bei der Jagdbehörde die Versagung oder die Einziehung eines*

---

159   Die hier vorgeschlagenen Regelungen stießen auf erhebliche rechtliche Bedenken des
       BMJ; BMJ an BML 5.11.1956; BAK 141/8141: Bl. 13 f.

160   BAK B 136/2657: Bl. 280 V-283R (Ds 1025).

161   BAK B 141/8141: Bl. 106 f., BML an BMJ 18.12.1958.

> *Jagdscheins beantragen. Wird der Jagdschein erteilt oder die Einziehung nicht*
> *vorgenommen, so kann die Landesjägerschaft die Rechtsmittel der Verwal-*
> *tungsgerichtsbarkeit mit der Begründung einlegen, daß der Jagdschein nicht*
> *hätte erteilt oder belassen werden dürfen oder seine Versagung oder Einzie-*
> *hung insbesondere aus den Gründen des § 17, Abs. 2 geboten gewesen wäre.*
>
> *(4)   In einem verwaltungsgerichtlichen Verfahren über Erteilung, Versagung*
> *oder Einziehung des Jagdscheins hat die Landesjägerschaft die Stellung eines*
> *Beigeladenen.«*[162]

Im Bundesjustizministerium vertrat man die Position, dass ein »zwangsweiser Zusammenschluss aller Inhaber von Jagdscheinen [...] rechtspolitisch unerwünscht« sei. Scheuer habe nicht überzeugend dargetan, dass »eine Mitwirkung der Jäger im wünschenswerten Rahmen sich nicht auch durch Heranziehung der bestehenden privaten Organisationen erreichen ließe, die doch offenbar sehr rege und durchaus zur Mitwirkung bereit« seien.[163]

Die Abgeordneten, die den Initiativantrag gestellt hatten, konnten in Gesprächen vom Bundeslandwirtschaftsministerium schließlich davon überzeugt werden, auf den Vorschlag zur Schaffung einer öffentlich-rechtlichen Körperschaft zu verzichten. Stattdessen zielte man auf eine »auf freiwilligem Beitritt beruhende privatrechtliche Vereinigung, die von den Ländern anerkannt werden kann, wenn ihr mindestens 51 v. H. der Inhaber von Jahresjagdscheinen als Mitglieder angehören.« Seitens des Bundesjustizministeriums äußerte man erneut Bedenken, denn »vom rechtspolitischen Standpunkt aus müsse das in § 36 a BJG vorgesehene selbständige Antragsrecht der Landesjägerschaft für die Versagung und Einziehung des Jagdscheins als wenig wünschenswert angesehen werden«.[164]

Der Initiativentwurf schlug dennoch die Beteiligung der Landesjagdverbände als privatrechtliche Vereinigungen bei hoheitlichen Maßnahmen vor.[165] In der Begründung zeigte sich der von der Jägerschaft hegemonial vertretene umfassende Geltungs- und Regelungsanspruch sehr deutlich:

> *»Die Erfahrungen der letzten drei Jahrzehnte haben gezeigt, daß die staatlichen*
> *Jagdbehörden zur Durchführung eines dem Gedanken des Natur- und Tierschut-*
> *zes dienenden Jagdgesetzes nur unter Mitwirkung der Jägerschaft imstande sind,*
> *und dies wiederum nur dann gelingt, wenn die Jägerschaft selbst zur Jagdausübung*

---

162   BAK B 141/8141: Bl. 108 ff., Zitat Bl. 109; Vermerk BMJ 6.1.1959.

163   BAK B 141/8141: Bl. 108 ff., Zitat Bl. 111, Vermerk BMJ 6.1.1959.

164   BAK B 141/8141: Bl. 117–119, Zitat Bl. 117, Vermerk BMJ Februar 1959 (kein konkretes Datum).

165   BAK B 136/2657: Bl. 280 V–283R

ungeeignete Personen von der Jagd fernzuhalten vermag. Die Grenzen dieser Gründe sind mitunter flüssig oder werden von den Jagdbehörden – oft sogar gegen die ihnen mitgeteilte Auffassung der Jagdberater, Jagdbeiräte oder Jägerorganisationen[166] – zugunsten der Betroffenen gewertet, d. h. der Jagdschein wird trotz schwerwiegender Bedenken erteilt oder nicht eingezogen. Ist das geschehen, so ist das – abgesehen von den zwingenden Vorschriften des § 16 Abs. 1, § 17 Abs. 1 und § 41 BJG – nicht mehr gegen den Willen des Betroffenen zu ändern, weil es an einer gesetzlich begründeten Einrichtung fehlt, die im Jagdscheinerteilungs- und Jagdscheineinziehungsverfahren angehört werden muß, selbst Anträge stellen, Sachbeschwerde erheben und den Verwaltungsweg beschreiten kann.

Eine solche am Verfahren beteiligte Stelle ist notwendig, um Fehlentscheidungen oder Untätigkeit der Jagdbehörden zu verhindern oder mit den üblichen Rechtsmitteln anzufechten. Das ist auf einem einfachen Wege ohne Schaffung neuer Behörden oder sonstiger Stellen und ohne finanziellen Mehraufwand zu erreichen.«

In den Bundesländern hätten sich seit 1946 Landesjagdverbände gebildet, *»denen jeweils mehr als 50 – im Durchschnitt 78 – vom Hundert der Inhaber von Jahresjagdscheinen als Mitglieder angehören. Diesen Landesjagdverbände sollen durch Anerkennung als Landesjägerschaft die oben genannte Aufgabe übertragen werden.«*[167]

Mittlerweile hatte sich das politische Klima auch im Landwirtschaftsministerium geändert. Das Ministerium positionierte sich gegen den DJV. In einer Stellungnahme zur Bundestagsdrucksache vom 3. Oktober 1959 hieß es, dass, wenn »Jagdbehörden in Einzelfällen ihre jagdlichen Aufgaben nicht voll erfüllt« hätten, »dieser Umstand allein noch nicht aus[reiche], um die Beteiligung der Vereinigung der Jäger in Verfahren vor der Jagdbehörde zwingend vorzuschreiben, zumal die Interessenvertretung der Jäger die Jagdbehörde zur ordnungsgemäßen Erfüllung ihrer Aufgaben anhalten« könne. Politisch entscheidend sei jedoch, dass nicht zugelassen werden könne, dass »der Landesjägerschaft als privat-rechtlicher Interessenvertretung ein selbständiges Antrags- und Klagerecht vor dem Verwaltungsgericht« gewährt werden dürfe, da dies dem »geltenden Bundesrecht fremd« sei. Die eigentliche politische Brisanz erkannte man darin, dass »bei der Zusammensetzung der Landesjägerschaft, die im Grunde eine Interessenvertretung der Jäger ist, vor allem dann keine Gewähr dafür geboten [sei], daß sie sich bei der Ausübung der Klagebefugnis nur nach von objektiven und unparteiischen Gesichtspunkten leiten läßt, wenn an dem Verfahren Personen beteiligt sind, die der Landesjägerschaft nicht als Mitglieder beitreten«.[168]

---

166 Dies zeichnet gemeinhin eine unabhängige Behörde aus.
167 BAK B 136/2657: Bl. 283.
168 BAK B 116/9659, Stellungnahme des BML zur Bundestagsdrucksache 1025 v. 3.10.1959.

Durchsetzen konnte sich das Ministerium mit seinen Vorbehalten nicht. Als der Bundestag 1961 die Novelle im Bundestag beriet, spielte diese quasi hoheitliche Beteiligung der Landesjagdverbände weder bei der Begründung der Novelle noch in der Diskussion um den Gesetzestext eine Rolle. Als wichtigste Argumente zur Novellierung dienten dagegen eine Entscheidung des Bundesverwaltungsgerichtes vom 12. Juli 1960 zur Jagdscheinerteilung, die eine Rechtsbereinigung notwendig machte, und die fortgeschrittene technische Entwicklung der Jagdwaffen und der Jagdmunition. Der als Rollback anzusehende novellierte § 37 wurde unter »summarische Anzahl von Änderungswünschen« subsumiert.[169] § 37 wurde nun um einen zweiten Absatz ergänzt:

»Die Länder können die Mitwirkung von Vereinigungen der Jäger für die Fälle vorsehen, in denen Jagdscheininhaber gegen die Grundsätze der Weidgerechtigkeit [!] verstoßen (§ 1 Abs. 3).« (MITZSCHKE & SCHÄFER 1982: 13)

Damit war die Mitwirkung der privatrechtlich organisierten Jagdverbände im hoheitlichen Bereich des Verwaltungshandelns im Bundesjagdgesetz verankert.

2. Historische Einordnung

Auch nach der Verabschiedung des Bundesjagdgesetzes verfolgte der DJV weiter das Ziel einer vollständigen Restauration des Reichsjagdgesetzes. Die Versuche, die frühere »Reichskammer ›Deutsche Jägerschaft‹« als Körperschaft des öffentlichen Rechts über den Umweg der Landesjagdverbände zu restituieren und den Gedanken der Ehrengerichtsbarkeit über die Einflussnahme der Landesjagdverbände auf die Einziehung von Jagdscheinen zu bewerkstelligen, dienten dem Ziel, das hegemoniale Verlangen nach einem umfassenden Geltungs- und Regelungsanspruch im jagdlichen Sozialmilieu zu unterstreichen und aufrechtzuerhalten. Mit der Verankerung des Abs. 2 im § 37 des Bundesjagdgesetzes im Novellierungsverfahren war den restaurativen Bestrebungen ein Teilerfolg beschieden.

VI. Zweite Novelle des Bundesjagdgesetzes 1976

1. Geänderte Rahmenbedingungen: Reformeuphorie

Das Umweltprogramm der Bundesregierung aus dem Jahr 1971 kündigte mit der Begründung, dass im Bereich der Jagd zukünftig »insbesondere auch Gesichtspunkte von Naturschutz und Landschaftspflege zu beachten« seien, eine Novelle des Bundesjagdgesetzes an (BMI 1971: 36).[170] Hinzu kam, dass einerseits nach der Verabschiedung

---

169 BAK B 141/8142: Bl. 6–15, Zitat Bl. 13.

170 Am 5.9.1972 erinnerte Bernhard Grzimek in seiner Eigenschaft als Bundesbeauftragter für Naturschutz Bundeslandwirtschaftsminister Josef Ertl an diesen Passus des Umweltpro-

des Umweltprogramms erste internationale Naturschutzabkommen in Kraft traten, die, wie die Ramsar-Konvention (1971, in der Bundesrepublik gültig seit 1976) oder das Washingtoner Artenschutzabkommen (CITES 1973, in der Bundesrepublik gültig seit 1976), mittelbar auch Auswirkungen auf das Jagdrecht besaßen. Andererseits gaben Änderungen am Waffengesetz vom 29. September 1972 bzw. am Tierschutzgesetz vom 24. Juli 1972 weitere Anlässe, das Bundesjagdgesetz – parallel zum Gesetzgebungsverfahren des Bundesnaturschutzgesetzes – ein zweites Mal zu novellieren. Gegenüber 1952 und 1961 hatten sich die politischen, sozioökonomischen und soziokulturellen Rahmenbedingungen grundlegend geändert. Die Generation der »68er« rebellierte gegen die gesellschaftliche Restauration, die die Bundesrepublik seit den 1950er Jahren erfasst hatte. Die von der sozialliberalen Koalition nach 1969 ausgelöste Reformwelle brachte das Jagdwesen politisch in die Defensive.

2. Mediale Paukenschläge

Ende 1971 löste ein Medienereignis für das Jagdwesen in der Bundesrepublik große Wellen aus. Das bundesdeutsche Publikum saß, nichts Böses ahnend, am Heiligen Abend vor den Fernsehern, als nach der Tagesschau, also zur Prime Time, Horst Sterns »Bemerkungen über den Rothirsch« in die Wohnzimmer der Republik flimmerten (HICKETHIER 1997; FISCHER 1997; ENGELS 2003; LIECKFELD 2006: 118–121 f.). Hier thematisierte Stern die negativen ökologischen Folgen der jagdlichen Hege und führte die organisierte Jägerschaft als »geradezu vormoderne Bruderschaft« vor, die eine »hermetische Standeskultur pflege« (ENGELS 2003: 312). Die Sendung wirkte vor dem Hintergrund der Erwartungshaltung des friedvoll weihnachtlich eingestellten Publikums gleichsam doppelt polarisierend.[171] Die »Münchner Abendzeitung« titelte folglich, Stern habe sich als »verdienstvoller Schänder deutscher Gemütswerte« erwiesen.[172] Die Forstwissenschaftlichen Fakultäten in der Republik unterstützten öffentlich die Aussagen Sterns, während die Jagdverbände sich zu harschen Protesten genötigt sahen. Auch die Politik zeigte sich beeindruckt. Der Agrarausschuss des Deutschen Bundestages lud Stern ein, seinen Film im Gremium vorzuführen und mit den Abge-

---

gramms. Ertl versah die Passage handschriftlich mit »?«, d. h. ihm war ein solcher Auftrag offensichtlich nicht mehr erinnerlich; BAK B 116/37918.

171 Dabei wurde medial eigentlich keine wirkliche Neuigkeit ausgestrahlt. Bereits am 27.7.1971 hatte Bernhard Grzimek in seiner Sendung »Ein Platz für Tiere« (ARD) bezogen auf den kurz zuvor eingerichteten Nationalpark Bayerischer Wald erklärt: »Gerade wir Naturschützer und Tierschützer, wir müssen fordern, daß fast neun Zehntel davon [Hirsche – HWF] schleunigst im Winter bei der künstlichen Fütterung weggefangen oder sicher und rasch abgeschossen werden.«, zit. nach FROHN & ROSEBROCK 2012: 45. BIBELRIETHER 1997: 267 f. zufolge entstand die Idee zu Sterns Film nach einem Besuch im Nationalpark Bayerischer Wald.

172 Münchner Abendzeitung 27.12.1972, zit. nach ENGELS 2003: 312.

ordneten zu diskutieren (ENGELS 2013: 313). Hans BIBELRIETHER (1997: 268) zufolge
war die Ausstrahlung des Films der »entscheidende Wendepunkt und Auslöser für das
Ende der Dominanz der Jäger im Wald, die ein ganzes Jahrhundert, seit Kaisers Zeiten
über Hermann Göring, Eugen Gerstenmaier bis hin zu Franz Josef Strauß und Walter
Scheel, angedauert hatte«.

Die Diplomatenjagden, zu denen Walter Scheel in seiner Funktion als Bundespräsident einlud, stellten einen zweiten Markstein in der gewandelten medialen Wahrnehmung des Jagdwesens in den 1970er Jahren dar. Auslöser war auch hier Horst Stern.
1975 erschien im »Magazin« der Wochenzeitung »Die Zeit« aus der Feder Horst Sterns
ein offener Brief an den »Jäger Walter Scheel«,[173] der dazu führte, dass das Bundesprä-
sidialamt zunächst zu einem größeren Fachgespräch in die Villa Hammerschmidt einlud[174] und schließlich die Tradition der Diplomatenjagden beendete (FISCHER 1997: 68).

3. »Mehr Demokratie wagen!« Die organisierte Jägerschaft in der Defensive

Der DJV verlor in den frühen 1970er Jahren zunächst gegenüber früheren Gesetzgebungsverfahren die Initiative bzw. die gestaltende Rolle. Wie es um das Innenleben
im organisierten Jagdwesen angesichts dieser historisch ungewohnten Situation stand,
verdeutlichte eine Resolution des Landesjagdverbandes Nordrhein-Westfalen – Landesgruppe Nordrhein – vom 17. April 1974. Man bemerkte, dass in Bonn »seit längerem unter strikter Geheimhaltung an einer Änderung des Bundesjagdgesetzes gearbeitet« werde. Die Jagdverbände versuche man nun damit »abzuspeisen«, ihre Position in einem »hearing« [!] darzulegen: »Der Vorsprung, den ein Referentenentwurf
hat – und diejenigen, die auf ihn eingewirkt haben – läßt sich durch bloße Korrektur-
wünsche bekanntlich nicht einholen.« In der Zeit des von Willy Brandt ausgerufenen
»mehr Demokratie wagen« hatte man zumindest im NRW-Verband Kenntnisse über
moderne Demokratie- bzw. Partizipationstheorien und meinte sie nun gegen die Bundesregierung einsetzen zu können: »Es widerspricht auch jeder modernen Vorstellung
vom mündigen Bürger und mehr Demokratie, wenn Gesetzentwürfe ohne oder gar
gegen die Hauptbetroffenen ausgearbeitet werden.«[175] Unverkennbar war aber, dass
der DJV aus der Defensive agierte.

---

173   Zeit-Magazin Nr. 9 v. 21.2.1975; vgl. hierzu auch die Akte BAK B 116/37900 Beiakte
       »Sammlungen Allgemeine Jagdangelegenheiten mit dem Ordner »Gespräch mit H. B.
       Präs. zum Thema ›Wild, Jagd, Landeskultur‹« 1.7.1975–30.10.1975.
174   Daran nahmen Wissenschaftler, Vertreter der Ministerien, der Jagd- und Bauernverbände
       (v. Heeereman) und für den Naturschutz Wolfgang Engelhardt (DNR), Hubert Weinzierl
       und Horst Stern (Gruppe Ökologie) sowie Gerhard Thielcke (Vogelwarte Radolfzell) teil;
       BAK B 116/37900.
175   Resolution des Landesjagdverbandes Nordrhein-Westfalen, Landesgruppe Nordrhein v.
       17.4.1974; BAK B 116/37918.

4. Geänderte Rollen im Verhältnis Jagd und Naturschutz

Im Kontext der Reformeuphorie (»Wir schaffen das moderne Deutschland«) galt in großen Teilen der Gesellschaft der nun ökologisch gewandelte Naturschutz als »modern«, die Jagd hingegen nicht zuletzt auch wegen ihres Jagdbrauchtums – in Analogie zum Motto der Studentenbewegung des »Muffs von tausend Jahren unter den Talaren« – in der gesellschaftlichen Wahrnehmung als rückständig bzw. reaktionär. Gleichsam als Gegenbewegung machten aber immer mehr soziale Aufsteiger seit den 1960er Jahren den Jagdschein. Das parlamentarische Netzwerk der Jäger erfuhr so mittelbar eine Stabilisierung.

Dennoch waren auf der politischen Ebene die Rollen zu Beginn der 1970er Jahre klar verteilt: die Jagd in der Defensive, der Naturschutz in der Offensive.

Horst Stern stand neben seinem medialen Einfluss zugleich prototypisch für eine weitere Veränderung, die das frühere Netzwerk des Jagdwesens betraf. Bis in die 1960er Jahre hinein konnten sich die organisierten Jäger innerhalb der Ministerialverwaltung der grundsätzlichen Unterstützung ihrer Anliegen durch den damals politisch und gesellschaftlich schwachen Naturschutz sicher sein. Der »schwache Belang« Naturschutz zeichnete sich historisch dadurch aus, dass er die Nähe »starker« politischer und gesellschaftlicher Persönlichkeiten bzw. Gruppen suchte, um in deren Fahrwasser seine eigenen Forderungen zumindest partiell mit durchzusetzen. Die Stellungnahmen des Naturschutzes im Vorfeld der Verabschiedungen des Reichsjagdgesetzes und Bundesjagdgesetzes fielen tendenziell so aus, dass man die Grundrichtung des Gesetzes grundsätzlich unterstützt hatte und man nur kleinere Kontroversen um Schonzeiten oder Jagdverbote für bestimmte Arten im Gesetz bzw. im Verordnungstext ausgetragen hatte.[176] 1951 war Hans Klose, Direktor der Zentralstelle für Naturschutz und Landschaftspflege und gleichzeitig Vorsitzender der Arbeitsgemeinschaft Deutscher Beauftragter für Naturschutz und Landschaftspflege, noch an der Politik mit seiner Forderung gescheitert, jeweils neben einem Vertreter der Land- und Forstwirtschaft qua Amt Naturschutzbeauftragte in die geplanten Jagdbeiräte entsenden zu können.[177] Damals verfügte der Naturschutz in der Politik nur über eine sehr geringe Reputation (FROHN 2006: 208–231). Nach dem in den späten 1960er Jahren erfolgten Generationenwechsel und dem Paradigmenwechsel hin zur Ökologie (HÜNEMÖRDER 2004: 277–298; FROHN 2006: 234 ff.; ENGELS 2006: 294 ff.; POTTHAST 2006) stand der amtliche und ehrenamtliche Naturschutz nun gleichsam in Opposition zur organisierten Jägerschaft.

---

176 BAK B 116/2738, Stellungnahme der Zentralstelle für Naturschutz und Landschaftspflege 29.11.1951.

177 Klose an den Vorsitzenden des Landwirtschaftsausschusses des Deutschen Bundestages, 14.1.1951. Dieser schrieb neben die Forderung handschriftlich »Nein!«; BAK B 116/2738.

Besonders pointiert äußerte sich ein loser Zusammenschluss, die 1972 gegründete »Gruppe Ökologie«, zu der sich auf Initiative von Hubert Weinzierl und Konrad Lorenz etwa vierzig Personen zusammengeschlossen hatten – darunter Persönlichkeiten wie Bernhard Grzimek, Wolfgang Haber und andere. Sie legten 1972 ein »Ökologisches Manifest« vor (ENGELS 2006: 298 f.). Als ein wichtiger Verbindungsmann zu den Medien fungierte Horst Stern.

Zusammen mit dem Bund Naturschutz in Bayern erstellte die »Gruppe Ökologie« im April 1974 anlässlich des 40jährigen Bestehens des Reichsjagdgesetzes das Grundsatzpapier »Ein Jagdgesetz fürs Wild«. Die im ausgehenden 19. Jahrhundert entwickelte »Hegeidee« habe »zu einer außerordentlichen Vermehrung einzelner für den Jäger interessanter ›Nutzwildarten‹ geführt«, wogegen die zentrale Zielvorgabe des Gesetzes, »gesunde, artenreiche, den landschaftlichen Verhältnissen angepaßte Wildbestände« zu erhalten, vollkommen verfehlt worden sei. In der Hierarchie der öffentlichen Belange müsse Jagd heruntergestuft werden, wobei diese in einem neuen Ordnungssystem als »eine Sonderform des angewandten Naturschutzes« definiert werden müsse: »Ihr fällt vor allem die Aufgabe zu, sich vermehrende, nicht natürlich regulierte Wildarten im Interesse der Landeskultur unter Kontrolle zu halten«. Ein genuin neues Jagdgesetz müsse als ein »Umweltschutzgesetz« konzipiert werden, in dem die »widersprüchliche[n], biologisch unsinnigen Anschauungen ›Deutscher Waidgerechtigkeit‹ [...] keinen Platz« mehr hätten. Die Gruppe forderte nichts weniger als die Umkehr der bisherigen Verhältnisse: »Der Gesamtkomplex ›Jagd‹ muß neu überdacht werden. Die Ansprüche der Jägerschaft sind den lebenswichtigen Anforderungen der Gesellschaft an ihre natürliche Umwelt, den neuen Erkenntnissen der Wildbiologie, der Landschaftsökologie und den Erfordernissen der Landeskultur konsequent unterzuordnen!«[178]

Die anderen Landnutzerverbände, die in der Vergangenheit in grundsätzlicher Opposition zum DJV in den Gesetzgebungsverfahren gestanden hatten, mochten den Anspruch der »Gruppe Ökologie« allerdings nicht unterstützen. Die »Schutzgemeinschaft Deutscher Wald« negierte die Naturschutzansprüche: »Nicht ein Anspruch auf ›Unterordnung‹ der Jagd unter den Naturschutz, sondern eine gute Zusammenarbeit der Forst-, Jagd- und Naturschutzbehörden garantiert die Erfüllung der vom Gesetzgeber herausgestellten Pflicht zur Hege und die Erfordernisse des Tierartenschutzes.«[179] Sie pochten allerdings im Beteiligungsverfahren auf ihre alten Positionen, dass die Jagd gegenüber ihren eigenen Belangen nachrangig zu positionieren sei. Für die »Arbeitsgemeinschaft Deutscher Waldbesitzerverbände« bedeutete dies: »Jagd ist primär eine Nebennutzung der Land- und Forstwirtschaft; die Lebensgrundlagen des Wildes (ins-

---

178 BAK B 116/37918, Gruppe Ökologie/Bund Naturschutz in Bayern: »Biologische Vernunft statt überholtem Jagdbetrieb: ›Ein Jagdgesetz fürs Wild‹«, o. D. (April 1974).

179 BAK B 116/37918, Schutzgemeinschaft Deutscher Wald an BML 16.5.1974.

besondere Einstände und Äsungsfläche) werden durch die Land- und Forstwirtschaft erhalten und gepflegt.«[180]

5. Wer betreibt die bessere Ökologie?

1950 hatte der DJV zu den Gründungsmitgliedern des »Deutschen Naturschutzringes« (DNR) gezählt, denn Hans Klose war damals bestrebt gewesen, ›starke Partner‹ zur Durchsetzung der Naturschutzinteressen in diesem Gremium zu bündeln. Über Jahre schwelten kleine Konflikte in diesem dem Konsensprinzip verpflichteten Verband. 1970 bot der DJV dem chronisch finanzarmen DNR an, unter der Voraussetzung, dass ihm der Vorsitz im Arbeitskreis »Freilebende Tiere« sowie ein Sitz im Arbeitskreis »Landschaftsschutz« eingeräumt werde, den DNR jährlich mit 20.000 bis 25.000 DM zu unterstützen – bei Gesamtjahreseinnahmen in Höhe von 172.746 DM (RÖSCHEI-SEN 2006: 88). 1974 kam es im Kontext des Beteiligungsverfahrens zur Novelle des BJG zum offenen Konflikt. Der DNR zeigte sich gegenüber dem Bundeslandwirt-schaftsministerium außerstande, eine gemeinsame Stellungnahme zum Entwurf der Novelle abzugeben. Der Arbeitskreis »Freilebende Tiere« habe sich bezüglich des § 2, d. h. des Katalogs der jagdbaren Tierarten, nicht einigen können. Da der DJV sich als einziger Vertreter konträr zu den anderen Arbeitskreismitgliedern positioniert hatte, entschied sich das DNR-Präsidium, eine zweigeteilte Stellungnahme abzugeben. Bei der weitüberwiegenden Mehrheit des Arbeitskreises traf der Entwurf des BMLF auf grundsätzliche Zustimmung, »da die ökologischen Gegebenheiten und die Belange des Naturschutzes berücksichtigt wurden«.[181]

Die Kontroverse kreiste im Kern darum, welche Tierarten zukünftig in welchem Gesetz verankert werden sollten. Die Mehrheit erklärte, dass die 1934/1935 erfolgte Trennung in jagdbare und nichtjagdbare Tiere nur als »traditionell-geschichtlich und zufällig« bezeichnet werden könne, so dass man es für erforderlich halte, die damaligen Einteilungskriterien zu überprüfen. Der DNR-Ausschuss bezog folgende Position:

»Grundsätzlich wird anerkannt, daß es eine Trennung in jagdbare und nicht jagd-bare Tiere geben muß.
Kriterien für die Unterstellung freilebender Tiere unter das Jagdrecht sind folgende:
1.   Jagdbar sind nur Tiere, die eine jagdliche Bedeutung haben.
2.   Jagdbar sind nur Tiere, für die der Jäger, in seiner Funktion ausschließlich als Jäger, für Hege und Bejagung aufkommen kann.
Kriterien für die Einordnung freilebender Tiere in das Naturschutzrecht sind entsprechend folgende:

---

180   Nach den Verbandsakten zit. nach SYRER 1987: 187.
181   BAK B 116/37918, DNR an BML 29.4.1974 bzw. Günter Scholl, Arbeitskreis »Freilebende Tiere« im DNR, Vermerk v. 11.4.1974.

> 1. *Tierarten, die dem Jäger aufgrund seiner Ausbildungspraxis unbekannt sind oder für die er, in seiner Funktion als Jäger, keine Biotopsicherung übernehmen kann.*
> 2. *Tierarten, für die nicht die Jäger, sondern die Naturschutzverbände aus Beiträgen oder Spenden ihrer Mitglieder schon bisher die Hege übernommen haben.«*[182]

Der DJV hielt in einem Sondervotum dagegen:

> *»Eine Verbesserung der Situation dieser Arten kann durch ein Umquartieren von einem Gesetz in das andere* nicht *bewirkt werden. Es gilt vielmehr, das Interesse der Jäger an der Erhaltung und Wiederverkehrung solcher Arten auszunützen bzw. zu verstärken. Dies entspricht auch der Forderung von Mitgliedern der Gruppe Ökologie nach Bildung und Hege von ökologischen Lebensgemeinschaften, die unter einem Recht stehen sollten.«*[183]

Die Forderung der Naturschützer empfanden die Jäger als einen Fundamentalangriff: »Hege und Jagd gehören im Selbstverständnis der Jäger untrennbar zusammen. Der Grund dafür liegt darin, dass die *Integration von Schutz und Nutzung* überall dort, wo sie praktiziert wird, zahlreiche Vorteile ergeben hat.«[184] Diese würden aber nur dort weitergelten können, »wo Hege und Jagd, Schutz und Nutzung integriert« blieben. Hege verstehe der DJV »zuvörderst [als] Biotopschutz«, »weil Artenschutz allein zum Scheitern verurteilt« sei:

> *»Schliesslich ist es zur Erhaltung dieses Selbstverständnisses wichtig, dass ihm in § 2 nicht nur Tierarten zugewiesen werden, die es z. Zt. vor allem zu ›dezimieren‹ gilt (Kaninchen, Ringeltauben, Rehe etc.), sondern auch und gerade solche, die er ausschliesslich schützen soll. Erst dadurch wird die volle Spannbreite der Hege- und Jagdaufgabe deutlich – und der Jäger auch künftig zu einem aktiven und kenntnisreichen Partner der übrigen Naturschutzkräfte. Andernfalls bestände die Gefahr, dass er sich von der Schutzaufgabe desintegriert und sich schliesslich nur mehr als ›Abknaller‹ begreift, der sein Schutzinteresse allenfalls noch wohlschmeckenden oder sonst ›jagdlich interessanten‹ Arten zuwendet.«*[185]

---

182   BAK B 116/37918, DNR an BML 29.4.1974 bzw. Günter Scholl, Arbeitskreis »Freilebende Tiere« im DNR, Vermerk v. 11.4.1974, Hervorhebung im Original.

183   BAK B 116/37918, Deutscher Jagdschutz-Verband an BML v. 3.4.1974, Hervorhebung im Original.

184   BAK B 116/55031, Stellungnahme des DJV zum Entwurf 2. Novelle BJG zu Bundesrats-Drucksache 240/75 v. 18.4.1975: 3, Hervorhebung im Original.

185   BAK B 116/55031, Stellungnahme des DJV zum Entwurf 2. Novelle BJG zu Bundesrats-

In diesem konkreten Konfliktfall fand der DJV die Unterstützung der land- und forst-wirtschaftlichen Verbände.[186]

Mittlerweile hatte sich die allgemeinpolitische Stimmung gedreht. Umwelt- und Naturschutz galten nun nach den beiden Ölkrisen 1973/74 als »Wachstumsbremsen« und »Job-Killer«. Im Anschluss an eine von Helmut Schmidt 1975 nach Schloss Gym-nich einberufenen Konferenz kam es zu einer Neubewertung der bisherigen Umwelt- und Naturschutzpolitik (RADKAU 2011: 386). In deren Folge sank die politische Unter-stützung von Naturschutzbelangen. Das Bundeskabinett beschloss den Gesetzentwurf zur Novelle des Bundesjagdgesetzes im Frühjahr 1975. Für die »Gruppe Ökologie« monierte Hubert Weinzierl in einem Schreiben vom 7. April 1975 an Bundeslandwirt-schaftsminister Josef Ertl, dass der Entwurf zur Novelle bei »grundsätzlichen Fragen wie der ›Hege‹, der ›Waidgerechtigkeit‹, der ›Fütterung‹, der ›Abschußplanung‹ etc. […] völlig oder fast unverändert in der bisherigen unzureichenden Form erhalten« geblieben sei. So zeige die Begründung zur Hege, dass »ohnehin wieder damit haupt-sächlich das überreichlich vorhandene Schalenwild Gegenstand der Überlegungen« sei. Zudem fehle im Referentenentwurf »jeglicher Hinweis zur Erläuterung einer bio-logisch sinnvollen Hege«.[187]

6. Parlamentarische Beratungen

Das Bundeskabinett leitete den Gesetzentwurf am 18. April 1975 an den Bundesrat weiter, der zwar zahlreiche, aber kaum substanzielle Änderungen beschloss. Der Kabi-nettsbeschluss und die Gegenäußerungen des Bundesrates bildeten ab dem 5. Dezem-ber 1975 die Grundlagen für die parlamentarischen Ausschussberatungen.[188] Wie bereits in den 1950er Jahren spielte, vor allem im Kontext der Abschussregelungen, die Abwägung mit den Belangen der Land- und Forstwirtschaft in den Ausschuss-Bera-tungen eine zentrale Rolle.[189] So fand, wie zeitparallel auch im Bundesnaturschutzge-

Drucksache 240/75 v. 18.4.1975: 4.

186   BAK B 116/37918, Stellungnahme der Schutzgemeinschaft Deutscher Wald v. 16.5.1974; Stellungnahme Deutscher Forstverein v. 2.4.1974; Stellungnahme des Deutschen Bauern-verbandes v. 1.4.1974.

187   BAK B 116/55031, Weinzierl an Ertl auf dem Briefbogen der »Gruppe Ökologie« v. 7.4.1975.

188   Vgl. hierzu u. a. Zwischenbericht Martin Schmidt-Gellersen nach dem 18.2.1976; BAK B 116/38253.

189   So forderte der Abgeordnete Franz Sauter (CDU) in der Ausschuss-Sitzung vom 13.5.1976 wegen der »vitalen Interessen der Landwirtschaft« einen weiteren Aufschub der Bera-tungen; BAK B 116/56865. Die »Arbeitsgemeinschaft Deutscher Waldbesitzerverbände« verlangte im Ausschuss beispielsweise eine »Verschärfung der Abschusskontrolle« und ein »grundsätzliches Verbot der Fütterung des Schalenwildes in der freien Wildbahn aus-serhalb der Notzeit«; BAK B 116/55031.

setz, der Terminus von der »ordnungsgemäßen Land- und Forstwirtschaft« Eingang in die Novelle des Bundesjagdgesetzes.[190]

Auf der Grundlage der geänderten Ausschussvorschläge beschloss der Deutsche Bundestag das Bundesjagdgesetz in dritter Lesung am 1. Juli 1976. Der Bundesrat stimmte dem Gesetz am 16. Juli 1976 zu, so dass die zweite Novelle zum 28. September 1976 verkündet werden konnte.

7. Wesentliche Veränderungen gegenüber den Fassungen von 1952 und 1961

§ 1 Abs. 1 enthielt seit 1976 die unverklausulierte *Pflicht* zur Hege, die unmittelbar mit dem Jagd*recht* verbunden war.[191] Diese Pflicht zur Hege wurde umweltpolitisch legitimiert (MITZSCHKE & SCHÄFER 1982: 24 f.).

In der Summe gelang es dem DJV und dem parlamentarischen Netzwerk, die Hege*pflicht* im Gesetz zu verankern. Bezüglich der Abwägung von Belangen wurde wie beim Bundesnaturschutzgesetz das Kriterium der ordnungsgemäßen Land-, Forst- und Fischereiwirtschaft konstitutiv. Ansonsten gelang es im Bereich Jagdziele und Hegepflicht, die alten Gesetzespassagen zu verteidigen. Dies betraf auch das Festhalten an den »anerkannten Grundsätzen deutscher Weidgerechtigkeit« [!], obwohl diese damals bereits sehr umstritten waren und sich juristisch auch nicht eindeutig definieren ließen.[192]

Die Forderungen zur Hege und zum ökosystemaren Ansatz der »Gruppe Ökologie« erwiesen sich, SYRER (1978: 197 f.) zufolge, politikhistorisch als zu frühzeitig erhoben. Sie wurden entweder nicht verstanden oder politisch deshalb abgelehnt, weil sie die Politik sonst mit zu großen Widerständen zweier starker Lobbys (Bauern, Jäger) konfrontiert hätten. Im Übrigen sei laut Syrer bei der Erhebung der Forderungen durch die »Gruppe Ökologie« ein günstiger Zeitpunkt schon verstrichen gewesen, weil der Willensbildungsprozess damals »schon weit fortgeschritten und die Bereitschaft der Entscheidungsträger noch grundsätzliche Änderungen vorzunehmen [nur als] gering« angesehen werden konnte.

Der Umfang der dem Jagdrecht unterliegenden Tierarten (§ 2) wurde reduziert und eine Anzahl von Arten in das Bundesnaturschutzgesetz übernommen.

Wie von den Naturschutzverbänden gefordert, wurde § 37 dergestalt geändert, dass nun auch Vertreter des Naturschutzes neben denen der Land- und Forstwirtschaft, der Jagdgenossenschaften und der Jäger konstitutiv den Jagdbeiräten angehören mussten.

---

190 BAK B 116/38253.
191 BAK B 116/38253. Vgl. auch SYRER 187: 185 f.
192 Vgl. hierzu auch BODE 2015.

Im Bereich der Abschussplanung zeigten die Proteste der Land- und Forstwirt-
schaftsverbände gegen »Postkartenabschüsse«[193] insofern Wirkung, als ein körper-
licher Nachweis zu erbringen war (§ 21 Abs. 2). Den Druck der »Gruppe Ökologie«,
wonach bei der Abschussplanung neben den Belangen der Land-, Forst- und Fischereiwirtschaft auch die des »Naturschutzes und der Landschaftspflege« zu berücksichtigen seien, griff der Bundesrat auf Betreiben Bayerns auf, so dass eine entsprechende
Regelung Eingang in § 21 Abs. 1 fand (SYRER 1987: 320).

8. Historische Einordnung

Den formalen Anlass zur Novelle des Bundesjagdgesetzes gab 1971 das Umweltprogramm der sozialliberalen Koalition mit der Begründung vor, dass im Jagdgesetz »insbesondere auch Gesichtspunkte von Naturschutz und Landschaftspflege zu beachten«
seien.

Als die Arbeiten an der Novelle 1973 einsetzten, befand sich das verbandliche Jagdwesen, befand sich die Jagd als solche nicht zuletzt wegen der medialen Breitseiten,
die Horst Stern geschlagen hatte, nicht nur in der sozioökonomischen – Proteste aus
dem Bereich der Land- und Forstwirtschaft begleiteten alle bisherigen Gesetzgebungsverfahren –, sondern auch in der soziokulturellen Defensive. Hinzu kam, dass die
Ökologie nach Jahrzehnten selbst verschuldeter Diskreditierungen (POTTHAST 2006)
zu einer anerkannten Wissenschaft gereift war. Trotz dieser mehr als misslichen Lage
gelang es, im Gesetzgebungsverfahren weiterhin die Kernbestände des Reichsjagdgesetzes und damit den Charakter eines reinen Lobbygesetzes zu erhalten. Konzessionen mussten gegenüber den Belangen der Land-, Forst- und Fischereiwirtschaft
(»ordnungsgemäße Land-, Forst- und Fischereiwirtschaft«, Ende der »Postkartenabschüsse«) gemacht werden.

Bedenkt man, dass der ursprüngliche Anlass eine stärkere Berücksichtigung des
Naturschutzes und der Landwirtschaft war, so schlug sich dies materiell bis auf die
Mitgliedschaft von Vertretern des Naturschutzes in den Jagdbeiräten, einer Neuver-
teilung der von BJG und BNatschG betroffenen Fauna und der Berücksichtigung von
Naturschutz und Landschaftspflege bei der Abschussplanung kaum nieder. Die historisch enge Kooperation zwischen Naturschutz und Jagd wandelte sich vor dem Hintergrund einer – vorübergehenden – Stärkung des Naturschutzes auf der politischen
Agenda und wegen der nun anerkannten und immer stärker Verbreitung findenden
ökologischen Erkenntnisse in ein Kontrahentenverhältnis.

Dass selbst in den frühen 1980er Jahren immer noch ein absolut unreflektiertes
Verhältnis zum Nationalsozialismus zumindest unter Jagdjuristen bestand, verdeutlicht der maßgebliche Kommentar von Mitzschke & Schäfer aus dem Jahr 1982. Für
den historischen Überblick verweist er auf die entsprechenden Seiten des Kommen-

---

193   BAK B 116/55031, Stellungnahme des Deutschen Bauernverbandes v. 27. Januar 1976.

tars von MITZSCHKE & SCHÄFER (1982: 11) zum Reichsjagdgesetz aus dem Jahr 1942. Hier lasen die interessierten Leserinnen und Leser beispielsweise noch nach 1982 im NS-Jargon, dass die »nationalsozialistische Gesetzgebung« mit der Verabschiedung des RJG mit der bis 1933 herrschenden »liberalistischen Auffassung« gebrochen habe (MITZSCHKE & SCHÄFER 1942: 4). Damit schrieben die Kommentatoren wortwörtlich die Aussagen aus der offiziellen Begründung des Reichsjagdgesetzes von 1934 fort.[194]

Auch 1976 negierten letztlich die maßgeblichen Jagdverbände die Notwendigkeit der in der pluralistischen und föderal organisierten Demokratie vollkommen normalen und konstitutiven Abwägungsprozesse und sprachen den Politikern jenseits des parlamentarischen Jagdnetzwerkes jedwede fachliche Kompetenz in Jagdfragen ab und negierten insofern weiterhin das Primat der Politik.

Unter massivem Beschuss stand unmittelbar nach der Novellierung des Bundesjagdgesetzes Josef Ertl, der selbst Jäger war. Er war auf einer bundesweiten DJV-Jägerversammlung ausgebuht worden. Geschichte wiederholte sich im Jagdgesetzgebungsverfahren einmal mehr. Wie seine früheren Kollegen Stooss und (sein Schwiegervater) Niklas musste Ertl den DJV an demokratische Gepflogenheiten erinnern: »Wenn nicht alle Ihre Wünsche berücksichtigt wurden, so ist das das Ergebnis zumeist parlamentarischer Beratungen und Entscheidungen, die doch wohl selbstverständlich zu akzeptieren sind. Das Ziel kann immer nur sein, ausgewogene und sachlich richtige Lösungen zu finden. Dies mag nicht immer leicht sein und auch nicht für jedermann befriedigend ausfallen. Wenn aber nicht nur der Bundestag, sondern darüber hinaus auch noch die Bundesländer zu einstimmigen Beschlüssen kommen, dann muß ein Demokrat und gerade ein Liberaler solchermaßen zustande gekommene gesetzliche Regelungen akzeptieren. Auch schon von daher ist Ihre Kritik unhaltbar, […].«[195]

VII. Zusammenfassung und Resümee

Bezieht man die Versuche, bereits in der Weimarer Republik ein Jagdgesetz zu verabschieden, und die Einflussnahme der Jagdverbände sowie anderer Landnutzerverbände in die Analyse ein, so kommt diese Studie zu dem Schluss, dass es sich beim Reichsjagdgesetz – materiell bezogen auf die eingangs formulierten Kriterien (I.3) – nicht um ein genuin nationalsozialistisches Gesetz handelte. Das Gesetz enthielt allerdings totalitäre Elemente (»Reichskammer ›Deutsche Jägerschaft‹«) und erhob einen auf das Sozialmilieu Jagd abzielenden gruppenspezifischen umfassenden Geltungs- und Regelungsanspruch (Ehrengerichtsbarkeit, »deutsche Waidgerechtigkeit« als jagdliche Norm). Das RJG ist als ein reines Lobbygesetz zu charakterisieren, durch das der Staat

194　BAB R 43I/1296: Bl. 171.
195　BAK B 116/38255, Ertl an Anheuser 16. September 1977.

die partikulären Interessen und Ziele politisch vornehmlich konservativ-rückwärts-gewandter Jagdverbände zum allgemeingültigen Recht erklärte. Der NS-Staat verhalf damit dem Hegemonialanspruch dieser Jagdverbände zum Durchbruch. Ein solches Lobbygesetz konnte nur unter den spezifischen Bedingungen der nationalsozialisti-schen Diktatur Rechtskraft erlangen.

In der Gesamtschau der weiteren Entwicklung bis zur zweiten Novelle des Bun-desjagdgesetzes 1976 gilt es festzustellen, dass der Kernbestand des Reichsjagdgesetzes in das Bundesjagdgesetz von 1952 inklusive seiner beiden Novellen bis 1976 überführt werden konnte, so dass auch das BJG zumindest bis 1976 den Charakter eines Lob-bygesetzes trug.

In der Weimarer Republik stand das Jagdwesen in Preußen an einem Scheideweg. Die Mehrheit des Preußischen Landtags beauftragte 1924 die Landesregierung, eine Novelle der preußischen Jagdordnung von 1907 mit dem Ziel einer stärkeren sozialen Ausrichtung und Demokratisierung jagdinterner Strukturen zu entwickeln. Dieses Ansinnen scheiterte in den späten 1920er Jahren. Zeitgleich zu diesem Misserfolg lan-cierten die Jagdverbände aber 1928 einen eigenen Entwurf zu einem Jagdgesetz. Dieser zielte mittelbar darauf, die in den Jagdverbänden entwickelte Norm einer »deutschen Waidgerechtigkeit« für allgemeingültig zu erklären. Gleichzeitig zeichnete sich der Entwurf partiell durch einen gruppenspezifischen umfassenden Geltungs- und Rege-lungsanspruch (Organisationszwang für alle Jagdscheininhaber, eigene Ehrengerichts-barkeit) aus.

Die von den Jagdverbänden propagierte Norm der »deutschen Waidgerechtigkeit« orientierte sich zunächst an fachlichen Kriterien (»gute fachliche Praxis«), integrierte aber spätestens seit 1939 auch ganz stark Brauchtumsvorstellungen großbürgerlich-adliger Jäger. Sie fand, wie die Reaktionen nach 1945 insbesondere aus dem deutschen Südwesten zeigten, nicht in allen Teilen Deutschlands Anerkennung. Die Jagdver-bände vertraten sie mit dem Anspruch kultureller Hegemonie. Die Minderheit der in Verbänden Organisierten forderte 1928, dass der preußische Staat ihr Ansinnen ohne Abwägung der Interessen anderer Landnutzer wie der Land- und Forstwirtschaft staatlich sanktionieren solle.

Solchen Forderungen konnten Politiker des demokratisch gewählten Preußischen Landtages nicht Folge leisten. Die Jagdverbände verweigerten jede Debatte um ihre Forderungen und zogen den Entwurf zurück, weil sie, den Expertenstatus reklamie-rend, den Parlamentariern jedwede fachliche Kompetenz absprachen. In diesem Sinne erkannten sie das Primat der Politik nicht an und erwiesen sich folglich in der Weima-rer Republik als diskurs- und demokratieunfähig.

So gesehen gehen Versuche in der Jagdgeschichtsschreibung, das Reichsjagdgesetz mit Hinweis auf den Entwurf der Jagdverbände von 1928 dadurch zu adeln, dass er auf demokratischen Vorläufern aus der Weimarer Republik aufbaute, fehl. Als weitest-gehende Legende erweist sich zudem auch der Versuch, das RJG dadurch mittelbar demokratisch zu legitimieren, dass in der Weimarer Republik Sozialdemokraten, insbesondere der preußische Ministerpräsident Otto Braun, den Entwurf der Jagdverbände unterstützt hätten.

Das, was den Jagdverbänden in der Demokratie der Weimarer Republik nicht gelang, erreichten sie 1933/34. Ohne wesentliche Abstriche konnten sie ihren Entwurf zunächst als preußisches Jagdgesetz und dann als Reichsjagdgesetz als reine Lobbygesetze durchsetzen, d. h. »eine relativ kleine, gut organisierte Interessengruppe [verwirklichte] ihre partikulären Ziele und Wünsche durch geschicktes politisches Handeln in allgemein gültige, staatliche Gesetzesziele« (SYRER 1987: 120).

Dieser Durchbruch war nur möglich, weil der von den Jagdverbänden umworbene Hermann Göring die beiden Gesetze »mit der ganzen Wucht seiner Persönlichkeit« (VOLLBACH 1960: 39) durchsetzte. Doch auch die politische Macht Görings allein hätte nicht ausgereicht, wenn sich nicht zugleich die Interessenlagen der Jagdverbände und des NS-Regimes zu Teilen als identisch erwiesen hätten. Den seit den 1920er Jahren geforderten Organisationszwang und den damit verbundenen Anspruch auf kulturelle Hegemonie im Jagdwesen konnten die Verbände deshalb mithilfe des NS-Staates erreichen, weil sie sich mit dem totalitären Machtanspruch der Nationalsozialisten als kompatibel erwiesen. So erfolgte im Rahmen der nationalsozialistischen Gleichschaltungspolitik die Gründung des »Reichsbundes ›Deutsche Jägerschaft‹«, in dem das nationalsozialistische Führerprinzip galt.

In der Weimarer Republik waren die Forderungen nach eigenen Ehrengerichten und die Verbindlichkeitserklärung der »Deutschen Waidgerechtigkeit« als Norm noch gescheitert. Diese ließen sich nun in der Diktatur durchsetzen. Die Ehrengerichte und die »deutsche Waidgerechtigkeit« lassen sich zwar nicht als spezifisch nationalsozialistisch werten,[196] sie dienten aber dazu, den Hegemonialanspruch der Jagdverbände staatlich zu sanktionieren.

Der hegemoniale Anspruch weitete sich über die nicht organisierte Jägerschaft mittelbar auch auf die Landnutzer Land-, Forst- und Fischereiwirtschaft. Jagd wurde also, da Abstimmungsprozesse mit anderen Belangen weitestgehend im Gesetzgebungsverfahren unterblieben, im Ergebnis als vorrangig verstanden. Im Gesetzesvollzug zeigte sich denn auch bald, dass die Belange der Land- und Forstwirtschaft gegenüber denen der Jagd zurückfielen, weil die meisten Behörden sich nicht als Jagd-, sondern als Jägerbehörden verstanden.

Nach 1945 war es nicht zuletzt die Jagdpraxis mit ihren negativen Wirkungen in Land- und Forstwirtschaft und die enge Kooperation mit Göring, die dazu führten, dass das RJG in der öffentlichen Wahrnehmung als ein »Nazi-Gesetz« galt. Dennoch war es das vornehmliche Ziel der sich unmittelbar nach dem Zweiten Weltkrieg restituierenden Jagdverbände, unter allen Umständen die Kernbestandteile des Gesetzes zu erhalten. Dies gelang im Wesentlichen zunächst auch insofern, als

---

196   Eine andere Position vertritt BODE 2015.

das RJG mit der Ausnahme der Präambel, der Reichskammer und der Ehrengerichtsbarkeit weiter Geltung besaß. Die Jagdverbände bedrängten die bizonale Verwaltung, den Kernbestand des RJG durch entsprechende Maßnahmen zu sichern.
Die unverkennbaren Restaurationsbestrebungen des DJV irritierten die US-amerikanische Militärregierung, die massiv intervenierte. 1948 wurde das RJG in der
US-Zone als von nationalsozialistischem Geist durchdrungenes Gesetz verboten.
Stattdessen drängte die US-Militäradministration auf ein neues, sozial und demokratisch pointiertes Jagdgesetz, mit dem allerdings das Reviersystem aufgehoben
worden wäre.

Die damit verbundene kurzzeitige historische Chance zu einem grundlegenden
Wandel konnte der DJV in enger Kooperation mit einem Netzwerk von Parlamentariern des Bundestages ungenutzt lassen. Obwohl die bundesdeutsche Politik die
vordringlichen Probleme der Notgesellschaft kaum in den Griff bekam, lancierte der
DJV bereits Ende 1949 im Bundestag die Verabschiedung eines Bundesjagdgesetzes
und reichte bereits zum 1. Januar 1950 einen Entwurfstext beim Bundeslandwirtschaftsministerium ein. Geschichte wiederholte sich. Doch diesmal dekretierte nicht
ein NS-Politiker, dass ein Gesetz auf der Basis des Lobbytextes zu entwickeln sei,
sondern der Bundestag selbst empfahl ohne weitere Begründung dem federführenden Bundeslandwirtschaftsministerium, auf der Basis des DJV-Entwurfes das weitere
Gesetzgebungsverfahren zu bestreiten – und das möglichst schnell. Die Bundespolitik
beugte sich im Kern diesem Druck des DJV und seines Netzwerkes. In der pluralistischen und föderal organisierten Demokratie vollkommen normale und konstitutiv
notwendige Abwägungsprozesse unterblieben weitestgehend. Erst die Intervention
des Bundesrates stoppte einen scheinbaren Selbstläufer. Landespolitiker, insbesondere aus Süddeutschland, verwiesen darauf, dass auf der allgemeinpolitischen Agenda
andere Politikfelder wie die für die Versorgungslage der Bevölkerung absolut relevanten Probleme der Land- und Forstwirtschaft nicht nur vorrangig zu bearbeiten seien,
sondern dass auch alles vermieden werden müsse, was die Bewältigung der land- und
forstwirtschaftlichen Probleme durch ein Jagdgesetz im Sinne eines einseitigen Lobbygesetzes noch verschärfen würde.

Die Interventionen wirkten jedoch nur kurzzeitig retardierend. In der Auseinandersetzung thematisierten Vertreter der Länder den uniformierenden Charakter des
RJG, ohne sich jedoch mit ihren Argumenten durchsetzen zu können. Im Ergebnis
gelang es 1952, den Kernbestand des Reichsjagdgesetzes in das Bundesjagdgesetz zu
überführen. Zwei Konzessionen waren hinzunehmen: Eine Zwangsmitgliedschaft wie
früher in der Reichskammer ließ sich nicht durchsetzen, und Abwägungsprozesse mit
den Belangen der Land- und Forstwirtschaft wurden gestärkt.

Geschichte hat im Sinne Braudels ihre »Gewohnheiten«. Wie das Reichsjagdgesetz
basierte das Bundesjagdgesetz von 1952 im Kern auf dem Entwurf eines Jagdverbandes.
Ein Jägernetzwerk im Bundestag sorgte für seine Verabschiedung, so dass es als ein
Lobbygesetz angesehen werden kann.

Das Primat der Politik in dem Sinne, dass diese nach Abwägungen mit anderen Belangen einen Kompromiss sucht, erkannte der DJV auch mit Hinweis auf die – aus seiner Sicht – mangelnde Sachkompetenz jenseits des jagdlichen Netzwerkes weiterhin nicht an. Obwohl er seine Forderungen weitüberwiegend durchsetzen konnte, überschüttete der Verband Politiker, die darauf bestanden hatten, diese Abwägungsprozesse auch stärker zu institutionalisieren (Zusammensetzung der Beiräte), mit aus der Weimarer Republik bekannten antidemokratischen Ressentiments.

Vor dem Hintergrund einer sachbezogenen Analyse der sozioökonomischen Situation in der Bundesrepublik im Zeitraum 1949–1952 erscheint die Verabschiedung des BJG im Ergebnis politisch ex post zu diesem frühen Zeitpunkt kaum nachvollziehbar. Ein nachrangiges Politikfeld, das zudem noch das Potenzial besaß, das Hauptproblemfeld der Ernährungs- und der Rohstoffversorgung mit Holz sowie die Wohlfahrtswirkung des Waldes negativ beeinträchtigen zu können, erhielt auf der politischen Agenda hohe Priorität. Erklärbar wird die erfolgreiche Verabschiedung des BJG nur durch den großen Lobbyeinfluss des DJV bzw. dank eines wirkungsmächtigen parlamentarischen Netzwerkes im Bundestag. Als förderlich erwies sich der allgemeine Prozess der Restauration (»Kalter Krieg«) in Politik und Gesellschaft.

Ließ sich der Bestand eines restaurativen Lobbygesetzes auch noch in einer Zeit aufrechterhalten, die das Ziel verfolgte, die politische und gesellschaftliche Restauration der 1950er/1960er Jahre zu beenden und stattdessen eine stärkere Demokratisierung von Staat und Gesellschaft durchzusetzen? Das Umweltprogramm der Bundesregierung von 1971 forderte eine Novelle des Bundesjagdgesetzes mit der Begründung, die Belange von Naturschutz und Landschaftspflege stärker zu berücksichtigen. Naturschutz gewann im Windschatten des neu kreierten Politikfeldes Umweltschutz an Einfluss. Erstmals sah sich der DJV in der Defensive. Dazu hatten nicht zuletzt mediale Paukenschläge wie Horst Sterns Sendung »Bemerkungen über den Rothirsch« beigetragen. Als nach 1975 aber der Naturschutz wieder an politischem Einfluss verlor, gelang es dem DJV, den Kernbestand des Lobbygesetzes zu verteidigen. Nur in kleinen Teilbereichen wurde das Lobbygesetz aufgeweicht. So gehörten fortan Vertreter der Naturschutzverbände konstitutiv den Jagdbeiräten an, und den Belangen der Land- und Forstwirtschaft wurde höherer Stellenwert zugemessen. Wie in das Bundesnaturschutzgesetz hielt nun das Kriterium der »ordnungsgemäßen Land- und Forstwirtschaft« Einzug in das Bundesjagdgesetz.

Auch 1976 offenbarte die Geschichte wieder eine ihrer Braudelschen »Gewohnheiten«. Auch – oder gerade? – in Zeiten der Reformeuphorie erkannte der DJV das Primat der Politik als Kompromissfindungsinstanz nicht an. Josef Ertl musste wie seine Vorgänger den DJV daran erinnern, dass in demokratischen Gesetzgebungsverfahren konstitutiv andere öffentliche Belange abzuwägen und Kompromisse zu finden sind.

In den 1970er Jahren standen neben kulturellen Fragen (Kritik an der umfassenden rückwärtsgewandten jagdlichen Brauchtumspflege, die als integrierter

Bestandteil der »Deutschen Weidgerechtigkeit« wahrgenommen wurde) die neuen Erkenntnisse der ›jungen‹ Wissenschaft Ökologie im Mittelpunkt des Diskurses bei der Novelle des BJG, in der sich insbesondere wiederum die »Gruppe Ökologie« besonders hervortat.

Aus historischer Perspektive wurde die von der »Gruppe Ökologie« erhobene fundamentale ökologische Kritik am Bundesjagdgesetz 1975 zu einem politisch sehr ungünstigen Zeitpunkt erhoben. Zum einen befanden sich Natur- und Umweltschutz nach den beiden Ölkrisen in der Defensive. Zum anderen war das Gesetzgebungsverfahren bereits sehr weit fortgeschritten, so dass keine wirkliche Bereitschaft mehr zu einem Paradigmenwechsel bestand. Das Zeitfenster zu einer grundsätzlichen Reform und damit zu einem ökologischen Paradigmenwechsel hatte sich bereits wieder geschlossen.

Nachwort

Diese Studie fand im November 2013 ihren Abschluss. Zu diesem Zeitpunkt hatten die rot-grünen bzw. grün-roten Koalitionen in Nordrhein-Westfalen und Baden-Württemberg erste Entwürfe für »ökologische Jagdgesetze« entwickelt. Gegen diese Bestrebungen erhob die organisierte Jägerschaft lautstarken Protest, der Ende 2014/Anfang 2015 kumulierte. Im Sinne der in dieser Studie aufgezeigten »Wiederholung von Geschichte« agierte zumindest die Jagdpresse in ungebrochener Kontinuität. Besonders hervor tat sich hier die auflagenstarke Zeitschrift »Wild und Hund«, die sich bereits im Kontext früherer politischer Abwägeprozesse mit dem Schüren antiparlamentarischer Ressentiments hervorgetan hatte.[197] Im November 2014 zog Chefredakteur Heiko Hornung im Editorial unter dem Titel »Ermächtigt« einen Vergleich zwischen »Ermächtigungen«, die die beiden vorliegenden Gesetzentwürfe für die jeweiligen obersten Jagdbehörden vorsahen, und dem Ermächtigungsgesetz der Nationalsozialisten vom 24. März 1933 (HORNUNG 2014). Historisch pikant ist an diesem Vergleich – und offenbar von Hornung nicht reflektiert –, dass das Reichsjagdgesetz von 1934 gerade auf der Basis ebendieses Ermächtigungsgesetzes rechtswirksam wurde. Im Januar 2015 zog die Zeitschrift »Die Pirsch« nach. Dieter STAHMANN (2015: 18) verbreitete dort unter dem Titel »Reichsnaturschutzgesetz. Grüne Paragrafen – braune Denke« erneut die These vom »fachlich in den 1920 Jahren erdachte[n] Reichsjagdgesetz«, wohingegen »das unter der nationalsozialistischen Gewaltherrschaft geschaffene Reichsnaturschutzgesetz [...] unselige ›Blut- und Boden‹-Ideologie« atme. Er reproduzierte darin die seit den 1950er Jahren immer wieder in Jagdpublikationen vertretenen Legenden[198] und suchte

---

197 Vgl. u. a. S. 113 und 116.

198 So u. a. die Unterstützung durch Otto Braun. Besonders pikant erscheint der Satz: »Die *fachlichen Inhalte* für ein einheitliches deutsches Jagdgesetz standen so bereits *vor* 1933

im Sinne eines Entlastungsangriffs die aus dem Naturschutz kommenden Befürworter ökologischer Jagdgesetze dadurch zu diskreditieren, dass er auf die problematische Entstehung des Reichsnaturschutzgesetzes verwies. Als Kronzeugen für seine These von einem nationalsozialistisch beeinflussten Reichsnaturschutzgesetz bot er den früheren Bundesumweltminister Jürgen Trittin auf (Stahmann 2015: 20). Sieht man von einer Fülle sachlicher Fehler ab,[199] so erscheint diese Kronzeugenschaft überzeugend. Die Aktivitäten Jürgen Trittins stehen allerdings gerade für einen Paradigmenwechsel im Naturschutz, weg von der auch dort früher verbreiteten Legendenbildung hin zu einer transparenten Aufarbeitung der eigenen Geschichte lege artis. Tatsächlich gab Trittin mit dem Kongress »Naturschutz und Nationalsozialismus« (Radkau & Uekötter 2003) gleichsam den offiziellen Startschuss zu einer professionell betriebenen Aufarbeitung der eigenen Geschichte, die mit Legenden aufräumte. Mittlerweile liegt hierzu eine Fülle von Literatur vor, und Kontroversen um die Einschätzung des Reichsnaturschutzgesetzes werden offen ausgetragen.[200]

Einer professionellen Aufarbeitung der eigenen Geschichte jenseits der bisherigen Apologetik hat sich die organisierte Jägerschaft bisher leider ganz weitüberwiegend verweigert. Die Zeit für eine ergebnisoffene Forschung der Geschichte der Jagdgesetze und der jagdgesetzlichen Verabschiedungsprozesse scheint reif, ja überreif.

Quellen- und Literaturverzeichnis

Quellen

Geheimes Preußisches Staatsarchiv Dahlem – Kulturbesitz (PrGStD)

I.HA Rep. 77 Ministerium des Innern Tit. 611, Br. 58 Bd. 17: Akten betr. die Forst- und Jagd-Polizei-Gesetzgebung 24. Januar 1923 bis 18. Februar 1926

I.HA Rep 84a Ministerium der Justiz Nr. 565: General-Akten des Justizministeriums betreffend das Jagdwesen, 1913–1924

I.HA Rep 84a Ministerium der Justiz Nr. 566: General-Akten des Justizministeriums betreffend das Jagdwesen, 1925–1933

I.HA Rep 84a Ministerium der Justiz Nr. 567: General-Akten des Justizministeriums betreffend das Jagdwesen, 1934

---

fest und hatten in dem damaligen Nicht-Parteigenossen [!] Ulrich Scherping einen tatkräftigen Vertreter« [Hervorhebungen im Original], Stahmann 2015: 19.

199   Danach soll beispielsweise Walther Schoenichen »geistiger Ahnherr des RNG« gewesen sein; Stahmann 2015: 20.

200   Vgl. hierzu u. a. Gröning & Wolschke-Bulmahn 1995; Radkau & Uekötter 2003; Ditt 2003; Klueting 2003; Brüggemeier, Cioc & Zeller 2005; Closmann 2005; Uekötter 2006; Frohn 2006; Eissing 2014; Hönes 2015.

I.HA Rep 84 a Ministerium der Justiz Nr. 568: Generalakten des Justiz-Ministeriums enthaltend die Entwürfe zu dem Preußischen Jagdgesetz vom 18.1.1934 und den Ausführungsbestimmungen sowie Presseäußerungen darüber

I.HA Rep 87b Ministerium für Landwirtschaft, Ernährung und Forsten Nr. 3151: Gesetzliche Maßnahmen zum Schutze und zur Erhaltung von Naturdenkmälern 1921–1929.

I.HA Rep. 169 D Landtag XI k 1 Jagd (Allgemein), Bd. 1: 1921–1932

I.HA Rep. 169 D Landtag XI k 1 Jagd (Allgemein), Nr. 2, Bd. 1: Das Jagdrecht vom 9. November 1918 bis 4. Januar 1925

I.HA Rep. 169 D Landtag XI k Nr. 2 Bd. 2: Das Jagdrecht vom 5. Januar 1925–30. Januar 1934

I.HA Rep. 169 D Landtag XI k 2 adh. 1 Petitionen zu den Akten betreffend das Jagdrecht, Bd. 1: 1919-1926

I.HA Rep. 169 D Landtag XI k 2 adh. 2 Ausschußverhandlungen zu den Akten über das Jagdrecht. Bd. 1: 1922–1923

I.HA Rep. 169 D Landtag XI k 2 adh. 2 Ausschußverhandlungen zu den Akten über das Jagdrecht. Bd. 2: 1923–1925

I.HA Rep. 169 D Landtag XI k 2 adh. 3 Urschriften zu den Akten über das Jagdrecht Ldtg Bd. 1: 1926-1933

Bundesarchiv Berlin (BAB)

R 43I	*Neue Reichskanzlei*
R 43I/1156	Reichsforstamt, Reichsforstmeister, Reichsjägermeister 1934–1944
R 43I/1296	Jagd und Fischerei 1919–1935
R 3001	*Reichsjustizministerium*
R 3001/620	Jagdrecht Vorgänge im Bodenrecht 1.4.1924 bis 31.5.1934.
R 3001/621	Jagdrecht 1934
R 3001/622	Jagdrecht 1934
R 3001/68615	Personalakte Gustav Mitzschke

SS-Führerpersonen Personalakte Ulrich Scherping
Bundesarchiv Koblenz (BAK)

B 116	*Bundesministerium für Ernährung, Landwirtschaft und Forsten*
B 116/198	Bundesjagdgesetz. Vorbereitung des Entwurfs, Bd. 1: 1947–1951
B 116/199	Bundesjagdgesetz. Vorbereitung des Entwurfs, Bd. 2: 1950
B 116/200	Bundesjagdgesetz. Vorbereitung des Entwurfs, Bd. 3: 1950
B 116/201	Bundesjagdgesetz. Vorbereitung des Entwurfs, Bd. 4: 1950
B 116/202	Bundesjagdgesetz. Vorbereitung des Entwurfs, Bd. 5: 1950
B 116/203	Bundesjagdgesetz. Vorbereitung des Entwurfs, Bd. 6: 1950–1951
B 116/204	Bundesjagdgesetz. Vorbereitung des Entwurfs, Bd. 7: 1951
B 116/205	Bundesjagdgesetz. Vorbereitung des Entwurfs, Bd. 8: 1951

B 116/2738	Bundesjagdgesetz. Allgemeines: 1952
B 116/5776	Jagdangelegenheiten. Allgemeines: 1951–1954
B 116/5797	Jagdwesen. Allgemeines: 1947–1949
B 116/9658	Novelle zum Bundesjagdgesetz, Bd. 1: 1955–1966
B 116/9659	Novelle zum Bundesjagdgesetz, Bd. 2: 1959–1961
B 116/37900	Allgemeine Jagdangelegenheiten: 1974–1976
B 116/37917	Bundesjagdgesetz und Verordnungen Bd. 1: 1972–1974
B 116/37918	Bundesjagdgesetz und Verordnungen Bd. 2: 1974–1975
B 116/37920	Bundesjagdgesetz und Verordnungen Bd. 3: 1974–1975
B 116/37921	Bundesjagdgesetz und Verordnungen Bd. 4: 1975–1976
B 116/38253	Zweites Gesetz zur Änderung des BJG Bd. 3: 1976
B 116/38254	Zweites Gesetz zur Änderung des BJG Bd. 4: 1976–1977
B 116/38255	Zweites Gesetz zur Änderung des BJG Bd. 5: 1977
B 116/55031	Zweites Gesetz zur Änderung des BJG Bd. 2: 1975–1976
B 116/56865	Zweites Gesetz zur Änderung des BJG Bd. 1: 1975–1976
B 136	*Bundeskanzleramt*
B 136/2657	Bundesnaturschutzbeauftragter: 1970–1973
B 141	*Bundesministerium der Justiz*
B 141/8134	Bundesjagdgesetz vom 29. November 1952 Bd. 1: 1949–1950
B 141/8135	Bundesjagdgesetz vom 29. November 1952 Bd. 2: 1950–1951
B 141/8136	Bundesjagdgesetz vom 29. November 1952 Bd. 3: 1951
B 141/8137	Bundesjagdgesetz vom 29. November 1952 Bd. 4: 1952
B 141/8138	Bundesjagdgesetz vom 29. November 1952 Bd. 5: 1952–1953
B 141/8141	Gesetz zur Änderung des Bundesjagdgesetzes vom 16. März 1961 Bd. 1: 1956–1960
B 141/8142	Gesetz zur Änderung des Bundesjagdgesetzes vom 16. März 1961 Bd. 2: 1961–1987
B 141/103741	Zweites Gesetz zur Änderung des Bundesjagdgesetzes 28. Sept. 1976 Bd. 1: 1974–75
B 141/103742	Zweites Gesetz zur Änderung des Bundesjagdgesetzes 28. Sept. 1976 Bd. 2: 1975–77
N 1684	*Nachlass Ulrich Scherping*
N 1684/4	Vorträge und Artikel

Primär- und Sekundärliteratur

BIBELRIETHER, HANS (1997): Wild – Wald – Wildnis oder: Horst Stern und der deutsche Wald. – In: FISCHER, LUDWIG (Hrsg.): Unerledigte Einsichten. Der Journalist und Schriftsteller Horst Stern. Hamburg: 267–272.

Bode, Wilhelm & Emmert, Elisabeth (2000): Jagdwende. Vom Edelhobby zum ökologischen Handwerk. 3. durchgesehene Auflage. München.

Bode, Wilhelm (2015): Zur Anwendung, Rechtsgeschichte und Etymologie der »allgemein anerkannten Grundsätze deutscher Weidgerechtigkeit« gem. §1 Abs. BJagdG. – In: Agrar- und Umweltrecht 45 (3): 81–93.

Braun, Otto (1940): Von Weimar zu Hitler. 2. Aufl. New York.

Braun, Otto (1949): Von Weimar zu Hitler. 3. Aufl. Hamburg.

(BMI) Bundesministerium des Innern (Hrsg.) (1971): betrifft: Umweltprogramm der Bundesregierung. Bonn.

Brüggemeier, Franz-Josef, Cioc, Marc & Zeller, Thomas (Hrsg.) (2005): How Green Were the Nazis? Nature, Environment, and Nation in the Third Reich. Athens.

Byern, Hainz Alfred von (1923): Hie guet deutsch Weydewerk allewege. Breslau.

Closmann, Charles (2005): Legalizing a Volksgemeinschaft. Nazi Germany's Reich Nature Protection Law of 1935. – In: Brüggemeier, Franz-Josef, Cioc, Mark & Zeller, Thomas (Hrsg.): How Green Were the Nazis? Nature, Environment, and Nation in the Third Reich. Athens: 18–42.

Dirscherl, Stefan (2012): Tier- und Naturschutz im Nationalsozialismus. Gesetzgebung, Ideologie und Praxis. Göttingen.

Ditt, Karl (2003): Die Anfänge der Naturschutzgesetzgebung in Deutschland und England 1935/49. – In: Radkau, Joachim & Uekötter, Frank (Hrsg.): Naturschutz und Nationalsozialismus. Frankfurt/M.: 107–143.

Eissing, Hildegard (2014): Kein Kommentar, bitte! Anmerkungen zum Reichsnaturschutzgesetz. – In: Franke, Nils & Pfenning, Uwe (Hrsg.): Kontinuitäten im Naturschutz. Stuttgart: 159–176.

Engels, Jens Ivo (2003): Von der Sorge um die Tiere zur Sorge um die Umwelt. Tiersendungen als Umweltpolitik in Westdeutschland zwischen 1950 und 1980. – In: Archiv für Sozialgeschichte 43: 297–323.

Engels, Jens Ivo (2006): Naturpolitik in der Bundesrepublik. Ideenwelt und politische Verhaltensstile in Naturschutz und Umweltbewegung 1950–1980. Paderborn.

Fischer, Ludwig (Hrsg.) (1997): Unerledigte Einsichten. Der Journalist und Schriftsteller Horst Stern. Hamburg.

Fischer, Ludwig (1997): Horst Stern. Ein Lebensentwurf. – In: Fischer, Ludwig (Hrsg.): Unerledigte Einsichten. Der Journalist und Schriftsteller Horst Stern. Hamburg: 53–78.

Frevert, Walter (1936): Jagdliches Brauchtum. Hrsg. im Auftrage des Reichsbundes Deutsche Jägerschaft. Berlin.

Frevert, Walter (1939): Jagdliches Brauchtum. Hrsg. im Auftrage des Reichsbundes Deutsche Jägerschaft. 3., neubearbeitete Auflage Berlin.

Frohn, Hans-Werner (2006): Naturschutz macht Staat – Staat macht Naturschutz. Von der Staatlichen Stelle für Naturdenkmalpflege in Preußen bis zum Bundesamt für Naturschutz 1906–2006 – eine Institutionengeschichte. – In: FROHN, HANS-WERNER & SCHMOLL, FRIEDEMANN (Hrsg.): Natur und Staat. Staatlicher Natur-schutz in Deutschland 1906–2006. Münster: 85–313.

FROHN, HANS-WERNER (2012): Naturkundliche Vereinigungen und Naturschutz: Pio-nierleistungen für den Artenschutz (1743–1990): – In: FROHN, HANS-WERNER & ROSEBROCK, JÜRGEN (Hrsg.): Ehrenamtliche Kartierungen für den Naturschutz. Historische Analysen, aktuelle Situation und Zukunftspotenziale. Münster: 37–83.

FROHN, HANS-WERNER & ROSEBROCK, JÜRGEN (2012): Museum zur Geschichte des Naturschutzes in Deutschland in Königswinter. Berlin/München.

GAUTSCHI, ANDREAS (1997): Die Wirkung Hermann Görings auf das Jagdwesen im Dritten Reich. Diss. Fakultät Forstwissenschaften und Waldökologie, Universität Göttingen.

GAUTSCHI, ANDREAS (1998): Der Reichsjägermeister. Fakten und Legenden um Her-mann Göring. Suderburg.

GAUTSCHI, ANDREAS (2005): Walter Frevert. Eines Weidmanns Wechsel und Wege. 2., ergänzte Aufl. Melsungen.

GAUTSCHI, ANDREAS (2009): Wilhelm II. und das Waidwerk. Jagen und Jagden des letzten Deutschen Kaisers. Eine Bilanz. 2., durchgesehene und ergänzte Auflage. Melsungen.

GOESER, HELMUT (2004): Entstehungsgeschichte des Bundesjagdgesetzes. Ausarbei-tung der wissenschaftlichen Dienste des Deutschen Bundestages (http://www.kora. ch/malme/05_library/5_1_publications/G/Goeser_2003_Entstehungsgeschichte_ des_Bundesjagdgesetzes.pdf) (zuletzt eingesehen am 26.7.2016).

GRITZBACH, ERICH (1938): Hermann Göring. Werk und Mensch. München.

GRÖNING, GERT & WOLSCHKE-BULMAHN, JOACHIM (1995): Liebe zur Landschaft. Teil 1: Natur in Bewegung. Zur Bedeutung natur- und freiraumorientierter Bewe-gungen in der ersten Hälfte des 20. Jahrhunderts für die Entwicklung der Freiraum-planung. 2., überarbeitete Auflage. Münster.

GRUNDMANN, FRIEDRICH (1979): Agrarpolitik im Dritten Reich. Anspruch und Wirk-lichkeit des Reichserbhofgesetzes. Hamburg.

HADERS, CAI NIKLAAS E. (2009): Das Bundesjagdgesetz von 1952 sowie die Novellen von 1961 und 1976. Vorgeschichte, Entstehung des Gesetzes sowie Problemfelder. Frankfurt/M.

HICKETHIER, KNUT (1997): ›Sterns Stunde‹ – die Fernsehfilme des Horst Stern. Bemer-kungen zu einem Kapitel deutscher Fernsehprogrammgeschichte. – In: FISCHER, LUDWIG (Hrsg.): Unerledigte Einsichten. Der Journalist und Schriftsteller Horst Stern. Hamburg: 107–126.

HILLER, HUBERTUS (2003): Jäger und Jagd. Zur Entwicklung des Jagdwesens in Deutschland zwischen 1848 und 1914. Münster/New York.

HÖNES, ERNST-RAINER (2015): 80 Jahre Reichsnaturschutzgesetz. – In: Natur und Recht 37: 661–669.

HOLTHOFF, ALFRED & WACKER, PAUL HEINRICH (1996): 50 Jahre Kreisjägerschaft »Kurköln« Olpe e. V. im Landesjagdverband Nordrhein-Westfalen. e. V. O. O.

HORNUNG, HEIKO (2014): Ermächtigt. – In: Wild und Hund 117 (22): 1.

HÜNEMÖRDER, KAI F. (2004): Die Frühgeschichte der globalen Umweltkrise und die Formierung der deutschen Umweltpolitik (1950–1973). Stuttgart.

KLIMKE, VIVIENNE (2015): A sustainable Life. Wolfgang E. Burhenne and the development of environmental law. O. O.

KLUETING, EDELTRAUD (2003): Die gesetzlichen Regelungen der nationalsozialistischen Reichsregierung für den Tierschutz, den Naturschutz und den Umweltschutz. – In: RADKAU, JOACHIM & UEKÖTTER, FRANK (Hrsg.): Naturschutz und Nationalsozialismus. Frankfurt/M.: 77–105.

LAUVEN, DIETER (2002): Entwicklungen des Jagdrechts. – In: BAYERISCHE AKADEMIE DER WISSENSCHAFTEN (Hrsg.): Über die Jagd – Kulturelle Aspekte und aktuelle Funktionen. Rundgespräch am 15. April 2002 in München (Rundgespräche der Kommission für Ökologie 25). München: 23–34.

LEONHARDT, PAUL (2008): Die Wurzeln des Bundesjagdgesetzes. – In: REDDEMANN, JOACHIM (Hrsg.): Jagdkultur – gestern, heute, morgen. Symposium des Landesjagdverbandes Bayern e. V. und der Bayerischen Akademie für Tierschutz, Umwelt- und Jagdwissenschaften 18. und 19. Juni 2008 in Rosenheim. (Schriftenreihe des Landesjagdverbandes Bayern e. V. 17) O. O.: 35–44.

LIECKFELD, CLAUS-PETER (2006): Tatort Wald. Von einem, der auszog, den Forst zu retten. Frankfurt/M.

MANN, BERNHARD (Hrsg.) (1988): Biographisches Handbuch für das Preußische Abgeordnetenhaus 1867–1918. Düsseldorf.

MAYLEIN, KLAUS (2010): Die Jagd – Bedeutung und Ziele. Von den Treibjagden der Steinzeit bis ins 21. Jahrhundert. Konstanz.

MITZSCHKE, GUSTAV (1960): Entwicklung des deutschen Jagdrechts bis zum Reichsjagdgesetz. – In: DEUTSCHER JAGDSCHUTZVERBAND E. V. (Hrsg.): Ulrich Scherping und ein halbes Jahrhundert deutscher Jagdgeschichte. Hamburg/Berlin: 32–37.

MITZSCHKE, GUSTAV & SCHÄFER, KARL (1935): Das Reichsjagdgesetz vom 3. Juli 1934 nebst Gesetz zur Überleitung des Forst- und Jagdwesens auf das Reich vom 3. Juli 1934 sowie Verordnung zur Ausführung des Reichsjagdgesetzes vom 27. März 1935, Wildhandelsordnung vom 1. April 1935, Ausführungserlaß des Reichsjägermeisters vom 27. März 1935 sowie Satzung und Ehrengerichtsordnung der Deutschen Jägerschaft. 2. Auflage Berlin.

MITZSCHKE, GUSTAV & SCHÄFER, KARL (1942): Kommentar zum Reichsjagdgesetz vom 3. Juli 1934. 3., völlig neubearb. und erw. Auflage Berlin.

MITZSCHKE, GUSTAV & SCHÄFER, KARL (1957): Kommentar zum Bundesjagdgesetz vom 29. November 1952 unter Einbeziehung der Ausführungsbestimmungen der Länder und des saarländischen Jagdrechts. Bearbeitet von Gustav Mitzschke, Karl

Schäfer und Friedrich Türcke. 2., völlig neubearbeitete und erweiterte Auflage Hamburg/Berlin.

MITZSCHKE, GUSTAV & SCHÄFER, KARL (1971): Kommentar zum Bundesjagdgesetz. In der Fassung vom 30. März 1961 mit späteren Änderungen. Unter Einbeziehung der Ausführungsvorschriften der Länder. Hamburg/Berlin.

MITZSCHKE, GUSTAV & SCHÄFER, KARL (1982): Kommentar zum Bundesjagdgesetz. In der Fassung vom 29. September 1979 unter Einbeziehung der Ausführungsvorschriften der Länder. Bearbeitet von Karl Schäfer, Wolfgang Belgard und Friedrich Türcke. 4., völlig neubearbeitete und erw. Auflage Hamburg/Berlin.

MÜNKEL, DANIELA (1996): Nationalsozialistische Agrarpolitik und Bauernalltag. Frankfurt/M.

MÜNKER, WILHELM (o. J.a) Wald über Jagd! Bielefeld.

MÜNKER, WILHELM (o. J.b): Wald über Jagd. 2. Teil. Bielefeld.

P. (1930): Die neue preußische Tier- und Pflanzenschutzverordnung. – In: Naturschutz 11 (5) (Februar 1930): 129–131.

POTTHAST, THOMAS (2006): Naturschutz und Naturwissenschaft – Symbiose oder Antagonismus? Zur Beharrung und zum Wandel prägender Wissensformen vom ausgehenden 19. Jahrhundert bis in die Gegenwart. – In: FROHN, HANS-WERNER & SCHMOLL, FRIEDEMANN (Hrsg.): Natur und Staat. Staatlicher Naturschutz in Deutschland 1906–2006. Münster: 343–443.

RADKAU, JOACHIM (2011): Die Ära der Ökologie. München.

RADKAU, JOACHIM & UEKÖTTER, FRANK (Hrsg.) (2003): Naturschutz und Nationalsozialismus. Frankfurt/M.

RÖSCHEISEN, HELMUT (2006): Der Deutsche Naturschutzring. Geschichte, Interessenvielfalt, Organisationsstruktur und Perspektiven. München.

RÖSENER, WERNER (2004): Die Geschichte der Jagd. Kultur, Gesellschaft und Jagdwesen im Wandel der Zeit. Düsseldorf/Zürich.

RUBNER, HEINRICH (1997): Deutsche Forstgeschichte 1933–1945. Forstwirtschaft, Jagd und Umwelt im NS-Staat. 2., erw. Auflage. St. Katharinen.

SÄNGER, FRITZ (Hrsg.) (1949): Die Volksvertreter. Handbuch des Deutschen Bundestages. Stuttgart.

SCHERPING, ULRICH (1933): Gustav Wagemann zum Gedächtnis. – In: Deutsche Jägerzeitung H. 51: 374.

SCHERPING, ULRICH (1950): Waidwerk zwischen den Zeiten. Berlin/Hamburg.

SCHERPING, ULRICH (1958): Uns blieb das Waidwerk. München/Bonn/Wien.

SCHERPING, ULRICH & VOLLBACH, ADOLF (1934): Preußisches Jagdgesetz vom 18. Januar 1934. Neudamm.

SCHERPING, ULRICH & VOLLBACH, ADOLF (1935): Das Reichsjagdgesetz vom 3. Juli 1934 mit Ausführungs-, Überleitungs-Bestimmungen usw. nebst Erläuterungen. 2. Auflage Neudamm.

SCHERPING, ULRICH & VOLLBACH, ADOLF (1938): Das Reichsjagdgesetz vom 3. Juli 1934 in der Fassung vom 23. April 1938. 4., vermehrte und verbesserte Auflage Neudamm.

SCHERRER, CHRISTOPH & BRAND, ULRICH (o. J.): Global Governance: konkurrierende Formen und Inhalte globaler Regulierung; http://library.fes.de/pdf-files/akademie/online/50334-2011.pdf (zuletzt eingesehen am 7.7.2016).

SCHULZ, HAGEN (1977): Otto Braun oder Preußens demokratische Sendung. Eine Biographie. Frankfurt/M.

STAHL, DIETRICH (1979): Wild – Lebendige Umwelt. Probleme von Jagd, Tierschutz und Ökologie geschichtlich dargestellt und dokumentiert. Freiburg/München.

STAHMANN, DIETER (2015): Reichsnaturschutzgesetz. Grüne Paragrafen – braune Denke. – In: Die Pirsch 1: 18–21.

SYRER, EUGEN (1987): Jagdrecht und Interessengruppen – eine historisch-politische Analyse. Dissertation Forstwiss. Fak. LMU München

SYRER, EUGEN (1990): 150 Jahre Jagdpolitik. – In: Jahrbuch des Vereins zum Schutz der Bergwelt 55: 21–29.

TIGÖR, GUSTAV (1982): Jagdgeschichte – selbst erlebt. – In: Wild und Hund H. 2: 39–41.

UEKÖTTER, FRANK (2004): Naturschutz im Aufbruch. Eine Geschichte des Naturschutzes in Nordrhein-Westfalen 1945–1980. Frankfurt/M.

UEKÖTTER, FRANK (2006): The Green and the Brown. A History of Conservation in Nazi Germany. New York/Cambridge.

VOLLBACH, ADOLF (1960): Das Reichsjagdgesetz. – In: DEUTSCHER JAGDSCHUTZVERBAND E. V. (Hrsg.): Ulrich Scherping und ein halbes Jahrhundert deutscher Jagdgeschichte. Hamburg/Berlin: 37–41.

WINKLER, HEINRICH AUGUST (1985): Der Schein der Normalität. Arbeiter und Arbeiterbewegung in der Weimarer Republik 1924 bis 1930. Berlin.

WÖBSE, ANNA-KATHARINA (2006): Naturschutz global – oder: Hilfe von außen. Internationale Beziehungen des amtlichen Naturschutzes im 20. Jahrhundert. – In: FROHN, HANS-WERNER & SCHMOLL, FRIEDEMANN (Hrsg.): Natur und Staat. Staatlicher Naturschutz in Deutschland 1906–2006. Münster: 624–727.

Die Entstehung der »Grünen Charta von der Mainau«

Zum Einfluss der Interparlamentarischen Arbeitsgemeinschaft (IPA) auf einen Meilenstein der Umweltgeschichte in Deutschland

*Hans-Werner Frohn, Thomas Potthast
und Jürgen Rosebrock*

Die 1961 verabschiedete »Grüne Charta von der Mainau« gilt als ein entscheidendes, weichenstellendes Dokument und insofern als Meilenstein auf dem Weg zu einem modernen, demokratisch orientierten Natur- und Umweltschutz in der Bundesrepublik Deutschland (WEY 1982: 169; BRÜGGEMEIER 1999: 201; HÜNEMÖRDER 2004: 45ff.; ENGELS 2006: 131–135; FROHN 2011; ZUTZ 2015: 178). In der ökologisch-wissenschaftlichen Tradition des Naturschutzes und des *environmentalism* stehend, stellte die Charta eine Reaktion auf nicht mehr übersehbare Kehrseiten des Wirtschaftswunders dar: tote Fische oder Schaumkronen auf Bächen und Flüssen, Inversionswetterlagen in den Ballungsgebieten mit gesundheitsgefährdendem Smog, durch Flurbereinigungen ›ausgeräumte‹ monotone Kulturlandschaften (POTTHAST 2006). Im Gegensatz zu anderen Traditionslinien trat die »Grüne Charta« zugleich jedoch ausdrücklich für die Akzeptanz der modernen Industriegesellschaft ein.[1] Artikel IV der Charta zufolge galt es, »den Ausgleich zwischen Technik, Wirtschaft und Natur herzustellen und zu sichern«. Das Manifest vollzog vor allem aber eine entscheidende Wende von den kollektiven Wohlfahrtsideen (Stichwort: Volksgesundheit) hin zu den individuellen Menschenrechten (Stichwort: Gefahr der gesundheitlichen Beeinträchtigung – insbesondere – der Einzelnen). Seine konkreten Forderungen legitimierte das Manifest anhand der in den Artikeln 1 und 2 des Grundgesetzes verankerten Grundrechte auf den universellen Schutz der Menschenwürde, das Recht auf freie Entfaltung der Persönlichkeit und das Recht auf Leben und körperliche Unversehrtheit.

Die Charta hob sich damit aus heutiger Perspektive wohltuend vom damaligen Mainstream des westdeutschen Naturschutzes ab, in dem noch die alten Netzwerke den – zumeist kulturpessimistischen, zivilisations- und demokratieskeptischen, ja

---

1   Um unsere Argumentation besser nachvollziehen und überprüfen zu können, ist der Text der »Grünen Charta von der Mainau« diesem Aufsatz im Anhang beigefügt. Nicht weiter markierte Zitate stammen aus dem Charta-Text.

völkischen – Ton angaben. Die entsprechenden Segmente des Buchmarkts dominierten in dieser Zeit Alarmrufe und Katastrophenszenarien wie Reinhard DEMOLLS (1954/1960) »Wer bändigt den Menschen« oder Günther SCHWABS »Der Tanz mit dem Teufel« (1958), die nach einem starken Staat riefen bzw. eine Expertendiktatur forderten.

Somit stellt sich die Frage, wie es dazu kam, dass sich die »Grüne Charta von der Mainau« diesbezüglich deutlich vom damals vorherrschenden Umwelt- und Naturschutzdiskurs abhob. Diese Frage erhält umso mehr Gewicht dadurch, dass die Zusammensetzung des Verfasser- und Redaktionsgremiums bzw. des Beraterkreises einen programmatisch stark demokratieorientierten Text nicht unbedingt hätte erwarten lassen. Auf einer grundsätzlichen Ebene ist dabei die Frage aufgeworfen, wie die sich wandelnden Positionierungen einzelner Protagonisten zu unterschiedlichen Zeiten zu erklären und zu beurteilen sind.

Der Beitrag wird hierzu sowohl die Verharmlosungen als auch die allzu einfachen Generalisierungen der NS-Vorgeschichte mit Blick auf die Transformationen im Natur- und Umweltschutz in Deutschland Mitte des 20. Jahrhunderts zu thematisieren haben. Ferner zeigt insbesondere die Rolle der Interparlamentarischen Arbeitsgemeinschaft (IPA) im Prozess der Formulierung der »Grünen Charta« eindrücklich die Vernetzung ganz unterschiedlicher Akteure und Akteursgruppen im naturschutz- und umweltpolitischen Raum.

1. Die »Grüne Charta von der Mainau« und die Beteiligung der IPA

Vor dem Hintergrund der aufgezeigten Umweltprobleme hatte Graf Lennart Bernadotte (1909–2004) seit 1957 alljährlich Persönlichkeiten aus Politik, Wirtschaft, Kultur und Wissenschaft zu den »Mainauer Rundgesprächen« eingeladen (SCHRÖDER 1976: 154–159; DGG 1985: 16–20). Beim vierten Rundgespräch im Jahr 1960 sprach Bundespräsident Heinrich Lübke (1894–1972) im Rahmen seines Vortrags »Gesunde Luft, gesundes Wasser, gesunder Boden« auch über die offenkundigen Probleme der modernen Industriegesellschaft und mahnte Lösungen an (DGG 1961: 2–7). Im Anschluss konstituierte sich eine Kommission mit dem Auftrag, einen Maßnahmen- und Forderungskatalog zu erstellen. Den Vorsitz übernahm Erich Kühn (1902–1981), seit 1953 Professor für Städtebau und Landesplanung an der RWTH Aachen.

Ein Blick auf die Mitglieder dieses Gremiums und die im Hintergrund wirkenden Berater ruft heute Irritationen hervor. Von einigen der beteiligten Landschaftsplaner, Gartenbauexperten und Naturschützer ist seit Längerem bekannt, dass sie zur Zeit des Nationalsozialismus an exponierten Stellen gewirkt bzw. nationalsozialistischen Organisationen angehört hatten. Kürzlich lieferte eine Studie weitere Details bezüglich der Mitgliedschaften in der NSDAP bzw. ihren Nebenorganisationen (EISSING 2014a: 249). Die Kommission war somit ein beredtes Beispiel dafür, dass Naturschutz-

Netzwerke der NS-Zeit auch nach 1945 Bestand hatten (vgl. hierzu u. a. ENGELS 2003; FROHN 2006; FRANKE 2014). Sie steht damit in einer langen Reihe von Kontinuitäten, wie sie in nahezu allen gesellschaftlichen Bereichen nach 1945 in Westdeutschland bereits nachgewiesen sind (z. B. ALY 1999; CONZE et al. 2010). Außergewöhnlich und erklärungsbedürftig ist indes der Umstand, dass ein so großer Kreis formal NS-Assoziierter ein solch innovatives Programm vorlegte, das für eine zentrale Weichenstellung des Naturschutzes hin zur pluralistischen Demokratie steht.

Eine Erklärung liegt sicherlich im technokratischen Ansatz der Charta. Die konkreten Umsetzungsforderungen listeten im Kern den fachlichen Standard der damaligen Zeit auf. Allerdings berücksichtigten bisherige Darstellungen zur Genese der Charta ein Gremium, das zur Entstehung des Manifestes wesentlich beitrug, entweder nur am Rande (ENGELS 2006: 132; FROHN 2011: 15 f.) oder gar nicht (DGG 1977; DRL 1980; DRL 1997; HABER 2002; EISSING 2014a): die Interparlamentarische Arbeitsgemeinschaft (IPA). Dabei erwähnte Graf Lennart Bernadotte im Vorwort zur Erstveröffentlichung 1961, dass die »Interparlamentarische Arbeitsgemeinschaft [...] wesentlich« an der »Grünen Charta« mitgearbeitet habe (BERNADOTTE 1961: 1). Dieser Spur soll im Folgenden nachgegangen werden.[2] Eine erste Analyse zeigt, dass führende Repräsentanten der IPA ganz maßgeblich am Zustandekommen der Charta beteiligt waren – von der ersten Idee über deren Ausformulierung bis zu ihrer Verbreitung im politischen Raum.

Die 1953 gegründete IPA vereinte Abgeordnete des Bundestages und der Landtage, deren Hauptanliegen es war, parteien- und parlamentsübergreifend sowie im Konsens die Lebensgrundlagen des Menschen durch eine »naturgemäße« Wirtschaftsweise sichern zu wollen. In ihrem am 7. Februar 1953 verabschiedeten Grundsatzprogramm[3] forderten sie einen schonenden und nachhaltigen Umgang des Menschen mit den »natürlichen Hilfsquellen der Erde«. Die unverkennbaren Kehrseiten des westdeutschen »Wirtschaftswunders« wurden als deutliche Warnsignale wahrgenommen.[4] Die IPA sorgte in den ersten beiden Jahrzehnten der Bundesrepublik maßgeblich dafür, dass Umwelt- und Naturschutzfragen auf die Agenda der Parlamente kamen (ROSEBROCK 2014). Bereits in ihren Grundsätzen von 1953 wie auch in ihren ersten politischen Initiativen finden sich etliche Anklänge an die Diagnosen und Forderungen der »Grünen Charta«.

---

2   Nachdem die Stiftung Naturschutzgeschichte 2014 die Erschließung der IPA-Akten beendet
    hatte, besteht nunmehr die Möglichkeit, den Beitrag der IPA zur Genese und Verabschiedung der Charta konkreter zu untersuchen.
3   Abgedruckt bei ROSEBROCK 2014: 37.
4   Die Aufnahme und Betonung des Nachhaltigkeitsgedankens im Sinne einer »naturgemä
    ßen Wirtschaft« ist für den politischen und rechtlichen Diskurs in der Bundesrepublik von
    großer Wichtigkeit gewesen (vgl. GROBER 2010).

Als personelles Bindeglied zwischen der IPA und dem Kreis derjenigen, die die Charta erarbeiteten, fungierte insbesondere Ernst Schröder (1893–1976), der von 1950 bis 1958 dem hessischen Landtag als FDP-Abgeordneter angehörte (LENGEMANN 1986: 384 f.). 1953 zählte er zu den Gründungsmitgliedern der IPA und amtierte bis 1958 als Beisitzer in deren Vorstand. Im Anschluss daran gehörte er der IPA weiterhin als korrespondierendes Mitglied an.[5] Der Gartenarchitekt war seit den 1920er Jahren in Berufsverbänden aktiv gewesen und amtierte nach 1945 als Präsident des »Zentralverbandes des Deutschen Gemüse-, Obst- und Gartenbaus«. Der gut vernetzte Verbandsfunktionär und Politiker Schröder initiierte 1955 auch maßgeblich die Neugründung der »Deutschen Gartenbau-Gesellschaft« (DGG), für deren Vorsitz er Graf Lennart Bernadotte gewann, der dann seit 1957 die sogenannten Mainauer Rundgespräche organisierte (SCHRÖDER 1976: 154–159; DGG 1985: 16–20).

Das ehemalige IPA-Vorstandsmitglied Schröder gehörte dem 16-köpfigen Gremium an, das unter dem Vorsitz von Erich Kühn den Text einer Charta entwarf (DRL 1997: 10). Darüber hinaus waren auch aktive IPA-Vertreter an den Vorarbeiten beteiligt. So nahmen der stellvertretende Vorsitzende, Harri Bading (1901–1981), SPD-MdB, und der Geschäftsführer der IPA, Wolfgang E. Burhenne (* 1924), an einer der Sitzungen teil.[6]

Im Frühjahr 1961 legte die Kommission einen Entwurf vor. Gut eine Woche vor dem 5. Rundgespräch übersandte Bernadotte am 12. April den Text an Burhenne.[7] Dieser arbeitete den Entwurfstext durch und bereitete für die Tagung einen Sprechzettel vor.[8] In dieser Notiz taucht erstmals der Verweis auf Artikel 14 GG und die darin verankerte Sozialpflichtigkeit des Eigentums auf. Dieser entscheidende Passus stammte also nachweislich originär von Burhenne. Kritisch kommentierte er dagegen die apodiktische Formulierung des Entwurfes »Leben und körperliche Unversehrtheit sind bedroht«.

Am 20. und 21. April 1961 fand das 5. Mainauer Rundgespräch unter dem Motto »Grüner Lebensraum – um des Menschen willen« statt. Laut Teilnehmerliste nahmen 125 Personen teil, darunter auch Burhenne und Bading sowie drei weitere damals aktuelle und drei ehemalige Mitglieder der IPA.[9] Das Programm sah für den Nachmittag des 20. April eine Einführungsansprache Bernadottes und anschließend die Vorlage und Diskussion des Entwurfs vor.[10] Über den Verlauf und die Intensität der Diskussion

---

5   Vgl. Verzeichnisse der Mitglieder, Kommissionen und Vorstandsmitglieder der IPA. – In: ASNG 1050/IPA-0041.

6   Schreiben von Burhenne an Wolfgang Haber, Sprecher des Deutschen Rates für Landespflege, 15. September 2003 (ASNG 1200/DRL-0006).

7   Bernadotte an Burhenne, 12. April 1961. – In: ASNG 1050/IPA-0171.

8   ASNG 1200/DRL-0006.

9   Vgl. die Teilnehmerliste mit Stand vom 12. April 1961. – In: ASNG 1050/IPA-0173.

10 Programm des Fünften Mainauer Rundgesprächs. – In: ASNG 1050/IPA-0173.

ist nur wenig bekannt, da nach jetzigem Kenntnisstand weder ein offizielles Protokoll noch Mitschriften von Teilnehmerinnen und Teilnehmern überliefert sind. Lediglich ein kurzer Tagungsbericht von Erich Dittrich in der Zeitschrift »Raumforschung und Raumordnung« nimmt Bezug auf die Behandlung der Charta. Dittrich zufolge habe die Runde den vorgelegten Text »nicht im einzelnen durchberaten, sondern im wesentlichen akklamierend verabschiedet«. »Eine endgültige Redaktion, die aber die Grundzüge der Charta unberührt lassen wird, wurde Kühn und seinen Mitarbeitern übertragen, mit der offiziellen Bekanntgabe Graf Bernadotte betraut« (DITTRICH 1961: 42).

Vergleicht man den ursprünglichen Entwurf, den die Tagungsteilnehmer zur Vorbereitung erhalten hatten, mit der Version, die im Anschluss an die Tagung an Burhenne und Bading übermittelt wurde,[11] zeigt sich, dass im Verlauf der Beratungen auf der Mainau offenbar tatsächlich nur wenige Änderungen und redaktionelle Korrekturen erfolgten. Abgesehen von der wichtigen neu eingefügten Bezugnahme auf Art. 14 GG gingen nennenswerte Anregungen lediglich in den Forderungskatalog (Teil V) ein. So wurde den einzelnen Forderungen eine übergeordnete Zielsetzung vorangestellt: »Um des Menschen willen ist der Aufbau und die Sicherung einer naturgemäß gestalteten Wohn- und Erholungslandschaft, Agrar- und Industrielandschaft unerläßlich.« Es erfolgten marginale Ergänzungen und ein abschließender Appell: »Um des Menschen willen rufen wir alle verantwortungsbewußten Persönlichkeiten in Stadt und Land auf, für das Grüne Grundrecht tatkräftig einzutreten. Es geht um unser aller Schicksal.«

Noch während der Tagung verabredeten Burhenne und Schröder, dass sich der »Engere Vorstand« der IPA Ende Mai mit der Grünen Charta befassen solle.[12] Dieser beriet zusammen mit Schröder den Text intensiv am 28. Mai 1961 in Berlin. Das Ergebnis dieses Redaktionsprozesses übermittelte der IPA-Vorsitzende Otto Schmidt (CDU) Bernadotte am 14. Juni 1961.[13] Die Umstellungen und Änderungen, die offenkundig überwiegend von Burhenne und Bading stammten,[14] waren einerseits redaktioneller Art, veränderten den Text aber auch noch einmal inhaltlich. Aus der zentralen Forderung nach einer »rechtsverbindliche[n] und wirksame[n] Raumordnung« wurde eine »rechtlich durchsetzbare Raumordnung«. Hier dürften den Politikern die

---

11 Horst Hammler, Generalsekretär der DGG, an Burhenne und Bading, 24. Mai 1961. – In: ASNG 1200/DRL-0006.

12 Der »Engere Vorstand« bestand insbesondere aus dem Vorsitzenden Otto Schmidt (CDU, MdB), seinem Stellvertreter Harri Bading (SPD, MdB), und dem Geschäftsführer Wolfgang Burhenne.

13 Schmidt an Bernadotte, 14.6.1961. – In: ASNG 1050/IPA-0170.

14 Die handschriftlichen Anmerkungen und Korrekturen von Burhenne und Bading auf zwei Typoskripten des Charta-Entwurfs entsprechen exakt den Änderungen, die Schmidt im Namen des IPA-Vorstandes an Bernadotte übermittelt hat; ASNG 1200/DRL-0006.

Erfahrungen vor Augen gestanden haben, die die IPA bei ihren sehr aufwändigen Bemühungen um eine einheitliche gesetzliche Regelung der Raumordnung gesammelt hatte. Außerdem hatten sie die Notwendigkeit des politischen Aushandelns stärker im Blick (ROSEBROCK 2014: 98–122). Gesamtstaatliche Planungen waren in der Bundesrepublik der 1950er- und frühen 1960er Jahre weitgehend tabuisiert und politisch kaum durchsetzbar (RUCK 2000; METZLER 2005: 12).

Burhenne und Bading nahmen darüber hinaus die Streichung eines Passus vor: »[Z]um Recht auf freie Entfaltung der Persönlichkeit gehört die Möglichkeit, sich in der Stille der Natur zu besinnen und die Unrast des heutigen Lebens durch Spiel und Bewegung im Freien auszugleichen.« Solch eine kontemplative Naturerfahrung, wie sie hier in traditioneller Naturschützer-Manier heraufbeschworen wurde, lehnten die beiden IPA-Vertreter ab. Wenn also Jens Ivo Engels konstatiert, dass das »Menschenbild« der Grünen Charta »liberal geprägt und prinzipiell offen für urbane Modernität« gewesen sei und dass keine Rede davon gewesen sei, »den Menschen in der Natur zu sich selbst finden zu lassen« (ENGELS 2006: 134; vgl. auch FROHN 2006: 224 f.), so kann man dies zu einem Gutteil auf den Einfluss der IPA zurückführen. Solche und andere Änderungsvorschläge der IPA wurden durchweg in den endgültigen Text der Charta übernommen. Erst nach dieser Überarbeitung erhielt sie ihre endgültige Fassung.

Demnach ist zu konstatieren, dass der Text der »Grünen Charta von der Mainau«, der am 20. Juli 1961 Bundespräsident Lübke überreicht wurde, der im offiziösen Bulletin des Presse- und Informationsamtes der Bundesregierung publiziert und seither durch die DGG immer wieder neu aufgelegt wurde, nicht derjenigen Fassung entsprach, die am 20. April 1961 von der Kommission unter der Leitung Erich Kühns den auf der Mainau Versammelten, dem sogenannten »Grünen Parlament«, vorgelegt, von diesem beraten wurde und die, wie es in allen offiziellen Verlautbarungen heißt, dort verabschiedet und schließlich von Bernadotte verkündet worden sei. Vielmehr erfolgten nach dem 5. Mainauer Rundgespräch noch substanzielle Änderungen durch die IPA.

2. Neuer Akteurskreis – Relevanz für alte und neue Interpretationen?

Anhand der neuen Quellen lässt sich also belegen, dass die politischen ›spin doctors‹ von der IPA dem Text der Charta an einigen zentralen Punkten den entscheidenden Dreh verpassten. Daher lohnt es sich, diese Beteiligten einer näheren Betrachtung zu unterziehen. Zu fragen ist zudem, ob und inwieweit sich ihre Biografien hinsichtlich der NS-Zeit signifikant von denen der Hauptautoren unterschieden.

Wolfgang E. Burhenne, Geschäftsführer der IPA, war am 15. April 1941 kurz vor seinem 17. Geburtstag zum Gebirgsjäger-Regiment 98 in Mittenwald eingezogen und aufgrund seiner Körpergröße bereits einen Monat später in die »Leibstandarte Adolf Hitler« nach Berlin überführt worden. Mangelnde Sportlichkeit führte zu einer

Abkommandierung zum Fronteinsatz. Nach einer Kriegsverletzung kam er in ein SS-Krankenhaus in der unmittelbaren Nähe des KZs Dachau. Da KZ-Häftlinge auch im Krankenhaus zum Einsatz kamen, erlebte er unmittelbar deren Schicksal. Dies gab ihm den Impuls, Waffen für politische Widerstandskreise zu organisieren. Deswegen verurteilt, erfuhr er am eigenen Leib das Lager- und Haftsystem des NS-Regimes mit Stationen in Dachau, Danzig, Hohenlychen und in der Tschechoslowakei. In Hohenlychen geriet er in das System der SS-Menschenversuche – Ärzte zertrümmerten seinen Ellbogen mit einem Hammer, um Erfahrungen mit dem Wundfortschritt bei Frontkämpfern zu sammeln. In der Tschechoslowakei arbeitete Burhenne mit dem dortigen Widerstand zusammen. Tschechische Widerständler unterstützten ihn im April 1945 bei der Flucht aus dem NS-Lager- bzw. Haftsystem. Kurz vor Kriegsende in Bayern angekommen, attestierte ihm die US-Besatzungsmacht, dass er das NS-Regime nicht unterstützt habe (KLIMKE 2015: 36–66). Ob seiner Aktivitäten im Umfeld des Widerstandes galt Burhenne nach 1945 auch in internationalen Naturschutzkreisen als unbelastet und damit akzeptiert. Während Vertretern der älteren oder mittleren Generation des deutschen Naturschutzes die Teilnahme an internationalen Zusammenkünften verwehrt blieb, nahm Burhenne als einziger deutscher – und zudem insgesamt jüngster – Teilnehmer an der Generalversammlung der International Union for the Protection of Nature (IUPN), der Vorläuferorganisation der heutigen IUCN, in Brüssel teil (WÖBSE 2006: 681). Burhenne zählte fortan zu den international am besten vernetzten Naturschützern.

Der damalige Vorsitzende der IPA Otto Schmidt hatte der Bekennenden Kirche angehört, die lange Zeit als weitgehend NS-resistent galt.[15] Dennoch hatte er ausweislich der NSDAP-Mitgliederkartei zum 1. Mai 1933 die Mitgliedschaft beantragt. Als er 1935 im Rahmen des Aufnahmeverfahrens aber den »Eid auf den Führer« (Parteieid) ablegen sollte, verweigerte er diesen im Einklang mit den Überzeugungen der Bekennenden Kirche.[16] Ähnlich der Biografie von Martin Niemöller, einem der führenden Repräsentanten der Bekennenden Kirche, weist der Lebenslauf Schmidts allerdings vor 1933 antidemokratische, rechtskonservative Facetten auf. So hatte er 1924/25 dem »Völkisch-Sozialen Block« angehört. Unter dieser Bezeichnung firmierten die Nationalsozialisten zeitweise im besetzten Rheinland. Von 1927 bis 1932 gehörte er dem Alldeutschen-Verband an.[17] Im Rahmen seines Entnazifizierungsverfahrens erklärte er sein Aufnahmegesuch in die NSDAP so: »In der Erwartung, auf die Partei im christ-

---

15   BAB RK 3200/D0088; BAB R 9361 V/151673; VIERHAUS & HERBST (Bd. 1) 2002: 758 f. Dass mittlerweile bei Mitgliedern der Bekennenden Kirche nicht mehr von einer durchgehenden NS-Resistenz ausgegangen werden kann, zeigte nicht zuletzt 2014 eine Tagung der Evangelischen Akademie Tutzing: HAERENDEL & LEPP 2015.

16   Formal war er bis dahin nur Parteianwärter. Die Karteikarte der NSDAP-Mitgliederkartei vermerkt, dass keine Beiträge entrichtet worden seien.

17   BAB RK 3200/F0088.

lichen Sinne Einfluss nehmen zu können, suchte ich im Mai 1933 die Mitgliedschaft nach.«[18] Auch wenn die Vermutung naheliegt, dass es sich um eine nachträgliche Schutzbehauptung handelte, fehlt es der Aussage nicht völlig an Plausibilität, denn die NSDAP zeichnete sich 1933 noch durch eine große ideologische und machtpolitische Heterogenität aus. Nach 1945 konnte auf Basis des jetzigen Kenntnisstands in Schmidts Positionen keine offene oder implizite Demokratiefeindlichkeit ausgemacht werden.

Auch Harri Bading (SPD), der in gleichsam ›guter sozialdemokratischer Tradition‹ zusammen mit Burhenne den Hinweis auf die Sozialpflichtigkeit in die »Grüne Charta« implementierte, war ausweislich der NSDAP-Mitgliederkartei bzw. seines Entnazifizierungsbogens Parteimitglied gewesen.[19] Für ihn weisen die Akten zwei divergierende Aufnahmedaten 1937 und 1938 auf. Vor 1933 hatte er der SPD angehört und seit 1930 für sozialdemokratische bzw. freigewerkschaftliche Presseorgane, darunter den »Vorwärts«, gearbeitet. Von 1930 bis 1933 war Bading enger Mitarbeiter des sozialdemokratischen Wirtschaftsexperten Fritz Naphtali, der als Jude 1933 vor dem NS-Regime flüchten musste und nach 1948 in Israel mehreren Kabinetten als Minister angehörte. Zudem wirkte Bading als Berater der sozialdemokratischen Reichstagsfraktion und der freien Gewerkschaften. 1935 unterhielt er über Auslandsreisen Kontakte zu in die Emigration gezwungenen sozialdemokratischen Politikern und schrieb unter Pseudonym für den Exil-Vorwärts (»Deutscher Vorwärts«, Prag). Nach 1933 war er zunächst arbeitslos, 1934 gelang es ihm, bei der »Überwachungsstelle für Gartenbauerzeugnisse« Arbeit zu finden. 1936 bis 1938 leitete er deren Hamburger Nebenstelle. Beruflicher Druck veranlasste Bading – nach eigenen Angaben – zum Eintritt in die NSDAP: Um seine leitende Stellung nicht an einen SS-Mann zu verlieren, trat er im Herbst 1937 der NSDAP bei. Zwischen August 1941 und Februar 1942 leistete er Militärdienst als Kriegsverwaltungsrat beim Wirtschaftsstab Ost. 1941 wurde er für verschiedene Zwecke dienstverpflichtet, so als Sachverständiger »Obst und Gemüse« beim Reichskommissariat Ostland.[20] Nach 1945 war er wieder in der SPD aktiv, betätigte sich agrarpolitisch und gehörte von 1959 bis 1969 dem Bundestag als SPD-Abgeordneter an.

Ernst Schröder (FDP) gehörte ausweislich der Mitgliederkartei nie der NSDAP an. Schröder zählte in beruflicher Hinsicht zum Netzwerk der Landschaftsplaner. Die Zugehörigkeit zu diesem Netzwerk dürfte aber weder für Burhenne noch für Schmidt noch für Bading zutreffen.

Die Kurzbiografien der IPA-Vertreter zeigen, dass es sich um Politiker handelte, die nach 1945 für demokratische Parteien wirkten, deren Biografien jedoch, insbesondere die von Schmidt, unter heutigen demokratisch-politischen bzw. moralischen

---

18   BAB RK 3200/F0088.
19   BAB R 9361 V/146060; R 90/468.
20   BAB R 90/468; Findbuch des Bestandes Harri Bading, Friedrich-Ebert-Stiftung, Bonn.

Gesichtspunkten auch Schattenseiten aufweisen. Ihre redaktionelle Mitarbeit an der Charta sorgte zwar für die Tilgung zivilisationskritischer und vor allem kulturpessimistischer Anklänge im ursprünglichen Textentwurf sowie die nachträgliche Einfügung des Hinweises auf die Sozialpflichtigkeit des Eigentums (Art. 14 Abs. 2 GG). Das allein kann aber nicht den weitgehenden demokratischen Duktus der Charta insgesamt erklären. So hatte die Legitimierung der Forderungen mittels Bezug auf die Artikel 1 und 2 GG bereits durch die von Bernadotte eingerichtete Kommission Einzug in den Grundentwurf gefunden. Somit steht weiterhin die zentrale Frage im Raum, was die formal stark NS-belasteten Gremienmitglieder bzw. deren Berater veranlasste, einen solchen demokratieaffinen Text zu verfassen?

Sebastian Strube äußerte Zweifel daran, dass der Rückgriff auf das Grundgesetz »auf eine innere Umkehr der die Charta prägenden Landschaftsarchitekten zurückzuführen« sei. Vielmehr zeige sich hier »die doch beträchtliche normative Kraft des demokratischen Neuanfangs«,[21] also gleichsam der Zeitgeist. Die Autoren des vorliegenden Beitrags überzeugt der eher spekulative Ansatz der »beträchtliche[n] normative[n] Kraft« bezogen auf die Situation im Jahre 1961 wenig. Eine unbewusste oder rein rhetorisch-strategisch motivierte Aufnahme der neuen politischen Ziele ist möglich, aber nicht im Detail belegbar.

Gar nicht zu überzeugen vermag ein Erklärungsversuch Hildegard Eissings, die die »Grüne Charta von der Mainau« »als sedimentierten ›gemeinsamen Überzeugungsvorrat‹ der beteiligten Autoren und Gutachter betrachten« möchte (EISSING 2014a: 250).[22] Während sie das Selbstverständnis und die fachlichen Auffassungen, die den Charta-Verfassern durchgängig zu eigen waren, ausführlich schildert, bleibt sie letztlich die entscheidende Antwort schuldig, nämlich wo genau sie im Text der Charta die nationalsozialistischen ›Sedimente‹ dieses »Überzeugungsvorrates« aufgespürt haben will.[23] Insofern erklärt sie das oben erwähnte Paradoxon gerade nicht.

---

21 STRUBE: Einleitung zum Dokument »Grüne Charta von der Mainau, 20. April 1961«. – In: 100(0) Schlüsseldokumente zur Deutschen Geschichte im 20. Jahrhundert. Online: http://www.1000dokumente.de/index.html/index.html?c=dokument_de&dokument=0076_mai&object=context&l=de

22 Eissing bezieht sich hier explizit auf eine Arbeit von Ulrich Herbert zu Werner Best (HERBERT 2011). Der von ihr als Zitat ausgewiesene Begriff des »gemeinsamen Überzeugungsvorrat[s]« findet sich so jedoch nicht bei Herbert. Er spricht lediglich von einem »Grundvorrat an Überzeugungen« bzw. von »Überzeugungsgemeinsamkeiten«. HERBERT 2011: 13 wendet diese Begrifflichkeiten dezidiert auf das Führungspersonal des Reichssicherheitshauptamtes an, also auf die »Kerngruppe der nationalsozialistischen Verfolgungs- und Genozidpolitik«.

23 Eissings textliche Belege entstammen bemerkenswerterweise nicht dem Text der »Grünen Charta von der Mainau«, sondern zeitgenössischen Kommentaren zur Charta.

Eher beschränkt ist der Erkenntnisgewinn ihrer Aussage, dass »68% der beteiligten Personen in unterschiedlicher Weise im NS-Regime organisiert« waren (EISSING 2014: 248). Denn allein mit dem Befund, dass nunmehr quellenmäßig eindeutig nachgewiesen ist, wer von den Protagonisten Mitglied der NSDAP, der SA, der SS oder in »einer sonstigen Organisation des NS-Staates« war, ist über deren Handlungen und Motive – und insofern den oben genannten »Überzeugungsvorrat« – noch nichts Substanzielles gesagt.

Lege artis der Geschichtswissenschaft ebenso wie dem demokratischen Rechtsstaatsprinzip gehorchend, hat nun eine Einzelfallprüfung zu erfolgen: Wann und in welchem Alter erfolgte ein Parteieintritt? Welche Motive lagen dem Eintritt zugrunde? Wurden Funktionen in der Partei oder ihren Nebenorganisationen übernommen? Gibt es Belege oder zumindest Hinweise auf internalisiertes nationalsozialistisches Gedankengut oder konkretes Handeln im Sinne des NS-Regimes? Eine Überprüfung der erstgestellten Frage gibt das in Tab. 1 zusammengestellte Bild.

Tab. 1: NSDAP-Mitgliedschaften der Autoren, Berater und Gutachter der »Grünen Charta«[24]

Name	Aufnahme NSDAP	Geburts-datum	Alter	SS-Mitglied	Alter	andere NS-Org.
Allinger, Gustav	1.4.1933	3.11.1891	42			
Buchwald, Konrad	1.5.1937	16. 2.1914	23			
Franken, Joseph	1.4.1940	3. 1.1900	40			
Hammler, Horst	1.4.1939	30. 9.1909	30			
Herzner, Eberhard	——	10. 9.1909		Bewerber		
Hollatz, Josef	1.5.1937	20. 4.1898	39			
Kragh, Gert	1.5.1937	1. 6.1911	26			
Kühn, Erich	1.4.1941	14. 3.1902	39			
Lendholt, Werner	1.5.1937?	11. 2.1912	25			SA 1933
Mattern, Hermann	1.1.1940	27.11.1902	38			
Olschowy, Gerhard	——	14. 2.1915		Allgemeine SS; 1.6.1933	18	
Wiepking, Heinrich Friedrich	——	23. 3.1891				RKF
Seifert, Alwin	——					Org. Todt
Wortmann, Wilhelm	1.5.1937	15. 3.1897	40			

24 Bundesarchiv Berlin Bestand 3200/A0018, B0125, C0314, D0088 E0074, E0400, G0044, G0047, G0088, I0051, L0071, M0035, N0023, O3344, Z0050. Fett: Gremienmitglieder, nicht fett: Berater, kursiv: Gutachter. Aufnahme in die Tabelle fanden diejenigen Personen, bei denen EISSING 2014a: 249, Tab. 1 Mitgliedschaften in der NSDAP oder ihren Nebenorganisationen nachwies.

Bis auf Allinger, der zu den so genannten »März-Gefallenen« gehörte, d. h. denjenigen, die unmittelbar nach der »Machtübernahme« in die NSDAP drängten, erfolgte die Aufnahme der anderen erst nach 1937. Die Annahme, dass dem Beitritt opportunistische berufsbedingte Motive zugrunde lagen – bei Buchwald, Kragh und Lendholt stand der Einstieg ins Berufsleben an –, erscheint hier plausibel. Um zu genaueren Aussagen zu kommen, sind aber intensivere Untersuchungen anhand der oben aufgelisteten Fragen unabdingbar.

Alleine ein erster genauerer Blick auf die Liste legt nahe, dass das Argument, wonach die Zugehörigkeit der Autoren zu einer NS-Organisation ein offensichtliches Indiz für ihre Überzeugungen liefere, wenig überzeugend ist: Ausgerechnet Wiepking, dessen Verwicklungen in die Gräuel des NS-Systems eindeutig belegt sind,[25] war gerade kein NSDAP-Mitglied. Die These, dass »Angaben zur Zugehörigkeit zu einer dieser NS-Organisationen helfen, die Autoren der Grünen Charta und ihre Überzeugungen zu charakterisieren« (EISSING 2014b: 322), erweist sich historisch als entschieden zu kurz gegriffen. Ein Menschenbild nach dem Muster »einmal NSDAP-Mitglied – stets nationalsozialistische Gesinnung« entspricht nicht nur nicht dem Forschungsstand, sondern verstellt auch den Blick auf die historisch und auch aktuell wirklich relevanten Aspekte.

Um es mit einer treffenden Bemerkung von Martin Sabrow, Direktor des Zentrums für Zeithistorische Forschung in Potsdam, auszudrücken: »Nur Nazis zu zählen reicht eben nicht.«[26] Damit bringt Sabrow auf den Punkt, was in der Forschung zur Vergangenheitspolitik schon seit langem den *state of the art* darstellt.

(1) Die formale NSDAP-Mitgliedschaft ist – genau besehen – weder eine notwendige noch eine hinreichende Bedingung für die innere Verbundenheit mit NS-Ideologemen oder eine nachgewiesene Beteiligung an Verbrechen, wie anhand der Person Wiepking angedeutet wurde.

In der »Vergangenheitsbewältigung« nach 1945 zeigten sich verschiedene Strategien. Große Personengruppen und ganze Institutionen leugneten ihre inhaltliche Übereinstimmung mit der nationalsozialistischen Weltanschauung oder ihre formale Verstricktheit in den bzw. Kontinuitäten zum Nationalsozialismus. Zudem behaupteten Viele, denen schon damals eine Mitgliedschaft in der NSDAP oder ihren Nebenorganisationen nachgewiesen werden konnte, sie seien nicht etwa aus Überzeugung, sondern aus rein opportunistischen Beweggründen, wie z. B. aus Sorge um Beruf oder

---

25 GRÖNING & WOLSCHKE-BULMAHN 1987; GRÖNING & WOLSCHKE-BULMAHN 1997: 415–419; WOLSCHKE-BULMAHN, JOACHIM 2005; FRANKE 2014: 82 ff.; WASSER 1994; UEKÖTTER 2006: 157–160.

26 http://www.zeit.de/2016/07/ns-zeit-aufarbeitung-vergangenheit-forschung (zuletzt eingesehen am 20.7.2016).

Familie, eingetreten. Andererseits führten etliche Personen ihre Nichtmitgliedschaft in NS-Organisationen ins Feld, um ihre ›Unschuld‹ zu belegen.

Gerade wegen dieser Leugnungs- und Verdrängungspolitik sind und bleiben Archivstudien so wichtig, um zu angemessenen und belegbaren Einschätzungen zu kommen. Dies gilt für die institutionelle Ebene, für die als ein Beispiel die – diesbezüglich wenig ruhmreiche – Geschichte des Auswärtigen Amtes genannt sei (Conze et al. 2010), aber auch für die Ebene einzelner Protagonisten und ihrer Biografien.

Dabei zeigt sich, dass das formale Kriterium der Parteimitgliedschaft oder Nicht-Parteimitgliedschaft allein oftmals nicht weiterhilft, um Kenntnisse über NS-Aktivitäten der Betroffenen zu generieren und um diese beurteilen zu können. Dies illustrierten vor einigen Jahren beispielsweise die kontrovers diskutierten Enthüllungen um die NSDAP-Parteimitgliedschaften von Prominenten wie Günter Grass oder Walter Jens. Sie sorgten zwar für viel öffentliche Aufmerksamkeit, erlaubten aber keine tieferen Erkenntnisse über deren damalige NS-Verstrickungen.

Als problematisch erweist sich in diesem Kontext die tiefe Ambivalenz des umgangssprachlichen Ausdrucks »Nazi (gewesen) sein«: Einerseits geht es um die formale Mitgliedschaft, andererseits um moralische, rechtliche und/oder politische Schuld. Die umstandslose Vermischung aller drei Aspekte stellt sowohl bezogen auf Institutionen als auch Personen ein Problem dar, das nur durch genauere Untersuchung aufgelöst werden kann. Dies gilt auch für den Naturschutz und seine Protagonisten.

(2) Den Wandel ideologisch-politischer Einstellungen einer Person oder in einer Institution zu beurteilen, bleibt oftmals spekulativ, besonders dann, wenn es um innere Motivlagen geht. Ob jemand aus rein strategischen Gründen die neue demokratische Ordnung begrüßte oder aufgrund eigener Einsicht seine früheren Positionen revidierte, muss – und kann – im Detail nur anhand *aller* verfügbarer Quellen zu ›Worten und Taten‹ rekonstruiert werden. Dass im Naturschutz bereits seit seiner Gründungsphase Ende des 19. Jahrhunderts antidemokratische Tendenzen nicht nur vorkamen, sondern vorherrschten und dass Naturschutz und Landschaftsplanung zum Teil tief in den Nationalsozialismus verstrickt waren, ist inzwischen fachlich ebenso unstrittig wie die Kontinuitäten nach 1945 (vgl. unter vielen anderen Gröning & Wolschke-Bulmahn 1987; Engels 2003; Fehn 2003). Dass aber ›der Naturschutz‹ in der Bundesrepublik in seiner inhaltlichen Ausrichtung insgesamt *vor allem* durch die Kontinuitäten aus der NS-Zeit charakterisiert werden könnte (Eissing 2014a, b; Franke 2014), ist nicht plausibel belegt.

Aus dem Text der »Grünen Charta« kann jedoch umgekehrt auch nicht abgeleitet werden, dass auf ihrer Basis nun umstandslos demokratischere, partizipative Planungskonzeptionen entwickelt worden wären. Es herrschte, wie Eissing zu Recht bemerkte, bis in die 1970er Jahre und darüber hinaus ein »autoritärer Gestus« unter westdeutschen Planern vor (Eissing 2014a: 250). Die Verengung auf die NS-Zeit verstellt aber den Blick für längere historische Kontinuitäten. Die Ursachen dürften nach unserem Dafürhalten eher in einer grundsätzlich autoritären bzw. paternalistisch-expertokratischen Vorstellungswelt liegen, die mindestens bis in die Weimarer Zeit zurückreicht. Als fatal erwies sich die historische Verschwisterung von NS-Ideologie und Expertokratie. Umso überraschender ist vielleicht, dass viele Experten in einer neuen politischen Ordnung politisch auf der Basis der demokratischen Grundordnung ihre ›alte‹ Expertokratie weiter und in manchen Bereichen vielleicht sogar besser praktizieren konnten.[27] Für die weitere Forschung bedeutet dies aber, den Fokus stärker auf die Ausbildung und -prägung eines Experten-Habitus[28] im Naturschutz mit Bezug auf Planungs- und verwandte andere Professionen zu legen, die stark autoritäre und expertokratische Züge trugen.[29]

Unsere Untersuchung zeigt, dass die Entstehung der »Grünen Charta« in einer Kombination aus Expertenzirkel und politischen Repräsentanten insbesondere der Interparlamentarischen Arbeitsgemeinschaft und insofern bereits institutionell in der neuen demokratischen Staatsordnung eingebettet entstand. Die »Grüne Charta« von 1961 bleibt ein zukunftsweisendes Dokument des demokratiebasierten Umwelt- und Naturschutzes auch dann, wenn einige der Protagonisten durchaus zweifelhafte Karrieren hinter sich hatten und die Idee einer allein von Experten ›durchgeplanten‹ Landschaft heute weder sinnvoll noch wünschenswert erscheint.

---

27 Vgl. dazu die Studien zum Thema Autobahnen (ZELLER 2010) oder zur Landschaftsplanung (KÖRNER 2001). Die Übernahme von Personen aus den Funktionseliten des NS-Staates in die Bundesrepublik im Kontext eines technokratisch ausgerichteten Modernisierungsschubs ist für alle gesellschaftlichen Bereiche von Politik und Verwaltung über die Privatwirtschaft bis zu Bildung und Wissenschaft vielfach belegt, vgl. allgemein zur »Modernisierung« SCHILDT & SYWOTTEK (1993) und zu BRD und DDR SCHILDT et al. (2000). STRUBE o. J. formuliert mit Bezug auf die »Grüne Charta«, dass »offensichtlich das Expertenwissen der NS-Landschaftsgestalter nach wie vor gefragt und zumindest vorerst alternativlos« gewesen sei.

28 Habitus im Sinne von Pierre BOURDIEU (1991: 175) meint die Verinnerlichung *kollektiver Dispositionen* bzw. das »einheitsstiftende Erzeugungsprinzip der Praxis«.

29 Hier bestehen beispielsweise aufschlussreiche Parallelen zwischen Landschaftsplanung und Teilen der Volkskunde und der Geschichtswissenschaft (pointiert dazu u. a. RÖSSLER & SCHLEIERMACHER 1993; ALY 1999; FAHLBUSCH 1999).

Quellen

Archiv der Stiftung Naturschutzgeschichte (ASNG)
  Bestand Deutscher Rat für Landespflege (1200)
    0006
  Bestand Interparlamentarische Arbeitsgemeinschaft (1050)
    0041, 0170, 0171, 0173

Bundesarchiv Berlin (BAB)
R 90468 Personalakte Harri Bading Reichskommissar für das Ostland
R 9361   146069   Entnazifizierungsakte Harri Bading
R 9361   151673   Entnazifizierungsakte Otto Schmidt

Bestand 3200:	*Berlin Document Center*
A0018	Gustav Allinger
B0125	Konrad Buchwald
C0314	Eberhard Herzner
D0088	Otto Schmidt
E0074	Josef Franken
E0400	Gerhard Olschowy
G0044	Erich Kühn
G0047	Werner Lendholt
G0088	Horst Hammler
I0051	Josef Hollatz
L0071	Gert Kragh
M0035	Erich Kühn
N0023	Werner Lendholt
O3344	Hermann Mattern
Z0050	Wilhelm Wortmann

Literatur

ALY, GÖTZ (1999): Macht, Geist, Wahn. Kontinuitäten deutschen Denkens. Frankfurt/
    M.
BERNADOTTE, LENNART (1961): Grüne Charta von der Mainau. Mainau.
BOURDIEU, PIERRE (1991): Die feinen Unterschiede. Kritik der gesellschaftlichen
    Urteilskraft. 4. Auflage. Frankfurt/M.
BRÜGGEMEIER, FRANZ-JOSEF (1999): Tschernobyl, 26. April 1986. Die ökologische
    Herausforderung. 2. Auflage München.

Conze, Eckhart, Frei, Norbert, Hayes, Peter & Zimmermann, Moshe (2010): Das Amt und die Vergangenheit. Deutsche Diplomaten im Dritten Reich und in der Bundesrepublik. München.

Demoll, Reinhard (1954): Bändigt den Menschen. Gegen die Natur oder mit ihr? München (2. stark erw. Auflage 1957, 3. Auflage 1960).

Deutsche Gartenbau-Gesellschaft (DGG) (1961): Grüner Lebensraum um des Menschen willen. Bonn.

Deutsche Gartenbau-Gesellschaft (DGG) (1977): 15 Jahre Grüne Charta von der Mainau. Stellungnahmen der Deutschen Gartenbau-Gesellschaft zur gegenwärtigen Umweltsituation, Kritik an erkennbaren Fehlentwicklungen, Zielsetzungen für die Zukunft. Mainau.

Deutsche Gartenbau-Gesellschaft (DGG) (1985): Deutsche Gartenbau-Gesellschaft. Gestern – heute – morgen. Bonn.

Deutscher Rat für Landespflege (DRL) (1980): Geschieht genug für die Umwelt? – 20 Jahre »Grüne Charta von der Mainau«. Bestandsaufnahme und Strategie des Deutschen Rates für Landespflege. Bonn.

Deutscher Rat für Landespflege (DRL) (1997): Betrachtungen zur »Grünen Charta von der Mainau« im Jahre 1997. Bonn.

Dittrich, Erich (1961): Grüner Lebensraum um des Menschen willen. Fünftes Mainauer Rundgespräch. – In: Raumforschung und Raumordnung 19.1: 42f.

Eissing, Hildegard (2014a): Wer verfasste die »Grüne Charta von der Mainau«? Einflüsse nationalsozialistischen Gedankenguts. – In: Naturschutz und Landschaftsplanung 46: 247–252.

Eissing, Hildegard (2014b): Aufarbeitung der NS-Geschichte des Naturschutzes steht erst am Anfang. – In: Naturschutz und Landschaftsplanung 46: 321f.

Engels, Jens Ivo (2003): »Hohe Zeit« und »dicker Strich«: Vergangenheitsdeutung und -bewahrung im westdeutschen Naturschutz nach dem Zweiten Weltkrieg. – In: Radkau, Joachim & Uekötter, Frank (Hrsg.): Naturschutz und Nationalsozialismus. Frankfurt/M.: 331–362.

Engels, Jens Ivo (2006): Naturpolitik in der Bundesrepublik. Ideenwelt und politische Verhaltensstile in Naturschutz und Umweltbewegung 1950–1980. Paderborn.

Fahlbusch, Michael (1999): Wissenschaft im Dienst der nationalsozialistischen Politik? Die »Volksdeutschen Forschungsgemeinschaften« von 1931–1945. Baden-Baden.

Fehn, Klaus (2003): »Lebensgemeinschaft von Volk und Raum«: zur nationalsozialistischen Raum- und Landschaftsplanung in den eroberten Ostgebieten. – In: Radkau, Joachim & Uekötter, Frank (Hrsg.): Naturschutz und Nationalsozialismus. Frankfurt/M.: 207–224.

Franke, Nils. M. (2014): »Keine Überspitzung der Demokratie zulassen.« Kontinuitäten von Personen und Netzwerken im Naturschutz zwischen 1933 und 1970. –

In: Franke, Nils M. & Pfenning, Uwe (Hrsg.): Kontinuitäten im Naturschutz. Stuttgart: 81–95.

Frohn, Hans-Werner (2006): Naturschutz macht Staat – Staat macht Naturschutz. Von der Staatlichen Stelle für Naturdenkmalpflege in Preußen bis zum Bundesamt für Naturschutz 1906 bis 2006 – eine Institutionengeschichte. – In: Frohn, Hans-Werner & Schmoll, Friedemann (Hrsg.): Natur und Staat. Staatlicher Naturschutz in Deutschland 1906–2006. Münster: 85–313.

Frohn, Hans-Werner (2011): Das Fenster zur Moderne öffnen! Zur Entstehungsgeschichte der »Grünen Charta von der Mainau«. – In: Lennart-Bernadotte-Stiftung (Hrsg.): 50 Jahre Grüne Charta von der Mainau. Mainau: 14–19.

Grober, Ulrich (2010): Die Entdeckung der Nachhaltigkeit. Kulturgeschichte eines Begriffs. München.

Gröning, Gert & Wolschke-Bulmahn, Joachim (1987): Die Liebe zur Landschaft. Teil III: der Drang nach Osten. Zur Entwicklung der Landespflege im Nationalsozialismus und während des Zweiten Weltkrieges in den »eingegliederten Ostgebieten«. München.

Gröning, Gert & Wolschke-Bulmahn, Joachim (1997): Grüne Biographien. Biographisches Handbuch zur Landschaftsarchitektur des 20. Jahrhunderts in Deutschland. Berlin/Hannover.

Haber, Wolfgang (2002): Von der »Grünen Charta« bis zum »Weltgipfel für nachhaltige Entwicklung«. – In: Deutscher Rat für Landespflege (Hrsg.): Die verschleppte Nachhaltigkeit: frühe Forderungen – aktuelle Akzeptanz. Bonn: 37–40.

Haerendel, Ulrike & Lepp, Claudia (Hrsg.) (2015): Bekennende Kirche und NS-Unrechtsstaat. Bad Homburg.

Herbert, Ulrich (2011): Best. Biographische Studien über Radikalismus, Weltanschauung und Vernunft, 1903–1989. 5. Auflage. Bonn.

Hünemörder, Kai F. (2004): Die Frühgeschichte der globalen Umweltkrise und die Formung der deutschen Umweltpolitik (1950–1973). Stuttgart.

Kellner, Ursula (1998): Heinrich Friedrich Wiepking (1891–1973). Leben, Lehre und Werk. Hannover (Diss.).

Klimke, Vivienne (2015): A sustainable Life. Wolfgang E. Burhenne and the development of environmental law. O. O.

Körner, Stefan (2001): Theorie und Methodologie der Landschaftsplanung, Landschaftsarchitektur und Sozialwissenschaftlichen Freiraumplanung vom Nationalsozialismus bis zur Gegenwart. Landschaftsentwicklung und Umweltforschung, Schriftenreihe im Fachbereich Umwelt und Gesellschaft der TU Berlin. Berlin.

Kühn, Erich (1961): Kommentar zur Grünen Charta. – In: Deutsche Gartenbau-Gesellschaft (Hrsg.): Die Grüne Charta von der Mainau. Pfullingen: 7–13.

Lengemann, Jochen (1986): Das Hessen-Parlament 1946–1986. Biographisches Handbuch des beratenden Landesausschusses, der Verfassungsberatenden Landesversammlung Groß-Hessen und des Hessischen Landtags 1.–11. Wahlperiode. Frankfurt/M.

METZLER, GABRIELE (2005): Konzeptionen politischen Handelns von Adenauer bis Brandt. Politische Planung in der pluralistischen Gesellschaft. Paderborn.

POTTHAST, THOMAS (2006): Naturschutz und Naturwissenschaft – Symbiose oder Antagonismus? Zur Beharrung und zum Wandel prägender Wissensformen vom ausgehenden 19. Jahrhundert bis in die Gegenwart. – In: FROHN, HANS-WERNER & SCHMOLL, FRIEDEMANN (Hrsg.): Natur und Staat. Staatlicher Naturschutz in Deutschland 1906–2006. Bonn: 343–444.

RÖSSLER, MECHTHILD & SCHLEIERMACHER, SABINE (Hrsg.) (1993): Der »Generalplan Ost«. Hauptlinien der nationalsozialistischen Planungs- und Vernichtungspolitik. Berlin.

ROSEBROCK, JÜRGEN (2014): Wegbereiter der bundesdeutschen Umweltpolitik. Eine kurze Geschichte der Interparlamentarischen Arbeitsgemeinschaft. München.

RUCK, MICHAEL (2000): Ein kurzer Sommer der konkreten Utopie. Zur westdeutschen Planungsgeschichte der langen 60er Jahre. – In: SCHILDT, AXEL, SIEGFRIED, DETLEF & LAMMERS, KARL CHRISTIAN (Hrsg.): Dynamische Zeiten. Die 60er Jahre in den beiden deutschen Gesellschaften. Hamburg: 362–401.

SCHILDT, AXEL & SYWOTTEK, ARNOLD (Hrsg.) (1993): Modernisierung im Wiederaufbau. Die westdeutsche Gesellschaft in den 50er Jahren. Bonn.

SCHILDT, AXEL, SIEGFRIED, DETLEF & LAMMERS, KARL CHRISTIAN (Hrsg.) (2000): Dynamische Zeiten. Die 60er Jahre in den beiden deutschen Gesellschaften. Hamburg.

SCHRÖDER, ERNST (1976): Gartenbau, wirtschaftliche und gesellschaftspolitische Kraft. Politik und Organisation im Spiegel eines ungewöhnlichen Gärtnerlebens 1893–1976. Münster.

SCHWAB, GÜNTHER (1958): der Tanz mit dem Teufel. Ein abenteuerliches Interview. Hannover.

Strube, Sebastian (o. J.): Die »Grüne Charta von der Mainau, 20. April 1961. – In: 100(0) Schlüsseldokumente zur deutschen Geschichte im 20. Jahrhundert (URL: http://www.1000dokumente.de/index.html/index.html?c=dokument_de&dokument=0076_mai&object=context&l=de; zuletzt eingesehen am 10.8.2016).

UEKÖTTER, FRANK (2006): The Green and the Brown. A History of Conservation in Nazi Germany. Cambridge.

VIERHAUS, RUDOLF & HERBST, LUDOLF (Hrsg.) (2002): Biographisches Handbuch der Mitglieder des Deutschen Bundestages 1949–2002. Band 2: N–Z. München.

WASSER, BRUNO (1994): Himmlers Raumplanung im Osten. Der Generalplan Ost in Polen 1940–1944. Basel.

WOLSCHKE-BULMAHN, JOACHIM (2005): Violence as the Basis of National Socialist Landscape Planning in the »Annexed Eastern Areas«. – In: BRÜGGEMEIER, FRANZ-

JOSEF, CIOC, MARK & ZELLER, THOMAS (Hrsg.): How Green Were the Nazis? Nature, Environment, and Nation in the Third Reich. Athens (Ohio): 243–256.

WEY, KARL-GEORG (1982): Umweltpolitik in Deutschland. Kurze Geschichte des Umweltschutzes in Deutschland seit 1900. Opladen.

ZELLER, THOMAS (2007): Driving Germany. The Landscape of the German Autobahn, 1930–1970. New York/Oxford.

ZUTZ, AXEL (2015): »Zu den Menschenrechten gehört das Gesunde und Schöne.« Zur Verankerung Landschaftlicher Daseinsvorsorge zwischen 1945 und dem Beginn der 1960er Jahre. – In: STRUBELT, WENDELIN & BRIESEN, DETLEF (Hrsg.): Raumplanung nach 1945. Kontinuitäten und Neuanfänge in der Bundesrepublik Deutschland. München: 151–196.

Anhang

Wir danken der Mainau GmbH für die freundliche Genehmigung, die 1961 herausgegebene »Grüne Charta von der Mainau« auf den folgenden Seiten als Faksimile abbilden zu können.

Grüne
Charta
von
der
Mainau

Hiermit lege ich die Grüne Charta von der Mainau vor. Sie soll allen Verantwortlichen in Stadt und Land eindringlich und deutlich aufzeigen, daß individuelle und letztlich auch politische Freiheit nur in einem Lebensraum mit gesunder Daseinsordnung gedeihen kann.

Die Grüne Charta wurde gestaltet nach Überlegungen eines Kreises unabhängiger und verantwortungsbewußter Männer und Frauen, die sich seit fünf Jahren auf der Mainau zu Rundgesprächen zusammenfinden. Berufene Sachkenner haben diese Charta formuliert; die Interparlamentarische Arbeitsgemeinschaft, der Abgeordnete des Bundestages und der Länderparlamente aus allen Parteien angehören, hat wesentlich daran mitgearbeitet.

Möge die Grüne Charta von der Mainau dienen, fördern und helfen und vor allem: Taten auslösen. Dieser bedarf unsere Zeit am dringlichsten.

(Graf Lennart Bernadotte)

Am 20. April 1961 wurde anläßlich des fünften Mainauer Rundgespräches die
nachstehende Grüne Charta beschlossen.

Um des Menschen willen wird aufgerufen, tatkräftig für die Verwirklichung
der Ziele dieser Charta einzutreten.

Ein freies Gremium aus Persönlichkeiten des kulturellen, politischen und wirtschaftlichen Lebens und der Landschaftspflege soll dazu beitragen,
denn es geht um unser aller Schicksal!

Grüne Charta
von der Mainau

I. Das Grundgesetz für die Bundesrepublik Deutschland legt unter anderem
    folgende Grundrechte fest:

    Art. 1 (1) Die Würde des Menschen ist unantastbar. Sie zu achten und
                zu schützen ist Verpflichtung aller staatlichen Gewalt.

            (2) Das deutsche Volk bekennt sich darum zu unverletzlichen
                und unveräußerlichen Menschenrechten als Grundlage jeder
                menschlichen Gemeinschaft . . .

    Art. 2 (1) Jeder hat das Recht auf freie Entfaltung seiner Persönlichkeit,
                soweit er nicht die Rechte anderer verletzt und nicht gegen
                die verfassungsmäßige Ordnung oder das Sittengesetz ver-
                stößt.

            (2) Jeder hat das Recht auf Leben und körperliche
                Unversehrtheit . . .

    Art. 14 (2) Eigentum verpflichtet. Sein Gebrauch soll zugleich dem Wohle
                der Allgemeinheit dienen.

II. Dazu ist festzustellen:

Die Grundlagen unseres Lebens sind in Gefahr geraten, weil lebenswichtige Elemente der Natur verschmutzt, vergiftet und vernichtet werden und weil der Lärm uns unerträglich bedrängt. Die Würde des Menschen ist dort bedroht, wo seine natürliche Umwelt beeinträchtigt wird. Zu den unverletzlichen und unveräußerlichen Menschenrechten gehört auch das Recht auf ein gesundes und menschenwürdiges Leben in Stadt und Land.

III. Voraussetzung für unser Leben ist, neben gesunder Nahrung, die gesunde Landschaft mit Boden, Luft, Wasser und ihrer Pflanzen- und Tierwelt. Diese lebenswichtigen Elemente werden übermäßig und naturwidrig beansprucht.

> Immer häufiger werden
> lebendiger Boden vernichtet,
> Oberflächen- und Grundwasser verdorben,
> Luft verunreinigt,
> Pflanzen- und Tierwelt gestört und
> offene Landschaft verunstaltet.

Die gesunde Landschaft wird in alarmierendem Ausmaß verbraucht.

IV. Wir wissen:

Auch Technik und Wirtschaft sind unerläßliche Voraussetzungen unseres heutigen Lebens.

Die natürlichen Grundlagen von Technik und Wirtschaft können weder willkürlich ersetzt noch beliebig vermehrt werden.

> Deshalb ist es notwendig, gemeinsam
> die Lage zu überprüfen,
> zu planen,
> zu handeln,
> um den Ausgleich zwischen Technik, Wirtschaft und
> Natur herzustellen und zu sichern.

V. **Um des Menschen willen ist der Aufbau und die Sicherung einer gesunden Wohn- und Erholungslandschaft, Agrar- und Industrielandschaft unerläßlich:**

Deshalb ist zu fordern:

1. eine rechtlich durchsetzbare Raumordnung für alle Planungsebenen unter Berücksichtigung der natürlichen Gegebenheiten;

2. die Aufstellung von Landschaftsplänen, von Grünordnungsplänen in allen Gemeinden für Siedlungs-, Industrie- und Verkehrsflächen;

3. ausreichender Erholungsraum durch Bereitstellung von Gartenland,
freier Zugang zu Wäldern, Bergen, Seen und Flüssen und sonstigen landschaftlichen Schönheiten,
stadtinnerer Freiraum in Wohnungsnähe für die tägliche Erholung, stadtnaher Erholungsraum für das Wochenende und stadtferner Erholungsraum für die Ferien;

4. die Sicherung und der Ausbau eines nachhaltig fruchtbaren Landbaues und einer geordneten ländlichen Siedlung;

5. verstärkte Maßnahmen zur Erhaltung und Wiederherstellung eines gesunden Naturhaushaltes, insbesondere durch Bodenschutz, Klima- und Wasserschutz.

6. die Schonung und nachhaltige Nutzung des vorhandenen natürlichen oder von Menschenhand geschaffenen Grüns;

7. die Verhinderung vermeidbarer, landschaftsschädigender Eingriffe, z. B. beim Siedlungs- und Industriebau, beim Bergbau, Wasserbau und Straßenbau;

8. die Wiedergutmachung unvermeidbarer Eingriffe, insbesondere die Wiederbegrünung von Unland;

9. eine Umstellung im Denken der gesamten Bevölkerung durch verstärkte Unterrichtung der Öffentlichkeit über die Bedeutung der Landschaft in Stadt und Land und die ihr drohenden Gefahren;

10. die stärkere Berücksichtigung der natur- und landschaftskundlichen Grundlagen im Erziehungs- und Bildungswesen;

11. der Ausbau der Forschung für alle, den natürlichen Lebensraum angehenden Disziplinen;

12. ausreichende gesetzgeberische Maßnahmen zur Förderung und Sicherung eines gesunden Lebensraumes.

Staat, Politik und Naturschutz in Nordrhein-Westfalen 1966–2010

Debatten um Landschaftsgesetz, Landschaftsplanung und praktische Naturschutzpolitik

Hans-Werner Frohn

Einleitung

Mitte der 1960er Jahre drängten führende Kreise des amtlichen wie des ehrenamtlichen Naturschutzes auf eine Modernisierung bei den Leitbildern und Zielen, den Strukturen und den Instrumenten. Planung hieß die Zauberformel im allgemeinen Diskurs. Auch der Naturschutz war, zumindest in seinem politischen und wissenschaftlich-fachlichen Teil, daran beteiligt. Landschaftsplanung erschien als der Schlüssel zu einer modernen Naturschutzpolitik.

Als Wendepunkt zum modernen Naturschutz heutiger Prägung gilt in NRW das 1975 in Kraft getretene Landschaftsgesetz (LG). Überall war und ist die Rede vom »nordrhein-westfälischen Sonderweg«, insbesondere vom »nordrhein-westfälischen Sonderweg« der im Außenbereich flächendeckenden und verbindlichen Landschaftsplanung. »Nordrhein-westfälischer Sonderweg« – das steht zum einen für eine Abgrenzung gegenüber anderen Bundesländern, zum anderen verbindet sich dies mit der Erwartung, dass dieser Sonderweg in NRW nur dann dauerhaft bestehen kann, wenn er von einem breiten Konsens getragen wurde und wird.

Aber bestand 1975 unter den Parteien in NRW wirklich ein Konsens über diesen »nordrhein-westfälischen Sonderweg«? Und falls nicht, konnte ein Konsens im Laufe der folgenden vier Jahrzehnte zwischen den sich wandelnden Parteienblöcken hergestellt werden? Zwischen 1966 und 2015 stellte die SPD, mit Ausnahme von 2005 bis 2010, jeweils den Ministerpräsidenten. Zu Beginn koalierte sie 14 Jahre mit der FDP, 15 Jahre verfügte sie über die absolute Mehrheit der Mandate im Parlament, und nach 1995 folgten Koalitionen mit Bündnis 90/Die Grünen. War der »nordrhein-westfälische Sonderweg« vielleicht, in Analogie zum ursprünglichen SPD-Wahlkampfslogan »Wir in NRW« (HITZE 2010: 98 f.), im Kern ein sozialdemokratischer Weg, den die jeweiligen Koalitionspartner aber mittrugen? Wie positionierte sich die langjährige Oppositionsfraktion der CDU?

Naturschutz ist ohne das Ehrenamt schlichtweg nicht vorstellbar. Naturschutz braucht eine fähige und gut ausgestattete Verwaltung. Aber Naturschutz bedarf auch gesetzlicher Grundlagen sowie finanzieller Ressourcen und dem Anliegen gewogene

Parlamente. Über den ehrenamtlichen und den administrativen Naturschutz infor-
mieren für das Land NRW bereits mehrere Studien (UEKÖTTER 2004; LEH 2006;
LEH & DIETZ 2009; MAINZER 2014). Nur sehr unzureichende Informationen liegen
aber über die politische Verankerung des Naturschutzes vor. Deshalb wird im Folgenden der Fokus auf das Parlament gerichtet. Hier konkurrieren bei der Gesetzgebung
die Interessengruppierungen um Einfluss, hier positionieren sich die Parteien, hier
finden die politischen Abwägungsprozesse statt – auch wenn natürlich unverkennbar
ist, dass gerade hinter den Kulissen Einfluss genommen wird.

1. Prolog: Staat, Politik und Naturschutz bis 1966

Mitte des 19. Jahrhunderts bemerkten Feldforscher bzw. Mitglieder natur-
wissenschaftlicher Vereine einen Rückgang in den Artenbeständen (SCHMOLL 2004).
1880 legte Ernst Rudorff mit dem Aufsatz »Ueber das Verhältniß des modernen Lebens
zur Natur« ein erstes Naturschutzmanifest vor. 1898 forderte der linksliberale Abgeordnete Wilhelm Wetekamp im Preußischen Landtag, dass der Staat den Schutz der
Natur in den Katalog der staatlichen Daseinsvorsorge aufnehmen solle, und 1906 richtete Preußen die Staatliche Stelle für Naturdenkmalpflege ein. Mit Artikel 150 der
Weimarer Verfassung erhielt 1919 der Naturschutz Verfassungsrang. Der Preußische
Landtag änderte 1920 das Preußische Feld- und Forstpolizeigesetz, so dass nun nach
§ 34 rechtsförmlich Naturschutzgebiete ausgewiesen werden konnten. Auf der Basis
dieses Gesetzes ergingen ab 1921 erste Artenschutzverordnungen (FROHN 2006).

Was auf den ersten Blick wie eine bilderbuchgleiche Erfolgsgeschichte aussieht,
erweist sich bei näherer Betrachtung als äußerst bescheiden. Staatlicher Naturschutz
etablierte sich in Preußen in Anlehnung an die Denkmalpflege als Naturdenkmalpflege. An deren weit überwiegend ehrenamtlichen Strukturen hatte er sich zu orientieren. Nur unter diesen Bedingungen war der Finanzminister bereit, der Gründung
der Staatlichen Stelle zuzustimmen. Das Landwirtschaftsministerium erklärte sich
dazu ebenfalls nur unter der Voraussetzung bereit, der Gründung zuzustimmen, wenn
die weitere Ausprägung der industriellen Moderne in der Land- und Forstwirtschaft
nicht behindert werde. So verblieben dem sich etablierenden staatlichen Naturschutz
nur »Memorialinseln« (SCHMOLL 2004) als Aufgabenfeld. Der Gründungskompro-
miss lautete 1906 innerhalb der preußischen Administration: Naturschutz ja, aber er
durfte nichts kosten, er erhielt so gut wie kein Personal und schon gar keine Rechte.

Bis auf den Direktor der Staatlichen Stelle, Hugo Conwentz, arbeitete staatlicher
Naturschutz nahezu ausschließlich ehrenamtlich. In den preußischen Provinzen, den
Regierungsbezirken und – idealtypisch – den Landkreisen bzw. kreisfreien Städten
entstanden Komitees für Naturdenkmalpflege, denen Spitzenrepräsentanten der staatlichen Behörden der jeweiligen Ebenen, Vertreter der Land- und Forstwirtschaft und
der Universitäten bzw. aus dem Schul- und Kulturleben sowie naturschützerischer
oder naturkundlicher Vereine angehörten. Sie berieten Naturschutzverwaltungen auf

den unterschiedlichen Ebenen – zumeist nahm ohnehin vorhandenes Personal diese Aufgabe gleichsam nebenher mit wahr. Die eigentliche Arbeit lastete jeweils auf einer Person, dem ehrenamtlich tätigen Naturschutzbeauftragten.

In Westfalen entstand am 13. März 1908 ein Provinzialkomitee für Naturdenkmalpflege. Im Rheinland zeigte man sich zunächst im Verbandsbereich wenig angetan von den Berliner Direktiven. 1909 gab man nach mehreren mahnenden Briefen aus der Hauptstadt dem Druck nach und errichtete auch hier ein solches Provinzialkomitee. Die eigentliche Naturschutzarbeit verrichteten im Rheinland aber weiterhin die Vereine (Frohn 2006: 107).

In der Weimarer Republik änderte sich an dieser Struktur kaum etwas. Bemühungen um ein preußisches Naturschutzgesetz scheiterten. Der Conwentz-Nachfolger Walther Schoenichen brachte den Naturschutz zusehends in deutsch-völkisches Fahrwasser, so dass die Staatliche Stelle 1933 die »Machtübernahme« der Nationalsozialisten freudig begrüßte. In den ersten Jahren des »Dritten Reiches« zog der Naturschutz allerdings keinen wirklichen Nutzen aus der Anbiederung bzw. der »Gleichschaltung«. Dies sollte sich allerdings 1935 mit der Verabschiedung des Reichsnaturschutzgesetzes (RNG) ändern. Mit einem Gewaltstreich zog Hermann Göring den Naturschutz in das von ihm geführte Reichsforstamt. Auf der Basis eines von der preußischen Ministerialverwaltung in der Weimarer Republik vorgelegten Konzeptes für ein preußisches Naturschutzgesetz entstand hier das Reichsnaturschutzgesetz (RNG). Das Gesetz fiel Karl Ditt zufolge »bemerkenswert unideologisch« aus (zit. nach Frohn 2006: 169). Tatsächlich handelte es sich, sieht man von der Präambel und dem § 24 ab, der eine entschädigungslose Enteignung vorsah, im Kern um kein ›Nazi-Gesetz‹.[1] Es kodifizierte den Landschaftsschutz und sicherte dem Naturschutz aufgrund des § 20 erhebliche Beteiligungsrechte. Da das Gesetz aber die in Preußen geschaffene nahezu ausschließlich ehrenamtliche Struktur festschrieb und auf das ganze Deutsche Reich übertrug, existierten die Beteiligungsrechte im Wesentlichen nur auf dem Papier. Substanziellen Einfluss auf Natur und Landschaft hatte der amtliche Naturschutz im »Dritten Reich« nicht. Die von den Nationalsozialisten trotz aller »Blut-und-Boden-Ideologie« forcierte Modernisierung in Wald- und Forstwirtschaft beeinflusste er nicht.

Große Schuld lud der landschaftsplanerische Naturschutz auf sich. Die Anfänge dieses Naturschutzstranges reichen in die Weimarer Republik zurück. Großen Einfluss errangen Planer vor allem durch das 1940 eingerichtete »Reichskommissariat zur Festigung deutschen Volkstums«. Landschaftsplaner wie Heinrich Wiepking-Jürgensmann entwickelten hier nicht nur die Grundlagen moderner Planungsmethoden und -instrumente, sondern auch Pläne zur »Gestaltung neuer deutscher Siedlungsräume« im von der Wehrmacht besetzten Teil Polens. Deren Prämisse war, dass die dort

---

1 Vgl. hierzu auch kontrovers Uekötter 2006 und Eissing 2014.

lebende polnische Bevölkerung vertrieben und die dort ansässigen Polen jüdischen Glaubens in den Konzentrationslagern ermordet werden sollten.

Nach 1945 strichen die Alliierten zwar die Präambel des RNG, ließen es aber ansonsten als Landesrecht fortgelten. Das Grundgesetz von 1949 wies den Ländern die Zuständigkeit für Naturschutz und Landschaftspflege zu, und ein Urteil des Bundesverfassungsgerichtes aus dem Jahr 1958 bestätigte das RNG höchstrichterlich als Landesrecht.

Vor dem Hintergrund der schwierigen sozioökonomischen Verhältnisse in der Nachkriegszeit hatten Naturschutz und Landschaftspflege nur dann eine Chance auf gesellschaftliche und politische Akzeptanz, wenn sie ihr Aufgabenspektrum über den konservierenden Ansatz in Richtung Landschaftsplanung ausweiteten. Der seit 1952 amtierende Leiter der Bundesanstalt für Naturschutz und Landschaftspflege, Gert Kragh, drängte als Wiepking-Jürgensmann-Schüler, aber auch angesichts des politischen Drucks auf eine Änderung des Leitbildes. Landschaftspflege und Landschaftsplanung sollten fortan eine wesentlich größere Rolle spielen. Damals junge, aufstrebende Wissenschaftler wie Konrad Buchwald, Wolfram Pflug, aber auch Wolfgang Engelhardt drängten mit ihm in diese Richtung und wollten die nahezu ausschließlich ehrenamtlichen Strukturen in hauptamtliche überführen.

Einen deutlichen Bruch nahm die 1961 verabschiedete »Grüne Charta von der Mainau« vor. In den 1950er Jahren immer noch verbreitete zivilisationskritisch-kulturpessimistische Positionen warf sie über Bord und stellte den Naturschutz fest auf den Boden der freiheitlich-demokratischen Grundordnung (vgl. den Beitrag von FROHN, POTTHAST & ROSEBROCK in diesem Band).

In Nordrhein-Westfalen zeigte sich der amtliche Naturschutz Mitte der 1960er Jahre, verglichen mit großen Teilen der übrigen Republik, ein wenig besser aufgestellt. Hier hatte zumindest auf der Ebene des Landes- und der Bezirksbeauftragten (Regierungsbezirke) die Hauptamtlichkeit Einzug gehalten. Aber auf den unteren Verwaltungsebenen agierten – sehr verdienstvoll – weiterhin ehrenamtliche Beauftragte, die gegen die professionell besetzten Landnutzungsbehörden kaum etwas ausrichten konnten (LEH 2006: 199–209).

2. Naturschutzpolitischer Kontext Mitte der 1960er Jahre in NRW

In der Nachkriegszeit trugen NRW und insbesondere das Ruhrgebiet maßgeblich zum Wiederaufbau Deutschlands bei. Unverkennbar waren aber auch die Folgen, die die rauchenden Schlote – das Symbol für den Wiederaufstieg der deutschen Wirtschaft – für die Gesundheit von Mensch und Natur hatten. Im August 1961 forderte Willy Brandt, Kanzlerkandidat der SPD: »Der Himmel über der Ruhr muß wieder blau werden!« (HÜNEMÖRDER 2004: 60). So einprägsam dieser Slogan auch war, im Bundestagswahlkampf 1961 und den darauffolgenden Wahlkämpfen 1965 und 1969 spielten Umwelt- und Naturschutz so gut wie keine Rolle.

1966 erlebte die Bundesrepublik ihre erste Rezession. Auch wenn diese im Vergleich zu späteren wirtschaftlichen Krisen wie eine Lappalie erscheinen mag, so zeitigte sie doch große Folgen. Der Mythos des steten wirtschaftlichen Aufstiegs, unmittelbar mit der Person des langjährigen Bundeswirtschaftsministers Ludwig Erhard verbunden, war dahin. Nun stieß die Soziale Marktwirtschaft an ihre Erfolgsgrenzen – und nicht nur ihr Mythos war dahin. An Rhein und Ruhr schlug die Krise besonders stark zu. »Schwarze Fahnen an der Ruhr« symbolisierten den Beginn nicht nur einer wirtschaftlichen, sondern mit dem Erstarken der NPD und deren Einzug in verschiedene Landesparlamente auch den einer politischen Strukturkrise.

Aber auch zwei politische Veränderungen prägten das Jahr 1966. Auf Bundesebene bildeten CDU/CSU und SPD die erste Große Koalition. In Nordrhein-Westfalen verfehlte die SPD bei den Landtagswahlen am 10. Juli 1966 mit 49,5 % der Stimmen nur ganz knapp die absolute Mehrheit. Die bisherige christlich-liberale Landesregierung unter Franz Meyers wurde noch einmal im Landtag bestätigt, doch schon im Herbst des Jahres wechselte die FDP die Seiten und am 8. Dezember 1966 wurde Heinz Kühn (SPD) zum neuen Ministerpräsidenten einer sozialliberalen Koalition gewählt.

Seit 1949 waren gesamtstaatliche Planungen verpönt, auch wenn solche in Frankreich oder in den Niederlanden seit den 1950er Jahren wie selbstverständlich aufgestellt wurden (RUCK 2000: 372 f.). Die neue »sozialliberale Reformkoalition« (DÜDING 2002: 215) konnte nun auf einer Wende im Planungsdiskurs aufbauen. Nach langem Ringen, angestoßen durch die Interparlamentarische Arbeitsgemeinschaft (IPA), war 1965 das Bundesraumordnungsgesetz verabschiedet worden (ROSEBROCK 2014: 98–122). Damit und mit dem Abgang Erhards endete die politische Tabuisierung von Planung. Ihren großen Durchbruch erlebte sie mit der Globalsteuerung, die Karl Schiller (SPD) als Instrument zur Überwindung der kleinen Rezession einführte. Planung verfügte nun über den »Flair des Fortschrittlichen« (Thomas Ellwein, zit. nach: RUCK 2000: 386).

Planung spielte fortan auch in NRW eine große Rolle. Der neue Ministerpräsident Heinz Kühn berief Friedrich Halstenberg, vormals Direktor des Siedlungsverbandes Ruhrkohlenbezirk (SVR), zum Leiter der Staatskanzlei. Er strukturierte diese zur zentralen Steuerungs-, Koordinierungs- und Planungsstelle um. »Planung« – in enger Kombination mit »Reform« – wurde fortan zum Schlüsselbegriff der Düsseldorfer sozialliberalen Koalition (DÜDING 2002: 215 ff.).

3. Auf dem Weg zum Landschaftsgesetz in Nordrhein-Westfalen

Naturschutz ressortierte seit 1963 im Ministerium für Landesplanung. Welche Bedeutung Ressortminister Paul Joseph Franken (CDU) dem Naturschutz beimaß, legte er 1964 offen: Priorität habe eine florierende Wirtschaft, und viel Steuergeld werde man nicht zur Verfügung stellen können. Wichtiger als Geld seien »das Verständnis und die Mitwirkung der Bevölkerung« (zit. nach MAINZER 2014: 106).

Mitte der 1960er Jahre waren Natur- und Vogelschutz aus Sicht des Parlaments noch absolute Nischenthemen. Parlamentshierarchisch bewegten sie sich lediglich auf der Ebene von kleinen und mündlichen Anfragen.

Insgesamt wuchs Naturschutz räumlich nach 1950 nur marginal. Die Fläche der Naturschutzgebiete nahm von 1950 bis 1966 von 156 qkm auf 170 qkm (ca. 0,46 % bzw. 0,5 % der Landesfläche) und die der Landschaftsschutzgebiete von 7.119 qkm auf 9.716 qkm (ca. 20,9 % bzw. 28,5 % der Landesfläche) zu (Ds 6/453: 1).

1966 zwang eine Gerichtsentscheidung die Landesregierung zum Handeln. Alle bisherigen Landschaftsschutzgebiets-Verordnungen mussten wegen nicht eindeutiger Regelungen bezüglich des Eingriffs in Eigentumsrechte neu erlassen werden. Gegen die vom Landesplanungsministerium entworfene Muster-Verordnung starteten die Landwirtschaftsverbände 1967 eine Kampagne, die die CDU-Landwirtschaftspolitiker in den Landtag trugen und mit der Forderung verknüpften, baldmöglichst eine Novelle des RNG vorzulegen, die »einem zeitgemäßen, den Anforderungen des demokratischen Rechtsstaates entsprechenden Natur- und Landschaftsschutzgesetz« entsprechen müsse. Die Landesregierung griff die Forderung auf, machte aber deutlich, dass ein neues Gesetz sich in Fragen der Eigentumsrechte weiter an deren Sozialbindung (Art. 14 GG) orientieren werde (PLPR 5/75: 2750 f.; Ds 6/453).

1970 wechselte der Naturschutz in die Staatskanzlei. Mit der Ressortierung in der Schaltzentrale ging aber keine Einflusssteigerung einher. Süffisant bemerkte die Süddeutsche Zeitung, dass der Naturschutz nun »mit dem Briefkopf ›Der Ministerpräsident – oberste Naturschutzbehörde – […]‹ wohl Eindruck schinden, aber keine Grundstücke kaufen könne« (SZ 20. August 1970; zit. nach MAINZER 2014: 109). Der amtliche Naturschutz dümpelte in NRW Anfang 1970 weiter vor sich hin.

Starke Bewegung generierte hingegen die Bundespolitik. Die im Oktober 1969 gewählte sozialliberale Koalition unter Willy Brandt gab den »Startschuß« zur Umweltpolitik (MÜLLER 1995: 53) und erzeugte eine »intensive Aufbruchstimmung« (HÜNEMÖRDER 2004: 154), die das vom Europarat ausgerufene »Europäische Naturschutzjahr 1970« durch vielfältige Veranstaltungen noch beförderte. Am 17. September 1970 legte die Bundesregierung das »Sofortprogramm Umweltschutz«, am 30. September 1971 ein umfängliches Umweltprogramm vor. Wolfgang Erz zog unter den bisher vorwiegend konservierend-musealen Ansatz im amtlichen Naturschutz einen Schlussstrich: »Opas Naturschutz ist tot«, und Hubert Weinzierl rief die »große Wende im Naturschutz« aus. Für Furore sorgte auch, dass Brandt erstmals einen – ehrenamtlich tätigen – Bundesnaturschutzbeauftragten berief: Bernhard Grzimek, den über das Fernsehen sehr bekannten Frankfurter Zoodirektor und Medienprofi (FROHN 2006: 242–247).

Probleme des Umwelt- und Naturschutzes waren offenbar nicht föderal zu lösen. So verlangte die Bonner Koalition, dem Bund statt der Rahmengesetzgebungs- die konkurrierende Gesetzgebungskompetenz zuzusprechen. 1970 erhielt der Bund diese für den technischen Umweltschutz, eine entsprechende Kompetenzübertragung für

Naturschutz und Landschaftspflege bzw. Gewässerschutz lehnte der Bundesrat aber mehrheitlich ab (HÜNEMÖRDER 2004: 162 f.).

Der charismatische Bernhard Grzimek verfügte über sehr viel Selbst- und auch Sendungsbewusstsein. Alsbald sorgte er für eine große Überraschung. Bar jedweder Zuständigkeit berief Grzimek einen Experten-ad-hoc-Ausschuss unter der Leitung des Bundesverfassungsrichters Erwin Stein mit dem Auftrag, auf der Prämisse der – nicht existenten – konkurrierenden Gesetzgebung einen Entwurf für ein Bundesnaturschutzgesetz zu entwickeln. Am 28. April 1971 lag der »Steinsche Entwurf« vor. Zentrales Instrument war die Landschaftsplanung. Eigentümer sollten notfalls zur Sicherstellung der im Grundgesetz verankerten Würde des Menschen Einschränkungen auf ihrem Grund und Boden hinnehmen müssen. Die bisherige stark ehrenamtliche Struktur im amtlichen Naturschutz sollte durch Hauptamtlichkeit abgelöst werden. Die früheren beratenden Naturschutzstellen galt es, durch unabhängige Beiräte zu ersetzen. Sie sollten als »demokratisches Element« (Stein) gegenüber den Behörden agieren und über Widerspruchsrechte und Klagebefugnisse verfügen (FROHN 2006: 251).

Im Laufe des Jahres 1971 kippte die politische Stimmung. Der gerade in Euphorie versetzte Naturschutz sah sich bald im Schatten des an ihm vorbeiziehenden technischen Umweltschutzes, der seit 1969 im Bundesinnenministerium ressortiert und der unter Hans-Dietrich Genscher (FDP) reüssierte. Naturschutz und Landschaftspflege verblieben dagegen im Landwirtschaftsministerium unter Josef Ertl (FDP). Der »Steinsche Entwurf« blieb nur eine Episode.

Seit 1969 regierten in Bonn und Düsseldorf die gleichen Parteien miteinander. NRW hatte sich in Fragen der Kompetenzzuordnung für Naturschutz und Landschaftspflege koalitionsloyal verhalten. Die CDU-Opposition im Landtag setzte die NRW-Regierung im Bundestagswahlkampf 1972 unter Druck. Die unionsregierten Bundesländer Bayern, Schleswig-Holstein und Rheinland-Pfalz erarbeiteten bereits eigene Landesgesetze. Die CDU in NRW verlangte Auskunft darüber, ob die Landesregierung weiterhin an der Position festhalte, den Bund mit der Vollkompetenz auszustatten. Die Antwort: Ja, man halte daran fest, werde aber bis zur ersten Hälfte des Jahres 1973 einen Entwurf für ein Landesgesetz vorlegen (Ds 7/2018: 2).

Währenddessen wechselte der Naturschutz am 16. Oktober 1972 erneut das Ressort, nun mit der Begründung, dort sei bereits ein Großteil der Aufgaben der Landschaftsentwicklung versammelt: ins Ministerium für Ernährung, Land- und Forstwirtschaft (MELF) (MAINZER 2014: 136 f.). Der schwache Belang Naturschutz ressortierte nun unter einem Dach mit den großen Landnutzern. Das, was sich in anderen Bundesländern und im Bund über Jahrzehnte als struktureller Nachteil erweisen sollte, stellte sich in NRW als Vorteil heraus – dieser Vorteil war allerdings untrennbar verknüpft mit personellen Konstellationen.

Die CDU machte weiterhin Druck. Im Mai 1973 forderte sie, bis zum 30. September 1973 einen Gesetzentwurf einzubringen. Johannes Wilde begründete den Antrag primär wirtschaftspolitisch. Die »Ballungsgebiete bei uns in Nordrhein-Westfalen« besäßen wegen nur unzureichender Erholungsgebiete, verbunden mit Umweltproblemen, mittlerweile einen Standortnachteil. Das RNG biete keine adäquaten Problemlösungsinstrumente und müsse deshalb durch ein Landesnaturschutzgesetz ersetzt werden. In der Debatte herrschte parteiübergreifend Einigkeit darüber, dass jenseits des traditionell konservierenden Naturschutzes zukünftig die Landschaftsplanung das zentrale Instrument sein müsse (PlPr 7/74: 2832).

Als die Arbeiten zum Entwurf des Landschaftsgesetzes begannen, lief die SPD noch voll im Reformmodus. Planungseuphorie und Zukunftsgewissheit bestimmten den sozialdemokratischen Reformdiskurs: Protagonisten waren auf Bundesebene Kanzleramtsminister Horst Ehmke und auf Landesebene der Leiter der Staatskanzlei Friedrich Halstenberg. Unter dessen Ägide hatte die Landesregierung 1970 das »Nordrhein-Westfalen-Programm 1975« auf den Weg gebracht (Düding 2002: 236 f.). Im Bund diskutierte die SPD seit 1972 breit und höchst kontrovers den »Orientierungsrahmen 1985«. Die Jungsozialisten forderten u. a. die Verstaatlichung der Banken (Grebing 2005: 492–496). Vor diesem Hintergrund hatte Landwirtschaftsminister Diether Deneke 1973 in der Zeitschrift »Natur und Landschaft« deutlich sozialdemokratisch Position bezogen: Es gelte, »endlich wahr[zu]machen mit der in unserer Verfassung verankerten Sozialverpflichtung des Eigentums« (Deneke 1973).

Als im Vergleich zum Bund und den anderen Ländern seltenere Konstellation ergab sich in NRW, dass der *auch* für Naturschutz zuständige Landwirtschaftsminister sehr große Empathie für die Anliegen von Naturschutz und Landschaftspflege hegte und dies kombinierte mit dem damals in Gang kommenden Diskurs um die Ökologie. Deneke machte das zukünftige Landesnaturschutzgesetz, auch wenn der erste Entwurf, der schon Grundzüge des späteren Gesetzes in sich trug, in der Staatskanzlei entwickelt worden war, zu seinem ureigenen politischen Projekt.

Umgehend bildete er eine vierköpfige Arbeitsgruppe, in der die rechtliche Federführung bei Ludger Pielow, dem damaligen Justiziar im MELF, und die inhaltliche bei Albert Schmidt lagen. Der Jurist Pielow vertrat kompromisslos die Position, der Sozialpflichtigkeit des Eigentums Vorrang einzuräumen. Sein Ansatz passte sich nahtlos in den sozialdemokratischen Diskurs der damaligen Zeit ein. Der Landespfleger Schmidt hatte u. a. bei Buchwald in Hannover studiert. Er vertrat eine stark technokratische bzw. expertokratische Landschaftsplanung in der Buchwaldschen Tradition.

Ein erster Thesenentwurf – damals noch in der Staatskanzlei am 15. August 1972 gefertigt – forderte angesichts der hohen Siedlungsdichte in NRW einen Bruch mit dem konservierenden Naturschutz. Der konzeptionelle Paradigmenwechsel lag aber im ganzheitlichen Ansatz, dass nämlich fortan Landschaft, Naturhaushalt und natürliche Hilfsquellen »von jedermann zu schonen« seien. Das »gesamte Gebiet des Landes, nicht nur Einzelgebiete, [seien] landschaftspflegend und -gestaltend zu erfassen«. Das dazu notwendige Instrument sollte der Landschaftsplan sein. Jeden Eingriff in den Naturhaushalt gelte es zu verhindern; sollte dies nicht möglich sein, so sei er auszugleichen und landespflegerisch zu lenken. Eigentümer hatten Maßnahmen auf ihren Grundstücken zu dulden; insofern werde die »Sozialbindung nach Art. 14 GG [...] voll ausgeschöpft« (zit. nach MAINZER 2014: 144).

Am 20. November 1973 lag der Entwurf für ein »Gesetz zur Sicherung des Naturhaushalts und zur Entwicklung der Landschaft (Landschaftsgesetz)« vor. Das neue Gesetz stand für einen ganz bewussten historischen Bruch. Das RNG habe mit der »weitgehende[n] Beschränkung seiner Wirkungen auf landschaftliche ›Vorzugsgebiete‹« bewirkt, dass »der größere Teil der Landschaft weiterhin der freien Entwicklung anheimgegeben« sei. Die »zuständigen Behörden und Stellen [seien] vorwiegend auf die Abwehr oder Milderung von Eingriffen fixiert [gewesen] und einer planmäßigen Landschaftsentwicklung oder aktiven Landschaftspflege [sei] kein Raum« gegeben worden. Bei der »dynamischen Fortentwicklung der modernen Industriegesellschaft« drohe es, zu einer »vielleicht unwiderrufliche[n] Schädigung ihrer elementaren Funktionsabläufe selbst« zu kommen« (Ds 7/3263: 38). Im Industrieland Nordrhein-Westfalen erweise es sich deshalb als notwendig, »die Bemühungen um Schutz, Pflege und Entwicklung auf die gesamte freie Landschaft auszudehnen«. Möglichkeiten und Grenzen einer weiteren Belastung der Landschaft seien zu ermitteln und zu beachten. Folglich müsse eine »planmäßige Landschaftsentwicklung« eingeführt werden. Fortan müsse »grundsätzlich jeder, der die Landschaft nachhaltig und erheblich schädigt oder verunstaltet, geeignete Maßnahmen zur Behebung oder zum Ausgleich treffen« (Ds 7/3263: 1 f.).

Die Landschaftspläne waren flächendeckend für den gesamten baurechtlichen Außenbereich aufzustellen. Ausgehend von einer Darstellung des Landschaftszustandes waren Entwicklungsziele festzulegen, geschützte Flächen und Landschaftsbestandteile auszuweisen, Zweckbestimmungen für Brachflächen zu treffen, besondere Festsetzungen für die forstliche Nutzung zu erlassen sowie Entwicklungs-, Pflege- und Erschließungsmaßnahmen zu definieren. Die parlamentarischen Gremien der Träger der Landschaftsplanung, die Kreise und kreisfreien Städte, sollten die Landschaftspläne schließlich als Satzung beschließen, um so das neue zentrale Instrument des Naturschutzes rechtsverbindlich demokratisch zu legitimieren.

Ohne wissenschaftliche Expertise ließen sich Landschaftspläne nicht konzipieren. So war zur Erarbeitung der fachlichen Grundlagen und der wissenschaftlich-methodischen Vorbereitung der Landschaftsplanung die Einrichtung einer neuen Landesanstalt für Ökologie, Landschaftsentwicklung und Forstplanung vorgesehen.

Die dreistufige Verwaltungsgliederung des RNG blieb zwar bestehen, doch wurden die bisher auf diesen Ebenen bestehenden Naturschutzstellen aufgelöst. Damit endete die Zeit des Dualismus von – extrem schwach ausgestatteten – Naturschutzbehörden und ehrenamtlich tätigen beratenden Naturschutzbeauftragten. Neu eingeführt wurde der Begriff »Landschaftsbehörde«, »weil auf der Landschaft als ganzem und nicht etwa auf dem Naturschutz das Schwergewicht ihrer künftigen Tätigkeit liegen soll« (Ds 7/3263: 43).

Die Ehrenamtlichkeit blieb weiterhin gefragt. Eine neu zu schaffende Landschaftswacht sollte als »tragende Institution für die bürgerschaftliche Mitwirkung« fungieren und als »unabhängige Vertretung der Belange von Natur und Landschaft für den Bereich der unteren Landschaftsbehörden« diese durch »Anregung, Vermittlung aber auch Kontrolle« von Maßnahmen unterstützen. Als zweites ehrenamtliches Element waren auf allen drei Verwaltungsstufen Beiräte vorgesehen. Der »Hauptakzent der Aufgabenstellung [lag] nicht mehr in der fachlichen Beratung der Landschaftsbehörden, sondern in der unabhängigen Vertretung der Belange von Natur und Landschaft«. Die im »Steinschen Entwurf« vorgesehene Verbandsklage fehlte.

Deneke begründete den von ihm durch Engführung maßgeblich mit geprägten Gesetzentwurf am 18. Dezember 1973 im Landtag pathetisch damit, »nachhaltiger Umweltschutz« brauche ein neues Landschaftsrecht, das »einen umfassenden Weg zur Landschaftsentwicklung öffnen [müsse], das die öffentliche Daseinsvorsorge auf einen Bereich erstrecken [müsse], der bisher allzu sehr der Entscheidung einzelner überlassen« gewesen sei (PLPR 7/90: 3581).

Bei allem persönlichen Engagement für die Sache hatte Deneke allerdings zwei sehr grobe handwerkliche Fehler begangen. Zum einen hatte er es versäumt, den Entwurf im Vorfeld mit dem Koalitionspartner FDP abzustimmen. Deswegen wurden im Landtag Differenzen zwischen den Koalitionspartnern offensichtlich. Der FDP-Abgeordnete Herbert Neu sah sich bemüßigt, »eine Lanze für die Landwirtschaft« zu brechen (PLPR 7/90: 3586). Die CDU lehnte den Entwurf grundsätzlich ab. Das Landschaftsplanmodell bedeute »Planwirtschaft in Feld und Flur«. Der beste Naturschutz basiere auf der »auf nachhaltigen Ertrag angelegte[n] ordnungsgemäße[n] land- und forstwirtschaftliche[n] Bodennutzung« (PLPR 7/90: 3582 f.).

Zum anderen hatte Deneke es unterlassen, die kommunalen Spitzenverbände im Vorfeld zu konsultieren. So war die Atmosphäre bei der öffentlichen Anhörung am 21. Februar 1974 höchst aggressiv. Vertreter der kommunalen Spitzenverbände protestierten – mit Ausnahme des Landkreistages – dagegen, die Zuständigkeit für die Landschaftsplanung, anders als in Bayern, Hessen und Rheinland-Pfalz, nicht den Gemeinden zu übertragen. Damit greife man in ihre Planungshoheit und Selbstverwaltungsrechte ein. Die vom MELF angegebenen Kosten für die Erstellung und Umsetzung der Landschaftspläne seien illusorisch niedrig eingeschätzt. Der Prozess der Aufstellung werde sich, so ihre Prognose, »über 10, 15, 20 Jahre« erstrecken. Vertreter der Land- und Forstwirtschaft lehnten den Entwurf grundsätzlich ab. Selbst von den Naturschutzverbänden kam kaum Unterstützung (APR 7/1362; APR 7/1963).

Die Auswertung der Anhörung am 5. März 1974 endete im zuständigen Ausschuss mit einem Eklat. Die Union kritisierte die mangelnde Transparenz im bisherigen Verfahren. Deneke sei »selber schuld« daran, so Johannes Wilde, dass allseitiger Unmut herrsche: »Sie haben Ihre drei Referenten in eine Dunkelkammer gesperrt und ihnen gesagt, sie dürften überhaupt zu niemandem sprechen« (APR 7/1364: 20). Schließlich verließen die CDU-Abgeordneten unter Protest die Sitzung. Kein guter Start für den »nordrhein-westfälischen Sonderweg im Naturschutz«.

Den Fehler, den Koalitionspartner in die Konzeptentwicklung nicht einbezogen zu haben, versuchte Deneke nach dem Auszug der CDU parlamentsöffentlich im Ausschuss mit Herbert Neu (FDP) wieder gutzumachen. Er zeigte sich konsterniert, »daß überhaupt jemand auf die Idee kommen konnte, daß die Land- und Forstwirtschaft im Landschaftsplan ›verplant‹ werden« solle. Für Neu zeigte aber der Verlauf der öffentlichen Beratungen, »daß wir für dieses Gesetz ein paar Passagen brauchen, die deklamatorisch sind« (APr 7/1364: 25). Er lieferte auch bald einen Vorschlag: »Die ordnungsgemäße land- und forstwirtschaftliche Bodennutzung steht im Einklang mit den Erfordernissen von Naturschutz und Landschaftspflege und dient den Zielen dieses Gesetzes, die natürlichen Lebensgrundlagen des Menschen zu erhalten und zu verbessern« (APr 7/1414: 3). Dies war gleichsam die Geburtsstunde der Landwirtschaftsklausel.

Während Deneke die unterbliebene Abstimmung mit der FDP nachholte, schlug der Entwurf im Land hohe Wellen. Nun rächte sich, dass die Landwirtschaftskammern und -verbände im Vorfeld nicht konsultiert worden waren. Die CDU griff die aggressive Stimmung in den Bauernversammlungen auf. Der Vorsitzende des rheinischen CDU-Agrarausschusses erklärte, Deneke plane ein neues »Ermächtigungsgesetz« (PlPr 7/121: 5103; Mainzer 2014: 27). Damit war die Atmosphäre zwischen den beiden großen Parteien bei der Schlussberatung des Gesetzes am 23. Januar 1975 endgültig vergiftet. In den Reihen der SPD wirkten noch Persönlichkeiten, die entweder selbst oder in ihren Familien nationalsozialistische Verfolgung konkret erfahren hatten und die sich nun, sehr nachvollziehbar, empört zeigten. So auch Deneke selbst. »[J]eder Demokrat [müsse] sich gegen einen solchen Vorwurf aufs äußerste zur Wehr setzen« (PlPr 7/121: 5103).

Vermittelnd wirkte Herbert Neu. Die Freiburger Thesen (1971) eines reformorientierten sozialen Liberalismus wirkten noch. Unverkennbar habe Denekes ursprüngliche Vorlage, »deutlich die sozialdemokratische Intention gezeigt, wonach die Sozialfunktion der Landschaft Vorrang« habe. Der »grundsätzliche politische Unterschied zwischen den Koalitionspartner[n]« zeige sich darin, dass sie sich hinsichtlich der »Akzente [...] bei der Sozialpflichtigkeit und dem Eigentumsrecht deutlich unterscheiden, aber in beiden Fällen liegen sie im Rahmen des Grundgesetzes«. So habe sich die »Koalition von Liberalität und Sozialverantwortung« schließlich auf eine Gesetzesvorlage geeinigt, die »ein[en] erfreulichen Kompromiß von Freiheitsrechten und sozialer Bewegungsausweitung« darstelle (PlPr 7/121: 5093 f.).

Das Gesetz wurde mit den Stimmen der sozialliberalen Koalition verabschiedet. Die Geburtsstunde des »nordrhein-westfälischen Sonderwegs« im Naturschutz stand unter keinem guten Stern. Dem Sonderweg fehlte es sowohl an gesellschaftlichem wie politischem Konsens. Die 1975 entstandene Polarisierung gegenüber dem zentralen Instrument des flächendeckenden und verbindlichen Landschaftsplanes blieb in den folgenden Jahrzehnten bestehen – wobei die FDP nach der »Wende« 1982 von der Pro- zur Kontra-Seite wechseln sollte.

4. Stotternder Start des Landschaftsgesetzes unter der Ägide Diether Denekes

Das Landschaftsgesetz war in der Phase des Vorwahlkampfs verabschiedet worden. Das Wahlergebnis im Mai 1975 unterschied sich nur unwesentlich von dem des Jahres 1970. Während die CDU leicht um 0,8 % auf 47,1 % zulegen konnte, gelang es gleichzeitig der Koalition, ihren Wert um 0,2 % zu steigern, wobei die SPD 1,0 % verlor (45,1 %), während die FDP ihren Stimmenanteil um 1,2 % (6,7 %) steigern konnte.

Die mit der Verabschiedung des Landschaftsgesetzes im Naturschutz geweckten Erwartungen konnte das MELF allerdings nicht befriedigen. Es gelang zwar, den Naturschutzhaushaltsansatz 1976 gegenüber 1974 um 62,5 % auf 19,8 Mio. DM zu erhöhen. Davon waren sechs Mio. DM für die neu zu gründende Landesanstalt für Ökologie, Landschaftsentwicklung und Forstplanung (LÖLF) und 5,4 Mio. DM an Zuschüssen für die Entwicklung von Landschaftsplänen vorgesehen (MAINZER 2014: 201). Die Umsetzung des Landschaftsgesetzes kam aber nicht auf Touren. Deneke handelte sich bei der Besetzung des Präsidentenamtes der LÖLF mehrere Absagen renommierter Hochschullehrer ein. Es sollte bis 1978 dauern, bis schließlich der Landespfleger Albert Schmidt zum Gründungspräsidenten berufen wurde (SCHMIDT 2009).

Die Gründe für den Stotterstart lagen nicht nur in NRW. Sinn ergab die Arbeit an den flächendeckenden und vor allem verbindlichen Landschaftsplänen erst, wenn klar war, ob dieses Instrument wirklich Bestand haben würde, denn auf Bundesebene hatten die Beratungen zu einem Bundesnaturschutzgesetz (BNatSchG) Fahrt aufgenommen. Für das MELF bestand die oberste Priorität in den Verhandlungen mit dem Bund und im Bundesrat darin, den Landschaftsplan-Sonderweg zu sichern. Die ersten Entwürfe ließen aus MELF-Sicht Schlimmes befürchten (MAINZER 2014: 185 f.).

Als zentrales Problem machte Pielow die Landwirtschaftsklausel aus. Der Agrarausschuss des Bundesrates nahm die NRW-Formulierung in den Katalog der Zielbestimmungen des Gesetzentwurfes (§ 1) auf. In den weiteren Verhandlungen mit dem BMELF und dem Bundestag wurde diese Landwirtschaftsklausel zusätzlich noch in den die Eingriffsregelung betreffenden § 8 integriert. Danach galt die ordnungsgemäße Land- und Forstwirtschaft nicht als Eingriff. Versuche Denekes, über Bande zu spielen und die Klausel dort wieder heraus zu verhandeln, scheiterten. Vielmehr wurde die Klausel zusätzlich in § 15 eingeführt, und somit blieben Land- und Forstwirtschaft von den Festsetzungen in Landschaftsschutzgebieten ausgenommen. Aus Sicht des MELF war es schlussendlich gelungen, dass das neue Bundesnaturschutzrecht die Sonderregelungen des LG NW weiterhin erlaubte (MAINZER 2014: 187 ff.).

Das Inkrafttreten des BNatSchG hatte nun auch die letzten formalen Bedenken gegen den Startschuss zur landesweiten flächendeckenden und verbindlichen Land-

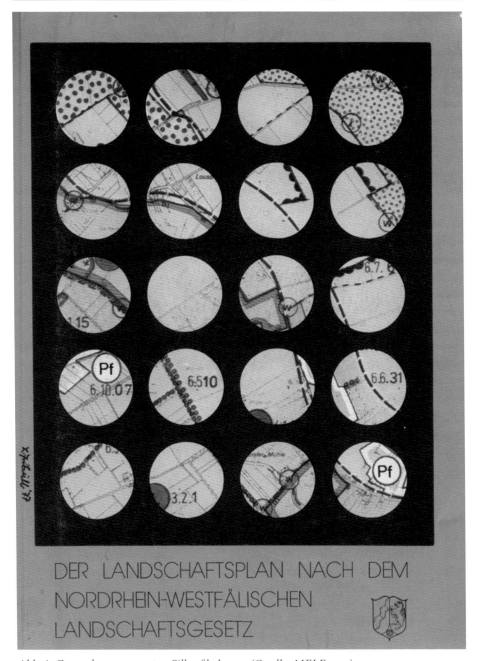

Abb. 1: Cover der sogenannten Silberfibel, 1977 (Quelle: MELF 1977).

schaftsplanung ausgeräumt. Doch es folgten kaum Aktivitäten im Lande. Es rächte sich, dass das Gesetz gleichsam in einer Laborsituation entwickelt worden war. So fehlte beim Start die personelle und fachliche (Kartierungs-)Basis. Es kam also zunächst darauf an, das Landschaftsplanmodell überhaupt vollzugsfähig zu machen. 1975 fiel der Startschuss für ein Biotopsicherungs-Programm; die LÖLF nahm unter Einbeziehung von Universitätsinstituten und vor allem vieler Ehrenamtler eine flächendeckende Kartierung ökologisch wertvoller Gebiete vor (BAUER 1975; KIERCHNER & WOLFF-STRAUB 1978), doch es sollte noch Jahre dauern, bis die für die Erstellung der Landschaftspläne notwendigen Grundlagen-Daten flächendeckend vorlagen. Schmidt schätzte 1978, dass diese »erst innerhalb der nächsten 10 bis 15 Jahre« abgeschlossen werden könne (SCHMIDT 1978: 238). Eine Arbeitsgruppe entwickelte bis zum Dezember 1977 einen Leitfaden zur Erstellung von Landschaftsplänen, die sogenannte »Silberfibel« (MELF 1977; HEIDTMANN 2012: 18; Abb. 1).

Die Erwartungshaltung war dennoch weiterhin groß. Der Diskurs um die Rolle der Ökologie weitete sich über den engen wissenschaftlichen Rahmen hinaus. Sie galt als »Heilsbringer«. So musste der Gründungspräsident der LÖLF bei seinem Amtsantritt 1978 die Erwartungen gleich dämpfen. Man gehe »von einem falschen Erwartungshorizont aus«, Ökologie könne keine »Wunderdinge« leisten und schon gar nicht dürfe man sie als »Heilslehre zur Lösung aller Umweltprobleme und zur Rettung aus allen Zwängen« verstehen (SCHMIDT 1978: 238).

Dass sich die gesamtgesellschaftliche und -politische Großwetterlage grundsätzlich gewandelt hatte, zeigte der sehr aus der Defensive kommende Hinweis, dass in Zeiten, »wo Probleme der Arbeitsplatzsicherung und der Energieversorgung in den Vordergrund gerückt« seien, die Gefahr bestehe, »daß die Ökologie, wenn sie sich zu einem umfassenden Wundermittel hochstilisieren läßt, zum Sündenbock für Wachstumsstillstand und Arbeitslosigkeit abgestempelt« werde (SCHMIDT 1978: 238).

5. Stabwechsel zu Hans-Otto Bäumer

Im September 1978 trat Heinz Kühn nach zwölfjähriger Amtszeit als Ministerpräsident ab. Sein Nachfolger Johannes Rau interessierte sich zunächst wenig für Umwelt- und Naturschutz. Deneke verblieb als letzter Minister aus dem ersten, 1966 ernannten Kabinett Kühns im Amt, verlor aber zusehends an Rückendeckung in der SPD, in der Landtagsfraktion und im Kabinett. Am 3. Mai 1979 trat er von seinem Amt zurück, um gegen die auf Drängen des hessischen Ministerpräsidenten Holger Börner gegebene Zusage Raus zu protestieren, die A 4 von Olpe durch das noch weitgehend unzerschnittene Rothaargebirge weiterzubauen.

Zu Denekes Nachfolger berief Rau zu dessen eigener Überraschung Hans-Otto Bäumer. Der »impulsive Vollblutpolitiker« (DÜDING 2002: 265) verfügte über keinerlei Erfahrungen in Umwelt- und Naturschutz und entstammte dem SPD-Gewerkschaftslager, das im Kabinett die Kohlevorrangpolitik durchgesetzt hatte. Diese war der Strukturkrise im Ruhrgebiet und der hohen Arbeitslosigkeit geschuldet, die sich als Folge der beiden Ölkrisen eingestellt hatte. Umweltpolitik durfte keine Arbeitsplätze gefährden. Vor dem politischen Hintergrund Bäumers hätte man meinen können, dass für den Naturschutz schlechte Zeiten anbrechen würden. Doch weit gefehlt, denn Bäumer entwickelte sich zu einem profilierten und auch konfliktbereiten Umwelt- und Naturschutzpolitiker. Er identifizierte sich mit dem NRW-Modell des Landschaftsplans und verteidigte diesen gegen die Kritik der kommunalen Spitzenverbände. Politisch sei nicht nur die »Industrie- und Wohnbereichsplanung«, sondern auch die »Gegenplanung, die eigenständige Landschaftsplanung« gewollt. Nur so könne »sichergestellt werden […], daß die Landschaft nicht wie bisher zweiter Sieger bleiben wird, sondern auch eine eigenständige Position gewinnt« (PLPR 8/132: 8967).

Als unerledigte Aufgabe fand Bäumer die Anpassung des LG NW an das 1976 verabschiedete Rahmengesetz BNatSchG vor. Den Entwurf legte das Kabinett am 8. November 1979 ausdrücklich mit dem Hinweis vor, dass die zentrale Neuerung des Landschaftsgesetzes, der im Außenbereich flächendeckende und verbindliche Landschaftsplan, Bestandsschutz genieße. Dem BNatSchG folgend enthielt die Novelle eine »Positivliste«, die festlegte, welche Veränderungen der Erdoberfläche stets als Eingriff in den Naturhaushalt oder das Landschaftsbild anzusehen seien. Der Vorgabe des BNatSchG zum Landschaftsrahmenplan kam man dadurch nach, bestehende Gebietsentwicklungspläne zu solchen zu erklären. Auf das im BNatSchG vorgesehene landesweite Landschaftsprogramm wurde bewusst verzichtet (Ds 8/5210).

In seiner Einbringungsrede am 19. Dezember 1979 verwies Bäumer darauf, dass sich mittlerweile rund 110 Landschaftspläne im Entwurfsstadium befänden und alsbald mit ersten Verabschiedungen im Kreis Minden-Lübbecke und in Mülheim/Ruhr zu rechnen sei. Bäumer musste sich von der CDU die Fehler Denekes vorhalten lassen. Heinrich Ostrop verwies auf dessen illusorische Aussagen aus dem Jahr 1973 zu den Kosten der Landschaftspläne. Die Aufstellungskosten betrügen statt der damals veranschlagten 10.000 DM nun real durchschnittlich 100.000 DM. Johannes Wilde (CDU) protestierte, dass die in den §§ 28 bis 30 vorgesehenen Enteignungsmöglichkeiten nicht der »Junktimsklausel« nach Art. 14 Abs. 3 Satz 2 GG entsprächen, da Art und Ausmaß der Entschädigung hier nicht geregelt seien. Es gehe nicht an, »daß die Entschädigungszumessung durch die Gerichte anstelle der Legislative« erfolge (PLPR 8/121: 8209, 8218).

Während der Gesetzesberatungen positionierten sich die Parteien unterschiedlich in der Frage der Einführung der Verbandsklage für die anerkannten Naturschutzverbände. Die FDP trat für eine entsprechende Regelung ein, stieß damit aber auf Widerstand bei CDU und SPD. Beide großen Fraktionen waren der Ansicht, dieses Instrument müsse erst auf Bundesebene im BNatSchG verankert werden, bevor man es auf Landesebene einführe (Ds 8/5710: 52; PLPR 8/132: 8962). Auf Antrag der FDP wurde aber einvernehmlich ein neuer § 32a eingeführt. Fortan bestand die Möglichkeit, per Rechtsverordnung Nationalparke auszuweisen.

Angesichts der Kohlevorrangpolitik war eine noch so profilierte Umwelt- und Naturschutzpolitik einflusslos. Es mussten Mehrheiten organisiert werden, und Bäumer zielte auf ein Bündnis von »Malochern und Waldläufern« (SPIEGEL 20. Juni 1983, zit. nach MAINZER 2014: 204). Ein solches Bündnis konnte nur gelingen, wenn sich auch der verbandliche Naturschutz kompromissbereit zeigte und an seinem Image arbeitete. Dies machte Bäumer auf dem NRW-Naturschutztag am 2. März 1980 in Mülheim/Ruhr deutlich. Er versprach, dafür einzutreten, dass Naturschutz »gleichgewichtig neben anderen Nutzungsansprüchen« stehe, forderte aber einen »deutlichen Realitätsbezug« von den Naturschützern: »Selbstbewußtsein, Gelassenheit und weniger Gereiztheit.« Man brauche »keine Umweltphilosophien, die uns auffordern, ›den Gürtel enger zu schnallen‹. Was wir brauchen, ist Aufgeschlossenheit, positiver Wille und Mitwirkungsbereitschaft, die Zukunft zu bewältigen. Nicht archaische Zustände dürfen das Ziel sein, sondern Verbesserung der sozialen und wirtschaftlichen Situation bei gleichzeitiger Verbesserung der natürlichen Lebensgrundlagen« (BÄUMER 1980: 36, 38).

Letzteres war eindeutig gegen einen neuen politischen Mitbewerber gerichtet, die Partei »Die Grünen«, die sich am 13. Januar 1980 in Karlsruhe auf Bundesebene gegründet hatte. Sie waren, obwohl damals noch gar nicht offiziell konstituiert, auch im Düsseldorf Plenarsaal gleichsam virtuell bei der Einbringung der Novelle des LG NW anwesend. Deneke zielte auf sie mit der Bemerkung, Umweltpolitik dürfe »keine grüne Tarnkappe für Leute sein, die eigentlich etwas ganz anderes wollen! Umwelt- und Landschaftspolitik sollte und darf nicht in die Hände derer geraten, die gar nicht das biologische, das ökologische Gleichgewicht meinen, sondern denen unser freiheitlicher Rechtsstaat nicht paßt!« (PLPR 8/121: 8220).

Deneke, wegen seines Eintretens gegen den Weiterbau der A 4 und der damit verbundenen Demission zur regionalen Kultfigur der Naturschutzverbände aufgestiegen, und Bäumer hatten im Landtagswahlkampf die ›grüne Flanke‹ zu sichern – nicht ohne Erfolg. Die Grünen verpassten 1980 mit 3,0 % klar den Einzug in den Landtag. Aber auch die FDP scheiterte, wenn auch ganz knapp mit 4,98 %. Der Stimmenanteil der CDU sank um 3,9 % auf 43,2 %. Der Anstieg um 3,3 % auf 48,4 % für die SPD reichte angesichts des Scheiterns der beiden kleineren Parteien zur absoluten Mehrheit der Mandate im Landtag.

6. Erste SPD-Alleinregierung: Der Wechsel von Hans-Otto Bäumer zu Klaus Matthiesen

Seit 1975 war die LÖLF mit der ökologischen Bestandserhebung beschäftigt. 1980 lag der erste rechtswirksame Landschaftsplan Bastau-Niederung (Kreis Minden-Lübbecke) vor. Im ganzen Land sollten aber 383 verabschiedet werden. Die Erstellung von Landschaftsplänen kostete Geld. Ursprünglich hatte das Land einen Förderanteil von 75 % der Aufstellungskosten zugesagt, erhöhte diesen bald aber auf 80 %. 1980 wurde, um einen politischen Impuls zu setzten, seitens des MELF zugesagt, dass die ersten zehn rechtswirksam gewordenen Landschaftspläne sogar zu 100 % bezuschusst würden (Heidtmann 2012: 24).

Aber die Landschaftsplanung nahm keine Fahrt auf. In NRW, und auch anderswo wurden allseits Vollzugsdefizite beklagt. Der Deutsche Rat für Landespflege konstatierte 1981, dass »sich in der Landschaftsplanung trotz gesetzlicher Grundlagen bisher nicht viel bewegt« und die in sie gesetzten Erwartungen nicht erfüllt habe (zit. nach Mainzer 2014: 196). MELF-intern vermutete man politische Gründe. Während für die Regierungsbezirke Köln und Düsseldorf schon ca. 70 % der vorgesehenen Landschaftspläne rechtswirksam oder doch zumindest im Aufstellungs- und Genehmigungsverfahren waren, lag der Durchschnittswert für die Regierungsbezirke Arnsberg, Detmold und Münster nur bei 25 %.

Wie nun also mit diesem Befund umgehen? Die Ministerialen des MELF schlugen Bäumer u. a. vor, den Trägern der Landschaftsplanung bis 1990 eine Frist zu setzen. Danach sollten die Bezirksregierungen kommunalaufsichtlich eingreifen (Mainzer 2014: 234). Die Presse erfuhr von den Überlegungen, und der CDU-Abgeordnete Eckhard Uhlenberg griff die Überlegungen in der Fragestunde des Landtags am 8. Juni 1983 auf. Bäumer musste einräumen, dass erst 11 von 383 geplanten Landschaftsplänen rechtswirksam seien. Die Zahl werde sich bis Ende 1985 auch nur auf maximal 35 erhöhen. Rechne man die bisherige Entwicklung hoch, dann werde erst im Jahre 2050 das gesamte Land überplant sein. Aus Bäumer brach es geradezu heraus: Er sei ob des Vollzugsdefizits »sauer – und mehr als das! [...] Es fehlt einfach durchgängig an dem Willen, sich gesetzestreu zu verhalten.« Man werde das Aufstellungsverfahren modernisieren, aber trotz aller Widerstände würden er und die SPD am Prinzip der flächendeckenden und verbindlichen Landschaftsplanung festhalten. Forderungen der CDU, die Aufstellungskompetenz an die Kommunen zu übertragen, lehnte er mit dem Hinweis ab, dass sie dann »dort so richtig in die Hände der Baueckendenker« geriete (PLPR 9/74: 4145 f.).

Dabei zählten die Probleme der Landschaftsplanung, ja selbst die Kürzung des Naturschutzetats um 50 % gegenüber dem Haushalt 1981 noch zu den kleineren politischen Baustellen Bäumers. Eine heftige Kontroverse trug er um den Waldschadensbericht 1983 mit Arbeitsminister Friedhelm Farthmann aus, in dessen Zuständigkeit der technische Umweltschutz fiel. Zur Zeit der breit geführten Debatte um das Waldsterben ergab sich für NRW ein Walderkrankungsgrad von ca. 35 %. Waldschäden, die auf Emissionen des Ruhrgebietes beruhten, waren spätestens seit den 1920er Jahren bekannt und bezogen sich im Kern auf Flächen im näheren Umfeld. Nun zeigte sich, dass auch Mittelgebirgsregionen in Mitleidenschaft gezogen waren. Bäumer machte dafür auch Kohleemissionen verantwortlich und stellte damit als erster Minister im Kabinett Rau die Kohlevorrangpolitik in Frage. Farthmann konterte im Kontext der Diskussion um die Großfeuerungsanlagenverordnung, nicht Schwefeldioxid – und damit die Kohleemissionen –, sondern Ozonsteigerungen seien ursächlich für das

Waldsterben. Die Kohlelobby innerhalb der SPD setzte sich durch (MAINZER 2014: 206–209). Der selbst dem Gewerkschaftsflügel entstammende Bäumer erklärte nach seinem Rücktritt, dass es ihm oft im Kabinett so vorgekommen sei »wie im Vorstand der IG Bergbau« (SPIEGEL 20. Juni 1983, zit. nach MAINZER 2014: 205). Im Juni 1983 trat Bäumer schließlich mit einem Eklat von seinem Amt zurück, kritisierte die fehlende Unterstützung der Umweltpolitik durch Rau und warf der Landes-SPD vor, sie fungiere als Steigbügelhalter der Grünen (MAINZER 2014: 210).

Tatsächlich waren die Grünen am 6. März 1983 mit einem Stimmenanteil von 5,6 % erstmals in den Bundestag eingezogen. In NRW hatte sich neben der hegemonial wirkenden Montanindustrie und der damit verbundenen Kohlevorrangpolitik nicht nur ein wachsendes Umweltbewusstsein ausgebildet, sondern auch eine ökosoziale Bewegung von unten etabliert. Unverkennbares Zeichen dafür war der Einzug bunter, alternativer, grüner oder wie auch immer genannter Listen in die Kommunalparlamente. Kurzum, die absolute Mehrheit der SPD auf Landesebene war strukturell gefährdet. Rau befand sich angesichts der Demission Bäumers in einer veritablen Regierungskrise. Das Bild des eher präsidial agierenden und fest im Sattel sitzenden Rau ist vor allem durch seine mittlere und partiell auch noch spätere Amtszeit geprägt. Dass innerhalb von nur vier Jahren bereits der zweite für Naturschutz und partiell Umwelt zuständige Minister seinen Rücktritt einreichte, brachte den in der Landes-SPD damals nicht unumstrittenen Rau extrem in die Bredouille. Er stand mit dem Rücken zur Wand. Mit der Berufung des Oppositionsführers im Schleswig-Holsteinischen Landtag, Klaus Matthiesen, am 3. Oktober 1983 gelang ihm ein Überraschungscoup. Die Öffentlichkeit und die SPD waren beeindruckt – immerhin hatte Matthiesen zusammen mit der FDP und dem SSW die seit 1950 im nördlichsten Bundesland regierende CDU 1979 an den Rand einer Niederlage gebracht. Gleichzeitig zweifelte man jedoch an seiner Fachkompetenz, denn außer seiner Gegnerschaft zum geplanten AKW Brokdorf und einer von ihm im Landtagswahlkampf 1979 verantworteten Umweltbroschüre mangelte es ihm an entsprechender Reputation. Zudem fehlte ihm Regierungserfahrung (MAINZER 2014: 212). Strategisch sollte Matthiesen fortan die ›grüne Flanke‹ sichern.

Rau ging in die Offensive. Doch auch die CDU nutzte die Gunst der Stunde, um Rau in Zugzwang zu bringen. Zwei Tage nach der Ernennung Matthiesens brachte sie am 5. Oktober einen umweltpolitischen Grundsatzantrag in den Landtag ein (Ds 9/2871). Matthiesens erster Beitrag bestand darin, eine fast zweijährige Selbstblockade zwischen dem für den Immissionsschutz zuständigen Sozialministerium, dem Wirtschaftsministerium und dem Landwirtschaftsministerium aufzubrechen. Binnen kürzester Zeit legte auch die Landesregierung ihrerseits ein 67 Maßnahmen umfassendes Umweltprogramm vor (VL 9/1451, VL 9/1452).

Die Landtagsdebatte am 9. November 1983 kreiste um die Grundsatzfrage der Angemessenheit der Kohlevorrangpolitik. Gegen die Vorhaltungen Kurt Biedenkopfs erklärte Rau, es gäbe »keine Alternative, weder in Nordrhein-Westfalen noch für die Bundesrepublik insgesamt«. Dennoch war er bemüht, vor dem Hintergrund der

Abb. 2: Cover der ersten Rote Liste NRW, 1979 (Quelle: LÖLF NW 1979).

Debatte um das Waldsterben eine Brücke zum Umweltschutz zu bauen. Sein späteres Motto »Versöhnen statt spalten« schimmerte bereits durch, als er darauf hinwies, dass man »sowohl die nationale Verantwortung für die Rettung des Waldes als auch für eine sichere heimische Energieversorgung [trage]. Deshalb müssen Wald und Bergbau Verbündete sein.« Matthiesen unterstützte, anders als sein Vorgänger Bäumer, die Kohlevorrangpolitik und sprang Rau mit dem Slogan bei, es gehe fortan um »Rettung des Waldes durch Kohle« – allerdings durch eine »umweltfreundliche Kohle« (PLPR 9/84: 4702, 4704, 4721).

Naturschutz spielte in der umweltpolitischen Debatte nur am Rande eine Rolle. Rau erklärte, langfristig sollten 3 % der Landesfläche unter Naturschutz gestellt werden, und er kündigte an, dass zum Kauf geeigneter Flächen im Haushaltsentwurf zusätzlich Mittel in Höhe von 16 Mio. DM zur Verfügung stehen sollten (PLPR 9/84: 4706). Dieser Betrag eliminierte allerdings nur die 1983 vorgenommene Kürzung.

Eine erneute Kontroverse lieferten sich Regierung und Opposition um die Landschaftsplanung. Rau verteidigte sie, drängte aber darauf, dass sie »schneller vorangehen« müsse. Der CDU-Abgeordnete Ostrop konterte, 1975 habe man die Umsetzungsprobleme bereits »vorhergesagt«. Nun gelte es, eine Rang- und Reihenfolge festzulegen. Wer einen effektiven Landschaftsschutz wolle, der dürfe »nicht in der ganzen Gegend herumkleckern, sondern der muß in den Problemgebieten klotzen und die anderen Gebiete […] auf andere Weise schützen.« Die Verfahren seien viel zu kompliziert (PLPR 9/84: 4706, 4710).

Einen ganz neuen, ungewohnten Ton brachte der neue Minister in die Debatte ein. Der mangelnde Vollzug bei den Landschaftsplänen sei nun wahrlich unverkennbar. Er werde fortan vor »sehr unkonventionellen Dingen« nicht zurückschrecken (PLPR 9/84: 4723). Dabei fiel die Eröffnungsbilanz ernüchternd aus. Die Landschaftsplanung steckte auch acht Jahre nach der Verabschiedung des LG NW immer noch in den Startlöchern bzw. stieß bei den Kreisen und kreisfreien Städten als deren Träger auf erkennbar wenig Akzeptanz. Die unverkennbaren Probleme von Natur und Landschaft mussten aber angegangen werden. Dies umso mehr, als sich die Konflikte mit der Landwirtschaft dramatisch zugespitzt hatten. Diese hatte einen rasanten technischen Modernisierungsschub erlebt, während gleichzeitig die EG-Subventionspolitik im Agrarbereich zu Überproduktionen führte. Die 1979 veröffentlichte Rote Liste der gefährdeten Tier- und Pflanzenarten für NRW zeigte eindringlich den Artenrückgang in der Kulturlandschaft auf (LÖLF 1979; Abb. 2). Matthiesen musste als neu berufener Minister für Landwirtschaft und Naturschutz die Konfliktlage schnellstmöglich lösen.

Im Frühjahr 1984 nutzte Matthiesen den 3. NRW-Naturschutztag und die Jahrestagung der LÖLF, die ganz im Zeichen des Verhältnisses von Naturschutz und Landwirtschaft standen, um neue Wege zur Kooperation zwischen diesen aufzuzeigen. Das Themenfeld Naturschutz und Landwirtschaft bestimmte die genannten beiden Tagungen. Hubert Weiger referierte zum Kernthema. Bauern, so seine Position, die kleine oder mittelgroße Betriebe insbesondere in Mittelgebirgslagen oder Feuchtwiesengebieten bewirtschaften und die zu den Verlierern der EG-bedingten Agrarindustrialisierung zählten, seien »die natürlichen Verbündeten«. Unabdingbar sei es aber, wolle man gemeinsame Lösungen entwickeln, sich zunächst in deren Lage hineinzuversetzen. Deshalb müsse das gegenseitige »Vorjammern« aufhören, die Naturschützer müssten hinein in die »Dorfwirtschaften« und mit den Bauern das Gespräch suchen: »Hören wir also auf, übereinander zu reden, reden wir miteinander« (WEIGER 1984: 10, 13). Hier knüpfte Reiner Latten, der Präsident des Rheinischen Landwirtschaftsverbandes, an. Bauern erführen ständige »Besserwisserei«. »Nahezu jede gesellschaftspolitische Gruppe oder Gruppierung [rede] in die landwirtschaftliche Tätigkeit hinein«. Unverkennbare psychologische Hindernisse gelte es zu überwinden. »Rationales, realistisches, gemeinsames Handeln« sei die einzig erfolgversprechende Strategie (LATTEN 1984: 20, 23). In einem gemeinsamen Papier forderten die Naturschutzverbände, dass die Landesregierung Förderprogramme auflege, damit »dem Landwirt die Übernahme ökologischer Aufgaben als gesamtstaatliche Leistung honoriert« werde. Naturschutzmaßnahmen dürften »keinen Betrieb an den Rand der Existenz drängen oder ihn von der Einkommensentwicklung in anderen vergleichbaren Betrieben abkoppeln« (STICHMANN 1984: 18).

Matthiesen nahm den Ball auf und forderte ein »Bündnis der Vernunft«. Die Zeit der Konfrontation sei zu Ende: »Landwirte gehören nicht auf die umweltpolitische Anklagebank, Naturschützer nicht auf die gesellschaftliche Spinnerbank« (MATTHIESEN 1984: 8).

Aber die Konfliktlage spitzte sich in NRW gegen Ende des Jahres 1984 dramatisch zu. Um die entstandenen »Butterberge« und »Milchseen« abzubauen, entschied die EG-Kommission kurzfristig, die Milchproduktion durch die Zuteilung von Produktionsquoten je Betrieb einzufrieren bzw. zu drosseln. Die betroffenen Milchbauern sahen ihre Wettbewerbsfähigkeit bedroht und suchten nach betrieblichen Alternativen, die für viele in der Umstellung von Grünland- auf Ackerbewirtschaftung bestanden. Dies sollte Folgen für das Verhältnis zwischen Naturschutz und Landwirtschaft haben. An zwei Schauplätzen eskalierten die Konflikte.

Dies betraf zum einen den »Gänsekrieg am Niederrhein«. Die Bundesrepublik hatte 1976 das 1971 abgeschlossene »Übereinkommen über Feuchtgebiete, insbesondere als Lebensraum für Wasser- und Watvögel internationaler Bedeutung« ratifiziert. Auf der Basis dieses Abkommens waren »Feuchtgebiete internationaler Bedeutung« (FiB) auszuweisen. Der Niederrhein hatte sich seit den frühen 1970er Jahren zu einem Überwinterungsgebiet für Bless- und Saatgänse entwickelt. Wenige Tage nach dem Amtsantritt Matthiesens machte am 28. Oktober 1983 der für den Naturschutz zuständige Referent ohne Abstimmung mit der Hausspitze auf Bitten des Bundes dem zuständigen Bundesminister den Vorschlag, 25.000 ha am Unteren Niederrhein, 233 ha in den Rieselfeldern Münster und 1.600 ha an der Weserstaustufe Schlüsselburg als Feuchtgebiete internationaler Bedeutung anzumelden (MITLACHER 1997: 19). Bereits im Januar 1981 waren ca. 4.100 ha am Unteren Niederrhein durch die Bezirksregierung

Düsseldorf einstweilig sichergestellt worden, und zur Zeit der FiB-Meldung waren Schutzausweisungsverordnungen in Bearbeitung, die flächendeckende Verbote der Grünlandumwandlung vorsahen. Sie wurden nun für den Kreis Kleve nochmals auf 5.600 ha vergrößert – an die Zielvorgaben des Ramsar-Abkommens angepasst; das Beteiligungsvorhaben startete. Die leistungsstärksten Milchviehbetriebe des Landes sahen sich flächendeckend mit einer Naturschutzgebietsverordnung konfrontiert, die sie zwang, die bestehenden Betriebsverhältnisse entschädigungslos beizubehalten. Meldungen und Schutzverordnungsentwürfe entsprachen der guten fachlichen Praxis, doch vor dem Hintergrund der Veränderungen der europäischen Agrarpolitik hatte man die politischen und wirtschaftlichen Implikationen nicht bedacht. Am Niederrhein rebellierten die um ihre Existenz bangenden Landwirte. Örtliche Bauernverbände und die regionale CDU gingen auf die Barrikaden. Matthiesen und der rheinische Landwirtschaftspräsident Reiner Latten schalteten sich direkt vor Ort in den Konflikt ein. Matthiesen sprach vor Ort mit den betroffenen Bauern und Vertretern des Rheinischen Landwirtschaftsverbandes und suchte nach Kompromissmöglichkeiten. Er traf als Sohn eines Landarbeiters gerade im Gespräch mit den Landwirten den richtigen Ton. Matthiesen entschied, das von der Bezirksregierung eingeleitete Verfahren bis auf weiteres ruhen zu lassen. In einem kooperativen Verfahren mit den Landwirten und deren Vertretern wurde ein »differenziertes Naturschutzkonzept erarbeitet […], mit dem Ziel, den notwendigen Naturschutzinteressen und den verständlichen Existenzsorgen der Landwirte soweit wie möglich zu entsprechen.« Für Kerngebiete, wo aus Sicht des Naturschutzes zwingend Grünland zu erhalten war, sicherte das Land die Prüfung darüber zu, ob diese Flächen staatlicherseits gekauft bzw. gepachtet werden könnten bzw. ob bestimmte im Dienste des Naturschutzes stehende Leistungen der Bauern finanziell entgolten werden könnten. Den Weg der Konfrontation könne man nicht weitergehen. Eine Arbeitsgruppe, der Vertreter der Landwirtschaftskammer, der Kreisbauernschaft und des Landschaftsverbandes Rheinland, des MELF, des zuständigen Regierungspräsidiums Düsseldorf und der LÖLF angehörten, erarbeitete anschließend Details (MELF 1984).

Zwei Jahre später einigte man sich auf einen ersten großen Vertrag zwischen der Landwirtschaft und dem Naturschutz über die Grenzen, die Inhalte und zusätzlichen vertraglichen Leistungen für ein Naturschutzgebiet; dieses Konzept wurde fortan auf den gesamten Unteren Niederrhein ausgeweitet.

Auch in den Feuchtgebieten des Münsterlandes eskalierten die Konflikte. 1981 hatte Hans-Otto Bäumer medienwirksam angekündigt, das Land werde ab sofort keine neuen Flurbereinigungsverfahren mit ausschließlich agrarstruktureller Zielrichtung mehr einleiten. Mit der Zusage, dass alle eingeleiteten bzw. laufenden Verfahren Bestandsschutz genießen würden, hatte er die Zustimmung des Westfälisch-Lippischen Landwirtschaftsverbandes gewonnen. Diese Verfahren betrafen flächendeckend den gesamten Niederungsbereich mit anmoorigen Böden im Münsterland und im Regierungsbezirk Detmold. Das Kernziel bestand darin, durch Tiefenentwässerung aus feuchten Wiesenstandorten ackerfähige Flächen für den Maisanbau zu schaffen. Damit war die endgültige Zerstörung aller Lebensräume für die westfälischen Wiesenbrüter planerisch vorprogrammiert.

Auf diese Entwicklung hatte die höhere Naturschutzbehörde beim RP in Münster 1978 bereits mit ersten kleineren einstweiligen Unterschutzstellungen, die mit vierjährigen Veränderungssperren verbunden waren, reagiert. Erste Flächen wurden durch das Land aufgekauft, gleichzeitig wurde – partiell sehr konfliktreich, beispielswiese in Saerbeck – mit den betroffenen Bauern über privatrechtliche Lösungen verhandelt. 1982 erschien aus der Feder von Horst Frese ein Erfahrungsbericht mit der Botschaft: »Erfahrung lehrt: Nur Geld kann Feuchtgebiete retten« (FRESE 1982).

Noch im gleichen Jahr ließ der Münsteraner RP das MELF wissen, dass er angesichts der massiven Konflikte mit den von einstweiligen Sicherstellungen betroffenen Landwirten keine weiteren Unterschutzstellungen mehr vornehmen und auch die Ausweisung von Naturschutzgebieten einstellen werde, wenn das Land ihm nicht ausreichend Grunderwerbsmittel zur Verfügung stelle, um in den laufenden Flurbereinigungsverfahren für den Naturschutz bedeutsame Flächen erwerben zu können (mündl. Auskunft Th. NEISS).

Währenddessen gingen angesichts der neuen EG-Milchquotenregelung stetig Meldungen von engagierten Naturschützern über Umbrüche von Feuchtgrünland im MELF ein. Matthiesen entschied, die Bezirksregierung anzuweisen, umgehend ca. 19.000 ha Feuchtwiesen im Münsterland einstweilig sicherzustellen. Davon waren mehr als 2.000 Betriebe betroffen. Die Fachleute hatten es unterlassen, Matthiesen über die bestehende Konfliktlage in der Region zu unterrichten. Die folgenden massiven Proteste waren denen am Brandherd Niederrhein vergleichbar. Matthiesen schaltete sich erneut persönlich ein und erreichte ein Stillhalte-Abkommen (mündl. Auskunft Th. NEISS).

Konnte man in dieser Situation auf dem rein hoheitlichen Ansatz beharren? In der Ministeriumsspitze arbeitete man an neuen Konzeptionen, um zu »retten, was zu retten ist« (NEISS 1989: 29). Die neue Politik, ein gleichsam zweiter NRW-Sonderweg im Naturschutz, entstand nicht in einer intellektuellen Laborsituation, sondern war akuten Konfrontationen, die im Münsterland und am Niederrhein hohe Wellen schlugen, geschuldet, die für Matthiesen auch politisch gefährlich werden konnten.

Deeskalation war das Gebot der Stunde. Die Naturschutzverbände unterstützten maßgeblich diesen neuen Kurs. 1983 forderte der BUND in NRW ein staatliches Feuchtwiesenschutzprogramm. Dessen Vorsitzender, der Jurist Dieter Schmalz, stellte die bisherige Linie des MELF, ausschließlich auf die Sozialpflichtigkeit des Eigentums zu setzen, grundsätzlich in Frage. Naturschutz müsse dem Staat auch Geld wert sein. Inspiriert von niederländischen Vorbildern vertrat er den Standpunkt, es sei nicht einzusehen, dass »im Naturschutz der Einsatz von Finanzmitteln auf den Bereich der Enteignungsentschädigung beschränkt sein soll[e] und im übrigen auf idealistische Motive der Landwirtschaft vertraut« werde. Ein fundamentales Beharren auf der Rechtsposition »Sozialbindung des Eigentums« spare vielleicht staatliche Gelder, bewirke aber, dass die Zerstörung der Feuchtgebiete weitergehe (SCHMALZ 1983).

Die neue MELF-Maxime lautete nun: »Sichern, was zu sichern ist, Weichen neu stellen und womöglich richtig stellen« (zit. nach NEISS 1989: 30). Die Lösung, die Matthiesen nach zwei Wochen im Münsterland präsentierte, griff die bisherigen Konflikte offensiv auf. Weiterhin sollte es Naturschutzgebietsausweisungen geben, die als Auflage neben den üblichen Verboten für Dritte und Allgemeinverbote für die Landwirtschaft die Verpflichtung vorsahen, die bisherige Nutzung beizubehalten – mit einer Härtefallregelung im Einzelfall. Damit war ein Grundschutz gewährleistet. Gleichzeitig bekundete er die Bereitschaft, zentrale Flächen für den Naturschutz zu erwerben und diese dann unter Auflagen an Bauern zurück zu verpachten. Flächentausch war möglich. Das Land war bereit, im Sinne einer freiwilligen Leistung jährliche Flächenprämien für Grünlandflächen zur Verfügung zu stellen. Es bot freiwillige Verträge zur naturschutzgerechten Nutzung, d. h. zur Extensivierung, mit garantiertem Rückkehrrecht nach Vertragsende an. Vorrangig sollten solche Betriebe landwirtschaftliche Fördermittel erhalten, die über Flächen in Naturschutzgebieten verfügten.

Mit dem Angebot Matthiesens schlug die Geburtsstunde des Feuchtwiesenschutzprogramms in NRW. Das NRW-Konfliktbewältigungskonzept unterschied sich in zwei Punkten deutlich von dem anderer Bundesländer, zum einen in der Bereitstellung hoher Finanzmittel, und zum anderen durch das Festhalten am Ordnungsrecht, wenn auch auf einem niedrigen Eingriffsniveau.

Eine Lösung des Grundkonfliktes zwischen Naturschutz und Landwirtschaft war gefunden. Die Verbände hatten sich bewegt. Doch im Ministerium beharrte Pielow auf dem Vorrang des Prinzips der Sozialpflichtigkeit. Er warnte, dass ein Positionswechsel die Bemühungen der vergangenen Jahre konterkariere (MAINZER 2014: 273–276). Matthiesen entschied politisch, und resigniert ging Pielow zum 1. Oktober 1984 in den Ruhestand (MITT. LÖLF 9. Jg., H. 3: 46). Fortan herrschte in der Gruppe Naturschutz des Ministeriums mit Rückendeckung des Ministers ein neuer Wind. Ihn erzeugte Thomas Neiss, der ab dem 1. Oktober 1984 als Gruppenleiter Naturschutz amtierte.

Matthiesen versuchte, die konkreten Konfliktlösungsstrategien in einen generellen Kooperationsvertrag mit der NRW-Landwirtschaft politisch umzumünzen. Er suchte und fand dafür auf der Verbandsebene der Landwirtschaft kongeniale Partner in Reiner Latten und Constantin Freiherr von Heereman. Und er ging in Vorleistung. Im Oktober 1984 erklärte er im Landtag, dass fortan »bei der Erarbeitung von großflächigen Naturschutzverordnungen rechtzeitig und vorher die Landwirte und die betroffene Landwirtschaft an der Erarbeitung solcher Schutzverordnungen teilhaben« würden (PLPR 9/105: 6550). Matthiesen, Latten und von Heereman handelten unter Einbeziehung der Landwirtschaftskammern, der Verbände der Forstwirtschaft sowie des Gartenbaus und der wissenschaftlichen Expertise verschiedener Universitäten Anfang 1985 das »Programm für eine umweltverträgliche und standortgerechte Landwirtschaft« aus (ANONYM 1985: 40; Abb. 3). Er verwies im Vorwort darauf, das

Schriftenreihe des
Ministers für Umwelt,
Raumordnung und
Landwirtschaft des Landes
Nordrhein-Westfalen

Umweltschutz
und
Landwirtschaft

1. Programm für eine
umweltverträgliche
und standortgerechte
Landwirtschaft

Abb. 3: Cover der Broschüre zum »Programm für eine umweltverträgliche und standort-
gerechte Landwirtschaft (Quelle: MELF 1985).

Programm sei von der Erkenntnis geleitet, »daß mit der wechselseitigen Gegenüberstellung von Extrempositionen kein Fortschritt in der Sache erzielbar« sei. Es gelte, Arbeitsfelder zu suchen, »wo ein Mehr an Ökologie nicht ein Weniger an Ökonomie bedeuten« müsse: »Insofern ist das Programm ein Durchbruch und soll verhärtete Fronten überwinden« (MELF 1985: 3).

Das Programm und der hier gefundene Kompromiss wurden zu einem (partei)politisch bemerkenswerten Zeitpunkt erzielt. Obwohl die landwirtschaftliche Wählerklientel tendenziell als CDU-nah gilt, hielt dies die Verbände nicht davon ab, in der Frühphase des Landtagswahlkampfs diese Regelungen mit der SPD-geführten Landesregierung abzuschließen. Matthiesen wies im Landtag – fast triumphierend in Richtung CDU-Opposition – darauf hin, dass »die Präsidenten der Landwirtschaftsverbände, Herr von Heeremann und Herr Latten, und die Präsidenten der Landwirtschaftskammern diese Grundauffassung der Landesregierung nicht nur teilen, sondern sich in Veranstaltungen vielfältiger Art für dieses Kooperationsmodell starkmachen und selbst um Vertrauen für Formen der neuen Zusammenarbeit werben« (PLPR 9/105: 6550 f.). Dies sei »bisher in keinem anderen Bundesland« gelungen. »Es muß doch einmal möglich sein, daß unterschiedliche Parteienvertreter in unterschiedlichen Funktionen das umwelt- und landwirtschaftspolitisch Vernünftige auf den Weg bringen […]?« (PLPR 9/118: 7443 f.) Der Konflikt zwischen Naturschutz und Landwirtschaft war also weitgehend befriedet.

Auf der Problemagenda stand noch der ›Dauerbrenner‹ Landschaftsplan. Bei der Vorlage der Gesetzesnovelle am 27. September 1984 bekannte das MELF, dass die »Erwartungen des Gesetzgebers besonders hinsichtlich der Landschaftsplanung nicht in Erfüllung gegangen« seien. Erst für ca. 5 % der Landesfläche lägen verbindliche Landschaftspläne vor. Sachverständige[2] sähen in der »verfahrensmäßige[n] Schwerfälligkeit« den Grund für die sehr schleppende Erstellung. Die »hauptsächlichen Ursachen dafür [seien] im Landschaftsgesetz zu suchen«. Dies beträfe vor allem die Einbeziehung der planerischen und ökologischen Grundlagenerhebungen in den Satzungsbeschluss und die Sonderrechte zahlreicher Behörden im Aufstellungsverfahren. Fortan solle der Landschaftsplan »inhaltlich auf die behörden- und allgemeinverbindlichen Aussagen beschränkt« werden. Die Anforderungen »an die parzellenscharfe Darstellung und deren Aktualisierung« würden erheblich erleichtert (Ds 9/3710: 21).

Heinrich Ostrop (CDU) griff die Landschaftsplanung frontal an. Er bezeichnete sie als die »›heilige Kuh‹ der SPD«; sie verknüpfe sie gleichsam mit einer Glaubensfrage: »›Bist du für eine flächendeckende Landschaftsplanung, dann bist du ein richtiger und ein anspruchsvoller Naturschützer, bist du dagegen, dann willst du weite Teile der Landschaft ihrem schlimmen Schicksal überlassen.‹« Matthiesen verteidigte sie zwar grundsätzlich, bestand aber auf einer Reform nach dem Motto »Mehr Ökologie und

---

2 Dies bezog sich auf die Studien von WITTKÄMPER et al. 1984 und SCHWARZ et al. 1984.

weniger Bürokratie« (PLPR 9/105: 6551 f.). Gegen die CDU-Vorhaltungen, den Weg konsequent in Richtung Vertragsnaturschutz auf Freiwilligkeit zu ändern, bestand Matthiesen auf ein auf Kooperation setzendes Modell, das zwischen den beiden Polen Vertragsnaturschutz und Sozialpflichtigkeit des Eigentums einen mittleren, auf Kompromiss angelegten Weg suchte. Die CDU-Opposition konterte im schon ›heißen‹ Landtagswahlkampf: »[D]ie ganze Richtung stimmt uns nicht« (PLPR 9/120: 7653).

7. Bildung des Umweltministeriums – Machtzuwachs Klaus Matthiesens

›Well done!‹ – die in ihn von Rau und der SPD gesetzten politischen Erwartungen hatte Klaus Matthiesen gerade im Hinblick auf die ›grüne Konkurrenz‹ erfüllt. Im Mai 1985 konnte die SPD ihre Mehrheit um 3,8 % auf 52,1 % ausbauen, während die Grünen mit 4,6 % (+1,6 %) erneut an der Fünfprozentklausel scheiterten. Die CDU stürzte um 6,7 % auf 36,5 % ab.

Im Wahlkampf erschien, wie Wahlanalysen bestätigten, Matthiesen als *der* glaubwürdige und zudem durchsetzungsstarke Umweltpolitiker der SPD. Rau, der zuvor nur geringes Interesse am Umweltschutz gezeigt hatte, erklärte nach seiner Wiederwahl, die neue Landesregierung wolle fortan NRW »ökologisch und ökonomisch erneuern« (BRÜGGEMEIER 2007: 200).

Matthiesen erlebte einen deutlichen Machtzuwachs. Zusätzlich zu den bisherigen Kompetenzen des MELF bekam er nun die Zuständigkeit für den technischen Umweltschutz, für die Landesplanung sowie für die Raumordnung bzw. Landesentwicklung. Vom Oktober 1985 an amtierte er als Minister für Umwelt, Raumordnung und Landwirtschaft (MURL).

Vom gestiegenen Einfluss profitierte auch der Naturschutz – nicht zuletzt finanziell. Was nützten die neuen konzeptionellen Ansätze eines Kooperationsnaturschutzes, wenn er sich mangels Geld nicht umsetzen ließ? Der Naturschutzetat stieg von 30 Mio. DM 1983 auf 80 Mio. DM im Jahre 1987. Damit nahm NRW nicht nur absolut, sondern auch relativ im Vergleich zu den anderen großen Flächenländern eine Spitzenposition ein (MAINZER 2014: 219).

Nach der gewonnenen Wahl füllte das MURL das »Programm für eine umweltverträgliche und standortgerechte Landwirtschaft« mit Leben. Dabei hatte der Start des kooperativen Naturschutzes noch holprig begonnen, hatte es zunächst doch noch an Vertrauen gemangelt. Es bestanden in der standesbewussten Bauernschaft Aversionen, »Gehaltsempfänger als Landschaftspfleger« zu werden (ANONYM 1983: 19). Verträge auf rein freiwilliger Basis ja, aber nicht auf der Basis von Schutzgebietsverordnungen, lautete die Forderung. Auch der verbandliche Naturschutz war noch zu überzeugen. Auch wenn die Verbände 1984 ein Feuchtwiesenschutzprogramm gefordert hatten, so erschien ihnen nun der Mix aus Verordnungen und Bewirtschaftungsverträgen nicht ausreichend genug (MAINZER 2014: 283 f.).

Das neue Kooperationsparadigma griff binnen kürzester Zeit in der räumlichen Dimension. Das aufgelegte Feuchtwiesenschutzprogramm schützte 1989 bereits 18.673 ha Grünland (Abb. 4). Damit verdoppelte sich auf einen Schlag die geschützte Fläche. Möglich war dies nur deshalb, weil das Sofortprogramm binnen kürzester Zeit auf Akzeptanz stieß. Bis zum Dezember 1985 nahmen am Niederrhein 90 %, im Kreis Steinfurt 78 % und im Kreis Borken immerhin 50 % der betroffenen Bauern das Angebot des Landes an (MAINZER 2014: 292 ff.).

Der aus der Not geborene vertragliche Feuchtwiesenschutz stand in den folgenden Jahren Pate für langfristig ausgerichtete Förderprogramme. So legte das Land in schneller Folge bis 1989 zusätzlich ein Mittelgebirgsprogramm, ein Ackerrandstreifenprogramm, das Programm »Landwirte pflegen Naturschutzgebiete«, ein Programm zur Renaturierung von Fließgewässern (Gewässerauenprogramm), zur Wiedereinführung historischer Landnutzungsformen und ein Streuobstwiesenprogramm auf.

Abb. 4: Cover des Feuchtwiesen-Schutzprogramm Nordrhein-Westfalen« 1989, (Quelle: MURL 1989b).

In diese Kulturlandschaftsprogramme flossen ca. 180 Mio. DM (WOIKE 2013: 130; MAINZER 2014: 297).

Die CDU ließ diese Erfolge nicht unbeeindruckt. Sie sah im neuen Paradigma ›Vertragsnaturschutz‹ die Möglichkeit, den stark hoheitlichen Ansatz des LG NW auszuhebeln. Am 1. Juli 1986 brachte die CDU-Landtagsfraktion den Antrag »Landwirtschaft und Umwelt: Freiwilliges Ökologieprogramm auf Vertragsbasis« ein. Alle ihre Debattenredner argumentierten einseitig aus landwirtschaftlicher Interessenlage. Albert Leifert sah in »Umweltschutzverträgen [...] ein gutes Mittel, das Familieneinkommen der Bauern langfristig zu sichern.« Gerhard Jacobs konstatierte auf Seiten der SPD »ein abgrundtiefes Mißtrauen gegen Eigentum und Eigentümer«. Die Bauern hätten »Sorge, mit ihrer Existenz in eine neue Leibeigenschaft des Staates zu geraten.« Matthiesen wies geradezu genüsslich darauf hin, dass das einseitige Setzen auf Vertragsnaturschutz durch die CDU im »Gegensatz zu der Vereinbarung zwischen Landesregierung und landwirtschaftlichem Berufsstand [stehe], die zur Sicherung des Naturhaushalts ausdrücklich die Ausweisung weiterer Natur- und Landschaftsschutzgebiete für erforderlich« halte. Gunther Sieg (SPD) interpretierte den CDU-Antrag als Versuch, »dem Naturschutz auf[zu]bürden, was nicht des Naturschutzes ist, die Steigerung landwirtschaftlichen Einkommens über Landschaftspflege.« Die oppositionelle FDP folgte im Kern noch dem Regierungsansatz. Friedel Meyer bestand zwar darauf, dass nachweisbar alle Bemühungen, auf einer freiwilligen Basis zum Ziel zu kommen, ergriffen werden müssten, doch wenn diese scheiterten »dann muss verordnet werden« (Ds 10/1117; PLPR 10/27: 2000, 2005, 2008–2012; PLPR 10/48: 4091).

8.　In der Mangel? Naturschutzpolitik in NRW nach dem Landtagseinzug der Grünen

1990 zogen auch im alten Industrieland NRW die Grünen in den Düsseldorfer Landtag ein – allerdings mit einem schwachen Ergebnis. Sie gewannen lediglich 0,4 % hinzu, so dass sie gerade die Fünf-Prozent-Hürde übersprangen. Die SPD verlor zwar 2,1 %, behielt aber mit 50 % die absolute Mehrheit. Die Ergebnisse von CDU (36,7 %) und FDP (5,8 %) stagnierten (Abweichungen um +0,2 % bzw. −0,2 %).

Bis dahin stand die sozialdemokratische Naturschutzpolitik unter dem Druck der CDU, stärker zu entstaatlichen und die Belange des Naturschutzes geringer zu bewerten als die von Land- und Forstwirtschaft. Wie würden sich nun die Grünen naturschutzpolitisch positionieren?

Beide Oppositionsparteien machten gleich im Dezember 1990 Druck und brachten konträr ausgerichtete Entwürfe zur Änderung des LG ein. Den CDU-Antrag, die erst 1987 beschlossene Besetzung der Beiräte mehrheitlich mit Naturschutzvertretern (8:7) wieder zurückzunehmen und die Parität wiederherzustellen (PLPR 10/59: 5170), lehnten die drei anderen Fraktionen einhellig ab (Ds 11/855; PLPR 11/31: 3599). Dagegen wollten die Grünen den Einfluss des verbandlichen Naturschutzes gegenüber dem amtlichen Naturschutz stärken. Sie forderten, nachdem seit 1979 bereits fünf sozial-demokratisch regierte Bundesländer die Verbandsklage kodifiziert hatten, nun auch deren Implementierung im LG NW. Bärbel Höhn zufolge wollten die Grünen der »Rückständigkeit [der SPD] in Nordrhein-Westfalen gerne abhelfen«. SPD und FDP verweigerten sich mit Hinweis darauf, dass zunächst eine bundeseinheitliche Regelung geschaffen werden müsse. Wegen »investitionshemmender Wirkungen« lehnte die CDU dieses Instrument grundsätzlich ab (PLPR 11/15: 1489–91).

Der Vertragsnaturschutz florierte, aber die Landschaftsplanung dümpelte weiterhin vor sich hin. Sie kam im November 1993 erneut auf den Prüfstand, wenn auch eine veränderte rahmenrechtliche Grundlage und eine höchstrichterliche Entscheidung den formalen Anlass zur Novellierung des LG NW gaben. Diese betraf die Biotopschutzvorschrift des BNatschG von 1987, die zu implementieren war, sowie zwei Themenfelder, die stets im Fokus der CDU-Kritik gestanden hatten. Zum einen hatte diese seit den 1970er Jahren gebetsmühlenartig gefordert, im LG die Enteignungsregelungen an eine Junktimsklausel zu koppeln. 1990 hatte das Bundesverfassungsgericht in diesem Sinne höchstrichterlich entschieden (Ds 11/6196: 61).

Bei der Landschaftsplanung bestand Änderungsbedarf, weil sich bei der Aufstellung Verfahrensvorschriften auf das BBauG stützten, das aber durch das Baugesetzbuch ersetzt worden war (Ds 11/6196: 62). Im Kern ging die Debatte um das weiterhin eklatante Vollzugsdefizit. Der SPD-Abgeordnete Sieg ging gleich zu Beginn in die Offensive und kündigte an, die Landschaftsplanung im zuständigen Landtagsausschuss auf den Prüfstand zu stellen (PLPR 11/111: 14008).

Eine Überprüfung war auch insofern notwendig, als die Kosten der deutschen Einheit und die generelle Politik zur Haushaltssanierung auch am NRW-Naturschutz nicht spurlos vorbeigegangen waren. Matthiesen hatte zumindest haushälterisch seinen Zenit überschritten. Der Naturschutzhaushaltsansatz für 1994 sank von 85 Mio. DM auf 66 Mio. DM. Diese Absenkung bot dem CDU-Abgeordneten Uhlenberg eine neue Angriffsfläche gegen die flächendeckende Landschaftsplanung. Sie sei einfach nicht mehr bezahlbar (PLPR 11/111: 14008 f.).

Höchst kontrovers gestaltete sich die öffentliche Anhörung im Umweltausschuss. Der Vertreter des Städte- und Gemeindebundes NRW, Alexander Schink, wand sich. Landschaftsplanung sei »ein ideales Instrument« zur Verwirklichung der Naturschutzziele, doch seien »erhebliche Vollzugsdefizite« unübersehbar. Im Gegensatz zur Bauleitplanung bringe sie »dem Bürger keine Wohltat«, sondern belaste »die Grundstückseigentümer in erheblicher Weise« und beschränke sie »in ihren Nutzungsbefugnissen«. Die Ausweisung von Schutzgebieten durch einstweilige Sicherstellungen durch die Regierungspräsidenten, beispielsweise im Kontext des Feuchtwiesenschutzes, habe tendenziell die Motivation der Kreise gerade in Teilen des Landes mit hohem Konfliktpotenzial minimiert, mit Verfahren zu beginnen. Deshalb sei »eine Landschaftsplanung dort entbehrlich [...], wo die gleiche Zielsetzung, nämlich eine Kombination von Schutzfestsetzungen mit landschaftsentwickelnden Maßnahmen, auch über andere Instrumente des Naturschutzes erreicht werden« könne (APr 11/1108: 5 f.).

Die Vertreter der Landschaftsverbände verwiesen auf Finanzierungsprobleme. Die Kosten für die Aufstellung lägen mittlerweile durchschnittlich bei 500.000 DM, womit bei vorgesehenen ca. 400 Plänen ein Finanzbedarf von ca. 200 Mio. DM entstünde; hinzu kämen geschätzte Kosten für Durchführungsmaßnahmen in Höhe von ca. 1,5 Mrd. DM (APr 11/1108: 10).

Die SPD-Vertreter im Ausschuss reagierten entsetzt ob des Rechtsverständnisses vieler der geladenen Interessenvertreter. Johannes Gorlas verwies mit Bezug auf §16 des LG NW darauf, dass es nicht ins Belieben der Planungsträger gestellt sei, ob sie Landschaftspläne aufstellen. Er forderte Gesetzestreue, d. h. die Verabschiedung sei »ein gesetzliches Muß«. Dagegen ignoriere beispielsweise der Kreis Höxter diese gesetzliche Norm seit 20 Jahren. Da man in der SPD offensichtlich nicht bereit war, gesetzliche Sanktionen einzubauen, stand sie vor einem Dilemma. Folge man der Empfehlung, auf die Flächendeckung zu verzichten, dann »fühlen sich doch alle Kreise, die bisher gesetzestreu waren und das, was der Gesetzgeber wollte, vollzogen haben, verschaukelt. Denjenigen, die den Gesetzeswillen lange genug ignoriert haben, geben wir nachträglich eine Bestätigung« (APr 11/1108: 66 f.).

Die Schlussdebatte am 16. Juni 1994 verdeutlichte, dass die Kritik Wirkungen bei der SPD gezeitigt hatte. Gorlas zufolge werde man »von einem Perfektionismus und von dem Bemühen wegkommen, jedes Detail planerisch festzusetzen und sich gewissermaßen um jeden einzelnen Baum« zu kümmern. Auch aus Gründen der Kostenersparnis sei ein gröberes Raster angesagt. Fortan falle der landwirtschaftliche Fachbeitrag weg und der forstliche werde ausschließlich auf die Naturschutzgebiete im Wald reduziert. Am Grundsatz der flächendeckenden Landschaftsplanung wurde festgehalten und dies mit der Erwartung verknüpft, dass »die Kreise mit den übergroßen Vollzugsdefiziten endlich ihre Blockadepolitik aufgeben.« Für die CDU beharrte Uhlenberg auf der bekannten Position: »Der Anspruch der SPD und der Landesregierung, Nordrhein-Westfalen flächendeckend zu überplanen, [...] war immer falsch [und] ist von der CDU-Fraktion immer abgelehnt worden.« Zumindest naturschutzpolitisch geriet die SPD nicht in die Mangel, denn die Grünen beteiligten sich kaum am Novellierungsdiskurs um das LG NW (PlPr 11/135: 16978, 16971).

9. Grüne Regierungsbeteiligung: Landschaftsplanung nun ein rot-grüner Sonderweg?

Mit dem geringen Stellenwert, den die parlamentarischen Grünen dem Naturschutz zumaßen, war es 1995 vorbei. Die Landes-SPD, Johannes Rau, aber auch Klaus Matthiesen hatten ihren Zenit überschritten. Am 14. Mai 1995 sank der Stimmenanteil der SPD um 4,0 % auf 46,0 %. Da die FDP zum zweiten Mal den Einzug in das Düsseldorfer Parlament mit 4,0 % (-1,8 %) verfehlte, fehlten der SPD nur drei Mandate zur absoluten

Mehrheit der Sitze. Die CDU stagnierte bei 37,7 % (+1,0 %). Die Grünen verdoppelten dagegen ihren Stimmenanteil auf 10 %.

Die Bereitschaft der immer noch stark gewerkschaftlich dominierten Landes-SPD, eine Koalition mit den Grünen einzugehen, war schwach ausgebildet. Erst nach zähen Verhandlungen kam auch in NRW die Bildung einer rot-grünen Koalition zustande. Matthiesen, der damals aussichtsreichste »Kronprinz« Raus, übernahm den SPD-Fraktionsvorsitz. Mit Bärbel Höhn leitete nun eine Grüne das MURL. Sie hatte zusammen mit Matthiesen die den Umwelt- und Naturschutz betreffenden Passagen des Koalitionsvertrages ausgehandelt.

Wie positionierten sich nun die Regierungsverantwortung tragenden Grünen zum NRW-Sonderweg der Landschaftsplanung? Die CDU griff mit einem Novellierungsantrag die bisherige »heilige Kuh« der Sozialdemokratie frontal an. Im LG NW sollte die bisher zwingend vorgeschriebene flächendeckende Landschaftsplanung »zugunsten freiwilliger vertraglicher Naturschutzvereinbarungen« modifiziert werden. Landschaftspläne sollten fortan nur noch dort aufgestellt werden, »wo [sie] aus Gründen des Naturschutzes und der Landschaftspflege notwendig« seien. Dies sei »insbesondere dann der Fall, wenn Entwicklungsmaßnahmen erforderlich sind, um großräumige Landschaftsschäden zu beseitigen und die Leistungsfähigkeit des Naturhaushaltes nachhaltig zu erhöhen« (Ds 12/1073). Bei freiwilligen Vereinbarungen könne mit »gleichem finanziellen Aufwand wesentlich mehr in der Natur und für die Natur erreicht werden«, entfielen doch die Kosten für die Planung. Gesetzlich solle kodifiziert werden, »Vertragsnaturschutz Vorrang gegenüber Verwaltungsakten einzuräumen, wenn er dem konkreten Schutzzweck in gleicher Weise« diene. Silke Mackenthum oblag es, das bisherige Herzstück sozialdemokratischer Naturschutzpolitik gleichsam für die Grünen zu adoptieren, und bezeichnete den CDU-Antrag als »Frontalangriff auf den Naturschutz in Nordrhein-Westfalen«: »Sie gehen nicht an das Vollzugsdefizit heran, sondern plädieren für die Abschaffung des Vollzugsgegenstandes« (PLPR 12/31: 2421, 2425; PLPR 12/59: 4838).

Wo zeigte sich nun aber die ›grüne Handschrift‹ in der NRW-Naturschutzpolitik? In den Koalitionsverhandlungen hatte Höhn nach langem Widerstand Matthiesen abgerungen, die Verbandsklage einzuführen. Die Vorbereitungen zogen sich aber hin.

Am 30. November 1999 legte die Landesregierung die Novelle zum LG NW vor (Ds 12/4465). Zu den Pflichtaufgaben der Novelle zählte die Implementierung der Fauna-Flora-Habitat(FFH)-Richtlinie ins Landesrecht. Auf der Grundlage dieser von der EU 1992 verabschiedeten Richtlinie war in Europa ein kohärentes Netz von Naturschutzgebieten zu schaffen, zu dem jedes Mitgliedsland bzw. jedes Bundesland seinen Beitrag beizusteuern hatte (WOIKE 2013: 134–137). Die Umsetzung der FFH-Richtlinie fand unter großem zeitlichem Druck statt, weil sich der Bundesgesetzgeber bis 1998 reichlich Zeit gelassen hatte, sie in nationales Recht umzusetzen. Mittlerweile hatte die EU-Kommission wegen noch nicht erfolgter Meldungen ein Vertragsverletzungsverfahren eingeleitet. Noch vor der Novellierung des BNatSchG hatte am 17. April

1997 Abteilungsleiter Thomas Neiss im Umweltausschuss erklärt, dass die FFH-Richtlinie keine grundlegenden Auswirkungen auf die NRW-Naturschutzpolitik zeitigen werde. Die 15jährige Kooperation mit den Landnutzern werde man »nicht durch eine plötzliche Kehrtwendung aufkündigen. Die FFH-Richtlinie [müsse] durch praktische Kooperation mit Leben erfüllt werden« (APR 12/543: 8). Dieses Versprechen durchzuhalten, erforderte angesichts des zeitlichen Drucks aus Brüssel einen großen Kraftaufwand. Überall im Land ergaben sich Proteste, doch Hans-Jürgen Kleimann, Vertreter der beiden Landwirtschaftsverbände, verwies in der öffentlichen Anhörung am 16. Februar 2000 darauf, dass sich die »konsensorientierte Vorgehensweise [...] nach einer schwierigen Anfangsphase als der einzig richtige Weg bewährt« habe und dass dieser NRW-spezifischen Vorgehensweise »seitens der übrigen Bundesländer wie auch der zuständigen EU-Behörde Lob und Zustimmung zuteil geworden« sei (APR 12/1528: 14).

Die 1998 verabschiedete Novelle des BNatSchG führte die Dreistufigkeit in der Landschaftsplanung ein. Auf Länderebene waren, neben dem eigentlichen Landschaftsplan, Landschaftsrahmenpläne und schließlich ein Landschaftsprogramm zu entwickeln. Dieser Novellierungsteil berührte einen wunden Punkt der Naturschutzpolitik in NRW.

Exkurs 1: »Natur 2000« oder die liegen gebliebenen »Visionen«

Die SPD-Fraktion hatte am 20. Dezember 1986 eine große Anfrage »Landwirtschaft und Landschaft« eingebracht, die auch Fragen zu »gemeinsamen Handlungsfeldern von Naturschutz und Land- und Forstwirtschaft« aufwarf (Ds 10/1549: 7–10). In ihrer Antwort am 20. September 1988 kündigte die Landesregierung für die laufende Legislaturperiode an, ein Leitbild für die künftige Landschaftsentwicklung zu erarbeiten, um die konzeptionelle Lücke zwischen den aufgelegten Sonderprogrammen und der Landschaftsplanung zu schließen (Ds 10/3611: 80). Im März 1989 fiel der Startschuss zur Entwicklung eines Programms »Natur 2000«. Aus einem Leitbild für die zukünftige landschaftliche Entwicklung NRWs und seiner Teilräume sollte bis zur Landtagswahl 1990 ein kurz- (bis 1994), mittel- (2000) und langfristiges (2010) Maßnahmen- und Finanzierungskonzept abgeleitet werden (MAINZER 2014: 371).

Für acht Groß- bzw. dreizehn bedeutsame Kulturlandschaften in NRW enthielt »Natur 2000« ihren Eigenarten entsprechende Vorgaben für die künftigen Regional- und Fachplanungen. Flächen mit großer ökologischer Bedeutung waren hier jeweils zu sichern, zu erweitern sowie zu entwickeln, und schließlich sollte aus diesen Vorranggebieten ein landesweiter funktionsfähiger Biotopverbund gebildet werden. Die zu schaffende neue Schutzkategorie »Naturreservate« sollte der Erkenntnis Rechnung tragen, dass wirksamer Arten- und Biotopschutz nur durch ausreichend großflächige, vernetzte naturnahe Lebensräume zu gewährleisten sei.

Bis 1995 sollten 14 solcher Naturreservate mit einer Gesamtfläche von ca. 170.000 ha eingerichtet werden (ca. 5 % der Landesfläche). Ein weiterer Schwerpunkt der künftigen Naturschutzarbeit sollte sich auf den lange vernachlässigten urbanen Bereich, insbesondere auf den Ballungsraum Rhein-Ruhr beziehen (MAINZER 2014: 374). Rau streifte »Natur 2000« kurz in seiner Regierungserklärung, und es gelang, im Landesentwicklungsplan circa 10 % der Landesfläche (ca. 3.200 qkm) als Vorrangflächen für den Naturschutz zu verankern (PLPR 11/4: 155). Damit waren aber die Zielkonflikte vor Ort nicht gelöst.

Dem konzeptionellen Fortschritt einer fachlich und räumlich umfassenden Landschaftspolitik, die Naturschutz-, Landwirtschafts-, Forst-, Gewässerschutzpolitik und Stadtökologie integrierte (MAINZER 2014: 379), fehlte der glückliche Zeitpunkt. Die Sparpolitik erreichte auch den Naturschutzetat. Auf dem Aachener Naturschutztag zeigte sich der LÖLF-Präsident skeptisch. »Ob sich das Handlungskonzept ›Natur 2000 in NRW‹ in einer Zeit umsetzen läßt, in der einige Bundespolitiker fordern, die Berücksichtigung von Naturschutzbelangen zumindest für einige Jahre auszusetzen, da der Naturschutz zu stark geworden sei und zu viele Erfolge gehabt habe, bleibt abzuwarten« (SCHMIDT 1994: 19).

Das auf der Basis von »Natur 2000« entwickelte Landschaftsprogramm 2000 (LaPro) lag wie Blei in den Schubladen. Thomas Neiss zufolge hatte Matthiesen politisch entschieden, dass die Zeit für die »Vorlage eines so zusammenfassenden Leitbildes einer den Naturschutz in die gesamte Entwicklung des Landes integrierenden, aber nicht einzuordnenden Entwicklungsperspektive noch nicht oder schon nicht mehr gekommen« sei (NEISS 2001a: 15). Auch der Wechsel zur konfliktbereiten Bärbel Höhn brachte keinen Durchbruch. Einen modifizierten Entwurf zog sie kurz vor der geplanten öffentlichen Anhörung zurück (MAINZER 2014: 380).

Das 1998 novellierte BNatSchG sah also die dreistufige Landschaftsplanung und damit auch Landschaftsprogramme vor. Der Rahmengesetzgebung folgte der Gesetzentwurf (DS 12/4465: 51–54). In der Anhörung unterstützte Josef Tumbrinck für die Naturschutzverbände das geplante Landschaftsprogramm, lasse sich damit doch klären, »wo es mit der Landschaft, auch mit der Kulturlandschaft hingehen« solle, ohne dabei »von vornherein einer Abwägung, wie sie im Landesentwicklungsplan vorgesehen ist«, zu unterliegen. Es sei »unabdingbar, auch hier Visionen zu entwickeln«, ohne deshalb den Boden der Realität außer Acht zu lassen. Vertreter der kommunalen Spitzenverbände dagegen kritisierten diese neue Planungskategorie, denn der Landesentwicklungsplan enthalte bereits die »wesentlichen und wichtigsten naturschutzbezogenen Aussagen« (APR 12/1528: 4, 42). Diese Position teilte auch die CDU, die an der seit 1975 durch das LG NW festgelegten zweigliedrigen Planung festhalten wollte. Alles andere bringe nur mehr »unnötige Bürokratie« (PLPR 12/144: 11977).

Das seit 1984 praktizierte Kooperationsprinzip wurde mit der Begründung, Vertragsnaturschutz habe sich neben dem hoheitlichen Naturschutz bewährt und die

Akzeptanz für Maßnahmen des Naturschutzes und der Landschaftspflege gravierend erhöht, 1995 gesetzlich kodifiziert. Vertragsnaturschutz sollte aber nicht die nach dem Gesetz vorgesehenen hoheitlichen Maßnahmen ersetzen, sondern nur ergänzen (Ds 12/4465: 37, 41).

Wieder ging es auch um die Landschaftsplanung. Im Laufe der Legislaturperiode hatte sich zwar die Zahl der in Kraft getretenen Landschaftspläne von 98 auf 144 erhöht (PlPr 12/131: 10705), dennoch bestand weiterer Deregulierungsbedarf. Festsetzungen waren nur noch den betroffenen Landschaftsräumen zuzuordnen. Bei der Festsetzung von Pflege- und Entwicklungsmaßnahmen konnten nun Vereinbarungen mit den Grundstückseigentümern oder sonstigen Nutzungsberechtigten treten, weil so »mit den Grundstückseigentümern leichter Übereinkünfte abgeschlossen werden können, wo auf ihren Flächen z. B. Hecken, Gebüsche oder Baumreihen angepflanzt werden, ohne dass es im Landschaftsplan auf die Festlegung einer bestimmten Grundstücksfläche ankommt« (Ds 12/4465: 37).

Den ›grünen‹ Novellierungskern bildete die Einführung der Verbandsklage und die Ausweitung der Verbandsmitwirkung, »soweit es sich um Verfahren handelt, die von Landesbehörden durchgeführt werden« (Ds 12/4465: 2). Zwölf Bundesländer hatten bis dahin bereits die Verbandsklage eingeführt.

Exkurs 2: Beteiligungs- und Klagemöglichkeiten nach dem Landschaftsgesetz

Pielow sah zu Beginn der 1970er Jahre den ehrenamtlichen Naturschutz äußerst ambivalent. Einerseits störte er sich am Habitus vieler Ehrenamtlicher, die zu emotional und nach dem Motto »Alles-oder-nichts« agierten. Damit wirkten sie aus seiner Sicht strategisch eher kontraproduktiv (Pielow 1976: 40). Andererseits bedurfte der amtliche Naturschutz angesichts des ganzheitlichen Ansatzes des LG dringend einer gut organisierten und schlagkräftigen Lobby, die als Gegengewicht zu den Landnutzungsorganisationen und -verbänden wirkte.

An den schlagkräftigen Naturschutzverbänden mangelte es zur Mitte der 1970er Jahre in NRW. Der DBV verstand sich noch weitgehend als reine Vogelschutzorganisation und mied politische Positionierungen. Erste Versuche auf Bundesebene, sich in die Umweltpolitik jenseits des engen naturschützerischen Terrains zu begeben, scheiterten noch (May 1999: 26 f.). Außerhalb des DBV agierte eine Vielzahl von Vereinen in den Bereichen Wandern, Heimat, Naturkunde und Waldschutz, die Schnittmengen zum Naturschutz aufwiesen. Wie sollte also aus dieser Gemengelage die gewünschte schlagkräftige Gegenlobby entstehen? Die Bundesregierung hatte es 1972 vorgemacht. Das Bundesinnenministerium stieß die Gründung des Bundesverbandes Bürgerinitiativen Umweltschutz maßgeblich an (Hünemörder 2004: 184, 286). Nicht zuletzt auf Initiative des MELF fanden politisierte DBV-Mitglieder und Vertreter des technischen Umweltschutzes zueinander und gründeten in Anlehnung an den 1975 auf Bundesebene gegründeten Bund für Umwelt und Naturschutz Deutschland 1976 den Bund Natur und Umwelt NRW. Denekes persönlicher Referent Heinz Nöllenheidt amtierte als stellvertretender Vorsitzender (STIFTUNG NATURSCHUTZGESCHICHTE 2003: 49, 108, u. ö.). Auf Drängen des MELF schufen zudem die vielen kleineren Vereine 1976 die Dachorganisation Landesgemeinschaft Naturschutz und Umwelt (LNU). Zusammen mit dem Landesverband des DBV existierten fortan in NRW drei Organisationen, die als Gegenlobby wirkten und die nach § 29 BNatSchG anerkannt waren.

Das Landschaftsgesetz sah bei seiner Verabschiedung 1975 zwei ehrenamtliche Elemente vor. Ehrenamtliche Landschaftswachten sollten in den Kreisen die unteren Landschaftsbehörden unterstützen, indem ihre Mitglieder diese über »nachteilige Veränderungen in der Landschaft benachrichtigen und darauf hinwirken, daß Schäden von Natur und Landschaft abgewendet werden« (Ds 7/4644: 31 f.). Als deren Hilfsorgane verfügten sie über ein Betretungsrecht, waren aber nicht vollzugsberechtigt. Konzeptionell war ihnen die Rolle der Mittler zwischen Behörden und Bevölkerung zugeordnet worden. 1986 arbeiteten in 85 % der Kreise bzw. der kreisfreien Städte Ehrenamtliche in Landschaftswachten (MAINZER 2014: 315 f.; zur weiteren Entwicklung vgl. den Beitrag von SCHMIDT in diesem Band, S. 260 ff.).

Das zweite ehrenamtliche Standbein waren Beiräte auf den drei Verwaltungsebenen. Anders als die aufgelösten Landes-, Bezirks- und Kreisnaturschutzstellen bzw. die auf diesen Ebenen tätigen Naturschutzbeauftragten legte der Gesetzgeber hier nach §1 Abs. 1 den Hauptakzent nicht mehr auf die fachliche Beratung der Behörden, sondern auf die »unabhängige Vertretung der Belange von Natur und Landschaft«. In ihnen wirkten Vertreter des Naturschutzes und der Landnutzer zusammen.

Politiker aller Parteien und Vertreter der Interessenverbände legten diesen eigentlich eindeutigen Auftrag zur Interessenvertretung diametral unterschiedlich aus. Ursächlich war die heterogene Zusammensetzung. Eine schier endlose Folge von Kontroversen und Novellierungen, die die Zusammensetzung der Beiräte betrafen, waren die Folge – Wolfgang Gerß sah hier »manche gesetzgeberische Irrwege«. Die unterschiedlichen Wahrnehmungen und Interpretationen spiegeln letztlich auch den fehlenden Konsens in der NRW-Naturschutzpolitik wieder. Der Dissens in der Interpretation des Auftrags gründete gleich zu Beginn darin, dass »nach Darlegung der CDU erfahrungsgemäß Naturschutz gegen die Interessen der Landwirtschaft nicht möglich sei. Dem hielt die SPD entgegen, dass es im Landschaftsbeirat nicht um irgendeine Interessenvertretung gehe; vielmehr müsse der Beirat ein Sachverständigengremium sein« (GERSS 2006: 12).

Den Beiräten gehörten gemäß 1975er-Fassung des LG NW Vertreter der Naturschutzverbände, der Land- und Forstwirtschaft, der Jagd, der Fischerei und Imkerei sowie Sachverständige für Naturschutz und Landschaftspflege an. Angaben über die zahlenmäßige Verteilung nach Gruppen enthielt das Gesetz nicht.

Eine Analyse der LÖLF 1982 zeigte, dass in 13 Kreisen und vier kreisfreien Städten 53 % aller Beiratsmitglieder den Landnutzern zuzuordnen waren, der Extremfall lag bei 67 % (BERGER & FELDMANN 1982: 41) – eigentlich kein Problem, wenn sie den Gesetzesauftrag wörtlich genommen hätten. Nach einer Novelle im Jahr 1985 sah, gegen den heftigen Widerstand der CDU, der entsprechende Paragraf eine Beiratszusammensetzung von 8:7 zugunsten der Naturschutzverbände vor, wobei für die dem Naturschutz zustehenden Mandate nur die drei anerkannten Naturschutzverbände vorschlagsberechtigt waren (MAINZER 2014: 312). 1990 beschloss die SPD eine Rückkehr zur Parität.

Die Ursache der Konflikte lag darin, dass die Vertreter der Landnutzer versuchten, in den Beiräten ihre Belange durchzusetzen, statt dem Gesetzesauftrag zur Interessenvertretung der »Belange von Natur und Landschaft« nachzukommen. Bei der öffentlichen Anhörung 2000 brachte Wolfgang Gerß, Vorsitzender des Beirats bei der obersten Naturschutzbehörde seit 1986, den gesetzlich geschaffenen Konstruktionsfehler eines »Zwitters«, der »Beratung und Interessenvertretung« zu leisten bzw. wahrzunehmen habe, auf den Punkt. Das Dilemma bestehe in »miteinander konkurrierenden Aufgaben«. Lösen ließe es sich nur dadurch, dass fortan beide Aufgaben voneinander getrennt würden: Die »vielfältige Beratung« sollte von einem mehrköpfigen Gremium verschiedener Spezialisten geleistet werden. Die naturschutzpolitische Interessenvertretung dagegen sollte von einer einzelnen Person wahrgenommen werden, und zwar in Analogie zur Struktur in anderen Bundesländern durch einen »von der Behörde und Beirat unabhängigen Naturschutzbeauftragten« (APR 12/1528: 50). Damit schlug er eine Lösung vor, die ausdrücklich mit dem Landschaftsgesetz 1975 abgeschafft worden war.

Über eine lange Vorgeschichte verfügte auch das Verlangen nach einer Verbandsklage. Der Deutsche Rat für Landespflege hatte sie bereits 1967 gefordert und 1971 fand man sie im »Steinschen Entwurf«. Im MELF lehnte sie Pielow in den 1970er Jahren als »halbgar« ab, denn die Naturschutzbehörden müssten dann den Aufwand ausbaden (zit. nach MAINZER 2014: 320). Das Entgegenkommen bestand darin, dass die Naturschutzverbände das Recht auf Mitwirkung an den die Landschaft betreffenden Planungsverfahren erhielten (MAINZER 2014: 323). Das MELF bzw. das MURL und die Landes-SPD positionierten sich in der Folgezeit gegenüber der Forderung der Verbände sehr zurückhaltend. Erst nach einer Implementierung in das BNatSchG erscheine eine solche ins Landesrecht sinnvoll (PLPR 11/111: 14007). Erst 2002 fand die Verbandsklage Eingang ins BNatSchG.

Auch wenn der Koalitionsvertrag zwischen Rot-Grün in NRW die Einführung der Verbandsklage vorsah, war die Skepsis der SPD unübersehbar, aber es galt die Koalitionstreue: pacta sunt servanda. Allerdings war auf Drängen der SPD eine Sollbruchstelle eingebaut, denn nach zwei Jahren war im Lichte der dann gesammelten Erfahrungen die Verbandsklage im Hinblick auf die Belastungen der Justiz noch einmal auf

den Prüfstand zu stellen (PLPR 12/131: 10706 f.). In Richtung CDU-Opposition wies
Bärbel Höhn vorsorglich darauf hin, dass die Verbandsklage auch in einigen CDU-
regierten Ländern bereits eingeführt sei (PLPR 12/131: 10703). Spannung versprach
die öffentliche Anhörung am 16. Februar 2000. Wie würden sich die Parteien, wie die
Interessenvertreter positionieren?

Dass die kommunalen Spitzenverbände, Land- und Forstwirtschaft sowie die
Industrie die Verbandsklage und die intensiveren Verbandsbeteiligungsmöglichkei-
ten ablehnten, verwundert nicht. Alexander Schink sah akuten Anlass zur Sorge bei
den FFH-Ausweisungen. Während das Land plane, eine Fläche von 6,5 % zu melden,
umfasse die Liste der anerkannten Naturschutzverbände eine fast doppelt so große
Gesamtfläche (12,5 %) (APR 12/1528: 3, 8).

Um Vertrauen werbend positionierten sich die Naturschutzverbände. Für die Ver-
bände zeigte sich Josef Tumbrinck verwundert über den Mangel an Sachkenntnis. Der
Vorwurf, Verbandsklagen führten zu erheblichen Verzögerungen von Verwaltungs-
entscheidungen, sei unzutreffend, denn Klagen hätten nicht per se aufschiebende
Wirkung. Der immer wieder geäußerten Befürchtung, dass nun eine Klagewelle in
NRW drohe, konterte er mit dem Hinweis auf Erfahrungen des NABU in Hessen.
Hier sei die Verbandsklage 1980 eingeführt worden. In 20 Jahren seien dort vom
NABU 34 Klagen erhoben worden. 28 davon seien erfolgreich verlaufen, entweder,
weil sie gewonnen worden seien oder weil es zu einem Vergleich gekommen sei,
der die Klage überflüssig gemacht habe. Schon aus finanziellen Gründen überlegten
die Verbände sehr genau, ob sie dieses Instrument nutzten. Sein politisches Kern-
argument lautete, dass die Erfahrung in anderen Bundesländern lehre, dass Behörden,
wenn sie wüssten, »dass die Vernachlässigung von Naturschutzfragen auch gericht-
liche Konsequenzen haben« könne, dafür sorgen, dass die Belange von Natur und
Landschaft »chancengleich mit anderen Interessen berücksichtigt« würden (APR
12/1528: 35 f., 43).

Gegen die Stimmen der Opposition stimmte der Landtag der Novelle des LG zu –
damit waren deutlich ›grüne‹ Duftmarken gesetzt.

10. Dampf im Kessel:
Rot-Grüne Konfliktgeschichten 2000 bis 2005

Klaus Matthiesen galt Ende der 1980er Jahre als *der* Kronprinz Raus. In Wolfgang
Clement, seit 1989 Leiter der Staatskanzlei und ab 1995 Wirtschaftsminister, erwuchs
ihm ein veritabler Konkurrent, der sich 1998 durchsetzte und zum Ministerpräsidenten gewählt wurde.

Die Landtagswahlen 2000 standen nicht nur landespolitisch für Rot-Grün in
NRW unter einem schlechten Stern. Die seit 1998 auch auf Bundesebene regierende
rot-grüne Koalition agierte alles andere als spannungsfrei. Beide Koalitionsparteien
verloren am 14. Mai 2000 gegenüber der letzten Landtagswahl Stimmenanteile. Die

SPD sackte um 3,2 % auf 42,8 %, die Grünen um 2,9 % auf 7,1 % ab. Während die CDU stagnierte (37,0 %; -0,7 %) konnte die FDP unter Jürgen Möllemann ihren Stimmenanteil um 5,8 % auf 9,8 % mehr als verdoppeln.

Clement provozierte die Grünen, indem er nach der Wahl eine Neuauflage der sozialliberalen Koalition in Betracht zog. Letztlich einigten sich die beiden Parteien dann aber doch auf eine Fortsetzung der Koalition. 2002 wechselte Clement ins Bundeskabinett. Peer Steinbrück, der als Wirtschaftsminister den einen oder anderen Strauß mit Bärbel Höhn ausgefochten hatte, trat die Nachfolge an. Nach der Stabübergabe verschlechterte sich das innerkoalitionäre Klima dramatisch. Steinbrück verwies darauf, dass sich in der Öffentlichkeit der Eindruck verfestigt habe, es handele sich eher um eine »Verhinderungs- als Gestaltungskoalition«. Bärbel Höhn griff den Leitspruch Raus auf und forderte, »Infrastruktur und Naturschutz, Umwelt und Arbeit […] nicht länger als Widersprüche« aufzufassen, vielmehr müssten sie »versöhnt werden«. Mitten in der Legislaturperiode führten die Parteien erneute Koalitionsverhandlungen, die in einem »Düsseldorfer Signal« vom Juli 2003 mündeten (FAZ 6. Juli 2003).

Am Ende der Legislaturperiode wurde das LG erneut novelliert, auch wegen einer Anpassung an das rahmenrechtliche Bundesrecht. Dies betraf u. a. den länderübergreifenden Biotopverbund (Ds 13/6348: 64). Vor allem aber galt es, im »Düsseldorfer Signal« vereinbarte politische Vorgaben zur Eingriffsregelung und zur Frage der guten fachlichen Praxis in der Land-, Forst- und Fischereiwirtschaft umzusetzen.

Seit der Verabschiedung des LG 1975 und des BNatSchG 1976 herrschte zwischen den Parteien Dissens über den Passus zur »ordnungsgemäßen Land- und Forstwirtschaft«. 1985 war das »Programm für eine umweltverträgliche und standortgerechte Landwirtschaft« ausgehandelt worden und auf dieser Basis der auf Freiwilligkeit fußende Vertragsnaturschutz als zweites Standbein des Naturschutzes entstanden. Die 2005 eingebrachte Novelle enthielt nun »Regelungen der guten fachlichen Praxis« in Land- und Forstwirtschaft (Ds 13/6348: 2). Insbesondere die FDP protestierte: »[D]ie Ziele des Naturschutzes und der Landschaftspflege [würden] zu einem fast alles dominierenden Bereich« und die Landschaftsbehörden »zu einer die Landwirtschaft bestimmenden Einrichtung.« Die Landwirtschaft werde damit, so Felix Becker, zur »Unterabteilung des Naturschutzes« (PLPr 13/140: 13609).

Politisch motiviert waren Änderungen bei der Eingriffsregelung. Der naturschutzpolitische Sprecher der SPD, Johannes Gorlas – ein Gegner der Kohlevorrangpolitik der Landesregierung –, setzte gegen rechtliche Bedenken des Fachministeriums eine Privilegierung kleinerer Windkraftanlagen in der Eingriffsregelung durch (mündl. Auskunft Th. NEISS). So galt, dass die »Errichtung von bis zu zwei nebeneinander liegenden Windenergieanlagen« keinen Eingriff darstellte (Ds 13/6348: 18). Für mehr Flexibilität bezüglich der Ausgleichs- und Ersatzmaßnahmen sorgten die Einführung eines flächendeckenden Ökokontos, die räumliche Flexibilisierung der Eingriffsregelung, wonach Eingriffs- und Kompensationsort entkoppelt werden konnten, und das Konzept »Natur auf Zeit« (PLPr 13/149: 14509).

Das bisher nur aus dem Baurecht bekannte Ökokonto wurde nun auch für den Außenbereich eingeführt (Ds 13/6348: 68). Dieses Instrument stieß beim NABU auf Ablehnung; nicht zuletzt weil es unweigerlich dem Kreislauf von Angebot und Nachfrage unterliege, stelle es »keine Verbesserung, sondern eine Verschlechterung« dar (APR 13/1451: 27 f.).

Neu aufgenommen wurde gegen den Widerstand von CDU und FDP eine Regelung, wonach Ersatzleistungsgelder nur maximal drei Jahre angesammelt werden durften. Im Nichtverwendungsfall waren sie an die höhere Landschaftsbehörde abzuführen (APR 13/1528: 13).

Ein neues Instrument stellte »Natur auf Zeit« dar. Um dem Regime der Eingriffsregelung zu entgehen, wurden Industriebrachen, so jedenfalls die Erfahrung im Ruhrgebiet, »nicht selten rechtzeitig ›plattgemacht‹«, um so das »Hineinwachsen einer Fläche in eine ökologische Schutzwürdigkeit« zu verhindern. Ökologisch positive Entwicklungen wurden, wenn die Flächen später anderweitig genutzt werden sollten, nicht mehr als auszugleichende Eingriffe gewertet. Die neue Regelung verfolgte damit das Ziel, die Bereitschaft zum Vertragsnaturschutz auf ca. 12.000 ha zu fördern. »Natur auf Zeit« werde »wichtige stadtökologische Funktionen erfüllen, wenn natürliche Sukzessionsprozesse nicht unterbrochen werden« (Ds 13/6348: 66).

Mit dem Instrument »Natur auf Zeit« gelangte die Stadtökologie erstmals ins LG. Hinzu kam, dass die– nicht verbindliche – Landschaftsplanung nach § 16 BNatSchG den gesamten Raum, also auch den baulichen Innenbereich, erfasste. Zum Aufgabenspektrum der LÖBF gehörte fortan auch die Erarbeitung stadtökologischer Fachbeiträge (Ds 13/6348: 36 f.; 69).

Auch wenn erst 2005 die Stadtökologie rechtlich kodifiziert wurde, faktisch war der besiedelte Bereich, waren die Ballungsräume längst Bestandteil der NRW-Naturschutzpolitik.

Exkurs 3: stadtökologischer Naturschutz

Probleme der Natur und Landschaft im durch die Kohle- und Schwerindustrie geprägten Ballungsraum Rhein-Ruhr gerieten schon vor dem Ersten Weltkrieg in den Blick. Der eigens gegründete Siedlungsverband Ruhrkohlenbezirk (SVR) war seit den 1920er Jahren vielfältig tätig geworden (KASTORFF-VIEHMANN 1998). Als Willy Brandt 1961 forderte, »Der Himmel über der Ruhr muß wieder blau werden!«, hatte die CDU-geführte Landesregierung bereits Maßnahmen zum technischen Umweltschutz ergriffen (HÜNEMÖRDER 2004: 60–64).

Ab Mitte der 1960er Jahre stellte die Bewältigung des Strukturwandels eine neue Herausforderung dar. Doch welche Rolle spielte der Naturschutz in diesem Umfeld? Wie sollte man mit den riesigen brachliegenden Flächen ehemaliger Großindustrie-, Zechen-, aber auch Verkehrsanlagen umgehen? Stadt und Naturschutz, für traditionelle Naturschützer schloss sich dies lange aus. Erst im Gefolge der sich

Naturschutzprogramm Ruhrgebiet

Ein Programm des

Ministeriums für Umwelt,
Raumordnung und Landwirtschaft
des Landes Nordrhein-Westfalen

in Zusammenarbeit
mit dem

Kommunalverband Ruhrgebiet

zur ökologischen Erneuerung
der Industrieregion Ruhrgebiet

Abb. 5: Cover des »Naturschutzprogramm Ruhrgebiet«, 1989 (Quelle MURL 1989a).

seit den 1970er Jahren herausbildenden Stadtökologie trat ein Bewusstseinswandel ein. »Natur aus zweiter Hand« wurde zu einem geflügelten Wort: Habitate, die sich vollkommen vom Menschen ungesteuert auf Brachen ausgebildet hatten. Diese »Natur aus zweiter Hand« war, wie Kartierungen zeigten, äußerst artenreich.

Den Startschuss zu einer systematischen Auseinandersetzung mit Stadt und Natur in Ballungsräumen gab allerdings nicht das Umwelt-, sondern das Ministerium für Landes- und Stadtentwicklung (MLS). 1984 rief es den Wettbewerb »Mehr Grün in der Stadt« aus. Im Februar 1985 beschloss das Landeskabinett ein Stadtökologieprogramm; es verband strukturpolitische Maßnahmen mit der Verbesserung der Umweltbedingungen. Fast zeitgleich – die Biotopkartierung der LÖLF war nahezu abgeschlossen – richtete das MELF im Vorfeld der Landtagswahlen am 22. April 1985 das Symposium »Ökologische Planung im Ruhrgebiet« aus. Nach der gewonnenen Wahl bekam das von Matthiesen geführte Ministerium auch die Kompetenzen für den technischen Umweltschutz und die Raumplanung (MURL). Damit einher ging auch die Federführung für das Stadtökologieprogramm (MAINZER 2014: 345 ff.).

Im Kontext der Kulturlandschaftsprogramme legte das MURL auch Förderprogramme für Ballungsräume auf. 1986 entwickelte der Kommunalverband Ruhr (KVR) im Auftrag des Ministeriums ein Programm zur Verbesserung der ökologischen Verhältnisse, das sich insbesondere auf die republikweit als Schmuddelecke verschriene Emscherzone bezog: das Naturschutzprogramm Ruhrgebiet (NSPR; Abb. 5). Es zielte u. a. auf die Überplanung von verbliebenen Freiflächen – sie galt es zu kaufen oder zu pachten –, die Rückführung von intensiv genutzten Flächen zu neuen Freiräumen, die Anpflanzung bzw. Ergänzung von gliedernden und lebenden Elementen in der Landschaft, auch im Sinne des Immissionsschutzes, und ökologisch orientierte Einzelmaßnahmen, die in Zusammenarbeit mit Vereinen oder Bürgern umgesetzt wurden (MAINZER 2014: 353). Das Programm fand eine so starke Nachfrage, dass es schließlich bis 1995 verlängert wurde. Es stand auch Pate für das Naturschutzprogramm Aachener Revier (NSPAR) und das Ökologie-Programm Emscher-Lippe (ÖPEL) (MAINZER 2014: 297).

Schließlich wurde mit dem »Wunder von der Ruhr« (FAZ 21.6.1990, zit. nach MAINZER 2014: 358), dem IBA Emscher-Park, der »größte Grünzug der Welt« (WAZ 14.8.1990, zit. nach MAINZER 2014: 361) mit maßgeblicher Beteiligung des Düsseldorfer Umweltministeriums (Ökologieprogramm Emscher-Lippe/ÖPEL) geschaffen (MAINZER 2014: 365; PROJEKT RUHR GMBH 2005).

Die CDU lehnte den von der LÖBF zu entwickelnden stadtökologischen Fachbeitrag ab. Er stelle, zusätzlich zum Landschaftsplan, einen weiteren Eingriff in die kommunale Selbstverwaltung bzw. Planungshoheit dar: »Wir wollen die kommunale Selbstverwaltung stärken, Sie den Zentralismus«, erklärte Heinrich Kruse (PLPR 13/149: 14505).

In einem Fall konnten sich die Grünen gegenüber der SPD nicht durchsetzen. Die paritätische Besetzung der Beiräte blieb bestehen – aus Sicht der SPD, um damit »Konfliktlösung im Konsens« zu erzielen (PLPR 13/149: 14503). Die Argumente, den Zwitter Beirat strukturell zu reformieren, waren offenbar nicht auf fruchtbaren Boden gefallen. Bärbel Höhn bekannte – der Landtagswahlkampf war schon im vollen Gange –, dass die Grünen »nicht die Kraft hatten, dem Naturschutz im Naturschutzrecht eine Mehrheit zu geben« (PLPR 13/149: 14511).

11. 30 Jahre fehlender Konsens: »Nein zum nordrhein-westfälischen Sonderweg!«[3]

Die Schlusslesung der Landschaftsgesetznovelle 2005 fand in der heißen Phase des Landtagswahlkampfes statt. Die lange Zeit offen ausgetragenen koalitionsinternen Querelen steigerten nicht gerade die Zustimmung zur rot-grünen Koalition. Dennoch prognostizierten Umfragen zu Beginn des Jahres noch eine Mehrheit. Den Wahlkampf bestimmten, neben dem grundsätzlichen Richtungsstreit um die Weiterführung der Kohlevorrangpolitik, vornehmlich die Bildungspolitik, aber auch umwelt- und naturschutzpolitische Themen. Die Oppositionsparteien kritisierten die starke Förderung von Windkraftanlagen und brandmarkten Artenschutz als Investitionsverhinderer. *Das* alles beherrschende Thema waren aber die arbeitsmarktpolitischen Reformen (Hartz-Gesetzgebung) der rot-grünen Bundesregierung. Insbesondere das Hartz-IV-Gesetz führte bei den Betroffenen zu schmerzhaften finanziellen Einschnitten, die sich ab 2005 real auswirkten – gerade auch in NRW mit seiner überdurchschnittlich hohen Arbeitslosenquote. Die rot-grüne Landeskoalition verlor vor allem aus diesen bundespolitischen Gründen die Wahl eindeutig. Der Stimmenanteil der SPD reduzierte sich um 5,7 % auf 37,1 %, der der Grünen um 0,9 % auf 6,2 %. Auch die FDP konnte ihren außergewöhnlichen Möllemann-Erfolg von 2005 nicht halten und sackte um 3,9 % auf 6,2 % ab. Der große Gewinner der Wahl war die CDU, die eine Steigerung um 7,8 % auf 44,8 % erlebte. Jürgen Rüttgers folgte Peer Steinbrück als Ministerpräsident, und Eckhard Uhlenberg löste Bärbel Höhn als Umwelt- und Landwirtschaftsminister ab.

Die Zäsur betraf natürlich nicht nur die allgemeine Politik – nach 39 Jahren stellte die SPD in ihrem Stammland nicht mehr den Ministerpräsidenten – sondern auch in Besonderheit und ausdrücklich die Naturschutzpolitik. Das Landschaftsgesetz und dessen Novellen hatte die Union in der Regel abgelehnt. Der neue Minister hatte sich seit seinem Einzug in den Landtag 1980 einen Namen als Kritiker der flächendeckenden verbindlichen Landschaftsplanung gemacht. Sein ceterum censeo lautete, der nordrhein-westfälische Weg der Landschaftsplanung sei von Anfang an falsch gewesen. Welche Auswirkungen würde die neue Konstellation für die Naturschutzpolitik in NRW nach sich ziehen? Eine ganz schnelle, sehr symbolhafte, vor allem gegen die

---

3   Holger Ellerbrock (F. D. P.): PLPR 14/49: 5589.

Grünen gerichtete Reaktion und 2007 eine Wende, die zu vielen Einschnitten gegenüber dem bisherigen naturschutzrechtlichen Standard in NRW führte.

Am 9. September 2005, die neue Regierungskoalition war erst zweieinhalb Monate im Amt, brachte sie eine Novelle des LG in den Landtag ein, um die auf Betreiben der Grünen erst wenige Monate vorher im LG verankerte Privilegierung von Windkraftanlagen zu streichen. Verkehrsminister Oliver Wittke nahm ausdrücklich Bezug auf gerade getroffene Landesparteitagsbeschlüsse von CDU und FDP. Im Kontext des gerade Fahrt aufnehmenden Diskurses um das Erneuerbare Energien Gesetz (EEG) hatte sich die neue Koalition darauf verständigt, baldmöglichst einen neuen Windenergieerlass vorzulegen, »mit dem Ziel einer möglichst restriktiven Steuerung des Baus von Windkraftanlagen«. Ästhetische Argumente dominierten. Rot-Grün habe die Landschaft »verspargelt«, sich am »Landschaftsbild [...] versündigt«. Mit ihrer Politik stand die CDU-geführte Landesregierung nach Ansicht der SPD im Widerspruch zur CDU-Bundespolitik; Bundesumweltministerin Angela Merkel und Bundesbauminister Klaus Töpfer hatten sich 1997 darauf verständigt, die Privilegierung der Windkraft im Baugesetzbuch zu verankern. Kritik an den – aus ihrer Sicht unreflektierten – ästhetischen Argumenten kam von den Grünen Reiner Priggen und Johannes Remmel. Sie verwiesen darauf, dass die von der neuen Landesregierung geplante Förderung von Biomastanlagen zu einer erheblichen Beeinträchtigung des Landschaftsbildes führen werde bzw. warum denn nur die ca. 17.000 Windenergieanlagen, nicht aber die ca. 180.000 Strommasten die Landschaftsästhetik störten? (PLPR 14/7: 516 f., 520, 527, 531, 537).

Nach knapp eineinviertel Jahren legte die Landesregierung am 8. Januar 2007 eine Novelle zum LG NW vor. Schon die Begründung zeigte, dass ein grundsätzlich anderer Wind wehte. Um die »Wettbewerbsfähigkeit Nordrhein-Westfalens zu verbessern«, gelte es, NRW-spezifische Regelungen, die über die Vorgaben des Europa- und Bundesrechts hinausgingen, abzuschaffen. Die hohen Standards hätten für »die Entwicklungsmöglichkeiten der Städte und Gemeinden, die Wirtschaft und die Land- und Forstwirtschaft nachteilige Folgen«. Das NRW-spezifische »›Mehr‹ an landesrechtlichen Regelungen [...] [beim Biotopschutz] hemm[e] die städtebauliche Entwicklung in vielen Städten und Gemeinden und belaste die Land- und Forstwirtschaft bei ihrer ordnungsgemäßen Flächenbewirtschaftung.« Darüber hinaus beeinträchtigen über das Bundesrecht hinausgehende Klagerechte der anerkannten Naturschutzvereine den »wirtschaftlichen Standortwettbewerb unter den Ländern« (Ds 14/3144: 1).

In den letzten 15 Jahren hatten die CDU-Fraktion, aber auch die FDP stets anlässlich der Schlussberatung Änderungsanträge gestellt, die die damaligen Koalitionsfraktionen abgelehnt hatten. Die Novelle griff diese Anträge zum allergrößten Teil nun auf. Dies betraf den Biotopverbund – statt der verpflichtenden galt nun eine Kann-Vorschrift. Die Drei-Jahres-Frist bei den Ersatzgeldern erhöhte sich auf fünf Jahre und die Passage zur Weiterleitung der Gelder bei Nichtausgabe auf der Landkreisebene an die Bezirksregierungen entfiel. Direkte Auswirkungen auf die Naturschutzverbände hatte die »grundsätzliche Anpassung von Vereinsmitwirkung und Vereinsklage an die Mitwirkungs- und Klagerechte« des BNatSchG, die Streichung der Beteiligung der anerkannten Naturschutzvereine bei der Kartierung der gesetzlich geschützten Biotope und die Abschaffung der Beiräte jenseits der Unteren Landschaftsbehörden. Für den urbanen Bereich erstreckten sich die Veränderungen darauf, dass der stadtökologische Fachbeitrag für den baulichen Innenbereich mit der Begründung gestrichen wurde, dass die LÖBF dies »nicht flächendeckend gewährleisten« könne, sowie auf eine Modifizierung der »Natur-auf-Zeit-Vorschrift«.

Modifiziert wurde auch der erst 2005 aufgenommene Passus zu den Biologischen Stationen.

Exkurs 4: Landesweites Netz Biologischer Stationen

Im Gefolge des Paradigmenwechsels zum Kooperationsnaturschutz und der damit einhergehenden Kulturlandschaftsförderprogramme verdoppelte sich die geschützte Fläche in NRW bis 1989. Daraus resultierten neue Herausforderungen für den Naturschutz.

Seit dem Ende der 1960er Jahre hatten zunächst in Münster (Rieselfelder Münster), später auch in den Kreisen Borken (Zwillbrock, 1980), Minden-Lübbecke (1985) und im Rheinisch-Bergischen Kreis (1985: Station Bergisches Land) ehrenamtliche Naturschützer erste Biologische Stationen gegründet. 1985 beauftragte das Land die Station Zwillbrock mit Betreuungsaufträgen im Kontext des Feuchtwiesenschutzprogramms.

Nach den ersten positiven Erfahrungen legte das MURL 1989 das »Naturräumliche Fachkonzept Biologische Stationen NRW« vor. Zur Betreuung von Feuchtgebieten internationaler Bedeutung, der Kulturlandschaftsprogramme und von Förderprojekten in Ballungsräumen plante das MURL bis 1995 ein flächendeckendes Netz von 22 Biologischen Stationen (ANONYM 1990). Deren Aufgabengebiet umfasste alljährliche wissenschaftliche Erhebungen von Fauna und Flora, die Erarbeitung von Empfehlungen für die Pflege und Entwicklung und deren Umsetzung sowie die Informationsvermittlung für die zu betreuenden Schutzgebiete.

Der für den Naturschutz zuständige Abteilungsleiter prägte bei der Vorstellung des Konzepts die Formel von den Biologischen Stationen als Sozialstationen der Natur. Der NABU griff gegenüber Matthiesen diese Analogie zur Sozialpolitik auf. Die Zahl bzw. die Arbeitskapazitäten der ehrenamtlich Tätigen reiche nicht mehr aus, die stark vergrößerten Flächen der Schutzgebiete professionell zu betreuen. Deshalb müssten professionelle Pflegestationen, d. h. Biologische Stationen, geschaffen werden (TUMBRINCK 2001: 46; NOTTMEYER-LINDEN 2012: 86).

Zehn Jahre nach Aufstellung des Fachkonzepts wirkten in NRW 34 Stationen. Eine Arbeitsanalyse 2000 ergab sehr gute Quoten bei der Erhebung wissenschaft-

licher Daten (90 %), dem praktischen Biotopmanagement (85 %), der Informationsvermittlung (85 %) und bei Empfehlungen für Pflege und Entwicklung bzw. deren
Umsetzung (75 %). Bei der vermittelnden Funktion zwischen Landnutzungsansprü-
chen und amtlichem und ehrenamtlichem Naturschutz bestanden noch Defizite
(Neiss 2001b: 8). Um 2010 waren die mittlerweile 40 Biologischen Stationen aus
dem Naturschutz nicht mehr wegzudenken. Sie betreuten 60 % aller Naturschutzgebiete und sämtliche EG-Vogelschutzgebiete; über 70 % aller FFH-Gebiete und fast
80 % der Verträge des NRW-Programms Ländlicher Raum wurden fachlich oder
auch organisatorisch von den Stationen betreut (Nottmeyer 2012: 88).

Das ehrenamtliche Element sollte eine entscheidende Rolle spielen, und so ent-
brannte eine Kontroverse über die Rechtsform und die Finanzierung. Sollten die Stationen »frei« in der Trägerschaft von Vereinen oder Verbänden agieren und deshalb
eine Projektförderung erhalten, oder sollten sie die Rechtsform eines institutionell
von Land und Kreisen geförderten Dachvereins tragen, dem Vertreter sowohl der
Naturschützer als auch der Naturnutzer angehörten? Daraus wurde allerdings kein
Glaubenskrieg. Je nach regionaler Interessenlage und Möglichkeiten wählte man die
eine oder andere Form (Tumbrinck 2001: 46; Wille 2016). 2003 bestanden 24 institutionell und 16 projektbezogen finanzierte Einrichtungen (Nottmeyer 2012: 87).
Dabei meinten die projektbezogenen, »starke Kräfte« im Düsseldorfer MUNLV aus-
zumachen, die es am liebsten sähen, »wenn alle Stationen [als] weisungsgebundene
›quasi-Behörden‹« fungierten (Harengerd 2001: 15). Genau dieses Unabhängig-
keitsstreben kritisierten die neuen Regierungsparteien. Die Landesregierung versuchte nach 2005, über neue Förderregeln Einfluss zu nehmen. Um das Verhältnis
bzw. die Hierarchie zu den Landschaftsbehörden eindeutig zu definieren, sollten
diese fortan »im Rahmen der gesetzlichen Zuständigkeiten der Landschaftsbehörden nur mit deren Zuständigkeit tätig werden« (Ds 14/3144: 83).

Dieser Vorschlag erwies sich als kompatibel zu einem akut zu lösenden Problem. Für
vom Land erworbene oder gepachtete Kulturlandschaftsflächen bot die Landesregierung den Bauern Verträge zur extensiven Bewirtschaftung an. Es fehlte zur Überprüfung der Umsetzung an ausreichend vorhandenem und qualifiziertem Personal bei
den unteren und höheren Landschaftsbehörden. So versah das Land damals die bereits
bestehenden Biologischen Stationen in Münster und Zwillbrock mit Betreuungsaufträgen. Die flächendeckende und verbindliche Landschaftsplanung war der CDU seit
1975 politisch ein Dorn im Auge. Sie hatte aber zu Beginn der Regierungsübernahme
eine solche Faktizität erreicht, dass sie nicht mehr grundsätzlich rückabgewickelt werden konnte. Im Sinne der seit 1975 geforderten Kommunalisierung und Entbürokrati-
sierung entfiel die Genehmigungspflicht bei den höheren Landschaftsbehörden. Eingeführt wurde eine »Experimentierformel«, die es den Planungsträgern ermöglichen
sollte, »insbesondere neue Inhalte des Landschaftsplans und neue Formen der aktiven
Mitwirkung am Planungsprozess zu erproben«.

Dass in der Naturschutzpolitik ein ganz neuer Wind wehte, zeigten die Landtags-
debatten. Friedhelm Ortgies (CDU) griff die Versöhnen-statt-spalten-Rhetorik Raus
auf; die Novelle sei ein »wichtiger Schritt zur Versöhnung der Belange des Umwelt-
und Naturschutzes mit den Interessen von Bürgern, Kommunen und der Wirtschaft
vor Ort«. Ungeschminkt auf den politischen Punkt brachte Holger Ellerbrock (FDP)
den geplanten Bruch im NRW-Naturschutz: »Nein zum nordrhein-westfälischen Sonderweg! [...] Da wir jetzt in diesem Parlament die Mehrheit haben, wollen wir hier
umsteuern« (PLPR 14/49: 5586 f., 5589).

Die FDP, die 1975 noch das LG NW mit auf den Weg gebracht hatte, hatte hinter
den Kulissen auf noch einschneidendere Veränderungen bei den Biologischen Stationen und der Besetzung der Beiräte gedrängt (PLPR 14/49: 5590).

SPD und Grünen, denen zufolge mit der Novelle der »Naturschutz in Nordrhein-
Westfalen um mindestens 30 Jahre zurückgeworfen« werde, kritisierten vor allem
die Streichung der NRW-spezifischen Mitwirkungsrechte (PLPR 14/49: 5583). Diese
spielten eine große Rolle im Rahmen der öffentlichen Anhörung am 23. April 2007
(APR 14/394: 27 f.). Für die Naturschutzverbände konzedierte Josef Tumbrinck, dass im
Wahlkampf 2005 »Kammmolch, Kreuzkröte und Feldhamster« eine nicht unerhebli-
che Rolle gespielt hätten. Dass dies politische Reaktionen nach sich ziehe, verwundere
nicht, aber dass die Novelle wirtschaftspolitisch begründet werde, erstaune doch.

Veränderungen bezüglich der Mitspracherechte ergaben sich auch für die Beiräte,
die auf der Ebene der obersten und höheren Landschaftsbehörden komplett abgeschafft wurden. Die Zusammensetzung der Beiräte bei den unteren Landschaftsbehörden justierten die beiden Regierungsparteien neu. Unter ihrer Ägide erfolgte die
förmliche Anerkennung der Schutzgemeinschaft Deutscher Wald (SDW) zum 16. Mai
2006. Nach der Novelle sah die Zusammensetzung für die Beiräte unter Hinweis auf
die Mitgliederzahlen der Verbände ein Verhältnis von 3 LNU – 1 SDW – 2 NABU – 2
BUND vor (Ds 14/4470: 52).

Verabschiedet wurde die Novelle am 13. Juni 2007. Holger Ellerbrock erklärte: »Der
13. Juni 2007 ist ein großer Tag für den Naturschutz. Es ist ein völlig anderer Naturschutz, der hier Einzug halten wird« (PLPR 14/64: 7271).

12. 50 Jahre Naturschutzpolitik in NRW

Die Konzipierung des LG NW fiel in die Phase der Planungseuphorie. Etliche
sozialdemokratische Landesregierungen, so auch die nordrhein-westfälische, setzten
auf eine Globalsteuerung der Landesentwicklung. Doch in den anderthalb Jahren der
Gesetzesberatung hatte sich der politische Wind gedreht. Die erste Ölkrise 1973/74
hatte dem Fortschrittsoptimismus den Boden entzogen und auch der im Windschatten dieses Optimismus segelnden Planungseuphorie. Der Staat verlor nicht nur aus der
Sicht konservativer, sondern auch linksalternativer Kreise »seinen Nimbus als omni-
potente Regelungsinstanz« (METZLER 2005: 406). Umwelt- und Naturschutz galten

in der Wirtschaft und bei etlichen Gewerkschaften als Wachstumsbremse. Am 3. Juni 1975 berieten auf Schloss Gymnich unter dem Vorsitz Helmut Schmidts Regierungsvertreter mit Repräsentanten der Industrie und der Gewerkschaften über den weiteren Stellenwert der Umweltpolitik. Nach dieser Klausur befanden sich der Umwelt- und auch der Naturschutz in der Defensive (MÜLLER 1995: 97).

Genau in diese Phase fiel die Verabschiedung des LG NW. Das noch vom Geist der Planungseuphorie geprägte Gesetz fiel also schon bei seiner Verabschiedung gleichsam aus der Zeit. Doch die Startphase dieses im Entwurf genuin sozialdemokratisch geprägten Gesetzes stand auch wegen anderer Faktoren noch unter einem extrem ungünstigen Stern. Den Koalitionspartner FDP hatte Deneke übergangen – mit dem Ergebnis, dass in den Nachverhandlungen gleichsam die Landwirtschaftsklausel erfunden wurde und schließlich auch Eingang ins BNatSchG fand.

Der Start des Gesetzes erinnert an die Anfänge des preußischen Naturschutzes um 1906. Damals fehlte es an gesetzlicher Grundlage sowie an Finanz- und Personalressourcen. 1975 verfügte man mit dem LG NW zwar über ambitionierte gesetzliche Grundlagen, die unter Laborbedingungen entwickelt worden waren. Doch außerhalb des Labors waren die Vollzugsvoraussetzungen noch nicht gegeben. Das Gesetz läutete die Professionalisierung des Naturschutzes erst ein. Erst 1978 entstand die LÖLF, die die notwendigen Daten sammeln und aufbereitet zur Verfügung stellen sollte. Bis zur Beendigung der landesweiten Arten- und Biotopkartierung zogen zehn Jahre ins Land. Für die Unteren Landschaftsbehörden war qualifiziertes Personal erst zu rekrutieren; dieses war zwar wissenschaftlich qualifiziert, ihm fehlten aber die verwaltungsmäßigen und raumspezifischen Qualifikationen (HEIDTMANN 2012: 18 f.). Um die Finanzausstattung der Planungsträger war es Mitte/Ende der 1970er Jahre angesichts der einbrechenden Konjunktur in Folge der Erdölkrisen nicht gut bestellt.

Die Startschwierigkeiten waren aber auch gesetzesimmanent bedingt. Bereits unmittelbar nach der Verabschiedung bemerkte Eberhard Bopp im Naturschutzleitorgan ›Natur und Landschaft‹, dass die Landschaftsplanung des LG NW zwar »kühn und bestechend [...] [aber] schwer durchführbar« sei. Man müsse »leider sagen, daß das Gesetz die mit dem Konzept verbundenen Probleme nicht in befriedigender Weise zu lösen vermocht hat« (BOPP 1975: 245). Dass gesetzesimmanente Probleme zum Vollzugsdefizit mit beitrugen, verdeutlichten auch zwei Gutachten aus dem Jahr 1984.

Als die Startprobleme offensichtlich wurden, reagierte das MELF 1977 zunächst hektisch mit der Erstellung der so genannten »Silberfibel« (vgl. S. 201). Erst 1988 – also 13 Jahre nach der Verabschiedung des LG NW – erschien das vom MURL herausgegebene Handbuch »Rechts- und Verwaltungsvorschriften zum Landschaftsplan NRW«. Nach Aussage Enno Heidtmanns, der im Ministerium für die Landschaftsplanung zuständig war, war das »Instrument des örtlichen Landschaftsplanes nach ca. 15 Jahren, spätestens 1990 sowohl inhaltlich als auch formal ausdifferenziert« (HEIDTMANN 2012: 20). Mit anderen Worten, das 1975 verabschiedete Gesetz erwies sich lange Jahre als nicht durchgängig vollzugstauglich.

Hinzu kam die fehlende Bereitschaft, ja die erklärte Weigerung etlicher Kreise, überhaupt Landschaftsplanverfahren einzuleiten. Hans Otto Bäumer beklagte zwar mit scharfen Worten Mitte der 1980er Jahre das Vollzugsdefizit. Doch der damals allein regierenden SPD erschien dies offenbar politisch nicht relevant genug, um Sanktionsmöglichkeiten in das Gesetz zu implementieren, um so sicher zu stellen, dass die Planungsträger sich gesetzestreu verhielten. Innerfachlich stellte Karl-Hermann Hübler 1988 das bisherige »grundsätzliche Planungsverständnis zur Landschaftsplanung« zur Disposition. Man müsse zur Kenntnis nehmen, dass sich »ein grundsätzlicher Wandel in der gesellschaftlichen und politischen Einschätzung der Leistungsfähigkeit staatlicher Planung in der Bundesrepublik vollzogen hat, der im Zusammenhang mit der Aufgabenstellung und den Funktionen der Landschaftsplanung noch kaum erörtert wurde«. Er riet davon ab, wie bei »Opas Landschaftsplanung«, zu vermeiden »erneut Fiktionen ›aufzubauen‹, die später nicht einzulösen« seien (HÜBLER 1988: 48).

Die flächendeckende und verbindliche Landschaftsplanung war zu Beginn der 1970er Jahre damit begründet worden, dass ganzheitlich möglichst schnell auf Probleme von Natur und Landschaft in NRW reagiert werden müsse. Gemessen an der ursprünglichen Begründung war die Landschaftsplanung und der damit einhergehende hoheitliche Ansatz Mitte der 1980er Jahre in einer Sackgasse gelandet. Insbesondere erwies sie sich als untauglich, wenn es darum ging, rasch auf politisch und ökonomisch begründete Veränderungen zu reagieren und dabei vor dem Hintergrund veränderter gesellschaftlicher Rahmenbedingungen die Akzeptanz für Naturschutz im Auge zu behalten. Veränderungen in der EG-Agrarpolitik bedrohten überall im Land naturschutzwichtige Kulturlandschaftsflächen. Land- und Forstwirtschaft auf der einen und Naturschutz auf der anderen Seite standen sich tendenziell konfrontativ gegenüber. In dieser verfahrenen Situation entstanden unter Klaus Matthiesen neue, unkonventionelle Konzeptionen, um zu »retten, was zu retten ist«, und dies ging nur nach der Maxime »sichern, was zu sichern ist, Weichen neu stellen und womöglich richtig stellen« (NEISS 1989: 29 f.). Weichen neu stellen hieß faktisch, einen Paradigmenwechsel weg vom bisherigen hoheitlichen, nur auf die Sozialbindung des Eigentums setzenden Naturschutz vorzunehmen. Über einen Kooperationsnaturschutz und den damit einhergehenden Vertragsnaturschutz mit vielfältigen Förderprogrammen, die mit einem Feuchtwiesenschutzprogramm einsetzten, entspannte sich nicht nur das Verhältnis zur Land- und Forstwirtschaft, vielmehr brachte es auch in der Fläche den absoluten Durchbruch.

Matthiesen hatte es aufgrund seines politischen Einflusses verstanden, dass der Landtag die für den Paradigmenwechsel notwendigen finanziellen Mittel zur Verfügung stellte. Nach 1993 war hier aber der Höhepunkt erreicht. Davon war insofern auch das Sorgenkind Landschaftsplanung betroffen, als die Planungskosten mittlerweile aus dem Ruder gelaufen waren. Auf kritische Nachfragen der Naturschutz-Fachsprecher der SPD und der Grünen stellte man Mitte der 1990er Jahre Überlegungen zu einem »Auslaufmodell« Landschaftsplanung an bzw. dachte darüber nach, diese fakultativ in eine freiwillige Planung zu überführen (mündl. Auskunft Th. NEISS). Da die Landschaftsplanung inzwischen aber auch flächenmäßig ihre Bedeutung für die Sicherung des Freiraums erlangt hatte und wegen der damit verbundenen Düpierung derjenigen Kreise, die sich gesetzestreu verhalten hatten, beließ man es bei der bestehenden Regelung. Bei den damaligen Überlegungen mag auch eine Rolle gespielt haben, der SPD als der Erfinderin der Landschaftsplanung nicht einen öffentlichen Gesichtsverlust zuzumuten (HEIDTMANN 2012: 33).

Die Landschaftsplanung erlebte nach 2005 eine Renaissance, als das Land den Kreisen freistellte, FFH-Gebiete im Zuge der Landschaftsplanung als Schutzgebiete zu sichern oder diese Aufgabe den Bezirksregierungen durch ordnungsbehördliche Verordnungen zu überlassen.

Die SPD hielt jedenfalls am Landschaftsplanmodell grundsätzlich fest, reduzierte aber seine extreme Regelungsdichte. Die 1995 in die Landesregierung eingetretenen Grünen adaptierten die Landschaftsplanung. Sie rangen der Landes-SPD steigende Möglichkeiten der Einflussnahme für die anerkannten Naturschutzverbände ab und verliehen dem LG NW damit ihre Duftmarke. Fortan handelte es sich folglich um einen rot-grünen Sonderweg, den NRW in Naturschutz und Landschaftspflege weiterhin beschritt.

Damit ist aber auch ein Grundproblem der Naturschutzpolitik in NRW angesprochen. Ihr fehlte es nach 1966 am parteienübergreifenden Konsens. Die CDU lehnte den flächendeckenden und verbindlichen Landschaftsplan von Beginn an grundsätzlich ab. Wortführer auch in Naturschutzfragen waren auf Seiten der CDU Johannes Wilde und später Eckhard Uhlenberg, die sich primär als Interessenvertreter der Land- und Forstwirtschaft verstanden und ihre Partei entsprechend positionierten. Eine Persönlichkeit, die mit Empathie dem Naturschutz begegnete, fehlte in ihren Reihen, d. h. es fehlte in der NRW-CDU an einem Politiker vom Format und mit dem Charisma eines Klaus Töpfer. Von der CDU in der Entstehungsphase vorgetragene Kritik an Teilen des LG NW sollte sich im Laufe der Zeit als richtig herausstellen. Dies galt sowohl für die Kritik an der fehlenden Junktimsklausel bei Enteignungen, die später höchstrichterlich kassiert wurden, als auch für die Aufstellungskosten, die regelrecht aus dem Ruder liefen, oder die extrem weitgehende Regelungsdichte. Die Landes-CDU und die hier vorherrschenden Landwirtschaftsvertreter bewegten sich in ihrer fundamentalen Ablehnung auch dann nicht, als sich die Landwirtschaftsverbände ab der Mitte der 1980er Jahre unter Klaus Matthiesen zur Kooperation bereit erklärten.

Die Grünen brachten dem Naturschutz zunächst wenig Interesse entgegen. Sie engagierten sich viel stärker auf dem Feld des technischen Umweltschutzes. Mit ihrem Regierungseintritt adaptierten sie sowohl die NRW-spezifische Landschaftsplanung als auch den Vertragsnaturschutz.

Die größten Veränderungen vollzogen sich in der FDP, die sich nach 1975 politisch fundamental wandelte. Sie hatte 1975, sozialliberal geprägt, der flächendeckenden und verbindlichen Landschaftsplanung ihr Plazet gegeben. Herbert Neu trug dieses Konzept mit, nachdem er dafür gesorgt hatte, dass die Landwirtschaftsklausel integriert wurde. Ab den 1990er Jahren stand die FDP in Opposition zur Landschaftsplanung, so dass es nicht verwunderte, dass die mittlerweile primär wirtschaftsliberal geprägte Partei, wie ihr Vertreter Holger Ellerbrock erklärte, den NRW-Sonderweg beenden wollte.

Solange Sozialdemokraten die Regierungsverantwortung (mit)trugen, blieb der fehlende Konsens ohne Folgen. Dies sollte sich 2005 ändern, als die christlich-liberale Koalition die Regierungsverantwortung übernahm. Die CDU knüpfte, unterstützt bzw. getrieben von der FDP, dort an, wo sie Ende der 1960er Jahre im Naturschutz gestartet war. 1967 begründete sie ihren Antrag, ein NRW-Naturschutzgesetz zu verabschieden, wirtschaftspolitisch. 2007 hieß es bei der Novellierung des LG, dass NRW-spezifische Regelungen einen Standortnachteil nach sich zögen. Der NRW-Sonderweg der Landschaftsplanung hatte damals aber eine solche Faktizität in der Fläche erreicht, dass er nicht mehr rückgängig gemacht werden konnte. Zurückgeschraubt wurden insbesondere die von den Grünen durchgesetzten Mitwirkungs- und Klagerechte der anerkannten Naturschutzverbände.

Maßgeblich verantwortlich für die Genese und Durchführung des LG NW war bis 2005 die SPD. In NRW war sie stark gewerkschaftlich geprägt. Im Windschatten der Kohlevorrangpolitik verabschiedete das Land 1975 dennoch das LG NW mit der NRW-Spezifik der flächendeckenden und verbindlichen Landschaftsplanung. Sie wurde vom engagierten und für den Naturschutz Empathie empfindenden Diether Deneke initiiert und maßgeblich mitbestimmt. Denekes Ansatz stand im Einklang zum sozialdemokratischen Planungsdiskurs der frühen 1970er Jahre. Insofern liegt beim LG NW bzw. der Landschaftsplanung ein spezifisch sozialdemokratischer Sonderweg vor, korrekterweise sogar ein spezifisch NRW-sozialdemokratischer Sonderweg, denn andere SPD-regierte Länder folgten dem NRW-Ansatz nicht. Das Gesetz erwies sich wegen fehlender Sanktionsmöglichkeiten und immanenter Probleme sehr schnell als nicht vollzugsfähig. Die Vollzugsdefizite bestanden bis weit in die 2000er Jahre. Bemerkenswert erscheint, dass die SPD (und später auch die Grünen) mit Vehemenz an diesem Sonderweg festhielten, obwohl ihnen die Schwächen der NRW-Landschaftsplanung immer wieder vorgehalten wurden. Auf Regierungsseite unterstützten die Minister Bäumer, Matthiesen und Ministerin Höhn den Sonderweg. Im Parlament fällt allerdings auf, dass sich in Naturschutzfragen insbesondere bei der SPD keine personelle Kontinuität einstellte. Bei jeder der vielen Novellen verteidigte jeweils ein neuer Politiker oder eine neue Politikerin den Sonderweg – ohne dass eine innere Überzeugung zu spüren war. Der Eindruck der Parteiraison in Sachen NRW-Sonderweg überwiegt.

Vergleicht man den Naturschutz von 1966 mit dem heutigen, dann zeigt sich zwar, dass der Flächenverbrauch immer noch weitergeht und auch Arten immer noch in ihren Beständen bedroht sind. Aber: Naturschutz fristet kein Nischendasein mehr und ist in der Fläche angekommen – und seit 2004 besteht ein erster Nationalpark in NRW.

Naturschutz ist – unterstützt auch durch das starke europäische Naturschutzrecht – zu einer politisch relevanten Größe geworden. Er kann mittelfristig und langfristig aber nur erfolgreich sein, wenn er von gesellschaftlichem und politischem Konsens getragen wird. Mit der Land- und Forstwirtschaft konnte ab der Mitte der 1980er Jahre eine Kooperation gefunden werden. Diese hat allerdings einen Preis – gerade weil dieser mittel- und langfristig angelegt ist, bedarf sie immer wieder kontinuierlich der Bereitstellung erklecklicher Finanzmittel durch den Landtag. Welche unmittelbaren Folgen tiefgehende politische Differenzen in der Naturschutzpolitik haben können, wurde 2005 in NRW offensichtlich. Wie in der Wirtschaft sollte auch im Naturschutz die Psychologie nicht unterschätzt werden. Die langjährige Oppositionspartei CDU nahm ihn offenbar geradezu als Besatzungsmacht wahr. Wenn der CDU-Abgeordnete Friedhelm Ortgies 2007 in der Debatte zur Novelle des LG NW erklärte, man werde »den Menschen auch ein kleines Stück dieses Landes wieder zurück[geben]« (PLPR 14/49: 5586), zeigt dies nicht nur den tiefen Riss in der Naturschutzpolitik auf, sondern auch, dass bei der Vermittlung von naturschutzpolitischen Maßnahmen noch Optimierungsbedarf besteht.

Quellen- und Literaturverzeichnis

Quellen

Landtag NRW

PLENAR-PROTOKOLLE (PLPR), AUSSCHUSS-PROTOKOLLE (APR), DRUCKSACHEN (DS) und VORLAGEN (VL) der Legislaturperioden 5/1962–1966 bis 14/2010–2012.

Literatur

ANONYM (1983): Heubach-Bauern: Kritik am Vorgehen der Regierung. Dennoch: Verständnis für den Naturschutz. – In: Mitteilungen der LÖLF 8.3: 19 f.

ANONYM (1985): »Ökonomisch ist nur haltbar, was ökologisch vertretbar ist«. – In: LÖLF Mitteilungen 10.1: 40.

ANONYM (1990): Biologische Stationen NRW. Naturräumliches Fachkonzept. – In: LÖLF-Mitteilungen 15.11: 14–24.

BÄUMER, HANS OTTO (1980): Nordrhein-westfälischer Naturschutztag in Mülheim-Ruhr am 2. März 1980. – In: Mitteilungen der LÖLF 5.2: 35–39;

BAUER, HERMANN-JOSEF (1975): Kartierung ökologisch wertvoller Gebiete im Biotopsicherungs-Programm Nordrhein-Westfalen. – In: Mitteilungen der Landesstelle für Naturschutz u. Landschaftspflege in Nordrhein-Westfalen 13.3: 66–71.

BERGER, MARTIN & FELDMANN, REINER (1982): Erfüllen die Landschaftsbeiräte ihre Aufgaben? Umfrage nahm Arbeitsweise und Wirksamkeit dieser Gremien unter die Lupe. – In: Mitteilungen der LÖLF 7.33: 41–43.

BOPP, EBERHARD (1975): Kritische Bemerkungen zum Landschaftsgesetz vom 18.2.1975 in Nordrhein-Westfalen. – In: Natur und Landschaft 50: 245.

BRÜGGEMEIER, FRANZ-JOSEF (2007): Erfolg ohne Väter? Die Umweltpolitik in der Ära Rau. – In: MITTAG, JÜRGEN & TENFELDE, KLAUS (Hrsg.): Versöhnen statt spalten. Johannes Rau: Sozialdemokratie, Landespolitik und Zeitgeschichte. Oberhausen: 193–204.

DENEKE, DIETHER (1973): Naturschutz und Landschaftspflege muß mit der Land- und Forstwirtschaft betrieben werden. – In: Natur und Landschaft 48: 226.

DÜDING, DIETER (1998): Volkspartei im Landtag. Die sozialdemokratische Landtags-fraktion in Nordrhein-Westfalen als Regierungsfraktion 1966–1990. Bonn.

DÜDING, DIETER (2002): Heinz Kühn 1912–1992. Eine politische Biographie. Essen.

EISSING, HILDEGARD (2014): Kein Kommentar, bitte! Anmerkungen zum Reichs-naturschutzgesetz. – In: FRANKE, NILS M. & PFENNING, UWE (Hrsg.): Kontinui-täten im Naturschutz. Baden-Baden: 163–180.

FRESE, HORST (1982): Erfahrung lehrt: Nur Geld kann Feuchtgebiete retten. Inter-essenausgleich durch Kauf, Tausch, Pacht, Entschädigung, Nachbarschaftsver-träge. – In: Mitteilungen der LÖLF 7.1: 1–6.

FROHN, HANS-WERNER (2006): Naturschutz macht Staat – Staat macht Naturschutz. Von der Staatlichen Stelle für Naturdenkmalpflege in Preußen zum Bundesamt für Naturschutz 1906 bis 2006 – eine Institutionengeschichte. – In: FROHN, HANS-WERNER & SCHMOLL, FRIEDEMANN (Hrsg.): Natur und Staat. Staatlicher Natur-schutz in Deutschland 1906–2006. Münster: 85–313.

GERSS, WOLFGANG (2006): Missverständnisse und umstrittene Experimente in der Entwicklung des Rechts der nordrhein-westfälischen Landschaftsbeiräte. Ein Bei-spiel zur (Un)Logik demokratischer Entscheidungen. Duisburg.

GREBING, HELGA (2005): Ideengeschichte des Sozialismus in Deutschland. Teil II. – In: EUCHNER, WALTER, GREBING, HELGA, STEGMANN, FRANZ-JOSEF, LANG-HORST, PETER, JÄHNICHEN, TRAUGOTT & FRIEDRICH, NORBERT: Geschichte der sozialen Ideen in Deutschland. Sozialismus – Katholische Soziallehre – Protes-tantische Ethik. Ein Handbuch. 2. Auflage. Wiesbaden: 355–598.

HARENGERD, MICHAEL (2001): Die Gemeinnützigkeit muss auch in Zukunft erhalten bleiben. – In: Mitteilungen der LÖBF 3: 14–15.

HEIDTMANN, ENNO (2012): Landschaftsplanung in NRW – eine kritische Bilanz. – In: NUA NRW (Hrsg.): Naturschutz in NRW 1979–2010. Von der Europäischen Vogelschutzrichtlinie bis zum Netz NATURA 2000. Recklinghausen: 17–38.

HITZE, GUIDO (2010): Von »Wir in NRW« bis »Nordrhein-Westfalen kommt wie-der«. Landesbewusstsein und Landesidentität in den landespolitischen Integra-tionsstrategien von Regierungen, Parteien und Parlament. – In: BRAUTMEIER, JÜRGEN, DÜWELL, KURT, HEINEMANN, ULRICH & PETZINA, DIETMAR (Hrsg.): Heimat Nordrhein-Westfalen. Identitäten und Regionalität im Wandel. Essen: 89–118.

HÜBLER, KARL-HERMANN (1988): Ein Plädoyer gegen ›Opas Landschaftsplanung‹. – In: Garten + Landschaft, 98.2: 47–49.

Hünemörder, Kai F. (2004): Die Frühgeschichte der globalen Umweltkrise und die Formierung der deutschen Umweltpolitik (1950–1973). Stuttgart.

Kastorff-Viehmann, Renate (Hrsg.) (1998): Die grüne Stadt. Siedlungen, Parks, Wälder, Grünflächen 1860–1960. Essen.

Kierchner, Götz-J. & Wolff-Straub, Rotraud (1978): Biotopkartierung Nordrhein-Westfalen. – In: Mitteilungen der LÖLF 3.10: 241–248.

Latten, Reiner (1984): Naturschutz und Landwirtschaft aus der Sicht des landwirtschaftlichen Berufsstandes. – In: Mitteilungen der LÖLF 9.3: 20–23.

Leh, Almut (2006): Zwischen Heimatschutz und Umweltbewegung. Die Professionalisierung des Naturschutzes in Nordrhein-Westfalen 1945–1975. Frankfurt/M.

Leh, Almut & Dietz, Hans-Joachim (2009). Im Dienst der Natur. Biographisches Lese- und Handbuch zur Naturschutzgeschichte in Nordrhein-Westfalen (1908–1975). Essen.

LÖLF NW (Hrsg.) (1979): Rote Liste der in Nordrhein-Westfalen gefährdeten Pflanzen und Tiere. Münster.

Mainzer, Fabian (2014) »Retten, was zu retten ist!« Grundzüge des nordrhein-westfälischen Naturschutzes 1970–1995. Marburg.

Matthiesen, Klaus (1984): Bündnis zwischen Naturschutz und Landwirtschaft. – In: Mitteilungen der LÖLF 9.3: 7–8.

May, Helge (1999): 100 Jahre NABU – ein historischer Aufriß 1899–1999. O.O.

MELF (Hrsg.) (1977): Der Landschaftsplan nach dem Nordrhein-Westfälischen Landschaftsgesetz. O.O.

MELF (1984): Minister Klaus Matthiesen: Gänserastplätze und Existenzen der Landwirte am Niederrhein langfristig sichern. – In: Mitteilungen der LÖLF 9.3: 36.

MELF (1985): Umweltschutz und Landwirtschaft H. 1: Programm für eine umweltverträgliche und standortgerechte Landwirtschaft. Düsseldorf.

Metzler, Gabriele (2005): Konzeptionen politischen Handelns von Adenauer bis Brandt. Politische Planung in der pluralistischen Gesellschaft. Paderborn.

Mitlacher, Günter (1997): Ramsar-Bericht Deutschland. Bonn.

Müller, Edda (1995): Innenwelt der Umweltpolitik. Sozial-liberale Umweltpolitik – (Ohn)macht durch Organisation? 2. Auflage. Opladen.

MURL (1989a): Naturschutzprogramm Ruhrgebiet. Dokumentation und Zwischenbilanz. Stand: September 1989. Düsseldorf.

MURL (1989b): Das Feuchtwiesen-Schutzprogramm Nordrhein-Westfalen. Düsseldorf.

Neiss, Thomas (1989): Naturschutzpolitik in Nordrhein-Westfalen. – In: Natur und Landschaftskunde 25: 25–30.

Neiss, Thomas (2001a): 25 Jahre LÖBF-Mitteilungen – 25 Jahre Geschichte des Naturschutzes in NRW. – In: Mitteilungen der LÖBF 26.1: 10–15.

Neiss, Thomas (2001b): Biologische Stationen in NRW: Gütesiegel der Naturschutzpolitik. – In: Mitteilungen der LÖBF 26.3: 8–12

NOTTMEYER, KLAUS (2012): Die Geschichte der Biologischen Stationen in NRW – eine Zwischenbilanz. – In: NUA NRW (Hrsg.): Naturschutz in NRW 1979–2010. Von der Europäischen Vogelschutzrichtlinie bis zum Netz NATURA 2000. Recklinghausen: 85–88.

PIELOW, LUDGER (1976): Naturschutz und Verwaltung – aus Sicht der Verwaltungspraxis. – In: ABN (Hrsg.): Die neue Rechtsentwicklung im Naturschutz und Probleme der Landschaftsplanung. Bonn: 31–42.

PROJEKT RUHR GMBH (Hrsg.) (2005): Masterplan Emscher Landschaftspark 2010. Essen.

ROSEBROCK, JÜRGEN (2014): Wegbereiter der bundesdeutschen Umweltpolitik. Eine kleine Geschichte der Interparlamentarischen Arbeitsgemeinschaft. München.

RUCK, MICHAEL (2000): Ein kurzer Sommer der konkreten Utopie. Zur westdeutschen Planungsgeschichte der langen 60er Jahre. – In: SCHILDT, AXEL, SIEGFRIED, DETLEF & LAMMERS, KARL CHRISTIAN (Hrsg.): Dynamische Zeiten. Die 60er Jahre in beiden deutschen Gesellschaften. Hamburg: 362–401.

SCHMALZ, DIETER (1983): BUND fordert staatliches Feuchtwiesenschutzprogramm. Finanzieller Interessenausgleich als einziges Mittel. – In: Mitteilungen der LÖLF 8.3: 29.

(Albert) SCHMIDT erster Präsident der Landesanstalt für Ökologie, Landschaftsentwicklung und Forstplanung Nordrhein-Westfalen (1978). – In: Mitteilungen der LÖLF 3.10: 238–240.

SCHMIDT, ALBERT (1994): Vom Reichsnaturschutzgesetz zu »Natur 2000 in NRW«. Die Entwicklung der Instrumente des Naturschutzes. – In: Mitteilungen der LÖLF 9.1: 16–19.

SCHMIDT, ALBERT (2009): Die Bedeutung der Landesanstalt für Ökologie, Landschaftsentwicklung und Forstplanung (LÖLF) für den Naturschutz in Nordrhein-Westfalen – In: STIFTUNG NATURSCHUTZGESCHICHTE (Hrsg.): Naturschutzgeschichte(n) und Thomas Neiss. Königswinter: 61–68.

SCHMOLL, FRIEDEMANN (2004): Erinnerung an die Natur. Die Geschichte des Naturschutzes im deutschen Kaiserreich. Frankfurt/M.

SCHWARZ, CHRISTOPH, HINTZ, UWE & RÖHL, SABINE (1984): Landschaftsplanung und Raumordnung in Nordrhein-Westfalen. Köln.

STICHMANN, WILFRIED (1984): Naturschutz und Landwirtschaft. Beurteilung aus Sicht der Naturschutzverbände NRW. Referat auf der Landestagung 1984 der LÖLF in Hamm. – In: Mitteilungen der LÖLF 9.3: 17–19.

STIFTUNG NATURSCHUTZGESCHICHTE (Hrsg.) (2003): »Keine Berufsprotestierer und Schornsteinkletterer«. 25 Jahre BUND in Nordrhein-Westfalen. Essen.

TUMBRINCK, JOSEF (2001): Neues Fachkonzept soll die Zukunft sicherer gestalten. – In: LÖLF-Mitteilungen 3: 46–48.

UEKÖTTER, FRANK (2004): Naturschutz im Aufbruch. Eine Geschichte des Naturschutzes in Nordrhein-Westfalen 1945–1980. Frankfurt/M.

Uekötter, Frank (2006): The Green and the Brown. A History of Conservation in Nazi Germany. New York.

Weiger, Hubert (1984): Naturschutz und Landwirtschaft. Referat auf dem 3. Naturschutztag NRW in Wesel. – In: Mitteilungen der LÖLF 9.3: 9–13.

Wille, Volkhard (2016): Biologische Stationen. – In: NABU NRW (Hrsg.): Für Mensch und Natur. 50 Jahre NABU NRW. Duisburg: 260–263.

Wittkämper, Gerhard W., Niesslein, Erwin & Stuckhard, Peter (1984): Vollzugsdefizite im Naturschutz. Analyse von Vollzugsdefiziten bei der Verwaltungspraxis der Aufgabe Landschaftspflege und Naturschutz. Münster.

Woike, Martin (2013): Der gesellschaftliche Wandel in der Umweltpolitik und sein Einfluss auf die fachliche Auswahl von Naturschutzgebieten durch die LÖLF/ LÖBF. Vom Umweltprogramm NRW 1983 bis zur Meldung des Netzes Natura 2000. – In: Frohn, Hans-Werner & Scheuren, Elmar (Hrsg.): Natur:Kultur. Vom Landschaftsbild zum modernen Naturschutz. Essen: 123–140.

Die Entstehung des nordrhein-westfälischen Landschaftsgesetzes 1971–1975 aus Sicht eines Zeitzeugen

Albert Schmidt

Vorbemerkung

Die wesentlichen Arbeiten zu dem am 1. April 1975 in Kraft getretenen nordrhein-westfälischen Landschaftsgesetz (LG) leistete die oberste Naturschutzbehörde im Ministerium für Ernährung, Landwirtschaft und Forsten (MELF). Von den damaligen drei Referatsleitern (Paul Friedc, Ludger Pielow und der Autor) und unseren Mitarbeitern dieser Jahre leben nur noch Erwin Bauer, damals »Hilfsreferent« bei Pielow und später Gruppenleiter Naturschutz im MUNLV, und der Autor, die Zeitzeugenschaft ablegen können.

Als einem der letzten damaligen Akteure der obersten Naturschutzbehörde bleibt mir die Aufgabe, die Entstehung des Landschaftsgesetzentwurfes nachzuzeichnen und Hintergründe, die keinen Niederschlag in Akten gefunden haben, darzulegen.

1. Einführung in die Naturschutzgeschichte der frühen 1970er Jahre

Anfang der 1970er Jahre regelte immer noch das seit 1946 in Nordrhein-Westfalen (NRW) als Landesrecht fortgeltende Reichsnaturschutzgesetz (RNG) von 1935 mit seinen vor allem konservierenden Regelungen für Schutzgebiete, Objekte und die Tier- und Pflanzenwelt die Belange von Naturschutz und Landschaftspflege. Die relativ geringen Regelungsinhalte des RNG und seiner Verordnungen waren einer der Gründe für die personell nur schwach besetzten Naturschutzbehörden auf Landes-, Regierungsbezirks- und Kreisebene. In der öffentlichen, fachlichen und auch in der politischen Wahrnehmung spielten Naturschutz und Landschaftspflege nur eine geringe Rolle.

Das änderte sich schrittweise in NRW ab 1971. Dieser Beitrag befasst sich vor allem mit der nach und nach gewachsenen Akzeptanz der obersten Naturschutzbehörde in der Landesregierung, den Überlegungen und den politischen Einflussnahmen bei der Erarbeitung des Entwurfs des Landschaftsgesetzes (LG) in der Arbeitsgruppe »Landschaftsrecht« des MELF.

2. Die oberste Naturschutzbehörde beim Chef der Staatskanzlei

Die oberste Naturschutzbehörde ressortierte seit 1968 beim Chef der Staatskanzlei als Landesplanungsbehörde. Ihr stand Friedrich Halstenberg vor. Besetzt war sie mit dem Juristen Paul Friede und einem nur zur Hälfte dem Referat »oberste Naturschutzbehörde« zugeordneten Sachbearbeiter. Es spricht nicht unbedingt für ihren Stellenwert in der Landesregierung, dass die oberste Naturschutzbehörde zuvor innerhalb weniger Jahre vom damaligen Kultusminister zum Minister für Wohnungsbau und öffentliche Arbeiten und dann zum Chef der Staatskanzlei wechselte. Allerdings waren in NRW im Gegensatz zu anderen Bundesländern bereits seit 1965 bzw. 1968 die zur Beratung der obersten Naturschutzbehörde eingerichtete Landesstelle für Naturschutz und Landschaftspflege und die Bezirksstellen für Naturschutz und Landschaftspflege bei den Regierungspräsidenten, damals in Aachen, Köln, Detmold, Arnsberg, Düsseldorf und Münster, mit hauptamtlich tätigen Mitarbeitern besetzt. Es handelte sich überwiegend um versetzte ehemalige Biologielehrer oder Forstbeamte. Die höheren Naturschutzbehörden bei den damals sechs Bezirksregierungen sowie bei der Landesbaubehörde Ruhr (LBR) in Essen waren gleichermaßen wie die unteren Naturschutzbehörden der Kreise und kreisfreien Städte noch nicht einmal selbständig organisiert. Sie waren Dezernaten beziehungsweise Ämtern mit anderen Hauptaufgaben zugeordnet, die sich zum Beispiel bei den Regierungspräsidenten mit Staatshoheitsaufgaben sowie Grundstücks- und Entschädigungsangelegenheiten im Dezernat 21 befassten. Um die Dezernenten bei den Regierungspräsidenten, damals ausschließlich Verwaltungsbeamte, im Naturschutzrecht und in Naturschutzaufgaben zu »schulen«, lud der Referatsleiter der obersten Naturschutzbehörde Paul Friede mehrmals im Jahr zu Dienstbesprechungen ein.

Für eine personelle Verstärkung der obersten Naturschutzbehörde sorgte 1970 der Landtagsausschuss für Städtebau, Wohnungsbau und Landesplanung, der beschloss, den Juristen und Volkswirten der Abteilung Landesplanung, zu der die oberste Naturschutzbehörde gehörte, Planer zur Seite zu stellen. Zum 1. Januar 1971 wurden zwei neue Referate besetzt: »Freizeit und Erholung« mit Raghild Berve, der späteren Regierungspräsidentin von Arnsberg, und »Landschaftsplanung, Landschaftspflege, Naturparke« mit dem Autor dieses Zeitzeugenberichtes als Referatsleiter. Ich war zuvor als Diplomingenieur der Fachrichtung Landespflege mit vertiefter städtebaulicher Ausbildung an der Universität Hannover nach siebenjähriger Tätigkeit als städtischer Baurat vom Planungsamt der Stadt Düsseldorf in die Staatskanzlei versetzt worden.

Die oberste Naturschutzbehörde bestand damit aus zwei Referaten, die sich u. a. mit den Aufgaben des RNG wie etwa Schutzgebietsverordnungen oder Führung des Landesnaturschutzbuches sowie der Dienst- und Fachaufsicht über die höheren Naturschutzbehörden befassten. Die Aufwertung der obersten Naturschutzbehörde ab 1971 machte auch die Erhöhung der von ihr jährlich zu verteilenden Haushaltmittel für Naturschutz und Landschaftspflege und für den Grunderwerb für Zwecke des

Naturschutzes deutlich. Betrugen diese 1969 noch 350.000 DM, so stiegen sie ab 1971 um mehr als das Vierfache auf 1,5 Mio. DM an.

Einen Schwerpunkt der Aufgaben der obersten Naturschutzbehörde bildeten damals Entscheidungen über Genehmigungen von Anträgen über Gebote, Verbote und Ausnahmetatbestände, die sich aus der Naturschutzverordnung vom 18. März 1936 zum Schutz wildwachsender Pflanzen und nichtjagdbarer wild lebender Tiere ergaben. Die Verordnung sah z. B. vor, dass die oberste Naturschutzbehörde die Einfuhren geschützter Vögel vom 1. Oktober bis Ende Februar eines jeden Jahres genehmigen konnte, wenn diese beringt worden waren. Nach meiner Erinnerung waren 1971 zoologischen Handlungen, Naturalienhändlern und ähnlichen Einrichtungen die Einfuhr von mehr als 10.000 Stubenvögeln, die reißenden Absatz gefunden haben sollen, und zwar nicht nur von Vogelliebhabern zum Halten in Käfigen und Volieren, sondern auch als Leckerbissen von »Gourmets«, genehmigt worden. Auch der Vogelfang von in einem längeren Katalog mit Artbezeichnungen aufgeführten Körner- und Weichfressern durch »einzelne Personen«, wie es im Gesetz hieß, konnte vom 15. September bis zum 15. November jährlich von den höheren Naturschutzbehörden, die sich von der obersten Naturschutzbehörde die Zustimmung einholten, genehmigt werden. Es handelte sich zum Beispiel um Dorngrasmücken, Ammern, Gartenspötter oder Kirschkernbeißer, alles Arten der späteren Roten Liste. Die beiden Referate hätten die Anträge gerne abgelehnt, doch die damals geltende Naturschutzverordnung des RNG ließ keinen Ermessensspielraum zu.

1971 kam es zu einem Eklat. Ein »›Vogelliebhaber‹« hatte in einer zoologischen Handlung am Niederrhein einen Stubenvogel gekauft, dessen Gefieder um die Augen herum eindeutig durch Blenden mit einer Flamme verbrannt worden war. Stubenvögel wurden nämlich vorwiegend in Belgien, Frankreich und Italien in Netzen gefangen, in die sie die Schmerzschreie geblendeter Lockvögel lockten. Die Schlagzeile »Vogelmord in Nordrhein-Westfalen« in der »Bild«-Zeitung bewirkte, dass hunderte Protestschreiben die Staatskanzlei in Düsseldorf erreichten. Beide Referate mussten die Protestschreiben beantworten und sich vor dem Chef der Staatskanzlei, Friedrich Halstenberg, verantworten. Es bedarf keiner Erwähnung, dass danach von der obersten Naturschutzbehörde keine Genehmigungen zur Einfuhr oder zum Fang von Stubenvögeln erteilt wurden. Das LG vom 1. April 1975 verbot dann generell das Beringen, Fangen, Verletzen oder Töten wild lebender Tiere.

Die Zusammenarbeit der obersten Naturschutzbehörde mit den höheren Naturschutzbehörden verlief ohne Probleme. Anders sah es jedoch bei einer Zusammenarbeit mit Fachbehörden außerhalb des Naturschutzes aus. Die Naturschutzbehörden aller Ebenen hatten generell bei Stellungnahmen zu landschaftsverändernden Maßnahmen einen schweren Stand, weil bis zum Inkrafttreten des LG 1975 Naturschutz und Landschaftspflege in der Regel nicht als ein öffentlicher Belang anerkannt wurden. Auch die nach § 20 RNG vorgeschriebene Beteiligung der Naturschutzbehörden bei Planung und Genehmigung von Vorhaben und Maßnahmen mit »wesentlichen Veränderungen« der freien Landschaft wurde oft ignoriert. Die »Eingriffsverwaltungen« argumentierten entweder, dass für den Eingriff ein erhebliches öffentliches Interesse bestehe oder es sich dabei nicht um eine wesentliche Veränderung des bisherigen Zustandes handele. Es kam wiederholt vor, dass sich der damalige Leiter der Abteilung Landesplanung als unmittelbarer Vorgesetzter der Referate der obersten Naturschutzbehörde einschalten musste, um eine Beteiligung zu erreichen.

1971 traf die oberste Naturschutzbehörde eine Entscheidung zu den Rieselfeldern in Münster, die für den bundesweiten Vogelschutz bis heute von großer Bedeutung ist. Bis Anfang 1971 verrieselte die Stadt nur grob vorgeklärte Abwässer auf Feldern, die sich vor allen Dingen aufgrund des Nährstoffreichtums und der ruhigen Lage zu einem der bedeutendsten und interessantesten Brut-, Rast-, Mauser- und Durchzugsgebiete für seltene Vogelarten entwickelt hatten. Nach dem Bau einer mehrstufigen Kläranlage wollte die Stadt das Gebiet für die Gewerbeansiedlung nutzen. Man ging davon aus, dass mit der Einstellung der Abwasserberieselung die Bedeutung als Reservat für Wat- und Wasservögel nicht mehr gegeben wäre.

Nicht nur die heute noch bestehende Biologische Station »Rieselfelder Münster«, die mit ihrem ehrenamtlichen Leiter und Biologielehrer Michael Harengerd für das Management zuständig war, sah das anders. Die oberste Naturschutzbehörde gab zu der Frage, ob das Reservat auch durch die Beschickung mit geklärtem Abwasser seine Bedeutung für den Vogelschutz behalten würde, mehrere ornithologische Gutachten, u. a. bei den Vogelwarten von Helgoland und Radolfzell, in Auftrag. Leider kamen die Gutachter zu völlig unterschiedlichen Einschätzungen. Die oberste Naturschutzbehörde bewies Risikobereitschaft, als sie trotz einiger negativer Voraussagen die Pachtverträge verlängerte, um das Reservat künftig mit geklärten und damit nährstoffärmeren Abwässern berieseln lassen zu können. Nach einer Übergangszeit erreichte das Reservat nach und nach wieder seine frühere Bedeutung, so dass auch heute noch die Rieselfelder Münster zu den über die Grenzen von NRW hinaus bedeutenden Reservaten für Wat- und Wasservögel gehören und nicht zuletzt für Blaukehlchen besonders wichtig sind. Die Rieselfelder Münster wurden bereits 1983 als Europäisches Vogelschutzgebiet ausgewiesen und sind damit Bestandteil des Europäischen Schutzgebietsnetzes »Natura 2000«.

Im Jahre 1971 begannen auch auf der Ebene der Landesplanung unter Einbeziehung des Naturschutzes die Beteiligungsverfahren für die Hochschulplanungen in Duisburg, Bochum, Dortmund, Bielefeld und Münster. Federführend war der Finanzminister, der gleichzeitig Bauminister war und der für jeden Standort von der für den Naturschutz zuständigen obersten Landesbehörde eine Stellungnahme nach § 20 RNG und § 14 der DVO zum RNG benötigte. Diese Stellungnahmen enthielten z. T. Konfliktpotenzial, wenn gravierende Naturschutzbedenken den Vorstellungen von Politikern vor Ort entgegenstanden. Bei der Verlegung der Tennisanlage des Clubs Raffelberg in Duisburg von dem vorgesehenen Universitätsstandort im Süden der Stadt hatte z. B. die oberste Naturschutzbehörde mehrere landschaftsschonendere Alternativstandorte zu prüfen. Der Club erfreute sich starker politischer Unterstützung und hätte seine Anlagen gern in das Landschaftsschutzgebiet der Wedauer Seenplatte verlegt. Die oberste Naturschutzbehörde konnte dies gemeinsam mit der Landesplanung verhindern.

Die gute Zusammenarbeit mit der obersten Landesplanungsbehörde bei den Hochschulstandorten setzte sich beim gemeinsamen Vorgehen gegen den Bau einer Rennstrecke im Sauerland, dem »Sauerlandring« fort, den vor allem die örtliche und regionale Politik aus wirtschaftlichen Gründen stark unterstützte. Landesplanung und oberste Naturschutzbehörde lehnten dieses Projekt gemeinsam ab und plädierten als landesplanerisches Ziel für die Ermöglichung einer Anlage für die naturnähere Erholung in der Region, die später mit der multifunktionalen Erholungsanlage »Fort Fun« realisiert werden sollte.

Entscheidungen von größerer Tragweite, die in der Regel in die Zuständigkeiten mehrerer Ressorts fielen, traf das Kabinett. Daran, dass ausschließlich Naturschutzgründe zu einer Kabinettsentscheidung geführt hatten, konnte sich 1971 in der Staatskanzlei niemand erinnern. Naturschutzanliegen standen in der Regel bis dato jenseits der Interessen eines Ministers. Der Chef der Staatskanzlei Friedrich Halstenberg war 1971 ein Glücksfall für die oberste Naturschutzbehörde, weil er zum ersten Mal für Abgrabungs- und Abbauvorhaben im Kabinett eine Entscheidung der Landesregierung im Interesse des Naturschutzes herbeiführte. Es handelte sich in der Holzhauser Mark um den Abbau von Kies hoher Qualität für die Betonherstellung in erster Linie für den Bau der Universität Bielefeld und von Kalkgestein für den Straßenbau durch Abtragen eines Teils des Kammes des Wiehengebirges. Beide Vorhaben befanden sich in Landschaftsschutzgebieten in den Altkreisen Lübbecke und Minden und hatten schon seit mehreren Jahren zu politischen und fachlichen Kontroversen über weitere Ausnahmegenehmigungen, vor allem auf der Ebene der Ministerien – die Kreise waren unterschiedlicher Meinung gewesen –, zwischen dem Wirtschaftsminister und der obersten Naturschutzbehörde geführt. Der Kiesabbau in der Holzhauser Mark war von besonderer Brisanz, weil der ehemalige Wirtschaftsminister Kohlhase (FDP), jetzt als Rechtsanwalt, die Interessen der Kiesindustrie vertrat.

Zu der Bedeutung der über hundertjährigen Buchenwälder und der eiszeitlichen Kameshügel, auf denen die Buchen stockten, für den Naturschutz in der Holzhauser Mark hatten sich sowohl für die Kreise Minden und Lübbecke die damals zuständigen Naturschutzbeauftragten Korfsmeier und Helmerding als auch die Universität Hannover durch Konrad Buchwald gutachterlich geäußert und den Abbau abgelehnt. Die Kiesindustrie hatte ihrerseits den Chef der Staatskanzlei in mehreren Gutachten über die wirtschaftliche Bedeutung der dortigen Kiesvorkommen unterrichtet, deren Sieblinie für die Baustoffe der im Bau befindlichen Universität Bielefeld ideal wäre und dass auf das Land viele zusätzliche Kosten zukämen, falls der Abbau in der Holzhauser Mark eingestellt werden müsste. Die ablehnende Haltung des Naturschutzes stützte sich in erster Linie auf das Abgrabungsverbot in der Landschaftsschutzverordnung für den Kreis Minden und vor allem auf das rechtlich stärkere

Gesetz zum Schutze des Waldes von 1950, das für die Umwandlung von Wald in eine andere Bodennutzungsart die Genehmigung der Forstbehörde vorschrieb. Das Forstamt Minden hatte bereits die Umwandlungsgenehmigung abgelehnt und den Widerspruch zurückgewiesen.

Der Chef der Staatskanzlei hatte zu entscheiden, ob die jahrelang immer nur für kleinere Flächen erteilten Genehmigungen wegen irreversibler Schäden für den Naturschutz und die erholungssuchende Bevölkerung jetzt endgültig gestoppt werden sollten. Ich bekam von Halstenberg den Auftrag, ihm nach sorgfältigem Studium der Akten und einer gründlichen Ortsbesichtigung eine Kabinettsvorlage für eine Einstellung des Kiesabbaus in der Holzhauser Mark vorzulegen.

Der Einstellung des Kiesabbaus stimmte das Kabinett mit einer kurzen Übergangsfrist zum Auslaufen des Abbaubetriebes zu. Erstmalig wurde von Repräsentanten der zuständigen Behörden unter Leitung des Abteilungsleiters Niemeyer von der Staatskanzlei vor Ort gegen den Protest der Abbaubetreiber und der damals zuständigen Gemeinde Hausberge in der Holzhauser Mark die endgültige Abbaugrenze festgelegt und, was wichtig war, von den Behörden vor Ort die Einhaltung des Abbauverbotes kontrolliert.

Wenige Monate später entschloss sich Halstenberg, nicht zuletzt wegen eines Gutachtens der Landesstelle für Naturschutz und Landschaftspflege, auch den Steinabbau aufgrund zahlreicher Proteste aus der Bevölkerung im Wiehengebirge aus Naturschutz- und Erholungsgründen einzustellen. Der immer schneller voranschreitende Abbau des für den Straßenbau bestens geeigneten Kalkgesteins drohte den Kamm des Wiehengebirges und damit den national bedeutsamen Hauptwanderweg »Wittekindsweg« völlig zu zerstören. Die unter Beteiligung von Paul Friede erstellte Kabinettsvorlage mit dem Verbot des weiteren Steinabbaus im Wiehengebirge fand die Zustimmung der Landesregierung.

Um diese weitreichenden Entscheidungen einschätzen zu können, ist darauf hinzuweisen, dass zwischen den Ministerien in ihrer Bedeutung und hinsichtlich ihrer Außenwirkung eine Hierarchie besteht. An ihrer Spitze stehen der Ministerpräsident und die Staatskanzlei, am unteren Ende befinden sich Kultus- und Landwirtschaftsministerium. Dass die oberste Naturschutzbehörde im Jahr 1971 einen jahrelangen Streit des Naturschutzes mit der Steine-Erden-Industrie im Kreis Minden-Lübbecke mit der Stilllegung der Betriebe zu einem großen, von keiner Seite erwarteten Erfolg abschloss, ist meines Erachtens vor allem dem Chef der Staatskanzlei, Halstenberg, und der Reputation der Staatskanzlei mit der obersten Landesplanungsbehörde zu danken. Ob sich ein Kultus- oder Landwirtschaftsminister 1971 im Kabinett durchgesetzt hätte, ist eher unwahrscheinlich. Die Durchschlagskraft der obersten Naturschutzbehörde und ihre Bedeutung im Landesgeschehen erhöhten sich erst mit Inkrafttreten des LG ab 1975 signifikant. Ich habe bei den Ressortabstimmungen des LG-Entwurfs festgestellt, wie zwischen 1973 und 1975 bisher von den Vertretern zum Beispiel des Städtebau- und Verkehrsministeriums abgelehnte Positionen des Naturschutzes, etwa im Rahmen der neu diskutierten Verursacherhaftung bei Eingriffen in Natur und Landschaft und bei der Rolle der Landschaftsplanung gegenüber der Bauleitplanung, nach und nach auf Akzeptanz stießen. Das lag in erster Linie an der politischen Unterstützung, die der LG-Entwurf von Anfang an erhielt.

Die starke Unterstützung der Staatskanzlei und insbesondere der Landesplanung bei der Stilllegung der Abbauvorhaben in der Holzhauser Mark und im Wiehengebirge hatte noch weitere positive Aspekte. Es ist nachvollziehbar, dass die Gemeinden Hausberge und Veltheim, die heute zu Porta Westfalica gehören, gegen die Entscheidung der Landesregierung auf allen Ebenen heftigen Protest einlegten. Zum Ausgleich für wegfallende Arbeitsplätze und geringere Gewerbesteuereinnahmen eröffnete die Staatskanzlei der Gemeinde Hausberge die Perspektive, als Kurort anerkannt zu werden und Fördermittel für die fehlende Infrastruktur wie Hotels, Kurmittelhaus und Kurpark bereitzustellen. Es gelang der Staatskanzlei, mit den zuständigen Ressorts der Landesregierung die Anerkennung als Kurort zu erreichen und die Haushaltsmittel zum Bau bzw. Ausbau der Infrastruktur in einer naturräumlich durchaus reizvollen Landschaft mit heilklimatischen Wirkungen zur Verfügung zu stellen.

Trotz z. T. wissenschaftlich abgesicherter Stellungnahmen und des ambitionierten Engagements der Naturschutzvertreter waren Erfolge die Ausnahme, vor allem wenn sich die Politik gegen den Naturschutz stellte. Für uns war der damals häufig kolportierte Ausspruch »Naturschutz als zweiter Sieger« auch Ansporn, immer wieder den Erfolg zu suchen.

Die Position des Naturschutzes war aus mehreren Gründen damals nur schwach. Die Argumente bei Verhinderungsstrategien waren oft wegen fehlender abgesicherter ökologischer Grundlagen leicht angreifbar. Noch gravierender wirkten sich die schwachen gesetzlichen Grundlagen aus. Das betraf zum einen die mangels Eigenständigkeit und wegen schwacher Personalbesetzung bei den Kreisen und Bezirksregierungen etablierten Naturschutzbehörden mit nur geringen Zuständigkeiten. Die Naturschutzbelange vertraten in erster Linie die nur ehrenamtlich tätigen und deswegen nur eingeschränkt akzeptierten Naturschutzbeauftragten. Bei den aus den Schutzkategorien resultierenden Schutzverpflichtungen spielten mehr oder weniger nur Naturschutzgebiete eine Rolle. Landschaftsschutz ließ sich mit zahlreichen Ausnahmeregelungen, wenn – wie es fast immer der Fall war – ein überwiegendes öffentliches Interesse unterstellt wurde, leicht umgehen und wurde in der Regel ignoriert. Die erste Verbesserung der gesetzlichen Grundlagen für den Naturschutz brachte 1971/72 das Abgrabungsgesetz.

Die beiden Kabinettsvorlagen zur Einstellung des Kies- und Steinabbaus führten schließlich dazu, dass die Landesregierung dem Chef der Staatskanzlei als Landesplanungs- und oberste Naturschutzbehörde 1971 den Auftrag erteilte, Abgrabungen gesetzlich zu regeln, weil die bisherigen Regelungen der Landesbauordnung nicht ausreichten, um zu verhindern, dass immer mehr Abbauvorhaben unrekultiviert die Landschaft belasteten und zu Landschaftsschäden führten.

In NRW gab es Anfang 1971 etwa 4.000 Abbauvorhaben mit einer Gesamtfläche von über 11.000 ha, die oft unrekultiviert als abgeschlossen galten, und weitere 1.400 Gruben und Steinbrüche, die sich in der Regel ohne vorgesehene nachhaltige Rekultivierungsauflagen noch in Betrieb befanden. Abgrabungsgenehmigungen erteilten die kommunalen Baubehörden nach den Vorschriften der Landesbauordnung. Waren die Flächen bewaldet, hatten die Forstbehörden zusätzlich eine Wald-Umwandlungsgenehmigung mit Auflagen zu erteilen. 1971 hatte nur Niedersachsen ein eigenständiges Abgrabungsgesetz. Unter meiner Beteiligung erarbeitete der Referatsleiter für Infrastrukturmaßnahmen und Industrieansiedlungen der Landesplanungsbehörde, Reiners, den Entwurf eines Gesetzes zur Ordnung von Abgrabungen (Abgrabungsgesetz). Das Gesetz trat zum 1. März 1973 in Kraft und sah eine formalisierte, von der Vorlage eines Abgrabungs- und Herrichtungsplanes abhängige Genehmigung vor. Die Genehmigungen erteilte die zuständige höhere Naturschutzbehörde bei den Bezirksregierungen im Einvernehmen mit dem Träger der Bauleitplanung. Die Zuständigkeit für das Gesetz ging im März 1972 an das MELF als oberste Naturschutzbehörde über. Ich leitete damals eine Arbeitsgruppe zur Erarbeitung von technischen Richtlinien zum Abgrabungsgesetz. Diese legten die Einzelheiten des Abgrabungsplans und des Herrichtungsplans sowie die Erfordernisse an die Rekultivierung, Renaturierung und Wiedereingliederung in die Landschaft fest, einschließlich der für die Höhe der Sicherheitsleistungen maßgebenden Kriterien. Das Abgrabungsgesetz ist hinsichtlich der in den frühen 1970er Jahren diskutierten, parallel für die gleichen Sachverhalte verwendeten Begriffe wie »Landschaftspflege«, »Landschaftsentwicklung« und »Landespflege« als Oberbegriff von Naturschutz und Landschaftspflege von Interesse, weil NRW versuchte, im Hinblick auf ein neues Naturschutzgesetz den Begriff »Landschaftsordnung« generell einzuführen – allerdings ohne Erfolg. Das Abgrabungsgesetz blieb die einzige Ausnahme.

Eine weitere Erfolgsgeschichte ist 1971/1972 mit dem Namen Halstenberg verbunden. Die Stadt Münster wollte in dem beliebten Erholungs- und Waldgebiet »Boniburg« am Rande der Stadt eine großflächige Seniorenanlage unter Ignorierung des Landschaftsschutzes errichten. Der evangelische Träger der geplanten luxuriösen Senioren-Residenz mit dem Namen »Augustinum« warb mit dem Boniburger Wald als idealem Standort für den Alterssitz zahlungskräftiger älterer Menschen. Umgesetzt werden sollte das Millionen teure Vorhaben durch einen Bebauungsplan, mit dem ohne ausreichenden Ausgleich der damit verbundenen Landschaftszerstörung der Landschaftsschutz aufgehoben werden sollte. Nach mehreren Ortsbesichtigungen und ergebnislosen Gesprächen der Bau- und Naturschutzbehörden mit dem Planungsamt der Stadt Münster zog die oberste Baubehörde beim Innenministerium die Genehmigung des Bebauungsplanes wegen Verstoßes gegen eine ausreichende Berücksichtigung der Belange des Naturschutzes und der Landschaftspflege gemäß Bundesbaugesetz vom Regierungspräsidenten Münster an sich. Nach mehreren, ebenfalls ergebnislos verlaufenen Versuchen, dem Träger der Senioren-Residenz und der

Stadt alternative Standorte außerhalb des Landschaftsschutzgebietes anzubieten, und wegen der großen Resonanz in der Presse brachte der Innenminister das Vorhaben mit ausdrücklicher Zustimmung von Halstenberg zwecks Ablehnung des B-Planes ins Kabinett. Dort zog jedoch der Ministerpräsident Kühn die Vorlage zurück. Die Stadt Münster hatte unverhohlen gedroht, bei einer Versagung der Genehmigung des Bebauungsplanes den vom Land dringend gewünschten Ausbau der Universität Münster zu stoppen. Die Proteste in der Presse und vor allen Dingen aber das lange Warten auf die Baugenehmigung hatten erfreulicherweise dazu geführt, dass der Träger des »Augustinums« das Projekt im Boniburger-Wald aufgab.

Als sich Anfang 1972 die Umressortierung der obersten Naturschutzbehörde im Zusammenhang mit einer Initiative der Landesregierung zur Ablösung des RNG abzeichnete, konnte die oberste Naturschutzbehörde im Bundesvergleich mit gut 220 Naturschutzgebieten, die etwa 0,5 Prozent der Landesfläche einnahmen, und mehreren hundert Naturdenkmalen eine positive Bilanz ziehen. Diese Leistung hatten in erster Linie ehrenamtlich tätige Naturschutzbeauftragte, die in ihrem Hauptamt oft als Biologielehrer angestellt waren, erbracht. Sie präsentierten sich gegenüber den in der Regel zu jener Zeit bereits gut personell ausgestatteten Wasserbau- und Straßenbaubehörden und den Ämtern für Agrarordnung nur als eine kleine Gruppe, die bei ihren Stellungnahmen nach § 20 RNG zu Eingriffen in Natur und Landschaft und bei Vorschlägen zu Schutzgebietsausweisungen einen schweren Stand hatte.

Bewährt hatte sich für den Naturschutz in NRW auch das Wirken der bereits seit 1965 hauptamtlich besetzten Landesstelle für Naturschutz und Landschaftspflege. Sie beriet die oberste Naturschutzbehörde und sorgte für die Kommunikation, Kooperation und Information zwischen den Naturschutzbehörden und Naturschutzstellen mit ihren zwei bis drei Mal im Jahr durchgeführten Fortbildungsveranstaltungen. Seit 1965 bereits gab sie regelmäßig ihre mehrmals im Jahr erscheinenden »Mitteilungen« heraus, die über Entwicklungen und Entscheidungen der obersten Naturschutzbehörde ausführlich berichteten, und veröffentlichte regelmäßig die Ergebnisse der Seminare der Landesstelle über aktuelle Naturschutzthemen.

3. Die Wende im Naturschutz im Bund bzw. im Land NRW und Konsequenzen in NRW ab 1972

Aus Sicht des Landes NRW mehrten sich Anfang der 1970er Jahre die Zeichen für eine Wende im Naturschutz. Im Dezember 1969 hatte der Bundeskanzler Willy Brandt den Zoologen Bernhard Grzimek, der Bevölkerung aus der Fernsehserie »Ein Platz für Tiere« gut bekannt, zum bis heute einzigen Bundesnaturschutzbeauftragten ernannt. Für den Naturschutz von großer Bedeutung war, dass der Europarat das Jahr 1970 zum Europäischen Naturschutzjahr erklärt hatte. Es sorgte für eine Sensibilisierung der Öffentlichkeit, gab entscheidende Anstöße zur Erarbeitung neuer gesetzlicher Grundlagen und leitete den Prozess der Professionalisierung im Naturschutz ein. 1971 legte

Bundesinnenminister Hans-Dietrich Genscher ein Umweltprogramm vor, das sich jedoch vorwiegend mit dem technischen und weniger mit dem biologischen Umweltschutz befasste.

Dabei gewannen immer stärker auch ökologische Gesichtspunkte bei der Diskussion von Naturschutzproblemen an Bedeutung. So hatte der Club of Rome seinen Bericht über die »Grenzen des Wachstums« mit Modellrechnungen über die Abhängigkeit des ökologischen Gleichgewichts von Bevölkerungszunahme und Produktionswachstum begründet.

Unterstützung erhielt die Naturschutzbewegung ebenso durch die politisch bestimmten Umweltschutzaktivitäten des Bundesinnenministers. Obwohl es zwischen dem beim Bundeslandwirtschaftsminister ressortierenden Naturschutz und dem für den technischen Umweltschutz zuständigen Bundesinnenminister – beide gehörten der FDP an – Konkurrenzen gab, hat die 1971 erfolgte Gründung des Sachverständigenrates für Umweltfragen (SRU) durch Bundesinnenminister Genscher Naturschutzziele unterstützt. Das lag nicht zuletzt an der breiten interdisziplinären Besetzung des SRU mit dem Ergebnis, dass Naturschutz als wichtiger Teil der Umweltpolitik verstanden wurde.

Der bis heute bestehende SRU beriet die Bundesregierung bei Umweltfragen und umweltpolitischen Zielen. Sein erstes umfangreiches allgemeines Umweltgutachten erschien 1974, weitere folgten in mehr oder weniger regelmäßigen Abständen. Daneben legte er schon in den 1970er- und 1980er Jahren Sondergutachten zum Rhein, der Nordsee und anderen Umweltproblemen vor. Auch dies war ein Zeichen dafür, dass Umweltpolitik eine feste und gesellschaftlich anerkannte Größe wurde und der Naturschutz dazugehörte.

In dieser Zeit wuchs ständig die Erkenntnis, welche Umweltbelastungen mit der Industrialisierung und einer ständig intensiver wirtschaftenden Landwirtschaft für den Menschen und seine Lebensqualität verbunden sind. In der Folge setzte Ende der 1960er Jahre und Anfang der 1970er Jahre ein Umdenkungsprozess in der Bevölkerung ein, mit einem neuen Problembewusstsein für die Bedeutung von Natur und Landschaft mit ihren Faktoren Boden, Wasser, Luft sowie Tier- und Pflanzenwelt. Neue Umwelt- bzw. Naturschutzverbände wurden gegründet, und die noch junge wissenschaftliche Disziplin Ökologie erfuhr eine Aufwertung. Sie wies nach, dass die Lebensqualität und intakte ökologische Systeme von ökologischer Stabilität und Vielfalt sowie möglichst wenig belasteter Natur abhängen. In diesem Zusammenhang wurden die Forderungen nach Ablösung des RNG von 1935 durch ein modernes Naturschutzrecht immer lauter und dringender.

Auch die Landesregierung stimmte 1970/71 in diese Forderungen ein. Sie stellte ihre Initiative für ein neues Naturschutzrecht damals in der Hoffnung zurück, dass sich die Bundesregierung mit den Ländern über die Zuständigkeit für die Gesetzgebungskompetenz eines Naturschutzgesetzes einigen würde. Denn Bund und Länder waren sich in der Sache, nicht jedoch über die Frage einig, ob dem Bund durch

Änderung des Grundgesetzartikels 74 die konkurrierende Gesetzgebungskompetenz eingeräumt werden sollte. Letztlich war die Mehrheit des Bundesrates – überraschend auch mit den Stimmen des SPD/FDP-regierten Bundeslandes NRW – nicht bereit, den Artikel 74 entsprechend zu ändern. Vielmehr war der Artikel 75, der dem Bund das Recht einräumt, Rahmenvorschriften zu erlassen, um die Gebiete für Naturschutz und Landschaftspflege erweitert worden. Das bedeutete, dass der Bund nur ein Rahmengesetz für Naturschutz und Landschaftspflege erlassen konnte.

Auf Bundesebene waren bereits seit Ende 1970 konkrete Vorbereitungen, das RNG abzulösen, durch einen Arbeitskreis unter Vorsitz des Bundesverfassungsrichters Erwin Stein, den Bernhard Grzimek eingerichtet hatte, angelaufen. Der 1971 vorgelegte »Stein'sche Entwurf« ging von einem neuen Naturschutzverständnis und von der teilweisen Trennung von tradierten Schutzstrategien aus. Die Professionalisierung des Naturschutzes sollte mit einer Verwissenschaftlichung der Grundlagen, insbesondere für die Leistungsfähigkeit des Naturhaushalts, und planerischen Konzeptionen verbunden werden. Da der Entwurf von der konkurrierenden Gesetzgebungskompetenz des Bundes ausging, die nicht zu erreichen war, wurde er nicht weiter verfolgt. Einige Landesnaturschutzgesetze und auch das spätere Bundesnaturschutzgesetz (BNatSchG) griffen dagegen einige Anregungen auf. Das galt auch für NRW. Anders als NRW hatten die CDU-regierten Länder Bayern, Schleswig-Holstein und Rheinland-Pfalz schon um 1970 herum mit der Erarbeitung neuer Landesgesetze für Naturschutz begonnen, die zwischen April und Juli 1973 in Kraft traten.

4. Umressortierung der obersten Naturschutzbehörde 1972 zum MELF

Die Landesregierung beschloss im Frühjahr 1972, die oberste Naturschutzbehörde vom Chef der Staatskanzlei in das Ministerium für Ernährung, Landwirtschaft und Forsten (MELF), das Diether Deneke leitete, umzusetzen. In diesem Zusammenhang übertrug der Ministerpräsident Deneke die Aufgabe, den Entwurf eines modernen Naturschutzgesetzes auf Landesebene zu erarbeiten.

Im MELF als oberster Naturschutzbehörde wurde Mitte 1972 eine Gruppe »Naturschutz« mit drei Referaten unter dem Gruppenleiter Ludger Pielow eingerichtet, die der Abteilung 1 (Personal, Haushalt, Rechtsangelegenheiten) zugeordnet wurde. Neben den beiden aus der Staatskanzlei übernommenen Referaten wurde für Pielow das Referat »Grundsatzfragen des Naturschutzes« geschaffen und ihm der Jurist Erwin Bauer zur Seite gestellt.

Bereits im Vorfeld der Erarbeitung neuer Rechtsgrundlagen für Naturschutz und Landschaftspflege übertrug Deneke 1972 meinem Referat die Aufgabe, gemeinsam mit dem Wasserbaureferenten des MELF, Wetterkamp, den Gewässer-Ausbau-Erlass von 1969 zu überarbeiten. Nachdem jahrzehntelang der technische Gewässerausbau mit Begradigungen und betonierten Gewässerbetten mit hohen Summen aus dem

Landeshaushalt gefördert worden war, sollte ein neuer Erlass einen Wandel zum naturnahen Gewässerausbau herbeiführen. In meinen ersten Gesprächen mit der Abteilung Wasserwirtschaft wurde schnell deutlich, dass Wasserbauingenieure und Landschaftsplaner bei einer Reihe von Fragen unterschiedlich dachten. So war z. B. Überzeugungsarbeit zu leisten, dass es nicht nur um die Erhöhung der Geschwindigkeit des Wasserabflusses durch technische Maßnahmen gehen könnte, sondern dass die Wasserrückhaltung durch eine mäandrierende Gewässerführung, natürliche Altarme, künstliche Staugewässer, Regenrückhaltebecken oder entsprechende Maßnahmen zur Verringerung der Abflussspende ebenfalls wichtig für Mensch und Natur wären. Diese Anregung fand Eingang in den neuen Gewässerausbau-Erlass von 1972.

In den frühen 1970er Jahren wuchs bei der obersten Naturschutzbehörde die Erkenntnis, dass sich vor allem in landwirtschaftlich genutzten Gebieten die Natur am besten schützen ließ, wenn das Land über die höheren Naturschutzbehörden wertvolle Gebiete erwarb. Die ersten Initiativen dazu kamen von Paul Friede. Er hatte im Zuge der steigenden Haushaltsmittel für Naturschutzzwecke bereits sehr früh begonnen, im größeren Umfang Grundstücke schutzwürdiger Gebiete anzukaufen. Dazu gehörten große Teile des Zwillbrocker Venns im Kreis Borken. Die Realteilung hatte hier dazu geführt, dass zahlreiche Landwirte in zersplitterten Gemengelagen relativ kleine Grünland- und zum Teil auch Moorflächen besaßen, die nur noch geringe Erträge abwarfen. Die durch zahlreiche Gräben unterteilten Flächen hatten sich jedoch zu wichtigen Brutplätzen für Wat- und Wasservögel entwickelt, die unter Naturschutz standen. Das Land kaufte diese Flächen unter Einbeziehung eines größeren, flachen Sees an und beauftragte das Amt für Agrarordnung in Coesfeld, die Grundstücke im Wege eines Zusammenlegungsverfahrens zu arrondieren.

In den 1970er Jahren bestand in der Regel zwischen Naturschutz und Landwirtschaft ein »distanziertes« Verhältnis, weil die vom Naturschutz vor allem in Naturschutzgebieten geforderten Einschränkungen in der Regel den Landwirten entschädigungslos auferlegt wurden. In Zwillbrock gelang es etwa Mitte der 1970er Jahre meines Wissens zum ersten Mal, eine kooperative Zusammenarbeit zwischen Naturschutz und Landwirtschaft beim Pflegemanagement der Naturschutzgebiete zu erreichen. Diese beruhte auf folgender Vorgeschichte: Die in Vreden beheimatete Gisela Eber, die in der Vogelschutzwarte NRW tätig gewesen war, bevor sie als Biologielehrerin in Zwillbrock arbeitete, kann als Vorreiterin der Biologischen Stationen gelten, was ihre Zusammenarbeit mit der Landwirtschaft angeht. Nachdem sich immer mehr Landwirte von ihren naturschutzwürdigen Flächen zugunsten des Landes getrennt hatten, musste sich das Land um die Pflege und Unterhaltung dieser Flächen kümmern. Frau Eber scharte Biologie-Studierende der Universität Münster, zu denen zum Beispiel der spätere Leiter der Biologischen Station Zwillbrock, Wolfgang Schwöppe, und Hermann-Josef Kottmann gehörten, um sich und bemühte sich um eine Landesförderung. Diese ermöglichte ein Pflege-Management der an die Landwirte vom Kreis verpachteten Flächen im Sinne des Naturschutzes und legte mehr oder weniger den

Grundstein für die später im Vertragsnaturschutz mit der Landwirtschaft getroffenen vertraglichen Kooperationsvereinbarungen, mit denen den Landwirten ihre Naturschutzleistungen honoriert wurden.

Das Zwillbrocker Venn erhielt 1983 als Teil der Moore und Heiden des Westmünsterlandes den Status als EG-Vogelschutzgebiet, wurde 2004 als FFH-Gebiet ausgewiesen und ist damit in doppelter Hinsicht Bestandteil des Europäischen Schutzgebietsnetzes »Natura 2000«.

5. Bildung der Arbeitsgruppe »Landschaftsrecht« im MELF

In der zweiten Hälfte des Jahres 1972 richtete Minister Deneke die Arbeitsgruppe »Landschaftsrecht« mit dem Auftrag ein, möglichst zügig den Entwurf eines neuen Landesnaturschutzgesetzes zu erarbeiten. Neben dem erfahrenen Juristen Ludger Pielow, der bereits das Landesforstgesetz juristisch betreut hatte, gehörten der Arbeitsgruppe Erwin Bauer, Siegbert Salewski und ich an. Zu einzelnen Fragen wurden Josef Zimmermann, der damalige Landesbeauftragte für Naturschutz und Landschaftspflege, und sein Vertreter Hermann-Josef Bauer hinzugezogen.

Der mit mir 1972 ins MELF versetzte Referatsleiter Paul Friede, ein Jurist, hatte viele Jahre allein die oberste Naturschutzbehörde dargestellt. Er befasste sich jetzt im MELF mit den laufenden Aufgaben einer obersten Naturschutzbehörde und wurde nicht wesentlich an der Erarbeitung des Referentenentwurfs für ein neues Naturschutzrecht beteiligt. Er galt unter den Länderreferenten für Naturschutz als ein erfahrener Naturschutzjurist. Friede, der das alte RNG viele Jahre vertrat und der an den letzten Novellierungen der DVOs zum RNG beteiligt gewesen war, wurde wahrscheinlich deswegen von Minister Deneke nicht in die Arbeitsgruppe »Landschaftsrecht« berufen, weil politisch gewollt war, sich von dem RNG vollständig zu lösen.

Wie sehr Deneke die Naturschutzgesetzgebung interessierte, machte ein überraschender Besuch bei den Naturschutzreferenten der Länder in einer Gaststätte in Berchtesgaden deutlich. Im Mittelpunkt dieses Gesprächs stand die neue Naturschutzgesetzgebung, denn Bayern und Rheinland-Pfalz hatten bereits neue Naturschutzgesetze erarbeitet.

Die Leitung der Arbeitsgruppe übertrug Deneke Pielow, der zusammen mit Bauer die Rechtsfragen bearbeitete. Für die Fachfragen von Naturschutz und Landschaftspflege war ich in erster Linie in enger Zusammenarbeit mit den beiden Juristen zuständig. Siegbert Salewski führte Protokoll und hielt die Ergebnisse zahlreicher Gespräche mit dem Minister und Vertretern der beteiligten Ministerien in Niederschriften fest.

Deneke machte von Anfang an die Erarbeitung des Gesetzentwurfes mit konkreten politischen und auch konzeptionellen Ideen und Vorgaben zu seinem persönlichen Anliegen. Es begann damit, dass er den Begriff »Naturschutzgesetz« ablehnte. In der Arbeitsgruppe verständigte man sich schon recht früh auf den Gesetzestitel »Gesetz zur Sicherung des Naturhaushaltes und zur Entwicklung der Landschaft (Landschafts-

gesetz – LG)«. Dieser Begriff sollte verdeutlichen, dass der enge, konservierende
Ansatz des RNG durch eine planmäßige Entwicklung der Landschaft auf ökologischer
Grundlage ersetzt werden sollte. Die hierfür notwendigen rechtlichen Voraussetzun-
gen mit einer neuen Strategie für die Ziele von Naturschutz und Landschaftspflege
und deren wissenschaftliche Grundlagen sowie neue Organisationsstrukturen und
Instrumente sollten mit dem LG erarbeitet werden.

Das LG sollte sich vor allem methodisch und auch inhaltlich von den anderen,
bereits vorliegenden Landesnaturschutzgesetzen unterscheiden. Wegen der zahlreichen neuen Ansätze unseres Gesetzentwurfes beziehungsweise zwecks Diskussion
unserer ersten Überlegungen bestand jedoch ein enger Kontakt mit der 1971 von den
Länderreferenten der obersten Naturschutzbehörden der Länder gegründeten Lan-
desarbeitsgemeinschaft für Naturschutz, Landschaftspflege und Erholung (LANA) als
Koordinations- und Informationsorgan. Die LANA mit ihrem damaligen Leiter Kurt-
Alexander Gaede aus Niedersachsen verstand sich als Gegengewicht zu der Länderar-
beitsgemeinschaft der Referenten des technischen Umweltschutzes und als Bindeglied
zu den Ausschüssen des Bundesrates beziehungsweise dessen Arbeitsgruppen, die
gemeinsam mit dem federführenden Bundeslandwirtschaftsministerium am Entwurf
eines Bundesnaturschutzgesetzes als Rahmengesetz arbeiteten. Auch Deneke stellte
mehrfach das geplante neue Naturschutzrecht in NRW in Vorträgen bereits im Laufe
des Gesetzgebungsverfahrens dar. So erteilte er Ludger Pielow und mir den Auftrag,
seinen Vortrag auf dem Deutschen Naturschutztag 1974 in Berchtesgaden vorzubereiten und die Grundzüge des neuen Landesnaturschutzgesetzes in den Mittelpunkt
zu stellen.

5.1 Die Rolle Diether Denekes und die Schwerpunkte des Gesetzentwurfs

In den ersten Gesprächen mit dem Minister wurde im Herbst 1972 eine Reihe grundsätzlicher, konzeptioneller und inhaltlicher Überlegungen angestellt, die von der
Arbeitsgruppe ausgearbeitet werden sollten.

Der Geltungsbereich des LG-Entwurfs sollte die gesamte freie unbebaute Landschaft einbeziehen und Regelungen für alle Nutzungsarten wie Wald, landwirtschaftliche Nutzflächen und Gewässer enthalten. Da die obersten Behörden für Forsten,
Landwirtschaft und Wasserwirtschaft als Abteilungen im MELF ressortierten, gab es
bei der Zusammenarbeit mit der Arbeitsgruppe keine größeren Probleme, zumal sich
der Minister bei Bedarf einschaltete.

In den ersten Gesprächen mit dem Minister zeichneten sich vor allem folgende
Schwerpunkte ab:

a)   Im Mittelpunkt der Regelung für alle Schutz-, Pflege-, Entwicklungs- und
     Erschließungsmaßnahmen sollte der Landschaftsplan (L-Plan) als deren konzep-
     tionelle Grundlage stehen. Der flächendeckend für die unbebaute Landschaft zu
     konzipierende L-Plan sollte in seiner Verbindlichkeit dem Bebauungsplan ent-
     sprechen. Deneke argumentierte, dass im baulichen Bereich das Bundesbaugesetz

und die Landesbauordnungen die bauliche Entwicklung verbindlich und detailliert regelten. Der Außenbereich würde dagegen von den Städten und Gemeinden eher stiefmütterlich behandelt. Sie entschieden bei oft konkurrierend gegenüber stehenden Interessen häufig zu Lasten von Natur und Landschaft, da dem ungesteuerten Zugriff nur wenige Grenzen gesetzt wären. Diesen Zustand wollte er versuchen zu verbessern.

b)   Dem LG sollte die Zielprojektion der Sicherung bzw. Wiederherstellung der Leistungsfähigkeit eines ausgewogenen Naturhaushaltes zugrunde liegen. Dabei sollte von einer Zustandserfassung und Bewertung der ökologischen Potenziale auf wissenschaftlicher Grundlage ausgegangen werden.

So diskutierte der Minister mit der Arbeitsgruppe die Bedeutung der Ökologie als einer Leitwissenschaft für den Naturschutz und die Abhängigkeiten ökosystemarer Leistungen vom Naturhaushalt sowie die ökologische Bedeutung der Artenvielfalt. Deswegen wollte er der Ökologie im Gesetz ein besonderes Gewicht geben.

c)   Weiterhin lag ihm an einer Verstärkung der bürgerschaftlichen Mitwirkung und an möglichst freizügigen Regelungen für Betretungsrechte privater Wege unter Hinweis auf das von ihm im Landesforstgesetz verankerte allgemeine Waldbetretungsrecht.

d)   Aus den Ausschüssen des Landtages brachte Deneke den Vorschlag mit, die Verursacherverpflichtung bei Schäden in Natur und Landschaft einzuführen und die Beteiligung privater Grundeigentümer an Landschaftspflegemaßnahmen für die Allgemeinheit sicherzustellen.

Er berichtete, dass die Fraktionen von SPD und FDP die mehr grundsätzlichen Überlegungen nach seiner vorläufigen Einschätzung weitgehend mittrügen, die CDU-Fraktion dagegen dem Gesetzentwurf eher skeptisch und, was den verbindlichen L-Plan anginge, ablehnend gegenüberstünde. Auch bei den späteren Beratungen in Ausschüssen plädierten die Vertreter der CDU für das Modell des die Bauleitplanung begleitenden, informellen Landschaftsplans mit dem eher gutachterlichen Charakter, den Bayern oder Rheinland-Pfalz eingeführt hätten. Für den ländlichen Raum hielten sie den L-Plan für verzichtbar, das würde die Land- und Forstwirtschaft regeln.

Nach diesen grundlegenden Ergebnissen der Diskussionen des Ministers mit der Arbeitsgruppe, die ab und zu bei ihm zu Hause in Niederdollendorf bei Bonn stattfanden, begann die konkrete Arbeit an den Texten des Entwurfs.

Im Folgenden geht es vor allem darum, die Hintergründe, Anstöße, Schwierigkeiten und Anregungen aus dem politischen Raum und von den beteiligten Ressorts zu beleuchten. Mein Ziel ist es nicht, die einzelnen Paragrafen rechtlich zu erläutern, denn dies ist in zahlreichen Veröffentlichungen von Juristen nach 1975 geschehen.

Mit den 70 Paragrafen des neuen Naturschutzrechts wurde der Grundstein für eine neue Naturschutzpolitik in NRW gelegt. Jetzt gut 40 Jahre nach Inkrafttreten des

LG halte ich den Weitblick des Gesetzgebers und des zuständigen Ministers für eine umfassende neue Naturschutzpolitik für anerkennenswert. Allerdings ist nur schwer nachvollziehbar, dass das im »Dritten Reich« entstandene RNG trotz seiner insbesondere nach 1945 beim Wiederaufbau der Industrieanlagen und der Städte mehr als deutlich gewordenen Schwächen, Landschaft zu schützen und zu entwickeln, in NRW bis 1975 Bestand hatte.

5.2 Die Organisation des amtlichen und ehrenamtlichen Naturschutzes

Mit dem Gesetz konnten zwar die personellen Defizite der Behörden nicht direkt, sondern erst später nach und nach ausgeräumt werden, es konnte jedoch ihr Status in der Behördenlandschaft verbessert werden. Es war auch politisch gewollt, den ehrenamtlichen Naturschutz grundlegend zu reformieren.

Die Dreistufigkeit der Naturschutzbehörden wurde beibehalten, sie wurden jedoch in Anbetracht der über den Naturschutz deutlich hinausgehenden neuen Aufgaben in Landschaftsbehörden umbenannt. Gleichzeitig wurde ihnen in einer späteren Novellierung des LG auf der mittleren und unteren Ebene der Status von Sonderordnungsbehörden zugewiesen, um ihre Akzeptanz und Durchsetzungskraft zu erhöhen.

Mit Inkrafttreten des LG am 1. April 1975 wurden ihnen darüber hinaus die aus dem Gesetz resultierenden Aufgaben der Gefahrenabwehr für alle die Landschaft betreffenden Belange, nicht nur die partiellen Schutz- und Pflegeaufgaben in Schutzgebieten, außerhalb kommunaler Zuständigkeiten übertragen. Neben diesen Gefahrenabwehraufgaben hatten die Landschaftsbehörden später auch Pflichtaufgaben zur Erfüllung nach Weisung zu übernehmen. Dabei handelte es sich um den umfangreichen Katalog neuer Aufgaben, die die kommunalen Zuständigkeiten betrafen oder tangierten. Dazu zählten die Aufstellung und Genehmigung von Landschaftsplänen, die Ausweisung von Naturschutzgebieten in Baugebieten oder die Festlegung von Betretungsbefugnissen im baulichen Innenbereich. Die gesetzliche Zuweisung von Pflichtaufgaben zur Erfüllung nach Weisung der Aufsichtsbehörde war vor allem den Erfahrungen mit dem RNG geschuldet, weil nicht nur im kommunalen Bereich, sondern oft generell Naturschutzbelange weggebündelt oder im Abwägungsprozess zurückgestellt worden waren.

Die Funktionen von Aufsichtsbehörden nahmen neben der obersten Landschaftsbehörde die Bezirksregierungen und die damalige Landesbaubehörde Ruhr als höhere Landschaftsbehörden wahr. Sie erhielten im Rahmen der ersten umfasssenderen Novellierung des LG 1980 die Befugnis, den unteren Landschaftsbehörden im Rahmen ihrer Aufsichtsfunktion Weisungen zu erteilen, z. B. um Bauverbote an Gewässern oder die Erschließung von Uferbereichen gegenüber den Kommunen durchzusetzen.

Die dazu erforderliche organisatorische Aufwertung und personelle Verstärkung der Behörden begann am 1. April 1975 mit der Einführung der höheren Landschaftsbehörden als eigenständige Dezernate in der Behörde der Regierungspräsidenten und der Empfehlung, über den Landkreistag und die kommunalen Spitzenverbände bei den Kreisen eigenständige Landschaftsämter einzurichten. Mit dem Innenministerium und dem Finanzministerium führte die Arbeitsgruppe intensive Gespräche, um die Zustimmung beider Ministerien im Rahmen der Ressortabstimmung des Gesetzentwurfs zu erreichen. Dies gelang bis 1975 nur insbesondere für mehr grundsätzliche organisatorische Veränderungen und Aufgabenzuweisungen im nachgeordneten Bereich, die den Aufgaben von Naturschutz und Landschaftspflege im engeren Sinne zuzuordnen waren. Erst nachdem das Gesetz vom Landtag verabschiedet und der politische Wille damit verdeutlicht worden war, Naturschutz und Landschaftspflege auch politisch einen höheren Stellenwert wegen der gestiegenen Bedeutung der Belange des Natur- und Umweltschutzes zuzugestehen, gelang es in Nachverhandlungen mit dem Innenministerium, im Rahmen der 1. Novellierung des LG 1977 für die Landschaftsbehörden ebenfalls den Status von Sonderordnungsbehörden, wie zum Beispiel bei den Behörden des Straßenbaus, der Wasserwirtschaft und der Flurbereinigung, zu erreichen. Damit konnten sie ermächtigt werden, z. B. den Kommunen bei Pflichtaufgaben des LG, dem diese widersprochen hatten oder nicht nachkommen wollten, Weisungen zur Aufgabenerfüllung zu erteilen.

Die organisatorische Gleichstellung der höheren Landschaftsbehörden mit den anderen Dezernaten der Bezirksregierung und den Landschaftsämtern als untere Landschaftsbehörden bei den Kreisverwaltungen führte dann in Verbindung mit den neuen Aufgaben sowie Beteiligungspflichten und -rechten nach und nach zu der dringend notwendigen Personalverstärkung, vor allem mit Fachleuten für Naturschutz und Landschaftspflege. Bis 1975 waren in erster Linie die Bezirksnaturschutzbeauftragten mit ganz unterschiedlichen Berufsprofilen für Fachfragen bei den Regierungspräsidenten zuständig gewesen. 1970/71 waren dies zwei Geografen, zwei Forstwirte, ein Biologe, ein Landwirt und ein Landespfleger. Die mit den zunehmenden Aufgaben der höheren Naturschutzbehörden immer dringender werdende Personalverstärkung löste bei der für die Besetzung und Personalauswahl zuständigen obersten Naturschutzbehörde, damals noch bei der Staatskanzlei angesiedelt, eine intensive Diskussion über deren Berufsprofil aus.

Ich erinnere mich noch sehr gut an Gespräche mit Paul Friede und mit dem Leiter des Personalreferates der Staatskanzlei, Heinz Höfgen. Beide Herren kannten noch nicht das Studium und die Ausbildungsschwerpunkte von Landschaftsplanern als Diplom-Ingenieure der Fachrichtung »Landespflege«. Deswegen hatte es bereits Vorgespräche mit Oberforsträten der höheren Forstbehörde bei der Landwirtschaftskammer Rheinland gegeben, als es 1970 um die Besetzung meiner Referatsleiterstelle in der Staatskanzlei ging. Ich konnte dafür sorgen, dass der Studiengang und die Qualifikation von »Landespflegern« in der Staatskanzlei bekannt wurden und ihre besondere Eignung wegen der breiten Ausbildung für die bei den Bezirksstellen für Naturschutz und Landschaftspflege zu besetzenden Stellen des höheren Dienstes gegeben wäre.

Nicht zuletzt die guten Erfahrungen mit dem Landespfleger Henning Schulzke bei der Bezirksstelle für Naturschutz und Landschaftspflege der damaligen Landesbaubehörde Ruhr führten dann zur Einstellung von weiteren Landespflegern.

Die oberste Naturschutzbehörde setzte in den 1970er Jahren durch, dass je Bezirksstelle eine Stelle des höheren und eine des gehobenen Dienstes geschaffen wurden.
Nach Inkrafttreten des LG 1975 wurden die Bezirksstellen für Naturschutz und
Landschaftspflege aufgelöst. Die Bezirksbeauftragten wurden als Dezernenten in die
Behörde des Regierungspräsidenten versetzt, und zwar gemeinsam mit ihren Mitarbeitern des höheren und des gehobenen Dienstes. Sie bildeten die höheren Landschaftsbehörden unter Einbeziehung der in den Dezernaten der Bezirksregierung
bereits mit Aufgaben des Naturschutzes beschäftigten Juristen und Verwaltungsfach-
leuten. Später wurden bei Neueinstellungen als Dezernenten bei den Landschaftsbehörden auch andere Berufsgruppen wie etwa Biologen und Geografen beschäftigt.

5.2.1 Ablösung der Naturschutzbeauftragten
durch Beiräte und Landschaftswacht

Eine Veränderung von größerer Tragweite war die anfänglich umstrittene Entscheidung, die überwiegend ehrenamtlich besetzten Stellen der Beauftragten für Naturschutz und Landschaftspflege durch Beiräte auf allen drei Ebenen zu ersetzen. Diese
politische Entscheidung erfolgte mit der Begründung, dass mit einem neuen Landschaftsgesetz eine strategische, konzeptionelle und neue Akzente setzende Naturschutzpolitik angestrebt werde und diese nicht mehr nur mit ehrenamtlich tätigen
Naturschutzbeauftragten in beratenden Funktionen erreicht werden könne. Da alle
Landschaftsbehörden nach und nach mit Fachleuten besetzt werden würden, wäre
es zeitgemäß, den bürgerschaftlichen Mitsprache- und Mitwirkungsrechten über die
Naturschutzorganisationen und den Natur und Landschaft nutzenden Vereinigungen
mit Hilfe von deren Vertretern einen höheren Stellenwert einzuräumen.

Das Gesetz sah vor, dass die Beiräte bei allen wichtigen Entscheidungen und Maßnahmen der Behörde, bei der sie eingerichtet sind, angehört werden müssten. Dem
Beirat der unteren Landschaftsbehörde, der im Gegensatz zu den bei der obersten und
höheren Landschaftsbehörde eingerichteten Beiräten, die von den beiden Behörden zu
berufen sind, vom Kreistag oder Stadtrat gewählt werden musste, wurde in der ersten
Fassung des Gesetzes eine besonders starke Position eingeräumt, denn er bekam ein
Widerspruchsrecht bei der Erteilung von Ausnahmen für eine Reihe von Verbots-
vorschriften bei Schutzausweisungen oder bestimmten Brachflächennutzungen zuge-
sprochen. Der Widerspruch löste ein Verfahren bei der höheren Landschaftsbehörde
aus, die darüber zu entscheiden hatte, ob dem Anliegen des Beirates Rechnung zu
tragen sei.

Der Beirat war generell von Anfang an nicht nur mit diesem 2007 durch Änderung
des Landschaftsgesetzes wieder aufgehobenen Widerspruchsrecht des »unteren« Beirats durch sehr viel Bürokratismus belastet. Das galt auch für die Auswahlentschei-
dungen für die Zusammensetzung der Beiräte und deren Mitgliederzahl. Die Zahl der
Sachverständigen für Naturschutz und Landschaftspflege, die zwei oder vier betragen
konnte, richtete sich nach der Größe des Kreises und bestimmte die Gesamtzahl von

13 beziehungsweise 15 Mitgliedern. Aus einer Liste von Vereinigungen von »Nutzern« aus den Wirtschaftsvereinigungen von Landschaftsbau-, Gartenbau-, Waldbau-, Jagd- und Fischerei-Verbänden und »Schützern« aus den Naturschutzverbänden BUND, LNU und NABU sowie der jeweils zuständigen Landschaftsverbände wurden die Beiräte hinsichtlich der Anzahl von »Nutzern« und »Schützern« ohne Sachverständige paritätisch zusammengesetzt. Aus der Mitte des Landtags wurde wiederholt das Übergewicht des Naturschutzes aufgrund der ihm zugerechneten Sachverständigen kritisiert und 1994 die Zahl der Beiratsmitglieder ohne die ausdrückliche Festlegung der Anzahl von Sachverständigen für Naturschutz und Landschaftspflege im Gesetz generell auf 12 reduziert. Durch die zahlenmäßige Gleichstellung von »Schützern« und »Nutzern« in der Beiratszusammensetzung würde – so das Argument für die Gesetzesänderung – der Zwang zur Einigung innerhalb des Beirates erhöht.

Jeder Beirat gab sich eine Geschäftsordnung, die ebenfalls hohen bürokratischen Aufwand durch zahlreiche formale Vorgaben, z. B. zur Beschlussfähigkeit bei fehlenden Mehrheiten, dem Umgang mit Wahlvorschlägen und der Zusammensetzung bei fehlenden Vorschlägen und so weiter erforderte. Grundlagen waren Vorgaben des MELF bzw. MURL. Das führte dazu, dass Beiräte oft nicht als sehr hilfreich für die Wahrnehmung der Interessen des Naturschutzes angesehen wurden. Eine herausgehobene Rolle, in besonderem Maße im Beirat der obersten Landschaftsbehörde, spielte der Vorsitzende. Ihm oblag die möglichst enge Kontaktpflege zur obersten Landschaftsbehörde und zur Öffentlichkeit. Den ersten Vorsitz im Beirat der obersten Landschaftsbehörde ab 1975 hatte Hellmuth Klausch, damals Beigeordneter beim Kommunalverband Ruhrgebiet, inne, dem einige Jahre später Wolfgang Gerß, der ehemalige Vorsitzende des DBV, Landesgruppe NRW, folgte. Beide Vorsitzende glichen Kontroversen innerhalb des Beirates geschickt aus und vermieden damit, dass es innerhalb der verschiedenen Gruppen zu Kampfabstimmungen kam.

Die mit dem LG ebenfalls als ehrenamtliches Element eingeführten »Beauftragten für den Außendienst«, die »Landschaftswacht«, ging auf die Idee von Diether Deneke zurück. Ihm hatte die Bergwacht des Alpenvereins wegen ihres Engagements und ihres Naturverständnisses imponiert. Er stellte sich vor, dass die Mitglieder der Landschaftswacht offenen Auges Schäden in der Landschaft aufspürten und aktiv auf ihre Beseitigung hinwirkten. Die Tätigkeit des Beirates, der in erster Linie administrativ tätig wurde, sollte so ergänzt werden. Zumindest in den 1980er Jahren blieb die Resonanz der Landschaftswacht gering, weil entweder die im Gesetz vorgeschriebenen Vorschläge des Beirates zu ihrer Ernennung durch die untere Landschaftsbehörde ausblieben oder bei Meldungen von nachteiligen Veränderungen oder Schäden in der Landschaft, wie etwa über wilde Müllkippen, die Behörden nicht tätig wurden und die Beauftragten für den Außendienst enttäuscht ihr Amt niederlegten. Frustrierend war auch, dass sie bei der Ausübung ihrer Tätigkeit nur eine geringe Legitimation durch einen Ausweis des Kreises, der sie als Beauftragte für den Außendienst kenntlich machte, hatten und sie den Status von »Hilfsbeamten der Staatsanwaltschaft« mit weiterreichenden Kompetenzen bei der Verfolgung und Ahndung von Umweltsünden aus rechtlichen Gründen nicht erhalten konnten. Ein Dienstabzeichen oder ein Ausweis allein genügte in der Regel nicht, um von den aufgespürten Umweltsündern die Personalien festhalten zu können; diese lehnten dies oft rundweg ab.

5.3 Die Bedeutung der Naturschutzverbände in der zweiten Hälfte der 1970er Jahre

Von größerer Effizienz bei der aktiven Wahrnehmung von Naturschutzbelangen waren die Naturschutzverbände, die ab Mitte der 1970er Jahre immer mehr Mitglieder organisierten und denen – wie schon im »Stein'schen Entwurf« vorgesehen – gesetzlich weitergehende Formen der Mitwirkung eingeräumt wurden. Das BNatSchG als Rahmengesetz vom 20. Dezember 1976 ergänzte mit seinen teilweise unmittelbar geltenden Regelungen das LG NRW. Von erheblicher Bedeutung war die mit dem § 29 BNatSchG eingeführte Mitwirkung anerkannter Verbände, die bestimmte Voraussetzungen erfüllten, bei einer Reihe wichtiger Vorhaben. Zuerst musste der rechtsfähige Verein nachweisen, dass er nicht nur ideell und vorübergehend die Ziele von Naturschutz und Landschaftspflege förderte und Gewähr für eine sachgerechte Aufgabenerfüllung leisten konnte. Die oberste Landschaftsbehörde in NRW legte dabei einen strengen Maßstab an und sprach nur der LNU, dem BUND, dem DBV (ab 1990: NABU) und nach 2007 noch der Schutzgemeinschaft Deutscher Wald die Anerkennung aus. Im Gegensatz dazu erteilte das Bundesministerium für Ernährung, Landwirtschaft und Forsten, das damals für den Naturschutz zuständig war, zahlreichen Verbänden die Anerkennung auch nach deren nachträglicher Änderung der Satzungen mit der Aufnahme von Naturschutzzielen. Die Anerkennung war deswegen so begehrt, weil damit das Recht der Mitwirkung bei der Vorbereitung zahlreicher Instrumente des Naturschutzes, bei der Befreiung von Verboten und Geboten in Naturschutzgebieten oder bei Planfeststellungsverfahren über Eingriffsvorhaben verbunden war.

Unter Bezugnahme auf die großzügigere Bundesanerkennung beantragten in NRW die Landesverbände der Jagd und Fischerei oder der Eifelverein und Sauerländische Gebirgsverein als Wandervereinigungen die Anerkennung beim MELF, die dieses jedoch ablehnte. Es kam deswegen der obersten Landschaftsbehörde sehr gelegen, dass die als Naturschutzverband anerkannte LNU als Dachverband die Vereinigungen mit eher peripherem Bezug zum Naturschutz, die das MELF nicht anerkannt hatte, als Mitglieder aufnahm und damit deren Interessen mit vertreten konnte. Der Landesjagdverband gab sich allerdings damit nicht zufrieden und klagte gegen die Ablehnung des MELF beim Oberverwaltungsgericht (OVG) in Münster, jedoch ohne Erfolg. Auf der Grundlage eines Gutachtens der Landesanstalt für Ökologie, Landschaftsentwicklung und Forstplanung und Erläuterungen von Gerd Schulte vor dem OVG folgte das Gericht der Ablehnung der obersten Landschaftsbehörde.

6. Schwerpunkte des neuen Modells des Landschaftsplans NRW

Der Schwerpunkt Landschaftsplanung hat die Arbeitsgruppe am intensivsten auch noch nach der Verabschiedung des Landschaftsgesetzes beschäftigt. Es ging vor allem um die Mehrstufigkeit, Verbindlichkeit, Trägerschaft, Satzung und Umsetzung der Inhalte. Meine ausführliche Darstellung trägt dem bis heute oft kritisch diskutierten Landschaftsplan-Modell NRW Rechnung und versucht die Hinter- und Beweggründe zu beschreiben.

6.1 Vorbemerkungen

Minister Deneke hatte seine Forderung nach einem eigenständigen und verbindlichen Landschaftsplan auf örtlicher Ebene und als Träger aller Maßnahmen von Schutz, Pflege, Entwicklung und Erschließung in der Landschaft von Anfang an wiederholt bekräftigt. Da er immer engen Kontakt mit den Abgeordneten des Landtages der Regierungskoalition hielt, führte er bereits vor der konkreten Arbeit am Gesetz Gespräche mit den Herren Denzer, Drescher und Trabalski von der SPD-Fraktion sowie dem Vorsitzenden der F. D. P.-Fraktion Heinz und informierte den Vorsitzenden des Personal- und Haushaltausschusses Dorn.

Innerhalb der Abteilungen der zuständigen Landesministerien und auch bei einigen Vertretern des ehrenamtlichen Naturschutzes musste die Arbeitsgruppe jedoch noch Überzeugungsarbeit leisten. Entweder hielt man etwa im Bauministerium den Berücksichtigungsappell gemäß § 1 Bundesbaugesetz für die Belange des Naturschutzes und der Landespflege im Bauleitplanverfahren für ausreichend oder plädierte für den bauleitplanbegleitenden unverbindlichen Landschaftsplan gemäß der Modelle der süddeutschen Länder mit neuen Landesnaturschutzgesetzen.

Ermunternd und unsere Haltung bekräftigend waren die ersten Gespräche mit der Abteilung Landesplanung in der Staatskanzlei.

6.2 Keine mehrstufige Landschaftsplanung in NRW, sondern Landschaftsplan als komplexer verbindlicher Fachplan auf örtlicher Ebene

Es wurde mit der Landesplanung Einvernehmen erzielt, auf einen eigenständigen Landschaftsrahmenplan auf Ebene der Bezirksregierungen und auf ein Landespflegeprogramm für die Landesebene zu verzichten. Für die landschaftsplanerischen Ziele auf der Ebene des Landes wurde das seit Anfang der 1970er Jahre vorliegende Landesentwicklungsprogramm (Lepro), das Gesetzescharakter besaß und konkrete Zielaussagen und Grundsätze für Naturschutz und Landschaftspflege enthielt, für ausreichend erachtet. Diesen sehr umfangreichen und umfassenden § 30 im Lepro hatte damals die oberste Naturschutzbehörde formuliert. Das Lepro wurde später im Landesentwicklungsplan III (LEP III) räumlich entfaltet. Mit der Darstellung von »Gebieten für den Schutz und die Entwicklung der Landschaft« enthielt der LEP III erstmals bereits in den frühen 1980er Jahren die landesweit bedeutsamen Grünzüge entlang der großen

Flüsse und der Höhenrücken der Mittelgebirge des Landes als vernetzende Flächen-
struktur mit behördenverbindlicher Wirkung. Konsensfähig war auch der Vorschlag
der Arbeitsgruppe, dem Gebietsentwicklungsplan (GEP) auf Bezirksregierungsebene
die Funktion eines Landschaftsrahmenplanes zu übertragen. Seit 1978 enthielten die
GEP's (Maßstab 1:50.000) einen sachlichen Teilabschnitt »Freizone« mit großzügig
abgegrenzten »Bereichen für den Schutz und die Entwicklung der Landschaft« mit
Zielvorgaben für die örtlichen Planungen. Ab Anfang der 1980er Jahre erarbeitete die
LÖLF als Grundlage des GEP in seiner Funktion als Landschaftsrahmenplan einen
Fachbeitrag für Naturschutz und Landschaftspflege. Damit bestand Konsens mit der
Landesplanung, auf örtlicher Ebene einen umfassenden, verbindlichen Landschafts-
plan unter Verzicht auf andere Planungsebenen einzuführen. Allerdings wurden im
Landtag der Charakter des Landschaftsplanes als Fachplan oder Gesamtplan und sein
Maßstab intensiv diskutiert.

Auf Veranlassung des Ministers und in seiner Gegenwart trugen etwa Ende 1973/
Anfang 1974 Ludger Pielow und der Autor im Planungsausschuss des Landtages die
ersten Überlegungen zum nordrhein-westfälischen Landschaftsplanmodell vor. Da
zur Verbindlichkeit und den Inhalten des Landschaftsplanes damals von uns nur erste
Formulierungen vorgestellt werden konnten, stellten Abgeordnete der SPD-Fraktion
vor allem Fragen nach dem Charakter des L-Planes und seinem Maßstab. Die Arbeitsgruppe verstand den verbindlichen L-Plan wegen der von ihm ausgehenden weiterreichenden Funktionen als querschnittsorientierten Fachplan. Da seine Aufgaben über
die eigentlichen Fachaufgaben hinausgingen und seine ökologischen Grundlagen auch
anderen Fachplanungen zur Verfügung stünden, um Fehlentwicklungen entgegen-
zuwirken, konnte nach unserer Meinung die fachübergreifende Querschnittsorien-
tierung gut begründet werden. In der Diskussion im Planungsausschuss wurde die
auch später wiederholt gestellte Frage angesprochen, ob es sich bei dem vorgesehenen Landschaftsplanmodell wegen seiner weitreichenden Funktionen und Folgen für
andere Fachplanungen nicht gar um einen Gesamtplan handeln könnte. Diese Frage
wird in der Literatur bis heute immer wieder gestellt. Sie ist meines Erachtens aber
zu verneinen, wenn man als Beispiele die Landesentwicklungspläne und die Gebietsentwicklungspläne mit ihren weitreichenden Aufgaben und Funktionen als typische
Gesamtpläne heranzieht.

Auch im Planungsausschuss wurde die Frage an Minister Deneke gerichtet, ob es
nicht ausreichen würde, dem Landschaftsplan nur empfehlenden Charakter als ein
Gutachten zur Bauleitplanung im Landschaftsgesetz zuzugestehen, das er aber entschieden zurückwies.

Den Abgeordneten musste verdeutlicht werden, dass der verbindliche L-Plan nicht
nur als ein reines Planungs-, sondern auch als ein Umsetzungsinstrument verstanden
werden muss, so dass sich bei den Festsetzungen immer die Frage nach der Durch-
führbarkeit und der dafür notwendigen Zuständigkeit stellen würde. Insoweit waren
die aus dem L-Plan resultierenden Folgen beziehungsweise der Nutzen für Natur und

Landschaft erheblich weitreichender als in informellen Gutachten, deren Umsetzung immer offen blieb.

6.3 Trägerschaft des Landschaftsplans

Die freie Landschaft besteht in NRW zu annähernd 80 Prozent aus land- und forstwirt-schaftlichen Flächen, die sich überwiegend in den Räumen kreisangehöriger Gemein-den befinden. Die Kreise als untere Naturschutzbehörden waren bisher nach dem RNG für die Durchführung der Maßnahmen von Naturschutz und Landschaftspflege zuständig. Es lag deswegen nahe, den Kreisen und nicht den Gemeinden auch die Zuständigkeit für die Aufstellung und Durchführung von Landschaftsplänen zu über-tragen. Ein Schönheitsfehler bestand nur darin, dass bei den kreisfreien Städten die Zuständigkeiten für die Bauleitplanung und die örtliche Landschaftsplanung in einer Hand liegen würden. Anfänglich machten zu diesen Überlegungen und Vorschlägen verschiedene Ministerien und die Spitzenverbände der Städte und Gemeinden Beden-ken geltend. Verfassungsrechtlich hätte nach Art. 28 GG die Gemeinde im Rahmen ihrer gesetzlichen Aufgaben das Recht der Selbstverwaltung. In diesem Kontext wäre den Gemeinden 1960 mit dem Bundesbaugesetz die Aufstellung von Bauleitplänen als ihre ureigene Aufgabe zugewiesen worden. Aus diesem Grund müsste auch die Aufstellung eines L-Plans in die Zuständigkeit der Gemeinden fallen.

Ludger Pielow und Erwin Bauer besprachen deswegen zuerst mit den Verfassungs-juristen der Staatskanzlei und anschließend mit den Baujuristen der obersten Baube-hörde die zu klärenden Rechtsfragen. Dem NRW-Modell des L-Planes wurde – wenn auch mit Bedenken, die später ab und zu in Ressortbesprechungen wieder angespro-chen wurden – auf dieser Ebene zugestimmt. Allerdings mussten sie zusagen, das Verhältnis zwischen gemeindlicher Bauleitplanung und der Landschaftsplanung des Kreises für Planungsräume, wo beide Planarten konkurrierende rechtliche Wirkun-gen oder Flächenkonkurrenzen enthalten können, anzupassen. Der zuerst erhobenen Forderung der Gesprächspartner, die Landschaftsplanung gegenüber der Bauleitpla-nung als ein nachrangiges Instrument einzustufen, konnte dagegen nicht entsprochen werden.

6.4 Geltungsbereich und Verbindlichkeit des Landschaftsplanes

In dem Arbeitskreis »Landschaftsplan nach dem nordrhein-westfälischen Land-schaftsgesetz«, auf den später noch näher eingegangen wird, wurde in Vorgesprächen folgende Position für alle weiteren Arbeitsschritte festgehalten: Das LG sollte den Grundsatz enthalten, dass der gesamte Bereich eines Flächennutzungsplanes (FN-Plan), mit Ausnahme der im Zusammenhang bebauten Ortsteile gem. § 34 BBauG und der in einem verbindlichen Bebauungsplan festgelegten Baugebiete, zum Gel-tungsbereich des Landschaftsplanes gehört. Zwar gilt für den verbindlichen Bauleit-plan die im LG festgelegte Beachtungspflicht; diese vom Gesetzgeber gewollte enge Berührungsebene schließt jedoch nicht aus, dass der L-Plan durchaus Aussagen für in einem FN-Plan – gegebenenfalls im Rahmen der »Vorratsplanung« – vorgesehene Bau-, Gewerbe- oder Verkehrsflächen trifft. Ist absehbar, dass sich die Realisierung solcher Flächen durch einen Bebauungsplan noch über Jahre hinzieht, können im L-Plan zum Beispiel Schutzausweisungen und Pflegemaßnahmen – gegebenenfalls temporär – festgesetzt werden, wobei allerdings auf kostenintensive Investitionen verzichtet werden sollte.

Natürlich gab es insbesondere aus den Planungsämtern der kreisfreien Städte immer wieder Kritik an den diesbezüglichen, oben erläuterten Vorstellungen der Kollegen aus den Grünflächenämtern wegen der Konkurrenzen zwischen den unterschiedlichen Interessen bei FN- und L-Planaufstellung. Es war nicht leicht, den Bauleitplanern klarzumachen, dass der L-Plan für ihre Tätigkeit durchaus unterstützende Wirkungen hätte, weil die gemäß § 1 BBauG zu berücksichtigenden Belange von Naturschutz und Landschaftspflege durch ihn konkretisiert und konzeptionell eingebunden werden würden.

Eine immer wieder aufgetretene Frage mit großer rechtlicher Relevanz betraf die im L-Plan ausgegrenzten Bereiche nach § 34 BBauG als im Zusammenhang bebaute Ortsteile. Der Arbeitskreis schlug deshalb für jeden L-Plan eine »salvatorische Klausel« vor. Mit ihr sollte klargestellt werden, dass aus dem Geltungsbereich eines L-Planes ausgesparte und als im Zusammenhang bebauter Ortsteile deklarierte Flächen keine baurechtliche Entscheidung darstellen.

6.5 Der Landschaftsplan als Satzung der Kreise und kreisfreien Städte

NRW betrat bei der Ausgestaltung des L-Plans als Satzung der Kreise und kreisfreien Städte nur zum Teil Neuland, denn es bestand von Anfang an in der Arbeitsgruppe »Landschaftsrecht« die Absicht, sich so weit wie möglich an die kommunale Satzung für die Bauleitplanung anzulehnen. Das Aufstellungs- und Genehmigungsverfahren entsprach dann auch weitgehend der Bauleitplanung mit der abschließenden Genehmigung des Regierungspräsidenten und der Veröffentlichung im Amtsblatt des Kreises oder der kreisfreien Stadt. Jedoch war im Gegensatz zum BBauG ein Aufstellungsbeschluss der Vertretungskörperschaften im LG nicht vorgesehen. Es blieb auch später rechtlich umstritten, ob kommunalrechtlich ein Beschluss über die Einleitung des Planverfahrens mit der Abgrenzung des Plangebietes erforderlich oder verzichtbar ist, denn er war sowohl in der ersten Fassung des LG vom 18. Februar 1975 als auch in späteren Novellierungen gesetzlich nicht vorgesehen. Ein Planaufstellungsbeschluss mit Abgrenzung des Plangebiets wurde jedoch aus rechtlicher Sicht von zahlreichen planaufstellenden Behörden für notwendig erachtet und deswegen in der Regel dem Aufstellungsverfahren vorgeschaltet. Da die handhabbare Plangröße es immer notwendig macht, für ein Kreisgebiet mehrere L-Pläne im Maßstab 1:15.000 aufzustellen, ist es meines Erachtens sinnvoll, das Plangebiet bei Einleitung des Planverfahrens wegen der Rechtsfolgen sogar parzellenscharf abzugrenzen. Ein Einleitungsbeschluss wurde auch deswegen für sinnvoll erachtet, da die Frage des Geltungsbereichs immer wieder von beteiligten Gemeinden hinterfragt wurde, weil sich die Abgrenzung des L-Planes nicht an den Grenzen der kreisangehörigen Gemeinden eines Kreises orientiert, sondern vom »baulichen Außenbereich« im Sinne des Bauplanungsrechts abhängt.

6.6 Die Methodik des Landschaftsplans und seine Satzungsteile

Die einzelnen Bestandteile einer Satzung des L-Planes werden von der Planungs-methode bestimmt, die sich wesentlich von der eines Bauleitplanes unterscheidet. Für die Formulierung der Paragrafen des Gesetzestextes war es erforderlich, dass die Arbeitsgruppe sich zuerst darüber klar werden musste, aus welchen einzelnen Teilen ein L-Plan mit Satzungscharakter bestehen muss. Die schlechten Erfahrungen mit formlosen L-Plänen, bei denen nicht selten ein Übermaß an Planungsgrundlagen und -voraussetzungen nur einem Minimum an Ergebnissen gegenüber stand, sollten nicht wiederholt werden. Deshalb galt von Beginn an der Grundsatz, den Inhalt des L-Plans auf die unbedingt notwendigen kartografischen und textlichen Aussagen zu konzen-trieren. Wegen der rechtlichen Wirkung waren Formstrenge und Übersichtlichkeit bzw. Klarheit der Darstellungen unverzichtbar. Erst nach Verabschiedung des LG am 18. Februar 1975 erarbeitete die Arbeitsgruppe »Landschaftsrecht«, ergänzt durch Ver-treter kommunaler Spitzenverbände und anderer Experten, die DVO zum LG vom 8. April 1977 mit der Systematik des L-Planes, bestehend aus den Grundlagenkarten I und II, der Entwicklungs- und Festsetzungskarte mit dem Text sowie dem Erläute-rungsbericht abschließend. Diese fünf Einzelteile des L-Planes sind von der den L-Plan aufstellenden Körperschaft als Satzung zu beschließen.

Im Unterschied zur Satzung des Bebauungsplans hat die Satzung des L-Plans unterschiedliche rechtliche Wirkungen. Die Festsetzungen der Entwicklungs- und Festsetzungskarte und der dazu gehörende Text sind Satzung im materiellen Sinne mit einer unmittelbaren Verbindlichkeit auch für die Nutzung privater Grundstücke. Die vorbereitenden Planteile ohne Festsetzungscharakter, wie die Grundlagenkarten I und II einschließlich der Erläuterungen, sind Satzung im formellen Sinne.

Die Arbeitsgruppe hatte sich über mehrere Monate intensiv mit den komplexen Rechtsfragen befasst, die im Zusammenhang mit der Abgrenzung zur Bauleitplanung und der Verbindlichkeit der Inhalte des L-Planes zu bearbeiten waren. Damit verbun-den waren zahlreiche Informations- und Abstimmungsgespräche mit Ministerien und den kommunalen Spitzenverbänden mit häufigen Rückkopplungen zu Minister und Staatssekretär des MELF. Auch zu den Kollegen Gaede (Niedersachsen) und Carl-son (Schleswig-Holstein) aus der LANA, die im Arbeitskreis »Naturschutzrecht der LANA« mit Ludger Pielow zusammen tätig waren, bestanden häufige Kontakte. Die vorstehenden Ausführungen zur Satzung waren also eingehend über NRW hinausge-hend abgestimmt worden. Als der rechtliche Rahmen für den L-Plan im Entwurf vor-lag, ging es um die Einzelheiten und einzelnen Bestandteile sowie die Umsetzung des L-Planes. Die Arbeitsgruppe teilte sich im Ergebnis derart auf, dass die beiden Juristen sich insbesondere der Vorschriften für die Durchführung des L-Planes annahmen und der Autor, bei Bedarf unterstützt durch Hermann Josef Bauer von der Landesstelle für Naturschutz und Landschaftspflege und Henning Schulzke, der damals noch in der Landesbaubehörde Ruhr tätig war, die Inhalte der Grundlagenkarten I und II mit textlichen Vorschlägen vorbereitete.

Die bestimmende Persönlichkeit in der Arbeitsgruppe war Ludger Pielow. Sein fundiertes Wissen auf vielen Rechtsgebieten, seine Überzeugungskraft und seine menschlichen Eigenschaften verschafften ihm hohes Ansehen im Parlament und in der Verwaltung, von dem die von ihm geleitete Arbeitsgruppe profitierte.

6.6.1 Grundlagen des Landschaftsplans

Es stand von Anfang an fest, dass an der Systematik formloser L-Pläne mit Grundlagenteil und Entwicklungsteil festgehalten werden sollte. Oberstes Gebot sollte die übersichtliche und nachvollziehbare Darstellung der Analyse und Bewertung des Landschaftszustandes und der vorhandenen ökologischen Potenziale für die daraus abzuleitenden vielfältigen Maßnahmen eines L-Planes sein. Planungsmethodisch schlugen wir zwei Arbeitsschritte vor, deren Ergebnisse dann den Grundlagenkarten I und II zugrunde gelegt werden sollten.

Die Grundlagenkarte I sollte die Charakteristik des Plangebietes, die Besitzstrukturen und die vorhandenen Nutzungen und planungsrelevanten Anlagen sowie planerischen Vorgaben enthalten. Mit der Grundlagenkarte II beschritt die Arbeitsgruppe Neuland. Landschaftsbild und Leistungsfähigkeit des Naturhaushalts waren wichtige Schwerpunkte eines L-Plans, die im LG besonders herausgestellt worden sind. Folgende Vorgehensweise wurde für den Erarbeitungsprozess vorgeschlagen:

Der erste Planungsschritt bei der Erarbeitung eines L-Plans sollte die Erfassung des Landschaftszustandes in seinen unterschiedlichen Ausprägungen sein. Im Gesetzentwurf wurden deswegen für die Inhalte der Grundlagenkarte I, als Vorgaben für die Beschreibung des Charakters des Landschaftsraumes, die Erfassung und Bewertung der natürlichen oder naturnahen prägenden Landschaftsteile und die für das Landschaftsbild besonders bedeutsamen gliedernden und belebenden Elemente festgelegt. Während es bei den prägenden Landschaftsteilen, wie etwa Vulkankegel, Höhenzüge, Berghänge, Taleinschnitte oder natürliche Felskuppen, in erster Linie um die Charakteristik geht, erforderte das Adjektiv »bedeutsam« eine Bewertung der prägenden und belebenden Landschaftselemente. Der bereits erwähnte, nach dem Inkrafttreten des LG am 1. April 1975 vom MELF eingerichtete Arbeitskreis »Der Landschaftsplan nach dem nordrhein-westfälischen Landschaftsgesetz« hatte für die Bewertung der Landschaftselemente einen Kriterienkatalog und Bewertungsrahmen mit Bewertungsstufen vorgeschlagen. Es wurde damals als geeignetes und zugrundezulegendes Modell auf den Bewertungsrahmen des Landschaftsverbandes Westfalen-Lippe für den landschaftspflegerischen Begleitplan in Flurbereinigungsverfahren verwiesen, der sich in der Praxis bewährt hatte. Mit ihm wird vor allem die Bedeutung für das Landschaftsbild, zum Beispiel als Kulisse oder die Bedeutung von Landschaftselementen für ökologische Funktionen als Lebensraum, in mehreren Beurteilungsschritten und Klassifizierungen bewertet. Da sich der L-Plan auch mit Maßnahmen zur Beseitigung von Landschaftsschäden gem. LG zu befassen hat, musste die Grundlagenkarte I auch Aussagen – zum Beispiel in einem Begleitbericht – über Art und Umfang der Schäden und ihre Auswirkungen enthalten.

Der zweite Arbeitsschritt befasste sich mit der Grundlagenkarte II. Die meines Erachtens besonders bedeutungsvollen, im LG mehrfach herausgestellten Grundlagen für den L-Plan betreffen die ökologischen Aussagen zur gesetzlich vorgeschriebenen Analyse des Naturhaushalts und die Erfassung der natürlichen Lebensräume mit ihren Wechselbeziehungen. Schwieriger war die Frage zu entscheiden, wie diese Vorgaben räumlich zu entfalten waren und möglichst konkret abgegrenzt werden konnten. Nach längeren Diskussionen in der Arbeitsgruppe und später auch im zuständigen Landtagsausschuss für Ernährung, Landwirtschaft und Forsten kam noch keine Einigung über die Form der Darstellung zustande. Diskutiert wurde zuerst, ob nicht eine Beschreibung dieser Sachverhalte in den Erläuterungen zur Grundlagenkarte II ausreichen würde, ohne ihr eine konkrete Planungsrelevanz zu geben. Die Arbeitsgruppe plädierte dafür, ein ökologisches Grundraster zu entwickeln, das Landschaftsräume unter Zuhilfenahme der naturräumlichen Gliederung Deutschlands, und zwar der Einheiten der vierten oder fünften Ordnung, gegebenenfalls ergänzt durch den Topographischen Atlas NRW, zuerst einmal charakterisiert. In einem zweiten Schritt sollten – so war die Idee, die auch umgesetzt wurde – aus dem ökologischen Grundraster ökologisch begründete Landschaftseinheiten mit Planungsrelevanz entwickelt werden. Davon sollte nicht nur die Landschaftsplanung bei der Festlegung ihrer Ziele und Maßnahmen wichtige Erkenntnisse erhalten, sondern auch andere Fachbehörden Entscheidungshilfen für geplante Nutzungen hinsichtlich deren belastender Wirkungen auf den Naturhaushalt bekommen. Bei konkurrierenden Nutzungen wäre damit eine wichtige Abwägungsgrundlage vorhanden.

Wie ist es zu den Überlegungen für planungsrelevante ökologische Landschaftseinheiten gekommen, die den Gesetzesauftrag umsetzen? Mir waren Arbeiten von Wolfram Pflug bekannt, der mit seinem Institut für Landschaftsökologie an der RWTH Aachen z. B. für die Stadt Aachen als eine Beurteilungsgrundlage für die ökologischen Folgen und Risiken für Grundwasser, Klima und Boden usw. durch eine Bebauung ökologisch begründete Landschaftseinheiten flächendeckend abgegrenzt hatte. Sie waren durch eine Zusammenführung einer Reihe von Grundlagenkarten der Landschaftsfaktoren mit entsprechender Abstraktion zustande gekommen.

Auch Hermann Josef Bauer hatte sich bereits 1974 mit seiner Frau Gerta mit ökologischen Raumeinheiten als Teilbereichen der Landschaft befasst. Sie definierten diese als Landschaftsbereiche, die durch eine ökologisch homogene Struktur und durch ein einheitliches ökologisches Wirkungsgefüge gekennzeichnet seien, und sahen darin eine wichtige ökologische Grundlage für L-Pläne.

Die Arbeitsgruppe entschloss sich auf der Grundlage dieser Ideen und Erfahrungen, Deneke zu unterrichten und seine Zustimmung für diesen den L-Plan grundlegend bestimmenden Ansatz herbeizuführen. Sobald die Zustimmung vorlag, wurden mit W. Pflug und H. J. Bauer die Voraussetzungen besprochen, die die Erarbeitung »planungsrelevanter ökologisch begründeter Landschaftseinheiten« als ökologische Ausgangsbasis für jeden L-Plan handhabbar machen sollten. Einigkeit bestand, dass eine eigene »ökologische Karte« einzuführen sei, die später als Grundlagenkarte II bezeichnet wurde. In dieser Karte sollten neben den ökologisch begründeten Landschaftseinheiten die zu bewertenden Landschaftsschäden und die aus botanischer, zoologischer, limnologischer und geomorphologischer Sicht herauszustellenden Besonderheiten dargestellt werden. Zusätzlich wurde später angeregt, die schutzwürdigen Biotope in ihrer Gesamtheit und die für den Naturhaushalt wichtigen, prägenden, belebenden und gliedernden Elemente ebenfalls in die Grundlagenkarte II aufzunehmen, um ein Gesamtbild über die wichtigsten Natur- und Umweltbeziehungen und die ökologisch entwicklungsfähigen Flächen mit ihren schutzwürdigen Lebensräumen zu erhalten.

Die »planungsrelevanten ökologisch begründeten Landschaftseinheiten«, die als wichtige Bezugsgrößen für landschaftsplanerische Festsetzungen in der Grundlagenkarte II flächendeckend dargestellt werden, sind das Auswertungsergebnis vor allem der Karte der Potenziellen natürlichen Vegetation, der Boden-, Grundwasser- und Klimakarten sowie weiterer Karten mit physiographischen Gegebenheiten beziehungsweise Darstellungen, die in der Grundlagenkarte II zusammengeführt wurden.

Die Arbeitsgruppe stellte sich natürlich die Frage, wer die Grundlagenkarte II mit ihren wissenschaftlichen Untersuchungsergebnissen und Aussagen im Rahmen der Aufstellung eines L-Plans erarbeiten könnte? Die unteren Landschaftsbehörden waren dazu aufgrund ihrer personellen Ausstattung auch zukünftig nicht in der Lage. Deswegen drängte sich bereits zu einem sehr frühen Zeitpunkt der Gedanke auf, eine wissenschaftlich im angewandten Bereich von Naturschutz, Landschaftspflege und Ökologie tätige Landeseinrichtung mit dem LG zu gründen und diesen Vorschlag im politischen Raum zur Diskussion zu stellen.

Noch ein weiterer Grund sprach für eine fachlich neutrale Erarbeitung wissenschaftlicher Grundlagen durch eine wissenschaftlich ausgerichtete Landeseinrichtung. Die Festsetzungen des L-Planes mit Satzungscharakter mussten gerichtsfest sein und sich zweifelsfrei aus fundierten, wissenschaftlich-ökologischen Begründungen ableiten lassen. Die Bewertung der ökologischen Potenziale des Planungsraumes sollte darüber hinaus nicht in der Hand des Planungsträgers liegen, um jeden Verdacht einer Interessenkollision zu vermeiden.

6.6.2 *Die Entwicklungs- und Festsetzungskarte*

Im Gegensatz zu den Grundlagenkarten I und II, deren inhaltliche Vorschläge weitgehend ohne politische Vorgaben von der Arbeitsgruppe »Landschaftsrecht« mit Aufteilung der juristischen und fachlichen Schwerpunkte erarbeitet worden waren, hatten die Vorschläge der zahlreichen Festsetzungen im Landschaftsplan mit rechtlichen Wirkungen zum Teil eine hohe politische Relevanz bzw. lösten ein größeres politisches Interesse aus und bedurften der engeren Abstimmung. Das gilt weniger für die einzelnen Maßnahmen – bis auf die Reitregelungen –, sondern für die aus den Festsetzungen resultierenden Pflichten für die Grundeigentümer.

Der zur Vorbereitung des Festsetzungsteils im L-Plan von der Arbeitsgruppe erstellte mögliche Katalog von Schutz-, Pflege- und Entwicklungs- beziehungsweise Erschließungsmaßnahmen enthielt 35 unterschiedliche Maßnahmenvorschläge in mehr als zehn Maßnahmengruppen, je nach Ausstattung des Plangebietes und den Zielen für Naturschutz und Landschaftspflege. Der L-Plan als Träger all dieser Maß-nahmen hatte die sehr unterschiedlichen Anforderungen an den Planungsraum kon-zeptionell zu verarbeiten, und zwar nachvollziehbar und begründet.

Der dem Landtag vorgelegte Entwurf zum LG in der Fassung vom 8. Februar 1975 enthielt 22 Paragrafen, die sich mit dem Verfahren, den Inhalten und rechtlichen Wir-kungen des L-Plans befassten. Es war nachvollziehbar, dass vor allem die Gegner des L-Planes inner- und außerhalb des Landtages die Fülle der Regelungen beanstandeten. Im Laufe mehrerer Novellierungen wurden bis 1995 einzelne Paragrafen zurückgezo-gen oder in ihren rechtlichen Wirkungen – nicht immer zum Vorteil des Naturschut-zes – abgeschwächt. Begründet wurden die Gesetzesänderungen immer mit dem Hin-weis, dass zur notwendigen Beschleunigung der Aufstellung von L-Plänen Hemmnisse bei der Planung abgebaut werden müssten!

6.6.2.1 Die rechtlichen Wirkungen der Festsetzungen und Entwicklungsziele

Ein weitreichender, allgemein begrüßter Vorschlag der Arbeitsgruppe »Landschafts-recht« betraf die erstmalige Einführung flächendeckender, behördenverbindlicher Entwicklungsziele für die Schwerpunkte der im Plangebiet zu erfüllenden Aufgaben. Dafür wurden fünf Beispiele im Gesetz aufgeführt, die verdeutlichen sollen, dass es allein um landschaftsplanerische/landschaftspflegerische Entwicklungsziele geht. Der Planer hat sich vor Beginn der zu planenden Einzelmaßnahmen aufgrund der Cha-rakteristik und ökologischen Potenziale und Risiken des Plangebietes sowie der vor-handenen Schäden und Verunstaltungen zuerst mit den Planungszielen zu befassen.

Darüber hinaus sollten die Entwicklungsziele Einfluss auf die künftigen Fachpla-nungen anderer Behörden nehmen; z. B. dadurch, dass ein Entwicklungsziel »Erhal-tung« einer mit natürlichen Elementen vielfältig ausgestalteten Landschaft den Abwä-gungsspielraum eines Flurbereinigungsverfahrens einschränkte, damit die schutzwür-digen Bestandteile erhalten blieben.

Überzeugungsarbeit war auch für den Verzicht des klassischen Instruments eigen-ständiger ordnungsbehördlicher Verordnungen für Schutzgebiete und Schutzobjekte zugunsten von Festsetzungen im Landschaftsplan zu leisten. Nur im baulichen Innen-bereich wurde den höheren Landschaftsbehörden noch das Recht eingeräumt, mit ordnungsbehördlichen Verordnungen Naturschutzgebiete auszuweisen.

Unser in der ersten Gesetzesfassung gemachter Vorschlag, die Schutzausweisun-gen auf zwei Kategorien, nämlich den strengen Schutz als Naturschutzgebiet und den allgemeinen Schutz als Landschaftsschutzgebiet zu beschränken, wurde nach Inkrafttreten des BNatSchG wieder korrigiert und die alten Schutzkategorien des RNG im Wesentlichen aufgegriffen.

Durch die Einflussnahme von Minister Deneke auf die Forstabteilung seines Hauses gelang es zum ersten Mal, mit einem »Naturschutzgesetz« Einfluss auf forstwirtschaftliche Maßnahmen zu nehmen. Dazu gehörte in der Fassung vom 18. Februar 1975 unter bestimmten Voraussetzungen das Verbot von Erstaufforstungen, die Untersagung der Anpflanzung bestimmter Baumarten oder die Einschränkung von Kahlschlägen als Festsetzungen im L-Plan, wenn diese von der unteren Landschaftsbehörde begründet wurden.

Nach dem Ausscheiden von Minister Deneke – ihm folgte Ende 1978 Hans-Otto Bäumer im Amt – wurde das LG im Rahmen einer Novelle 1980 geändert. Forstliche Festsetzungen und die bisher geltenden Verbote im Wald konnten in Naturschutzgebieten und geschützten Landschaftsbestandteilen nur noch im Einvernehmen mit der unteren Forstbehörde durchgeführt werden, und sie waren darüber hinaus als Vorgaben für den L-Plan aus forstlichen Betriebsplänen oder Betriebsgutachten abzuleiten.

Dem L-Plan zu Gute kam die spätere Einführung eines im Gesetz vorgeschriebenen forstlichen Fachbeitrages und des allerdings nur fakultativ zu erarbeitenden landwirtschaftlichen Fachbeitrags der höheren Forstbehörden beziehungsweise Landwirtschaftskammern. Nach Gründung der LÖLF hatte die Abteilung »Forstplanung« mit der Forsteinrichtung und Standortkartierung wesentlichen Anteil an dem forstlichen Fachbeitrag und damit Einfluss auf die forstlichen Festsetzungen eines Landschaftsplans.

Diskussionen mit der Abteilung Landwirtschaft des MELF löste die von der Arbeitsgruppe vorgeschlagene Einführung verschiedener Möglichkeiten der Nutzung von Brachflächen und ihre Definition hinsichtlich des Zeitraumes nach Aufgabe der Bewirtschaftung aus. Es gelang zwar in der ersten Fassung des LG vom 18. Februar 1975, Naturschutzziele wie etwa den Biotopschutz bei der Zweckbestimmung für Brachflächen im L-Plan gesetzlich vorzuschreiben, die Vorschriften wurden jedoch später von einer Berücksichtigungspflicht der wirtschaftlichen Interessen des Grundeigentümers abhängig gemacht, der bei einer beabsichtigten späteren Bewirtschaftung der Brachfläche der Zweckbestimmung widersprechen konnte.

Dass im Landtag die Landwirtschaft eine beachtliche Lobby hatte, spürte Deneke bei den Beratungen des Gesetzentwurfs bereits im zuständigen Ausschuss, der der Landwirtschaft eine besondere Rolle im Gesetz einräumen wollte und sie generell als naturschutzfreundlich herausstellte. Um bei den in das LG einzuführenden Zielen und Aufgaben von Naturschutz und Landschaftspflege gemäß § 1 die Landwirtschaft nicht von allen Verpflichtungen freistellen zu müssen – wie es die Mehrheit des Ausschusses für Ernährung, Landwirtschaft und Forsten wollte –, wurde die auch später im BNatSchG enthaltene Landwirtschaftsklausel – »Der ordnungsgemäßen Land- und Forstwirtschaft kommt für die Erhaltung der Kultur- und Erholungslandschaft eine zentrale Bedeutung zu; sie dient in der Regel den Zielen dieses Gesetzes« – als Kompromiss vereinbart und im § 1 des Gesetzes aufgenommen.

6.7 Durchführung und Umsetzung des Landschaftsplans sowie rechtliche Konsequenzen

Wie die Planaufstellung liegt auch die Durchführung der sehr komplexen Maßnahmen eines L-Plans in den Händen der Kreise und kreisfreien Städte als untere Landschaftsbehörden.

Da die Planaufstellung des L-Planes im Wesentlichen dem Aufstellungs-, Beteiligungs- und Genehmigungsverfahren des Bauleitplans angepasst war, hatte die Arbeitsgruppe bei den Gesprächen vor allen Dingen beim Landkreistag wenig Aufklärungs- bzw. Überzeugungsarbeit zu leisten. Neu für die bereits nach dem RNG mit Naturschutzaufgaben betrauten Kreise als untere Naturschutzbehörden war die Tatsache, dass die Festsetzungen des L-Plans wegen der rechtlichen Wirkungen für ihre Umsetzung eines Verwaltungsverfahrens bzw. eines Verwaltungsaktes bedurften. Dabei handelte es sich nicht nur um einige wenige Vorgänge, sondern bei einem Plangebiet von durchschnittlich 50 bis 60 Quadratkilometern Größe um mehrere hundert Maßnahmen.

Das LG gab für die Umsetzung ein rechtlich ausgeklügeltes System von Zuständigkeitsregelungen und Duldungsverpflichtungen, Maßnahmen der Bodenordnung und letztlich die förmliche Enteignung vor. Ein Planer war also gut beraten, sich nach Festlegung des Schwergewichts der Entwicklungsziele im L-Plan gemäß § 12 LG zuerst einmal einen Überblick über die eigentumsrechtlichen Verhältnisse wegen der daraus resultierenden unterschiedlichen Zuständigkeiten für die Durchführung der Maßnahmen und deren rechtliche und finanzielle Folgen sowie den Möglichkeiten einer Förderung zu verschaffen. Die Arbeitsgruppe musste schon vor der Verabschiedung des Gesetzes in zahlreichen Informations- und Arbeitsgesprächen aufklärend darauf hinweisen, dass dem Landschaftsplanmodell NRW nicht nur eine neue konzeptionelle Philosophie zugrunde liegt, sondern auch bei der Umsetzung der Maßnahmen neue Wege beschritten werden müssten.

Das LG verteilte die Lasten für die Umsetzung der Maßnahmen nach den Vorgaben des Gesetzgebers unterschiedlich. Es unterschied neben den generell zuständigen Kreisen und kreisfreien Städten nach den Eigentumsarten »öffentlich« oder »privat«.

Betroffen von den Kosten der Umsetzung waren zuerst bei öffentlichen und halböffentlichen Flächen die Gemeinden oder andere Gebietskörperschaften und bei forstlichen Maßnahmen die Forstbehörden beziehungsweise im Privatwald die Eigentümer. Der Kreis plante, und andere Grundeigentümer mussten zahlen! Diese Regelung führte zu mehreren Diskussionen mit Abgeordneten und Verbänden. Die Förderung von Grunderwerb und Maßnahmen durch das Land zu einem Anteil von mindestens 50 Prozent der Kosten sorgte für eine gewisse Beruhigung.

Ein weiteres Problemfeld war die Verursacherhaftung für private Grundstücke, die dem Minister ein persönliches Anliegen war. Er wollte private Grundeigentümer, die durch landschaftsplanerische Maßnahmen von der Wertsteigerung ihres Grundstücks profitierten, im vertretbaren Rahmen an den Kosten beteiligen. Deneke hatte sich im LG mit Zustimmung der Mehrheit des Landtags für die Einführung der Verursacherhaftung für Schutzmaßnahmen zur Abwendung von Lärmemissionen oder zur Beseitigung von Müllablagerungen mit der Finanzierungsverpflichtung durch die Verursacher dieser Schäden eingesetzt. Etwa eineinhalb Jahre später griff das BNatSchG bei Eingriffen in Natur und Landschaft generell die Verursacherhaftung auf und führte die Ausgleichsverpflichtung ein.

Auch für die Fälle, in denen der Verursacher von Schäden am Landschaftsbild oder am Naturhaushalt durch von ihm zu vertretende Verunstaltungen nicht herangezogen werden konnte, weil etwa seine Firma nicht mehr existierte oder inzwischen zahlungsunfähig geworden war, sollte der Rechtsnachfolger in die Pflicht genommen werden. Er sollte zur Duldung geeigneter Maßnahmen der unteren Landschaftsbehörde verpflichtet werden können. Der private Grundeigentümer als Verursacher von Schäden sollte auch mit bestimmten Pflegemaßnahmen etwa für Tal- und Hangwiesen oder für Grün- und Waldflächen in Verdichtungsgebieten kostenpflichtig »mit nur geringem Aufwand« finanziell zum Ausgleich der Schäden belastet werden können. Die Befreiung von diesen Kosten setzte voraus, dass der Grundstückseigentümer sein Grundstück für Pflegemaßnahmen dem Kreis beziehungsweise der kreisfreien Stadt zum Erwerb nach ortsüblichen Preisen anbot.

Nicht überall, insbesondere bei den durchführenden Verwaltungen, fanden die notwendigen Prüfungen und Recherchen, wer letzten Endes die Maßnahmen finanzieren musste, Verständnis. Bevor ein Verwaltungsakt oder ein Verwaltungsverfahren zur Kostenübernahme angestrengt werden kann, müssen nämlich erst einmal die differenzierten Zumutbarkeits- und Duldungsverpflichtungen und schließlich auch die finanziellen Verhältnisse des Grundeigentümers im Vergleich mit den aufzuwendenden Kosten für die Maßnahmen recherchiert und geprüft werden.

Politisch gewollt und von Ludger Pielow rechtlich ausgearbeitet war die Einführung der *allgemeinen* Duldungspflicht und eines *besonderen* Duldungsverhältnisses. Die Akzeptanz war fast überall im politischen Raum für die allgemeine Duldungspflicht zu erreichen, da ein Verursacher sich von seiner Ausgleichsverpflichtung durch die Zahlung eines Geldbetrages oder Duldung der im L-Plan festgesetzten Maßnahmen auf seinem Grundstück befreien konnte. Das *besondere* Duldungsverhältnis für Fälle, in denen weder die Maßnahme geduldet werden könnte noch eine vertragliche Vereinbarung für landschaftsplanerische Maßnahmen auf dem eigenen Grundstück zustande kommt, ist mit höherem Verwaltungsaufwand verbunden, weil Entschädigungsverpflichtungen ausgelöst werden. Die zuständige höhere Landschaftsbehörde hätte in solchen Fällen den Kreis oder die kreisfreie Stadt zu veranlassen, für eine zwangsweise Nutzung der betreffenden Grundstücke dem Eigentümer eine Geldentschädigung zu zahlen.

Nachdem Kreis und Regierungspräsident den Katalog der Möglichkeiten von der Zumutbarkeit bis zur Duldung der Nutzung von Grundstücken für Ausgleichsmaßnahmen ohne Erfolg abgearbeitet hatten, käme nach Einschalten des MELF die förmliche Enteignung als letztes Mittel in Frage. Vorher kann noch mit Hilfe des Amtes für Agrarordnung versucht werden, das in Rede stehende Grundstück, wenn es zum Beispiel für einen Biotopverbund zum Schließen einer Lücke eine wichtige Rolle spielte, im Rahmen eines Bodenordnungsverfahrens zu tauschen oder mit Hilfe von Landesmitteln zu erwerben.

Die relativ ausführliche Darstellung der vielfältigen eigentumsrechtlichen und finanziellen Aspekte sowie der hierarchisch anzuwendenden Zuständigkeitsverpflichtungen lässt erkennen, welche politischen Weichenstellungen insbesondere in der SPD-FDP-Koalition zur Durchsetzung der rechtlichen Vorgaben für dieses komplexe beziehungsweise komplizierte Verfahren zur Umsetzung der Maßnahmen eines L-Planes notwendig waren. Es bedarf keiner besonderen Betonung, dass bei der Verabschiedung des LG die CDU-Fraktion diesen Regelungen nicht zustimmte.

Die unteren Landschaftsbehörden zeigten sich über die Fülle der neuen Aufgaben mit zum Teil hohem Verwaltungsaufwand insbesondere wegen der in den späten 1970er Jahren immer noch dünnen Personaldecke wenig erfreut. Der Hinweis der Arbeitsgruppe, dass Bauverwaltungen schon seit 1960 mit der Umsetzung baurechtlicher Festsetzungen eines Bebauungsplanes über Verwaltungsakte beschäftigt wären und diese Verwaltungsakte inzwischen zur Routine geworden wären, erschien ihnen nur als ein schwacher Trost.

Die Arbeitsgruppe und das MELF als oberste Landschaftsbehörde konnten mit Haushaltsmitteln und zahlreichen Dienstbesprechungen mit den höheren und unteren Landschaftsbehörden und einem späteren Leitfaden, der so genannten »Silberfibel«, als Arbeitshilfen unterstützend wirken. Teilweise wurden in den ersten Jahren von den unteren Landschaftsbehörden auch geeignete freie Büros eingeschaltet. Nach meiner Einschätzung erhöhten die komplexen Umsetzungsvorschriften die Akzeptanz des Landschaftsplans bei den Kreisen nicht, sondern erreichten eher das Gegenteil.

7. Erholung in der freien Landschaft und Betretungsrechte

Auch die im LG enthaltenen Maßnahmen zur Erholung in der freien Landschaft haben zum großen Teil einen direkten Bezug zum L-Plan. Deneke übte bei den vorgeschlagenen Regelungen für Erholungsmaßnahmen und -einrichtungen aus persönlichen Gründen, aber auch aus einer gesellschaftlichen Verantwortung heraus wiederholt Einfluss aus. Im Interesse der Erholung Suchenden strebte er großzügige Lösungen an. Als erstes versuchte er, das allgemeine Betretungsrecht für die Waldflächen in NRW, das in dem Landesforstgesetz vom 1. Januar 1970 eingeführt worden war, auf die gesamte freie Landschaft auszudehnen. Allerdings musste es sich, auf Wunsch von sich für die Interessen der Landwirtschaft im Landtag einsetzenden Abgeordneten auf private Wege, Pfade, Ödland und Brachflächen beschränken. Die erste Fassung des Gesetzentwurfes hatte in Anlehnung an die Regelungen in Bayern und Hessen noch

ein allgemeines Betretungsrecht für alle landwirtschaftlichen Flächen außerhalb der
Nutzzeit vorgesehen. Die Gegner argumentierten u. a., dass sich für die Landwirtschaft keine allgemein gültigen Nutzzeiten einführen ließen und deswegen nur ein
eingeschränktes Betretungsrecht in Frage käme.

Deneke nahm sich als passionierter Reiter persönlich der gesetzlich einzuführenden Reitregelung an. Im LG wurden im Wesentlichen die Regelungen in der freien
Landschaft aufgenommen, die NRW bei der Verabschiedung des Bundeswaldgesetzes
1970 auch nach Einschalten des Vermittlungsausschusses im Bundesrat für den Wald
nicht hatte durchsetzen können. Auch der Landtag tat sich mit den Reitregelungen
besonders schwer, stimmte in der letzten Lesung des LG aber dann doch mehrheitlich
zu, das Reiten auf privaten Wegen und Straßen zum Zwecke der Erholung zu gestatten. Allerdings hatte der Minister vorher als Kompromiss vorgeschlagen, das Reiten
in Gebieten mit hohem Reitaufkommen und in Naturschutzgebieten einzuschränken
und nur auf bestimmten, entsprechend gekennzeichneten Wegen zuzulassen. Einvernehmlich wurde dann allerdings beschlossen, die Reiter, vor allen Dingen jedoch
Reiterhöfe, an den Reparaturkosten der Reitwege zu beteiligen.

Nach meiner Erinnerung gehörten die Reitregelungen zu den in der Öffentlichkeit
besonders umstrittenen Vorschriften. Die Vertreter der Arbeitsgruppe »Landschaftsrecht« mussten immer wieder den gut organisierten reiterlichen Vereinigungen, aber
auch den Naturschutzverbänden, denen die Reitverbote in bestimmten Gebieten nicht
weit genug gingen, Rede und Antwort stehen und zum Teil unangenehme Veranstaltungen über sich ergehen lassen.

Gewässer aller Art üben eine große Anziehungskraft auf Erholung Suchende aus.
Es gehörte zu den sozialpolitischen (sozialdemokratischen) Grundsätzen der von der
SPD dominierten Landesregierung in den 1970er Jahren, z. T. nach heftigen Kontroversen im Landtag, den Zugang zu Gewässern und die Erschließung von Uferbereichen privater Gewässer zu ermöglichen bzw. zu erleichtern. Sie griffen damit eine alte,
bereits im Preußischen Uferbetretungsrecht von 1922 enthaltene Tradition auf, die
zum Beispiel an großen bayerischen Seen noch Bestand hat. Zum Zwecke der Erholung wurden Gemeinden und Gebietskörperschaften verpflichtet, Ufergrundstücke zu
erschließen bzw. das Betreten zuzulassen und die Zugänglichkeit privater Uferstreifen – gegebenenfalls gegen die Zahlung von Entschädigungen aus dem Landeshaushalt
bei wirtschaftlichen Erschwernissen – sicherzustellen.

Auch mit den Radwegen und den Wanderwegen befasste sich das LG sowie mit
deren landesweit einheitlichen, mit den großen Wandvereinen abgestimmten Markierungszeichen. Wichtig ist noch einmal festzuhalten, dass zu dem zusammenhängenden Konzept eines L-Plans auch die Erschließungsmaßnahmen für Wander-, Rad- und
Reitwege sowie Parkmöglichkeiten für den Erholungsverkehr in der freien Landschaft
gehörten, was bisher in vielen informellen Landschaftsplänen fehlte.

Naturparke als Schutzkategorie finden sich im LG bzw. L-Plan dagegen nicht. In
NRW sind die großräumigen Gebiete mit besonderen landschaftlichen Eigenarten

und besonderer Erholungseignung im Einvernehmen mit der Landesplanungsbehörde als Erholungskategorie »Naturpark« und nicht als Schutzgebiet auszuweisen und gemeinsam mit der obersten Landschaftsbehörde anzuerkennen. Ausbau und Ausstattung der Naturparke werden in einer eigenen Richtlinie vom Land besonders gefördert. Die Landschaftsplanung soll in diesen Gebieten, die von Naturparkträgern als Zweckverbände oder Vereine verwaltet und betreut werden, nach einheitlichen Gesichtspunkten erfolgen – wie es im LG heißt! Die Arbeitsgruppe hatte in der Fassung des LG vom 18. Februar 1975 für Naturparke einen Landschaftsrahmenplan als ein zusammenführendes Instrument vorgesehen. Diese Bestimmung, die nicht in die nordrhein-westfälische Planungsphilosophie für die umfassende Landschaftsplanung ausschließlich auf örtlicher Ebene passte, wurde im Rahmen der ersten Novellierung des LG wieder fallengelassen.

8. Bildung eines Arbeitskreises zur Erarbeitung modellhafter Landschaftspläne von 1975 bis 1977 (Arbeitskreis L-Plan)

Der in der Planungsmethode, Systematik und im Inhalt sehr komplexe L-Plan mit einer Fülle neuer Ansätze und Regelungen führte nach Inkrafttreten des LG am 1. April 1975 zu vielen Anfragen. Das MELF entschloss sich deswegen schon wenige Wochen später, zwei Arbeitskreise zu gründen, um die gesamten Vorschriften des LG für den L-Plan beispielhaft, jedoch möglichst konkret anhand eines Plangebietes durchzuspielen.

Den beiden Arbeitskreisen gehörten 15 Kreise und kreisfreie Städte und alle an der Aufstellung eines L-Plans in irgendeiner Form beteiligten Behörden, Stellen und Verbände sowie Hochschulen, freie Landschaftsarchitekten und zwei kreisangehörige Gemeinden an. Jede der vertretenen Gebietskörperschaften erstellte im Rahmen der Modelllandschaftsplanung für ihren Bereich einen Entwurf zur Diskussion. Die Leitung hatte, unter der Mitwirkung der Arbeitsgruppe »Landschaftsrecht«, Ludger Pielow. Die in etwa eineinhalbjähriger Zusammenarbeit erarbeiteten Arbeitskreisergebnisse wurden mit konkreten, nachvollziehbaren Hinweisen zu allen gesetzlich vorgeschriebenen und daraus abzuleitenden planerischen Inhalten in einer systematischen Darstellung mit detailliert angelegten Übersichten zu allen fünf Satzungsteilen zusammengeführt. Der Planer bekam dadurch für die Inhalte aller Satzungsteile konkrete Arbeitshinweise und Anregungen mit unzähligen Beispielen. Sie wurden als Leitfaden (»Silberfibel«) mit allen Einzelheiten eines komplexen Modelllandschaftsplans veröffentlicht. In »allgemeinen Hinweisen« wurden die zahlreichen, von den Bearbeitern aufgeworfenen Fragen zur Problemstellung und -bearbeitung behandelt und ebenfalls veröffentlicht. Sie betrafen z. B. das Verhältnis des L-Plans zum Flächennutzungs- und Bebauungsplan, das Planverfahren, die bereits erwähnte »salvatorische Klausel« für auszusparende Ortslagen und die damit ohne eine rechtliche Konsequenz getroffene Entscheidung im L-Plan, die Fachbeiträge der Forstwirtschaft

und Landwirtschaft oder die Handhabung der Landschaftsplanung in einem Flurbereinigungsverfahren.

Der Städtetag NRW trug die Sorge seiner Mitglieder, soweit es sich um kreisfreie
Städte handelte, vor, mit dem L-Plan würde eine Stadt in bebaute und grundsätzlich
nicht zu bebauende Teile ohne Entwicklungschancen aufgeteilt. Auch die dem L-Plan
auf ökologischer Grundlage zugesprochene Chance, er könne Fehlentwicklungen bei
konkurrierenden Raumansprüchen entgegenwirken, könne für eine kreisfreie Stadt
nicht gelten, da er nur mehr »punktuell« ökologische Entscheidungsgrundlagen bieten
könne. Der »Arbeitskreis ›L-Plan‹« empfahl dem Städtetag, darauf hinzuwirken, dass
möglichst alle Bebauungspläne eines Stadtgebiets durch informelle, also gutachter-
liche Landschaftspläne, sogenannte »Grünordnungspläne«, zu begleiten wären. Sie
sollten, wenn möglich, mit angrenzenden verbindlichen Landschaftsplänen bei klarer
Abgrenzung der rechtlichen Wirkungsbereiche zusammen erarbeitet werden. Auch
für die generell den kreisfreien Städten zu empfehlenden »Grünordnungspläne« wäre
es unbenommen, Systematik und Inhalt der Grundlagenkarten I und II zugrunde zu
legen und gegebenenfalls den politischen Gremien zur Kenntnis zu bringen.

Die Ergebnisse der Arbeitskreise hatten mehrere positive Konsequenzen. Zum
einen bildeten sie eine erste Grundlage für die 2. Verordnung zur Durchführung des
L-Planes vom 8. April 1977 mit der Systematik des L-Planes, seinen Planzeichen, den
kartographischen Grundlagen und den zu beteiligenden Behörden und ergänzte die
1. DVO vom 9. April 1975. Zum anderen wurden durch die Beseitigung von Unklar-
heiten und Zweifeln Planungshemmnisse abgebaut bzw. ausgeräumt. Im Herbst 1977,
also zweieinhalb Jahre nach Inkrafttreten des LG, waren 110 L-Pläne in verschiedenen
Phasen der Erarbeitung. Sie deckten etwa ein Drittel der Landesfläche ab. Bei den Kreisen des Rheinlandes war eine größere Bereitschaft, L-Pläne aufzustellen, als bei den
Kreisen Westfalens festzustellen. Die kreisfreien Städte taten sich bei der Landschaftsplanung in den ersten Jahren schwer. Da diese sowohl für die Bauleitplanung als auch
für die Landschaftsplanung zuständig sind, wurde im AK »Landschaftsplan NRW«
befürchtet, dass zur Einschränkung des Geltungsbereiches des L-Planes dieser vorerst
zurückgestellt werde und überall dort in der noch unbebauten Landschaft Bebauungspläne aufgestellt werden würden, wo künftig eventuell noch Bauvorhaben realisiert
werden könnten. Diese Befürchtung traf zum Teil auch zu. Obwohl die Aufstellung von
L-Plänen für die Kreise und kreisfreien Städte eine Pflichtaufgabe darstellt, bestand
im MELF keine Bereitschaft, den sich in Zurückhaltung übenden planaufstellenden
Behörden mit der Anwendung von Dienstaufsichtsmitteln zu drohen. Die Stadt Köln
war die erste kreisfreie Stadt, die einen L-Plan als Satzung beschlossen hatte. Planer,
gemeinsam mit den städtischen Ämtern, war der angesehene freie Landschaftsarchi-
tekt Reinhard Grebe aus Nürnberg, der viel Erfahrung mit städtischen Verwaltungen
und Stadträten hatte und dessen Überzeugungsarbeit zum Erfolg führte. Deneke persönlich nahm an einer Veranstaltung mit der Vorstellung des Landschaftsplanentwurfs
vor dem Stadtrat der Stadt Köln teil.

Eine Erschwernis für die Aufstellung von L-Plänen stellten die damit verbundenen zuerst noch unklaren Kosten dar. Deneke hatte im Rahmen der Beratungen des L-Plans in den Gremien des Landtags die zu erwartenden Kosten mit etwa 50.000 DM je Plan angegeben, eine wohl aus taktischen Gründen genannte Zahl, die nur einen Bruchteil der insbesondere mit der Umsetzung von Maßnahmen des L-Planes verbundenen Kosten umfasste. Für die bei der Aufstellung von L-Plänen im politischen Raum und bei den planaufstellenden Gebietskörperschaften zu leistende Überzeugungsarbeit hätten die mindestens etwa vier- bis fünffach höher liegenden Kosten der Umsetzung mit Sicherheit die Widerstände gegen den flächendeckenden, verbindlichen Landschaftsplan erheblich erhöht und seine Aufstellung zurückgestellt bzw. sogar verhindert. Das zu bearbeitende Gebiet eines Landschaftsplans betrug zwischen 60 qkm und bis zu 200 qkm in Einzelfällen.

Mehr noch als verbale Überzeugungsarbeit haben die Erhöhungen der Haushaltsmittel die Landschaftsplanung beflügelt. Im Jahr 1976 betrugen die Haushaltsmittel im MELF für die Aufstellung und Durchführung von L-Plänen bereits 20 Mio. DM. Bis Anfang der 1980er Jahre, als Minister Klaus Matthiesen Hans-Otto Bäumer im Amt folgte, wurden dann nach und nach die Mittel des Kapitels »Naturschutz und Landschaftspflege« im MURL-Haushalt auf knapp 50 Mio. DM erhöht und die Aufstellung und Durchführung von Landschaftsplänen bis zu 80 Prozent unter bestimmten Voraussetzungen gefördert.

Nach Vorlage der bereits erwähnten 2. DVO zur Durchführung des LG 1977, die sich schwerpunktmäßig mit dem L-Plan befasste, beendete die Arbeitsgruppe »Landschaftsrecht« ihre seit etwa Mitte 1972 das LG und seine Umsetzung begleitende Arbeit. Die beiden Arbeitskreise »›Der Landschaftsplan‹ nach dem Landschaftsgesetz NRW« hatten ebenfalls ihre erfolgreiche Arbeit mit vielen Anregungen und Erkenntnissen abgeschlossen und wurden wieder aufgelöst.

9. Resonanz auf den Landschaftsplan nach dem Landschaftsgesetz NRW

Am Landschaftsplanmodell NRW wurde insbesondere die Grundlagenkarte II mit ihrer Analyse des Naturhaushalts mit Hilfe abgegrenzter »planungsrelevanter, ökologisch begründeter Landschaftseinheiten« gelobt, die allerdings erst ab 1978 nach der Funktionsfähigkeit der LÖLF und der Einstellung von wissenschaftlichen Mitarbeiterinnen und Mitarbeitern erarbeitet und den planaufstellenden Behörden zur Verfügung gestellt werden konnte.

Eine weitere Idee im L-Plan, die überall volle Unterstützung fand, war die Darstellung flächendeckender Entwicklungsziele für die Landschaft. Sie bildeten von Beginn der Planung an den Maßstab für die durch entsprechende Maßnahmen von Schutz, Pflege und Entwicklung im Plangebiet zu erfüllenden Aufgaben unter Einbeziehung des Landschaftsbildes und der Leistungsfähigkeit des Naturhaushaltes und entfalte-

ten – was besonders wichtig ist – behördenverbindliche Wirkungen. Der umfangreiche Festsetzungskatalog von Maßnahmen fand dagegen – auch wegen der dadurch
ausgelösten Verpflichtungen bei der Umsetzung – weniger Zustimmung.

Es gab auch eine Reihe weiterer Kritikpunkte, die sich zwar bis Ende der 1970er Jahre
abgeschwächt hatten, aber doch auch später dem Gesetzgeber noch vorgehalten worden sind. Das waren insbesondere die aufwendigen Regelungen zur Durchführung der
Maßnahmen des L-Planes mit komplizierten rechtlichen Verpflichtungen zur Duldung
beziehungsweise Kostenübernahme der Maßnahmen auf privaten Grundstücken. Zu
Recht wurde m. E. kritisiert, dass dieser Komplex im Arbeitskreis »Landschaftsplan
NRW« nur am Rande diskutiert wurde und sich in dem ausführlichen Leitfaden »Silberfibel« fast ausschließlich Hilfen für die Planaufstellung und die Inhalte der einzelnen Karten finden ließen, nicht jedoch für die Umsetzung.

Ludger Pielow, Erwin Bauer und auch der Autor haben in der LANA und vor
allen Dingen im Landwirtschaftsministerium in Brandenburg nach der Wiedervereinigung 1990 für das Landschaftsplanmodell NRW geworben. Im Naturschutzgesetz
für Brandenburg fanden sich große Teile des nordrhein-westfälischen L-Planes mit
Satzungsbeschluss und dem der Bauleitplanung angepassten Planaufstellungsverfahren wieder. Vorher hatten bereits die Stadtstaaten Hamburg und Berlin in ihren Naturschutzgesetzen dem Landschaftsplan Satzungscharakter gegeben. Andere Beispiele
der Ländernaturschutzgesetzgebung mit dem verbindlichen Landschaftsplan, der dem
NRW-Modell nachgebildet worden ist, hat es meines Wissens nach nicht gegeben.

Der nordrhein-westfälische Landschaftsplan ist bis heute in seinen wesentlichen
Zuständigkeiten, Verfahrensabläufen und Inhalten, auch nach der Neuregelung des
Rechts des Naturschutzes und der Landschaftspflege aufgrund einer Reform des
Grundgesetzes mit Übertragung der vollen Gesetzgebungszuständigkeit für Naturschutz und Landschaftspflege auf den Bund, erhalten geblieben. Die dem Landesgesetzgeber zugestandenen »abweichenden Vorschriften« haben dazu geführt, dass das
LG in seiner neuen Fassung vom 1. März 2010 die Vorschriften des L-Plans aus der bis
dato gültigen Fassung vom 21. Juli 2000 des LG weitgehend unverändert übernommen
hat.

Wie kam es zum »Naturräumlichen Fachkonzept Biologische Stationen in NRW«?

Klaus Nottmeyer

Einleitende Bemerkungen

Die vorliegende kleine Übersicht zur Entwicklung des »Naturräumlichen Fachkonzeptes Biologische Stationen NRW« fußt in wesentlichen Teilen auf einer ersten Lektüre und Analyse umfangreicher Unterlagen aus den Handakten von Thomas Neiss im Archiv der Stiftung Naturschutzgeschichte in Königswinter. Aufgrund der Fülle des Materials kann dies nur ein erster Schritt zu einer intensiveren Darstellung dieses ganz besonderen und bundesweit einmaligen Projektes des deutschen Naturschutzes sein. Hinzugefügt habe ich etliche eigene Eindrücke, Erlebnisse und Erinnerungen aus fast 25 Jahren, in denen ich als ehren- und hauptamtlicher Vertreter im Umfeld der Biologischen Stationen in Nordrhein-Westfalen (NRW) aktiv gewesen bin. Dazu kommen Ergebnisse einiger Gespräche mit diversen beteiligten Personen. Für Korrekturen und Anregungen zu den sicher auch persönlich eingefärbten Ausführungen bin ich dankbar.

1. Erste Schritte zur Einrichtung der Biologischen Station in NRW

Keimzelle Rieselfelder Münster (RFM) und erste weitere Einrichtungen

Ein erster Beleg zur Einrichtung einer Biologischen Station bzw. die erste offizielle, aktenkundige Erwähnung des Begriffes »Biologische Station« findet sich 1972 in einem niederländischen Gutachten zur Unterschutzstellung der Rieselfelder Münster (RFM). In diesem Gutachten wird explizit die Einrichtung einer Biologischen Station vorgeschlagen, um die Entwicklung des Gebietes fachlich zu begleiten.[1] Während die dauerhafte Unterschutzstellung der Rieselfelder noch heftig diskutiert wurde, schafften die aktiven Ornithologen um den damaligen »Studenten der Biologie« Michael Haren-

---

[1] Gutachten des damaligen Niederländischen Rijksinstituuts Voor Naturbeheer in Leersum (heute Rijksinstituut voor Volksgezondheid en Milieu) vom 27.3.1972; ASNG HA Neiss: BS RFM 1.

gerd bereits Fakten. Auf einer gepachteten Fläche bauten sie neben dem berühmten Bauwagen ein von der Stadt Münster angemietetes landwirtschaftliches Gebäude in Eigenleistung aus und statteten es mit Mitteln des Landes aus – Grundlage der späteren, nicht nur baulich selbständigen Station in den RFM.

In späteren Jahren wurde die Station in den RFM als die einzige mit Landesmitteln unterstützte Biologische Station in NRW aufgeführt – lange Zeit zusammen mit dem Biologischen Institut Metelen.[2] Diese Einrichtung wies schon damals erhebliche inhaltliche Unterschiede zu der in den RFM auf. Die niederländischen Gutachter forderten als Ziel und Struktur einer Biologischen Station: wissenschaftlich fundiertes Monitoring des Gebietes und Beratung der (Landes-)Behörden. Es bleibt etwas rätselhaft, warum das Biologische Institut Metelen bis 2005 immer wieder zusammen mit den Biologischen Stationen aufgeführt wurde, obwohl grundsätzlich nur begrifflich ein Zusammenhang bestand.

Unter den Mitstreitern von Michael Harengerd befanden sich seit der ersten Stunde Personen, die sich ab etwa 1970 im Kreis Borken aktiv am Aufbau der nächsten »richtigen« Biologischen Station, der Biologischen Station Zwillbrock, beteiligten (Hermann Kottmann, Wolfgang Schwöppe).

Zwischen diesen beiden frühen Einrichtungen bestanden strukturelle und inhaltliche Unterschiede. Der Kreis Borken zählte von Anfang an zu den Gründern der Station in Zwillbrock, das Land förderte die Station zudem von Beginn an (ab ca. 1980) institutionell. Der später gebildete Trägerverein bezog die Nutzer und die kommunale Verwaltung sowie die regionale Politik ausdrücklich mit ein. So wurde Zwillbrock zum Muster der späteren Förderpolitik des Landes. Inhaltlich ging es in Zwillbrock vor allem um die Betreuung der (neuen) Feuchtwiesenschutzgebiete im Kreis Borken und die intensivierte Zusammenarbeit mit Landwirten, besonders auf landeseigenen Flächen.

In Münster bestanden die Gründer der ersten Biologischen Station auf eine »unabhängige« Förderung, d. h. nur projektbezogen für bestimmte, klar definierte Aufgaben – letztendlich in den meisten Fällen per Werkvertrag. Ab 1977 schloss die Station Verträge vorwiegend nicht mit dem Land, sondern mit der Stadt Münster. Als grundlegendes Merkmal der RFM ist auch der Kampf um die Unterschutzstellung der Rieselfelder selbst zu nennen: Hier herrschte von Beginn an ein tiefer und teils erbittert geführter Grabenkampf zwischen dem ehrenamtlichen Naturschutz und seinen vielen Unterstützern einerseits sowie der lokalen Politik, Verwaltung und den beteiligten Interessengruppen (vor allem die Wirtschaft und die Landnutzer) andererseits.

---

2 Gründung als unabhängiges Institut 1980; GLANDT 2000. Die Schwerpunkte der Arbeit lagen beim Artenschutz und der Auswilderung gefährdeter Arten. 2005 erfolgte die Überführung in eine Landeseinrichtung unter dem Dach des LANUV.

In einem Schreiben vom 23. Juni 1980 des damaligen Präsidenten der LÖLF (heute LANUV) an das Umweltministerium in Düsseldorf nahm dieser Stellung zu einem Papier des MELF (heute MKULNV), das ohne Angaben von Datum und Autor angeheftet war. Aufschlussreich sind folgende Zeilen:

»Im Hinblick auf die bedrohliche Entwicklung für den Fortbestand verschiedener Tier- und Pflanzenarten hat sich das Land NW entschieden, in einzelnen Landesteilen Biologische Stationen einzurichten. Mit dem Bau der ersten beiden Stationen wird noch in diesem Jahr mit einem Kostenaufwand von 3,2 Mio. DM in Metelen und von 950.500 DM im Vogelreservat Münster begonnen. Der Bundesminister für Ernährung, Landwirtschaft und Forsten beteiligt sich an den Kosten mit 80 %, während das Land NW 20 % übernimmt.« (ASNG HA Neiss: BS Gen. 1)

Mindestens acht Jahre vor der Formulierung des eigentlichen Fachkonzeptes entstand also bereits der Plan, mehr als die ersten zwei Einrichtungen zu fördern – Zwillbrock war noch nicht als Station gegründet. Die relativ hohen Mittel beziehen sich auf bauliche Einrichtungen.

Weitere Gründungen von Biologischen Stationen bis 1989

In den Folgejahren (und schon früher) gründeten sich die Arbeitsgemeinschaft Biologischer Umweltschutz (ABU) Soest (1977; 1990 Gründung als Biologische Station für den Kreis Soest), die Niederrheinische Arbeitsgemeinschaft für Biotopmanagement (NAB) Wesel (1984), die Biologische Station Minden-Lübbecke (1985) und die Naturschutzstation in Kranenburg (1988). Beim Ministerium meldeten sich Anfang der 1980er Jahre weitere Einrichtungen (z. B. aus dem Ennepe-Ruhr-Kreis 1981 und aus Witten 1983[3]), die um Förderung als Biologische Stationen ersuchten und diese nur teilweise gewährt bekamen. In einem Schreiben aus dem Ministerium an die Gruppe in Witten vom 14. Dezember 1983 hieß es dazu durchaus programmatisch:

»Eine institutionelle Förderung der Einrichtung von Stationsgebäuden mit der Übernahme der Folgekosten z. B. bauliche Unterhaltung, Heizkosten, Personalkosten und Kosten für den allgemeine Betrieb kommt nicht in Betracht« (ASNG HA Neiss: BS Gen. 1).

In dem Schreiben aus Düsseldorf ging man 1983 von sechs Stationen in NRW aus:[4]

RP Detmold: Biologie-Zentrum Bustedt e. V.

RP Köln: Biologische Station Bergisches Land und Haus Wildenrath e. V.[5]

---

3 Die Naturschutzgruppe Witten gründete sich 1979 als Verein.

4 ASNG HA Neiss BS Gen. 1; Vorlage an den Minister 14.12.1983.

5 1970 vom Naturpark Schwalm-Nette als das erste Umweltbildungszentrum Deutschlands gegründet. Dieses war aber nicht identisch mit der heutigen NABU-Station »Haus Wilden-

RP Münster: Biologische Station Rieselfelder Münster e. V., Biologisches Institut
                Metelen e. V., Biologische Station Heiliges Meer (Landschaftsverband Westfalen-Lippe)[6]

Nach wie vor herrschte zu diesem Zeitpunkt (und auch später) noch Unklarheit darüber, was eine Biologische Station eigentlich ausmachen und was sie tun sollte, denn
sowohl Bustedt als auch die Station am Heiligen Meer folgten nicht dem Vorbild der
RFM. Beide widmeten sich ganz der Umweltbildung; die Station am Heiligen Meer
bestand bereits seit den 1930er Jahren als wissenschaftlich-didaktische Einrichtung
und wurde später Außenstelle des vom Landschaftsverband Westfalen-Lippe betriebenen Naturkundemuseums in Münster. Das Biologiezentrum in Bustedt agierte als
ein privater Verein, der in der Folge der Euphorie für anschaulichen »Biologieunterricht im Freien« von Schülern des bekannten Bielefelder Hochschullehrers, Autors
und Biologiedidaktikers Rolf Dircksen 1980 gegründet wurde und heute mit viel direkter und indirekter öffentlicher Förderung (bis zu 30 Lehrerfreistellungen) landesweit
sehr erfolgreich arbeitet.

Weil sich aber seit 1980 aus vielen Orten in NRW Vereine und interessierte Gruppen aus dem ganzen Land meldeten, um den Weg der bereits geförderten Einrichtungen nehmen zu wollen, versuchte man offenbar im Ministerium, möglichst keine
weiteren Präzedenzfälle zu schaffen. Zahlreiche Anfragen, wie z. B. auch von einem
geplanten Umweltinformationszentrum der »Gemeinschaft für die Erhaltung der
Natur« in Bünde,[7] lehnte das Ministerium ab.[8]

Vorläufer und Anregungen für das Fachkonzept Biologische Stationen

Nachdem die Gussform für die Biologischen Stationen in ihren späteren Strukturen mit den RFM bereits seit 1968 im Prinzip festgestanden hatte, formulierte das
Umweltministerium bis Ende der 1980er Jahre keine landesweit gültigen Vorgaben,
wie eine Einrichtung beschaffen sein müsse, um als Biologische Station gefördert werden zu können. Die gegründeten Einrichtungen folgten auch strukturell dem Vorbild
aus Münster; nach Zwillbrock gewährte das Umweltministerium keine weitere institutionalisierte Förderung mehr, trotz zahlreicher Neugründungen mit finanziellen
Zuschüssen des Landes bis 1990.

---

rath als Biologische Station im Kreis Heinsberg und für die Stadt Mönchengladbach«, die
    erst 2001 gegründet wurde.
6   Handschriftlich sind auf dem Schreiben noch zusätzlich aufgeführt: »Ökologisches Informationszentrum Burgsteinfurt, Informationszentrum Zwillbrocker Venn (…)«.
7   In den Räumen des nicht realisierten Umweltzentrums hat seit 1993 die »Biologische Station
    Ravensberg im Kreis Herford e. V.« ihren Sitz.
8   ASNG HA Neiss BS Gen. 1: Schreiben des MELF 9.1.1981.

Im bereits zitierten Schreiben aus dem Ministerium (ohne Datum, wahrscheinlich Anfang 1980) stand über die RFM:

>> *Aufgabe der Biologischen Station Rieselfelder Münster ist die Grundlagenforschung über die Anlage und Erhaltung künstlicher Feuchtgebiete für durchziehende geschützte Vogelarten. Auch sie wird bei der Bewältigung ihrer Aufgaben auf eine enge Zusammenarbeit mit den zuständigen höheren und unteren Landschaftsbehörden angewiesen sein, weil sich die Untersuchungen auf derartige vorhandene und geplante Schutzgebiete in verschiedenen Landesteilen erstrecken werden.«* (ASNG HA Neiss BS Gen. 1 Anlage zum Schreiben vom 23.6.1980)

Abgesehen von der sehr einschränkend formulierten Aufgabenstellung im wissenschaftlichen Bereich (»Grundlagenforschung«) und der sicher mehr erhofften wie realen Einbindung der Stationsarbeit in behördliche Abläufe, fällt auf, dass man in Düsseldorf die Entwicklung der nächsten Jahre durchaus vorausschauend skizzierte (»in verschiedenen Landesteilen«).

Ein wesentlicher Einschnitt in die Naturschutzpolitik des Landes NRW stellte die Einführung des Feuchtwiesenschutzprogrammes (FWSP) ab 1985 dar, für das 1987 eine Verwaltungsvorschrift vorlag (MURL 1989). Um den erst schleichenden, dann mehr und mehr galoppierenden Verlust des extensiv genutzten feuchten Grünlandes aufzuhalten, investierte das Land NRW von 1985 bis 1994 insgesamt 163 Mio. DM vor allem in den Flächenerwerb. Hierbei zeigte sich, dass es für den Erfolg des Programms unverzichtbar war, dass vor Ort flexibel agierende Naturschutzeinrichtungen existierten.

In einem soziologischen Fachbuch zum Thema effiziente Verwaltung findet sich eine Analyse zur Umsetzung des FWSP in NRW – dieses sei vor allem effizient aufgrund vorhandener ehrenamtlich gestützter Strukturen vor Ort (GRUNOW 2003: 210). Als besonders positives Beispiel nannten die Autoren die »Arbeitsgruppe Feuchtwiesenschutz Steinfurt«, Vorläufer der heutigen Biologischen Station Steinfurt. Vor allem die Erfolgskontrolle und die Betreuung der Landwirte in den landesweiten Schutzprogrammen (FWSP und Mittelgebirgsprogramm) sollten folgerichtig dann auch zentrale Aufgaben der Biologischen Stationen werden – und eine wesentliche Begründung für ihre landesweite Einrichtung.

2. Ausgestaltung und Umsetzung des Fachkonzeptes

Eckpunkte des Fachkonzeptes in seiner Entwicklung

Laut einer Liste der LÖBF von 1987 existierten zu dieser Zeit schon 22 biologische Stationen

>> *in unterschiedlicher Trägerschaft. [...]*
Das Land beteiligt sich an einer institutionellen Förderung beim Biologischen Institut Metelen und der Biologischen Station Zwillbrock. [...] Im übrigen fördert das

Land biologische Stationen nur projektbezogen. Das setzt voraus, daß praktische Aufgaben für den Naturschutz durchgeführt werden, die in der Natur sichtbar sind.«[9]

Am Ende des Vermerks legte das Ministerium seine Sprachregelung fest:

»Das Land fördert Biologische oder Ökologische Stationen nur noch projektbezogen und nicht institutionell.«[10]

In einem Schreiben vom 25. Februar 1988 an den Landtagsabgeordneten Johannes Pflug, der sich für eine zu gründende Biologische Station »Westliches Ruhrgebiet« einsetzte, lehnte Minister Klaus Matthiesen ebenfalls eine institutionelle Förderung ab. Dazu der Minister in seiner Begründung recht widersprüchlich:

»Für Sie möchte ich ergänzen, daß ein wirksamer Naturschutz am zweckmäßigsten von der unteren Landschaftsbehörde betrieben wird.«[11]

Einzelförderungen, auch größeren Umfangs, waren aber auch für Anschaffungen möglich, wie das Beispiel der Bewilligung für Einrichtungsgegenstände an die Naturschutzstation Witten zeigte.[12]

Die Arbeit am Fachkonzept schien paradigmatisch auch mit einem Streit erst richtig zu beginnen, und zwar mit einer Kontroverse um die Urheberschaft zu einem Konzept für ein landesweites Netz mit Biologischen Stationen. Bis Mitte 1989 häufte sich die Kritik am MURL, weil viele praktische Aufgaben im Naturschutz brachlagen. Erstaunlicherweise verwies dabei auch der ehrenamtliche Naturschutz auf seine Grenzen:

»Ohne hauptamtliche Kräfte geht das nicht mehr.«[13]

In diesem Schreiben des damals neu gewählten DBV-Vorsitzenden von NRW, Heinz Kowalski (heute Schatzmeister NABU Deutschland), fiel auch die Formulierung »flächendeckendes Netz Biologischer Stationen in NRW«. Vorangegangen waren Gespräche, Treffen und auch Schreiben – sogar mit Ministerpräsident Johannes Rau. Die Umsetzung der Landschaftspläne und des Landesprogramms »NRW ökologisch zu erneuern« stand offensichtlich ganz oben auf der Agenda der Landesregierung. Mög-

---

9   ASNG HA Neiss: BS NRFK 1; Vermerk v. 9.2.1989.
10   ASNG HA Neiss: BS NRFK 1; Vermerk v. 9.2.1989.
11   ASNG HA Neiss BS Gen. 2; 25.2.1988.
12   ASNG HA Neiss BS Gen. 2; 22.10.1985, 29.100 DM.
13   ASNG HA Neiss BS NRFZ 1, Schreiben des DBV-(später NABU-)Landesvorsitzenden Heinz Kowalski v. 27.7.1989.

licherweise spielte dabei auch das Erstarken der Grünen als Partei eine Rolle, die 1985 mit 4,6 % fast den Einzug in den Landtag geschafft hätten. Der Import des bekannten Atomkraft-Gegners Klaus Matthiesen aus Schleswig-Holstein wurde jedenfalls als früh erfolgter Versuch der allein regierenden SPD gesehen, auf dem Terrain des Umweltschutzes zu punkten.

In einem ersten Entwurf[14] zu einem »Förderkonzept Biologische Stationen in NRW« stand deshalb auch eine Klarstellung gegenüber den Naturschutzverbänden zur (bis heute nicht eindeutig geklärten) Urheberfrage zum Konzept eines landesweiten Netzes der Stationen:

> *»Der MURL tritt schon lange vor dem DBV für die Einrichtung von Biologischen Stationen ein.«* Oder: *»Seit 1985 tritt deshalb der Unterzeichner für die Gründung von Biologischen Stationen ein.«*[15]

Inhaltlich erstaunlich und nach heutigem Sprachgebrauch in Verwaltung und Politik schwer vorstellbar waren die klaren, offenen und selbstkritischen Sätze am Beginn des Entwurfes:

> *»Bestandsaufnahme*
> *Spätestens seit der Arbeit am Feuchtwiesenschutzprogramm, aber auch am Mittelgebirgsprogramm ist für den ehrenamtlichen und den amtlichen Naturschutz deutlich geworden, daß das größte Defizit in der Naturschutzpolitik des Landes Nordrhein-Westfalen die mangelnde wissenschaftliche Kontrolle der biologischen Entwicklung der Gebiete, die fehlenden Pflege- und Entwicklungspläne zur Optimierung dieser Kulturlandbiotope, die unzureichende Kontrolle über die Einhaltung der Verbotstatbestände in den bestandskräftigen Naturschutzverordnungen und, seit Abschluß von privatrechtlichen Bewirtschaftungsverträgen, der Mangel ortsnaher fachlicher Beratung und Kontrolle von mit Landwirten abgeschlossenen Bewirtschaftungsverträgen darstellt.*
> *Diese Negativbilanz gilt im übrigen auch für eine ernsthafte Umsetzung von Pflege- und Entwicklungsplänen in der Landschaftsplanung.«*[16]

Im späteren Fachkonzept (statt »Förderkonzept«) fanden sich diese kritischen Kommentare nur ansatzweise wieder. Dennoch machte diese Bestandsaufnahme deutlich,

---

14   ASNG HA Neiss: BS NRFK 1; Vorlage an den Minister v. 29.8.1989, unterzeichnet vom AL Neiss, Bezug: »Ihre Bitte um Vorlage eines Konzeptes« mit dem Zusatz: »Das von Prof. Schulte (LÖLF) und dem Unterzeichner entwickelte Fachkonzept […].«
15   ASNG HA Neiss: BS NRFK 1.
16   ASNG HA Neiss: BS NRFK 1.

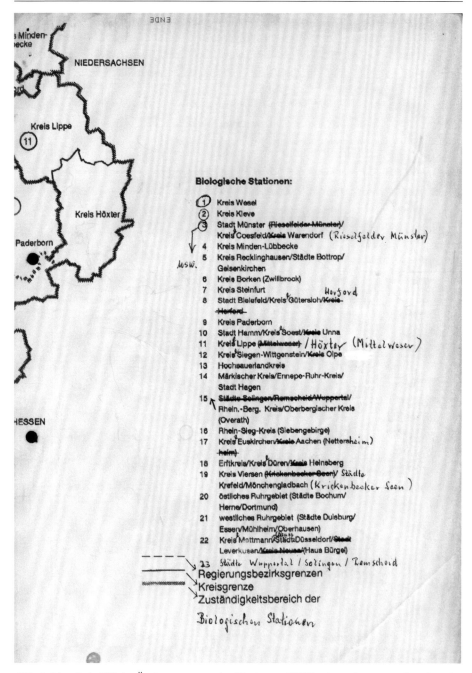

Abb. 1: Handschriftliche Änderungen an der Karte von NRW mit geplanten und vorhandenen Biologischen Stationen. Druckfahne des Fachkonzeptes vom 30.1.1990; ASNG HA NEISS: NRFK 1.

welche Aufgaben auf die Biologischen Stationen zukamen: Sie wurden (und werden) als Lückenfüller zwischen amtlichem und ehrenamtlichem Naturschutz eingesetzt, um vor allem das defizitäre, langjährige Monitoring der Schutzgebiete und die dringend notwendige Betreuung der Nutzer und Bewirtschafter zu gewährleisten.

Unmissverständlich (und weitsichtig) wurde in dem ersten Entwurf des Konzeptes auch dargelegt, dass dieses Netz an Stationen »ein außerordentlicher bedeutsamer Beitrag des Landes für die Weiterentwicklung der Naturschutzpolitik des Landes Nordrhein-Westfalen und *darüber hinaus*« wäre.[17]

Verteilung und Anzahl der geplanten Einrichtungen

Im ersten Entwurf ging das Ministerium von 19 und das später veröffentlichte Konzept von 22 Biologischen Stationen aus. Die Grundlage stellte dabei schlicht das dar, was vorhanden war. Kernaufgabe waren die Betreuung der Gebiete, die landesweite Bedeutung besaßen (»international bedeutende Feuchtgebiete«). Es war außerdem das erklärte Ziel, »[w]eitere Biologische Stationen [einzurichten] zur Betreuung der Kulturlandschaftsprogramme des Landes oder in bedeutsamen Naturräumen«. Die Karte der Verteilung der Stationen im Land unterlag bis zur Veröffentlichung – ebenso wie danach – ständigen Anpassungen und Korrekturen gemäß den Gegebenheiten vor Ort (Abb. 1).

Finanzierung und Struktur

Nachdem sich das Land NRW lange gegen weitere institutionelle Förderungen ausgesprochen hatte (hierfür wurden in erster Linie haushälterische Gründe geltend gemacht) und Neugründungen von Stationen nach 1980 nur indirekt über Projekte gefördert worden waren, kam es zu einer Kehrtwende. Die erste Entwurf-Fassung stellte die beiden Finanzierungsformen nebeneinander und schrieb trotz einer spürbaren Präferenz für die »institutionelle Förderung« diese nicht fest. Gegen die »projektbezogene Förderung« sprach aus Sicht des Ministeriums vor allem die Unsicherheit der komplementären Förderung durch die Kreise.

Im verabschiedeten »Naturräumlichen Fachkonzept Biologische Stationen NRW«, wie es am 30. Januar 1990 in Druck ging, fehlte die projektbezogene Förderung aber plötzlich völlig.

Ganz am Ende des Konzeptentwurfes fand sich ein Satz, der viele Mutmaßungen über Motivation und Zielsetzung des gesetzten, institutionellen Förderschwerpunktes aufzulösen schien:

17   ASNG HA Neiss: BS NRFK 1; Hervorhebung vom Autor

»Die institutionelle Förderung sichert dem Land angesichts der hohen finanziellen Beteiligung die ausreichenden Mitspracherechte zu.«[18]

Den Rahmen der zu erwartenden jährlichen Förderung von 5 Mio. DM (350.000,- DM pro Station im Durchschnitt) sah man im Ministerium bei einer Gesamtsumme von 80 Mio. DM im Naturschutzetat als vertretbar an. Das Land wollte zudem analog zur Förderung von Landschaftsplänen 80 % der Kosten übernehmen. Genauso kam es auch. Aktuell fördert das Land NRW die inzwischen 40 Biologischen Stationen mit einem Ansatz von etwa 8,5 Mio. Euro.

Die Struktur der Stationen gab das Konzept mehr oder weniger vor: Gemeinnützige Vereine bzw. Naturschutzvereine hatten schon vor 1990 die Trägerkonstruktionen der Stationen bestimmt. Diesbezüglich umriss das Ministerium seine Linie in der Entwurfsfassung des Konzeptes Ende 1989 so:

»Welche Form der Trägerschaft gewählt wird, sollte von den örtlichen Gegebenheiten abhängig gemacht werden.«[19]

3. Umsetzung, Gegenwehr und Durchsetzung des Fachkonzeptes bis heute

Kritik aus unterschiedlichen Richtungen direkt nach 1990

Am 6. Februar 1990 stellte Minister Klaus Matthiesen das Fachkonzept öffentlich vor. Schon am gleichen Tag erklärt der BUND-Landesverband in einer Presseinformation:

»BUND lehnt die Beteiligung an biologischen Stationen ab.«[20]

Im Kern lautete die Kritik (wie teilweise heute immer noch):

»Eine staatliche Förderung verhindert schon im Ansatz die Entwicklung unabhängiger, nur an der Sache orientierter Positionen und Handlungsweisen.«[21]

---

18   ASNG HA Neiss: NRFK 1.
19   ASNG HA Neiss: BS NRFK 1. Über diesen Satz und seine weitreichende Bedeutung wurde in den folgenden Jahren sehr viel gestritten. Unabhängig von den vielen offenen und verdeckten Vorstößen, doch eine Einengung der Trägervereins-Struktur vorzunehmen, konnten sich die Vertreter der Stationen immer wieder auf diese Kernaussage im Konzept zurückziehen und diese bis heute zumeist erfolgreich verteidigen.
20   ASNG HA Neiss: BS NRFK 1.
21   Nur wenige Monate vorher fragte dessen ungeachtet eine lokale BUND-Gruppe für ihr Umweltzentrum nach genau dieser Förderung. Schreiben der BUND Kreisgruppe Hagen

Andere Naturschutzverbände äußerten sich abwartender bzw. hatten wie der DBV (NABU) im Vorfeld schon eine etwas differenziertere Haltung eingenommen.

Aus der Sicht der Verbände wird manchmal übersehen, dass die »innere Opposition« gegen das Konzept erheblich war. So formierte sich im Laufe des Jahres 1990 starker Widerstand aus der Verwaltung selbst, wobei die Positionen von Skepsis (LÖLF) bis zur klaren Ablehnung (Berufsvertretung der Landespfleger in den unteren Landschaftsbehörden) reichten.

Zu den Kritikern gesellten sich schnell die »üblichen Verdächtigen«: Der Landkreistag und die Bauernverbände machten keinen Hehl aus ihrer Meinung, dass sie eine weitere »Überdimensionierung des Verwaltungs- und Wissenschaftsapparates der LÖLF«[22] befürchteten. Einerseits forderten sie die unbedingte Einbindung der Landwirte in die Trägervereine, andererseits mahnten sie die alleinige Steuerung der Landschaftsbehörden an.

Unbeirrt – rückblickend sehr beeindruckend – war der nimmermüde Einsatz des Ministeriums (in erster Linie und persönlich durch den Abteilungsleiter Thomas Neiss) für die Durchsetzung des Konzeptes in möglichst vielen Teilen des Landes. Urlaube wurden abgebrochen, gescheiterte Gespräche immer wieder aufgenommen, um möglichst vielen Initiativen bei der Gründung einer Station zum gewünschten Erfolg zu verhelfen. Immerhin sollte dieser Einsatz bis über das Jahr 2005 fast unvermindert andauern.

Konsolidierung mit zwei Finanzierungsformen

Nur knapp drei Jahre nach der Vorstellung des Fachkonzeptes zeigte der Blick auf die Karte von NRW mit den bis dahin anerkannten und geförderten Stationen, dass das Land (vorläufig) an der Gesamtzahl der Einrichtungen festhielt. Allerdings ist offensichtlich, dass keineswegs nur institutionelle Förderungen vorlagen. Und dies galt solange, bis 2005 beide unterschiedlichen Formen in einer einheitlichen Projektförderung aufgehen sollten.

Gegen alle Widerstände gelang es den Verantwortlichen im MURL, die Zahl der Biologischen Stationen zu erhöhen. Dabei erwies sich allerdings die ursprüngliche Aufteilung in vielen Fällen als nicht durchsetzbar; zu vielfältig und divers waren die Konstellationen und Vorstellungen vor Ort. In einigen Fällen erschienen die regionalen Besonderheiten als zu divers, in manchen Landesteilen entstanden mehrere Einrichtungen in einem Kreis, anderswo versuchten Initiativen bezogen auf einen Naturraum kreisübergreifend aktiv zu werden.

vom 14.9.1989. Unterzeichnet vom Vorsitzenden der Kreisgruppe Klaus Brunsmeier; ASNG HA Neiss: BS NRFK 2.

22   ASNG HA Neiss: BS NRFK 2; Brief von Freiherr v. Heereman an den Minister v. 9.4.1990.

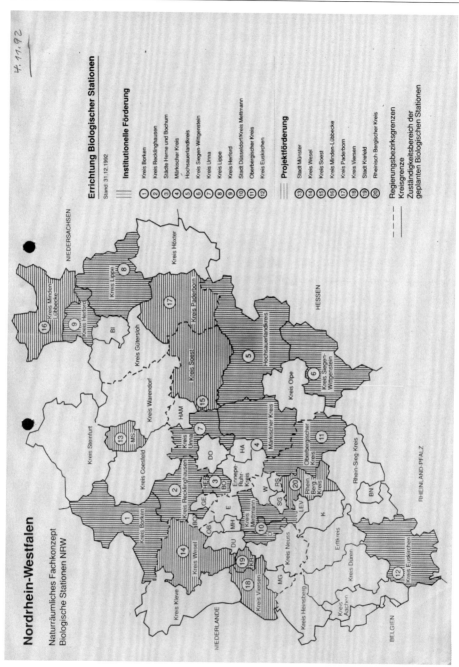

Abb. 2: Deutlich geänderte Karte von NRW mit den vorhandenen Biologischen Stationen.
Mit beiden Finanzierungsformen vom 31.12.1992; ASNG HA Neiss: BS NRFK 3.

Bevor es zu einer (politisch) erzwungenen Bereinigung und Konsolidierung nach dem Regierungswechsel 2005 kam (»Restrukturierung«), gelangte die Förderung der Stationen in den Fokus des Landesrechnungshofes. Dieser überprüfte insgesamt dreimal die Landesförderung der Stationen; bis zu zwei Wochen verbrachten Prüfer in jeder Station, um sich ein Bild von der Verwendung der Landesmittel zu machen. Immer wieder angemahnt wurde das Fehlen einer rechtlichen Grundlage für die Förderung der Stationen,[23] denn letztendlich war 15 Jahre lang der einzige Bezugspunkt für die Verausgabung nicht unbeträchtlicher Landesmittel allein das veröffentlichte Fachkonzept von Januar 1990.

Zeitgleich zeigten sich Tendenzen, die »projektbezogene Förderung« in eine »institutionelle Förderung« zu übertragen. Dabei gab es immer wieder Aufregung, und die »Unabhängigen«, d. h. die projektgeförderten Stationen, wehrten sich gegen die aus ihrer Sicht als »feindliche Übernahme« empfundenen Vorstöße. Einige »alte« projektfinanzierte Stationen wechselten in das institutionelle Lager (so in Minden-Lübbecke und Wesel). Lange Zeit bestand nur eine landesweite Vertretung der Stationen: der Dachverband der »projektbezogenen Stationen« unter Vorsitz von Michael Harengerd. 1997 formierten sich die inzwischen in der Mehrheit befindlichen institutionellen Stationen zu einer Interessengemeinschaft. Um das Jahr 2000 existierten 27 institutionell- und 13 projektfinanzierte Biologische Stationen in NRW.

Entwicklung zur Förderrichtlinie Biologische Stationen und der Regierungswechsel 2005

Nachdem Bärbel Höhn 1995 als erste grüne Umweltministerin die Nachfolge von Klaus Matthiesen angetreten hatte, gab es eine ernst zu nehmende Initiative aus den Reihen der neuen Regierungspartei, die Förderung der Stationen ganz auf eine Projektförderung umzustellen. So wurden Trägervereine mit fehlender Mehrheit für den ehrenamtlichen Naturschutz sowie die Einbindung von Landnutzern und den Kreisen kritisiert. Auch dieser Versuch, am Status quo zu rütteln, führte letztendlich zu keinen einschneidenden Änderungen.

Quasi sekundär motiviert kam es dennoch zu einer völligen Umgestaltung und Neuformulierung des Fachkonzeptes. Die grundsätzliche und unmissverständliche Beanstandung der Wächter des Landeshaushaltes ließ sich dauerhaft nicht mehr ignorieren.[24] Ende der 1990er Jahre forderte das Ministerium die Stationen auf, Vorschläge für ein neues Fachkonzept zu unterbreiten, die dann 1999 vorlagen. Zu diesem Zweck taten sich Dachverband und Interessengemeinschaft erstmalig zusammen. Es folgten

23　Prüfungsmitteilungen des Landesrechnungshofes v. 11.12.2002.

24　Das »Düsseldorfer Signal« der Landesregierung (vom 27.6.2003) hatte zudem ein weitgehendes Ende der institutionellen Förderung im gesamten Landeshaushalt gefordert.

etliche Stellungnahmen und Briefwechsel, die die Gemeinsamkeiten der Stationen mehr und mehr in den Vordergrund stellten.

Mai 2005 war die neue »Förderrichtlinie Biologische Stationen«, kurz FöBS, fertig; fast[25] alle Stationen stellten ihre Haushalte und Arbeits- und Maßnahmenpläne auf die Projektförderung nach FöBS um. Inhaltlich veränderte sich kaum etwas. Allerdings verband auch die rot-grüne Landesregierung diese Neuerung kurz vor der Landtagswahl mit einer 10 %-igen Kürzung der Mittel für alle Stationen; der Sparzwang schlug erstmals zu.

Nach dem Wechsel zu Schwarz-Gelb in der Landesregierung brach eine finanziell und politisch schwierige Zeit für die Biologischen Stationen an. Legendär ist der Satz eines maßgeblichen FDP-Abgeordneten, der nicht eine Kürzung um 10 % sondern auf 10 % forderte. Insgesamt mussten die Stationen einen Rückgang der Landesförderung von bis zu 35 % auffangen. Gleichzeitig wurde die schon erwähnte »Restrukturierung« umgesetzt. In einigen Fällen fusionierten Stationen, einige kleinere Einrichtungen schlossen sich einer größeren Station an. Es ergab sich eine längere Zeit großer Unsicherheit, vor allem bei den persönlich haftenden Vereinsvorständen. Vorsorgliche Kündigungen, Streichungen von Stellen und Personalkosten brachten viele Stationen in Bedrängnis. Nicht nur deshalb schlossen sich die Stationen (bis auf die RFM) in einem neu gegründeten Dachverband zusammen, der ab 2008 auch als eingetragener Verein tätig ist. Neben einer Organisationsberatung, der sich alle Einrichtungen 2006 bis 2009 erfolgreich unterzogen, gelang es, u. a. durch tatkräftige Hilfe aus dem Umweltministerium, an vielen Stellen Drittmittel zu akquirieren, die Teile der Kürzungen wieder auffingen, so dass wertvolle, weil langjährig kontinuierliche Arbeit in den Schutzgebieten weiter geführt werden konnte. Teile der Arbeit wurden (zeitlich befristet) direkt aus der FöBS-Förderung herausgenommen.

In einer von vielen als »Kampf« empfundenen Phase gelang es sowohl den Stationen als auch ihren Förderern beim Land, den Kreisen und anderswo, das bundesweit einmalige Netz der Stationen weitgehend zu erhalten.

Fazit

Das Grundgerüst zur Entstehung eines in dieser Form einmaligen Netzes von regionalen Naturschutzeinrichtungen bildete das 1990 veröffentlichte »Naturräumliche Fachkonzept«. Schon über 20 Jahre vorher war die Gründung ihrer Urform, der Station in den Rieselfeldern Münster, erfolgt; weitere Einrichtungen orientierten sich an diesem Vorbild. Eine Ausweitung der Förderung in Form eines regelrechten Programms erschien immer wieder in Ansätzen als Formulierung und Anregung in den gesichteten Unterlagen. Ein Konzept für das Netz von Biologischen Stationen in NRW »lag in der

---

25 Bis auf – ein wenig Ironie der Geschichte – die »Mutter« aller Stationen, die Rieselfelder Münster.

Luft«. Die 1980er Jahre – noch vor dem Eintritt der Grünen in die Landesregierung – erscheint im Rückblick als die ideale Zeit, um einem Konzept wie diesem den Weg zu bahnen. Nachdem der Plan zur Realisierung dieses einfachen und guten Gedankens in die Realität umgesetzt worden war, erhob sich heftige Kritik – eigentlich von allen Seiten. Und erstaunlich wenig Lob. Haushälterischer und politischer Druck bewirkte 15 Jahre später eine Neufassung des Konzeptes – gerade rechtzeitig, um finanziellen Einschnitten und politischem Gegenwind entgegentreten zu können. Dennoch konnten die negativen Einflüsse das Netz der Stationen nicht zerreißen. Heute verbreitet sich im Land NRW und weit darüber hinaus die Ansicht, dass die Einrichtung dieses »Sozialwerkes für die Natur« (Neiss 1995) ein segensreicher Schachzug für den Naturschutz war. Trotz formaler und auch inhaltlicher Mängel des Fachkonzeptes von 1990 hat es die Implementierung dieses Netzes überhaupt erst ermöglicht.

Bei der Durchsicht vieler Schriftstücke aus dieser Zeit fällt auf, dass nicht nur der Start zum Aufbau der heute 40 Stationen in NRW im wahrsten Sinne des Wortes die Handschrift des langjährigen Abteilungsleiters Thomas Neiss trägt. Auch die Bewältigung der vielen Krisen danach war eine immerfort während Aufgabe, die allen Unkenrufen zum Trotz von Erfolg gekrönt war. Bei der Verabschiedung in den Ruhestand überreichten die Biologischen Stationen dem »Vater« dieses besonderen Sozialwerkes einen Präsentkorb mit zahlreichen lokalen Produkten aus naturnaher Nutzung der Kulturlandschaften des Landes Nordrhein-Westfalen – unter dem beziehungsvoll doppeldeutigen Titel: »Die Früchte Ihrer Arbeit«.

Dem ist auch heute nichts hinzuzufügen.

Quellen und Literatur

Quellen

ASNG HA Neiss: Biologische Stationen (BS)
Generalia 1–3 (gen.)
Naturräumliches Fachkonzept 1–3 (NRFK)
Rieselfelder Münster (RFM) 1

Literatur

Glandt, Dieter (2000): Festschrift zum zwanzigjährigen Bestehen des Biologischen Institutes Metelen. – In: Beiträge zum Biotop- und Artenschutz in Nordwestdeutschland. Hrsg. vom Biologischen Institut Metelen e. V. Metelen.

Grunow, Dieter (2003): Politikbezogene Verwaltungsanalyse. Opladen.

MURL (Minister für Umwelt, Raumordnung u. Landwirtschaft d. Landes Nordrhein-Westfalen) (Hrsg.) (1989): Das Feuchtwiesen-Schutzprogramm Nordrhein-Westfalen. Düsseldorf.

Neiss, Thomas (1995): Biologische Stationen in NRW: Sozialwerk für die Natur. – In: LÖBF-Mitteilungen 2:10–13.

Zeit für Neues!
Wie erlebten die Naturschützer das Ende der DDR 1989/1990 – das »Wernigeröder Modell«

Uwe Wegener

In der zentralistisch geleiteten DDR waren die ehrenamtlichen Naturschutzmitarbeiter politisch keineswegs einheitlich ausgerichtet. Zumeist gehörten sie keiner der in der DDR zugelassenen Parteien an, sie waren aber vielfach im Kulturbund organisiert (WEGENER 2001). Wenn ich mich auf die Situation im damaligen Bezirk Magdeburg beziehe, so zählten zum ehrenamtlichen Naturschutz die Naturschutzhelfer der Kreisnaturschutzbeauftragten, Mitglieder der Gesellschaft Natur und Umwelt (GNU) im Kulturbund oder einfach Naturinteressierte und Naturliebhaber. Dabei waren die unterschiedlichsten Berufsgruppen vertreten, insbesondere Biologielehrer, Forstleute, Wissenschaftler, Studenten, Schüler und Arbeiter aus der Produktion (HILBIG, WEGENER & BEHRENS 2006). Nach 1980 nahm der Anteil der Forstangestellten im ehrenamtlichen Naturschutz zu. Eventuell lag das daran, dass der Bezirksnaturschutzbeauftragte ebenfalls ein Forstmann war; nicht auszuschließen war auch, dass der Rat des Bezirkes und die Landkreise die Mitarbeit von Forstleuten im Naturschutz insbesondere als Kreisnaturschutzbeauftragte förderten.

Diese bunte, grüne Gemeinschaft wurde zusammengehalten durch die gemeinsame Arbeit, Erholung und Freizeittätigkeit mit und in der Natur.

Was führte diese Menschen zusammen, und was waren ihre Ziele? Sie wollten

- einen Beitrag zur Erhaltung der heimatlichen Natur leisten,
- sich dem Artenschutz widmen; dabei standen Pflanzen, Vögel, Lurche, Schmetterlinge, Libellen im Blickpunkt,
- das Naturschutzgesetz mit Leben erfüllen oder
- sich einfach nur in der Natur bewegen und hier eine gute Tat vollbringen.

In diesem Sinne nahmen im Verlaufe des Jahres 1989 die Naturschutzarbeitseinsätze an Zahl und Beteiligten zu (Abb. 1) und wurden zum Teil zu Massenveranstaltungen. Das Bedürfnis, über Natur- und Umweltschutz zu diskutieren und dabei noch etwas für den Erhalt der Umwelt zu tun, war deutlich spürbar. Ganz sicher waren es auch Ersatzreaktionen – gesellschaftliche Veränderungen waren überfällig, aber wo sollte man beginnen? Die Umweltverhältnisse in der DDR zu verbessern war zwingend geboten.

In die Umweltkonferenzen, z. B. in Schönebeck 1989, wurden zunehmend auch Kirchenkreise mit einbezogen. Auf der Tagung in Schönebeck sprach u. a. Bischof Christoph Demke sehr eindringlich zu den aktuellen Umweltproblemen und zu ihrer

Abb. 1: Naturschutzhelfer beim Arbeitseinsatz, Herbst 1989 (Foto: Uwe Wegener).

Lösung. Die Leitungssitzungen der GNU in Magdeburg – die letzte vor der Grenzöffnung fand am 8. November 1989 statt – wurden kritischer. Jahrelang ungelöste Fragen, zum Beispiel der Luft- und Wasserverschmutzung, wurden angesprochen. Besonders die Arbeitsgruppe Stadtökologie wollte sich vom Kulturbund lösen und wünschte eine eigene effektive Organisation, die auch Veränderungen der unbefriedigenden Situation herbeiführen sollte. Der Vorsitzende der GNU, Giselher Schuschke, vertröstete auf eine große Diskussionsrunde im Jahre 1990 – zu spät, wie wir heute wissen (HILBIG, WEGENER & BEHRENS 2006). Kritische Kulturbundgespräche gab es aber nicht nur auf der Bezirksebene, sondern auch in den Kreisen in einer bis dahin nicht gekannten Vielzahl und Schärfe der Diskussion in den Monaten Oktober und November 1989.

Es ging dabei keineswegs um die Beseitigung der staatlichen Ordnung in der DDR, sehr wohl aber um

- mehr Meinungsfreiheit und Pressefreiheit, Problemdarstellungen an Stelle von »rundgelutschten« Kommentaren,
- eine Überwindung der Stagnation in der Gesellschaft,
- einen besseren Schutz der natürlichen Ressourcen,
- die Sicherung einer erweiterten Reproduktion, auch im Umweltschutz,
- eine Absage an alleiniges Konsum-Denken, denn es höhlt geistige und sittliche Werte aus,
- mehr Dynamik und Kreativität auf allen Ebenen usw.

Bewegung gab es jedoch auch im Umweltministerium der DDR am Schiffbauer-
damm, wie mir Michael Succow mitteilte, der inzwischen Berater von Minister Hans
Reichelt geworden war. Für die Neustrukturierung des Naturschutzes in der DDR
wurde ich gemeinsam mit Klaus Seelig (Magdeburg), Lutz Reichhoff (Dessau), Jürgen
Stein (Königstein) und Hans-Jürgen Vorberger (Dresden) in eine Kommission des
Umweltministeriums unter der Leitung von Michael Succow berufen. Diskutiert wurden u. a. der Übergang des Naturschutzbereiches vom Landwirtschaftsministerium
ins Umweltministerium und die bessere personelle und finanzielle Ausstattung des
Naturschutzes in den Bezirken und Kreisen, was zweifellos das längst überfällige Ende
des »Einmann-Naturschutzes« bedeutet hätte. Die ehrenamtliche Arbeit sollte aber
als wichtige Säule des Naturschutzes erhalten bleiben.

Ende Oktober 1989 fand wie alljährlich die mehrtägige Exkursion der Kreisnaturschutzbeauftragten des Bezirkes Magdeburg, diesmal in die Umgebung von Güstrow,
statt. Im Schwerpunkt ging es dabei um Naturschutz- und Pflegeprobleme von Offen-
land und Wald, der Vogelzug wurde beobachtet, aber abends wurde auch über die
Montagsdemonstrationen und über notwendige Veränderungen in der Gesellschaft
gesprochen. Dass wir aber so dicht an einer ganz grundsätzlichen Veränderung der
gesellschaftlichen Verhältnisse standen, das ahnte auch in dieser Runde noch niemand.
In Halberstadt und Wernigerode hatten die Montagsdemonstrationen immer stärkeren Zulauf. Das Neue Forum, die Sozialdemokratische Partei (SDP) und die Grüne
Liga wurden gegründet und öffentlich wirksam.

Die Naturschutzaktivitäten wie Arbeitseinsätze, Vorträge und Anleitung von
Schulklassen liefen bis zum 9. November 1989 relativ unaufgeregt, aber mit immer
größerer Beteiligung weiter.

Ich erinnere mich beispielsweise an einen Arbeitseinsatz im Hohnegebiet östlich
des Brockens im Harz zur Anlage eines ersten Moorsteges durch das Naturschutzgebiet gemeinsam mit der vormilitärischen Einrichtung »Gesellschaft für Sport und
Technik« (GST). Vorausgegangen war eine nicht genehmigte Motorradrallye durch
das Naturschutzgebiet Oberharz unter Schirmherrschaft der SED-Kreisleitung. Erstmalig protestierte der Naturschutz bei der Parteileitung und drohte mit einer Klage,
was unter den Bedingungen der DDR absolut ungewöhnlich war. Die Rallye konnte
zwar nicht verhindert werden, aber alle Beteiligten setzten sich danach doch an einen
Tisch und beschlossen, die entstandenen Schäden zu beheben und gemeinsam diesen
Moorsteg für den Naturschutz zu bauen. Der Steg hielt bis 2014 und wurde dann
durch einen professionellen Moorsteg im Nationalpark Harz ersetzt.

Es wurde mehr als früher diskutiert, wie der Naturschutz zur Überwindung der
gesellschaftlichen Stagnation beitragen könnte. Das änderte sich schlagartig mit der
Grenzöffnung am 9. November 1989 (Abb. 2). In Naturschutzkreisen gab es zwar nach
wie vor umweltrelevante Forderungen nach sauberem Wasser und sauberer Luft, die
Forderungen nach politischen Veränderungen rückten jetzt aber viel stärker ins Blick-
feld. Reisefreiheit war ja gerade für Naturschützer eine ganz wesentliche Forderung,

Abb. 2: Öffnung des Sperrgebietes am Brocken, 3. Dezember 1989 (Foto: Michael Oester).

auch wenn sie bisher in der Öffentlichkeit kaum artikuliert wurde. Nun sollte es Wirklichkeit werden, den Westharz zu besuchen, ferne Länder zu bereisen! Als weitere politische Forderungen standen mehr Mitbestimmung in der DDR und eine Vielfalt demokratischer Parteien vorn an. Während die »Revolutionäre« der Wende in dieser Zeit immer noch an einer verbesserten DDR arbeiteten, war realistisch denkenden Mitstreitern der Naturschutzszene bereits klar, dass mit der plötzlichen und wenig vorbereiteten Grenzöffnung das Ende der DDR eingeleitet war.

Wie schnell sich die politischen Verhältnisse änderten und in Richtung BRD entwickelten, wäre heute kaum nachvollziehbar, wenn nicht die Tagebuchaufzeichnungen dieser Tage vorhanden wären.

In diese dramatische Zeit fiel auch die erste Reise in das Bundesumweltministerium in Bonn vom 12. bis 14. Dezember 1989. Kaum aus Bonn zurückgekehrt, gab es im Berliner Umweltministerium beim Staatssekretär Reinhold Fiedler unter Anwesenheit von Michael Succow und Generalforstmeister Rudolf Rüthnick eine Aussprache über die zukünftige Zuordnung des Naturschutzes und die Forderung nach einer Personalaufstockung.

Wesentliche Beschlüsse waren:
• Erhöhung des gesellschaftlichen Stellenwertes des Naturschutzes.

- Übergang des Naturschutzbereiches ins Umweltministerium mit wesentlicher Stellenaufstockung über die Verwaltungsstufen bis in die Kreise.
- Das ehrenamtliche System mit 12.000 Naturschutzbeauftragten und -helfern in der DDR sollte erhalten bleiben.
- Die Verbindung zur Landnutzung sollte ebenfalls nicht verloren gehen, z. B. durch Landeskulturbeauftragte, Naturschutzwarte, Naturschutzstationen und Pflegehöfe.

Für die Kreisebene wurde folgende Gliederung des Natur- und Landschaftsschutzes empfohlen:
- Naturschutz,
- Landschaftsschutz,
- Landnutzungsplanung.

Mit dieser Vielfalt an Informationen kam ich noch vor Weihnachten in den Bezirk Magdeburg zurück, und der Informationsbedarf war hier in der Tat sehr groß. So riefen wir noch zum 22. Dezember ein Treffen der haupt- und ehrenamtlichen Mitarbeiter in Wernigerode zusammen. Die Jahresendzusammenkünfte des Naturschutzes, die seit vielen Jahren der Kreisnaturschutzbeauftragte Achim Groß in Wernigerode organisierte, waren im Mittel von 15–20 Personen besucht; in diesem denkwürdigen Jahr 1989 reichten aber die Räumlichkeiten im Forstbetrieb Wernigerode in der Lindenallee nicht mehr aus. An der letzten Zusammenkunft dieser Art nahm auch der Bezirksnaturschutzbeauftragte aus Magdeburg, Joachim Müller, teil. Ähnlich war es bei der Jahresversammlung der Naturschutzhelfer im Februar 1990.

Im Kreis Wernigerode kam es Anfang 1990 sehr schnell zu einer engen und gleichberechtigten Zusammenarbeit zwischen der GNU und dem BUND in Goslar, aus der die Gesellschaft zur Förderung des Nationalparks Harz unter leitender Mitwirkung von Friedhart Knolle und Udo Hess (Goslar) sowie Günter Steimecke und Heinz Quitt (Wernigerode) hervorging. Ohnehin bündelte das Nationalparkprogramm mit dem Aufbau des Nationalparks Hochharz die Kräfte (Wegener & Knolle 2010).

Die weitere Entwicklung der Umweltverbände verfolgte ich mit großem Interesse. Der Kulturbund erwies sich immer weniger als gemeinsames Dach der Umweltverbände; er löste sich als zentrale Organisation auf. Die GNU blieb in Sachsen-Anhalt u. a. durch die Initiative von Giselher Schuschke und Peter Hentschel als Bund für Natur und Umwelt (BNU) mit allerdings stark abnehmender Mitgliederzahl eigenständig bestehen. Neu gründeten sich der Naturschutzbund (NABU) und der BUND. Auch das Team der Naturschutzhelfer blieb unter der Leitung der Kreisnaturschutzbeauftragten Horst Eckardt und Achim Groß zahlenmäßig stark vertreten. Da ich zu allen Verbänden immer gute Kontakte hatte bzw. in den Leitungen vertreten war, gelang es, eine Reihe gemeinsamer Veranstaltungen und Einsätze aller Verbände beizubehalten. Große nationale Umwelttreffen und Tagungen, die die Entwicklung im Harz durchaus beeinflussten, fanden am 27. und 28. Januar 1990 in Berlin und am 6. April 1990 in Leipzig statt. Mit der Währungsunion am 1. Juli 1990 gingen die Massenveranstaltungen im Naturschutz deutlich zurück. Das Reisen rückte nun doch stärker in den Vordergrund.

Mit dem zu erwartenden schnellen Beitritt der DDR nach Artikel 23 Grundgesetz der BRD kam es im Sommer 1990 noch einmal zur Mobilisierung aller Kräfte, um das Nationalparkprogramm im Harz zum erfolgreichen Abschluss zu bringen. Auch hier wirkten die alten und neuen Umweltverbände sehr eng zusammen, um dieses Ziel zu erreichen.

Der Aufbau der neuen Kreisverwaltungen, Regierungspräsidien und der Landesregierung brachte es mit sich, dass zahlreiche ehrenamtliche Naturschutzkräfte in die Verwaltungen wechselten. Das bedeutete eine deutliche Schwächung des ehrenamtlichen Naturschutzes, erwies sich aber in den Verwaltungen zumeist als vorteilhaft, wenn Sachfragen zu lösen waren.

Es bleibt festzuhalten, dass in den Altkreisen Wernigerode und Halberstadt die vertrauensvolle Zusammenarbeit der Naturschutzverbände und der Naturschutzhelfer mit den staatlichen Verwaltungen erhalten blieb, wenn es um die Lösung von Sachfragen ging. Wir machten uns auch Gedanken, wie wir wieder ein »gemeinsames Dach« der Verbände und der Ehrenamtlichen entwickeln könnten. So gründeten wir 1993 eine »Allianz für den Naturschutz« und erhielten von 1994 bis 1998 auch die Unterstützung durch die Umweltministerin des Landes Sachsen-Anhalt, Heidrun Heidecke. In ihrer Amtszeit wurde diese Zusammenarbeit Richtschnur für ganz Sachsen-Anhalt. Die Nachfolgeregierungen bekannten sich nicht zu dieser Allianz. Sie wurde aber im Harzgebiet fortgesetzt. Hier übernahmen Mitarbeiter der Nationalparkverwaltung eine koordinierende Rolle, und zentrale Tagungen fanden auch im Haus der Nationalparkverwaltung in Wernigerode statt. In dieser Allianz behielt jeder Verband seine Selbstständigkeit und setzte zum Teil eigene Schwerpunkte:

- Der NABU als mitgliederstärkste Organisation formulierte Stellungnahmen zu Eingriffen, organisierte Veranstaltungen, Exkursionen und Arbeitseinsätze.
- Der BUND kümmerte sich mehr um die umweltpolitische Arbeit, setzte sich für den Artenschutz, insbesondere für den Baum- und Alleenschutz, ein und bemühte sich um Stellungnahmen und Arbeitseinsätze.
- Der BNU sah seinen Schwerpunkt bei Fachgutachten und kreisübergreifenden Arbeitseinsätzen.
- Die Gesellschaft zur Förderung des Nationalparks Harz (GFN) koordinierte alle ehrenamtlichen Arbeiten und Stellungnahmen, welche die Nationalparks Harz und Hochharz betrafen.
- Eine wichtige Rolle spielte auch der Landschaftspflegeverband Harz, der hauptamtlich geführt wurde, aber viele ehrenamtliche Arbeiten zwischen Landwirten, Kommunen und den Naturschutzorganisationen koordinierte (WEGENER & KARSTE 2011).

Die Unteren Naturschutzbehörden informierten über neue Naturschutzprojekte, banden hier zum Teil auch Ehrenamtliche und Verbände mit ein und führten Weiterbildungsveranstaltungen für die ehrenamtlichen Mitarbeiter durch, zu denen auch Gäste willkommen waren.

Im Zuge der Gebietsreform in Sachsen-Anhalt entstand im Jahre 2007 eine neue Situation. Die Altkreise Halberstadt, Quedlinburg und Wernigerode wurden zum Harzkreis vereint. Damit entstand ein Landkreis von 2.104 km² Größe und mehr als 233.000 Einwohnern. Von der landeskulturellen Ausstattung war dieser Großkreis mit 36 Naturschutzgebieten und mehr als 30 Natura-2000-Gebieten sehr reich ausgestattet.

Nun war die entscheidende Frage, ob sich auch für diese neue Kreiskonstruktion die Allianz für den Naturschutz bewähren würde. Erschwerend wirkte sich aus, dass inzwischen wichtige Initiatoren wie Horst Eckardt, Achim Groß und Giselher Schuschke verstorben waren. Ein Team von älteren und jüngeren Mitarbeitern unterschiedlicher Bereiche hatte sich aber inzwischen zusammen gefunden, die sich diesen gemeinsamen Ideen verpflichtet fühlten.

Eine kleine Auswahl von Mitstreitern soll namentlich benannt werden: für den NABU Gunter Karste, für den BUND Marco Jede und Ulrich Kasten, für den BNU Werner Wandelt, für die GFN Friedhart Knolle, für den Landschaftspflegeverband Kerstin Rieche, von der Landkreisverwaltung Egbert Günther und Guido Harnau, als Naturschutzbeauftragte Anette Westermann, ich und ehemals Sylvia Lehnert sowie als Berater Heinz Quitt, der ehemalige Bezirksnaturschutzbeauftragte des Bezirkes Magdeburg.

Das Zusammenwirken unterschiedlicher Verbände mit nicht gebundenen ehrenamtlichen Akteuren und den staatlichen Dienststellen betrachten wir Naturschützer als eine interessante Form der Basisdemokratie. In Sachsen-Anhalt und anderen Teilen Ostdeutschlands sowie in Niedersachsen ist es unter dem Namen »Wernigeröder Modell« bekannt geworden.

Wird sich diese positive Entwicklung auch in der Zukunft fortsetzen? Die Fachkompetenz liegt längst nicht mehr bei den Kreisnaturschutzbeauftragten, soweit es sie überhaupt noch gibt, sondern bei Fachgremien und den ökologischen Planungsbüros. Trotzdem sollten wir gefühlsbetonte, emotionale Einschätzungen – wenn es um Natur und Gesellschaft geht – nicht unterbewerten. Hinzu kommt, dass die Umweltverbände an Fachkompetenz gewinnen, diese sich aber oft nicht durchsetzen können.

Bei den staatlichen Stellen wachsen die Aufgaben durch die Übernahme der Naturschutzgebiete und der Natura-2000-Gebiete bei gleichzeitig schrumpfender Personaldecke und geringerer finanzieller Ausstattung. Auf diese Weise sind Kontrollaufgaben im Großkreis kaum noch wahrzunehmen. Eine Einschränkung von Pflegeleistungen sowohl durch die Landnutzer als auch im Rahmen von Pflegeprojekten ist zu erwarten, und zweifellos werden die Spannungen zwischen Nutzung und Schutz zunehmen, wenn EU-Fördermittel ausbleiben. Ehrenamtliche Arbeit wird folglich bei der Kon-

trolle in der Landschaft, bei Pflegeaufgaben, der Dokumentation und der Naturschutz-
öffentlichkeitsarbeit unabdingbar sein, wenn die Vielfalt in der Natur – zusammengefasst unter dem Schlagwort »Biodiversität« – erhalten werden soll.

Sicher ist es auch erforderlich, neue Verbündete zu suchen, z. B. bei den Touris-
mus- und Wandervereinen oder bei den Waldbesitzern.

In einer Zeit großer Unsicherheiten in der Globalisierung, der stärkeren Naturent-
fremdung, trägt das »Wernigeröder Modell« dazu bei, eine räumliche Nähe auch im
Sinne von »Heimat« zur Erhaltung der Kulturlandschaft zu leisten.

Wenn ich heute frühere Naturschützer befrage, wie sie die Entwicklung dieser
eindrucksvollen Zeit 1989/1990 einschätzen, bekomme ich überwiegend positive
Antworten, was den Naturschutz in ihrem Umfeld betrifft. Was konnten wir in diesem kurzen Zeitfenster 1990 und 1991 alles durchsetzen. Das setzte sich noch etwas
abgeschwächt bis 1996 fort, dann folgte aus überwiegend finanziellen Gründen aber
nicht nur deshalb der Abschwung. Nicht selten spielt auch etwas Naturschutznostalgie
aus früheren Jahren bei den älteren Mitarbeitern eine Rolle. Es waren sich aber alle
Befragten darin einig, dass dieser friedliche Übergang in ein geeintes Deutschland zu
den bewegendsten Abschnitten in unserem Leben zählt. Die politischen Diskussionen
werden heute, nach mehr als 25 Jahren, leider zumeist auf das Wirken der »Stasi« und
die verbreitete Delegitimierung der DDR verengt.

Literatur

Hilbig, Werner, Wegener, Uwe & Behrens, Hermann (2006): Die Entwicklung
    des Naturschutzes und des Naturschutz-Beauftragtenwesens auf dem Territorium
    des Landes Sachsen-Anhalt von den Anfängen bis zur Gegenwart. – In: Behrens,
    Hermann (Hrsg.): Lexikon der Naturschutzbeauftragten Bd. 2, Sachsen-Anhalt,
    Friedland: 1–120.

Wegener, Uwe (1990): Entwurf für ein deutsch-deutsches Biosphären-Reservat/
    Nationalpark Oberharz. – In: Veröff. d. Ges. z. Förderung des Nationalparks Harz
    6: 10–16.

Wegener, Uwe (2001): Was bewegt eine Allianz für den Naturschutz auf der Ebene
    der Landkreise? – In: Studienarchiv Umweltgeschichte. BNU – IUGR-Mitt. 13, 6:
    5–11.

Wegener, Uwe & Karste, Gunter (2011): Das »Wernigeröder Modell« – Zusam-
    menarbeit der Naturschutzverbände auf Landkreisebene einst und jetzt. – In:
    Naturhistorica 153: 181–186.

Wegener, Uwe & Knolle, Friedhart (2010): Zur Nationalparkplanung im Harz
    1989/90 – vor 20 Jahren. – In: Unser Harz 9: 175–187.

Bemühungen um die Geschichte des Naturschutzes

Uwe Wegener

Der eine wartet, bis die Zeit sich wandelt,
der andere packt sie kräftig an und handelt.

Dante Alighieri

Mit der Grenzöffnung im November 1989 war das Ende der DDR absehbar. Wie würde sich das auf den Naturschutz auswirken?

In der DDR hatte der ehrenamtliche Naturschutz mit dem System der Bezirks- und Kreisnaturschutzbeauftragten und vielen ehrenamtlichen Mitarbeitern einen hohen Stellenwert. Gleichzeitig leisteten die zahlenmäßig starken Fachgruppen der Gesellschaft für Natur und Umwelt (GNU) als Teil des Kulturbundes eine hervorragende Facharbeit auf unterschiedlichen Gebieten. Würden sich diese Schwerpunkte im vereinigten Deutschland erhalten lassen? Den Naturschützern in der DDR war aber auch bekannt, dass die starken Umweltverbände Deutscher Bund für Vogelschutz (DBV) und der Bund Umwelt und Naturschutz Deutschlands (BUND) sich in der BRD ein Mitspracherecht bei Eingriffen in die Landschaft und wichtigen Naturschutzentscheidungen erkämpft hatten. Außerdem konnten nun auch in Ostdeutschland neue, selbständige Vereine und Verbände gegründet werden, was in der DDR bisher nur unter dem Dach des Kulturbundes möglich war.

So gab es in der Übergangszeit einerseits einen Aufbruch zu neuen Ufern, andererseits aber auch ein gewisses Beharrungsvermögen in alten und bewährten Strukturen – also Hoffnungen, Visionen und auch einige Illusionen –, wie sich später herausstellen sollte.

Ich vertrat beispielsweise die Meinung, wenn die Ost-CDU oder die Bauernpartei der DDR (von der CDU aufgenommen) ohne wesentliche Abstriche in bundesdeutsche Strukturen wechseln können, müsste es doch dem Kulturbund gelingen, sich ins neue Deutschland hinüber zu retten, denn er war wesentlich weniger »belastet« als die genannten Blockparteien. Natürlich war auch der Kulturbund ein Teil des zentral gesteuerten DDR-Systems. Aber er war eine Nische für eine fachlich-kulturelle und naturkundliche Arbeit auf hohem Niveau, die staatlich subventioniert wurde – und darüber hinaus ein Ort lebhafter, relativ freier Diskussionen.

Meine Besuche in den Bezirksleitungen des Kulturbundes in Halle und Magdeburg bzw. bei Achim Berger, der in der Kulturbundzentrale für die naturkundlichen Fachausschüsse zuständig war, waren in dieser Übergangszeit nicht sehr aufbauend. Es herrschte Niedergeschlagenheit und die berechtigte Angst vor einer unsicheren Zukunft.

Die Basisgruppen der GNU arbeiteten verbreitet noch gut zusammen, suchten aber nach einem neuen »Dach« für den Fall, dass der Kulturbund nicht mehr staatlich finanziert werden würde. In den Harzkreisen neigten viele ehrenamtliche Mitarbeiter dazu, sich dem DBV (später NABU) anzuschließen, andere wollten zum BUND gehen, und die Mehrzahl zog es vor, sich zunächst gar nicht neu zu organisieren. Es fehlten aber auch die Kraft und die Entscheidungsfreudigkeit, selbst eine Gruppierung oder einen Arbeitskreis im neu gegründeten Bund für Natur und Umwelt (BNU) – aus der GNU hervorgegangen – voran zu bringen. Zahlreiche ehemalige GNU-Mitglieder fürchteten sich jedoch auch vor der umweltpolitischen Arbeit der neuen Verbände. Sie wollten weiterhin ihre Vögel beringen, Lurche zählen, seltene Pilze bestimmen oder Pflanzen kartieren bzw. sich einfach an der Natur erfreuen – eine politische Verbandsarbeit war da weit entfernt.

Hinzu kam, dass die bundesdeutschen Verbände massiv Mitgliederwerbung betrieben. Der DBV beispielsweise schrieb jedes GNU-Mitglied persönlich an und forderte es zum Übertritt in den DBV auf. Da diese Form der Mitgliederwerbung auch von namhaften Naturschützern der ehemaligen DDR betrieben wurde, führte das zu einer zusätzlichen Verunsicherung. Es gab aber auch positive Beispiele einer guten Zusammenarbeit des DDR-Verbandes mit den Kreisgruppen aus dem Altbundesgebiet. Die Kreisgruppe der GNU (dann BNU) aus Wernigerode arbeitete zum Beispiel sehr eng mit der Kreisgruppe des BUND aus Goslar zusammen und zwar auf »gleicher Augenhöhe«. Vielfach wurde ich gefragt, welcher Naturschutzorganisation ich mich denn anschließen würde. Ich wollte nicht nur für den neu gegründeten BNU werben und plädierte dafür, dass man die Entscheidung eher an den Arbeitsinhalten orientieren sollte. Ich selbst kannte damals die Inhalte und Strukturen der bundesdeutschen Verbände so genau noch nicht und entschloss mich daher für die Mitgliedschaft in mehreren großen Umweltverbänden. Es bleibt festzuhalten, dass sich der DBV schon 1990 in Naturschutzbund Deutschlands e. V. (NABU) umbenannte. Was aber noch wichtiger war: Er übernahm die bewährte Struktur der GNU mit ihren Fachgruppen und zentralen Fachausschüssen, so dass man ehemalige Fachgruppenmitglieder eher zum NABU vermitteln konnte. Von nun an gingen auch ganze Fachgruppen unter das neue »Dach« des NABU. Der BNU befand sich erst im Aufbau und hatte nur geringe Chancen, ganze Fachgruppen zu übernehmen. Ich selbst knüpfte neben meiner Geschäftsführertätigkeit beim BNU Sachsen-Anhalt in der Folgezeit engere Kontakte zum NABU.

Ich traf mich in dieser bewegten Zeit auch mehrfach mit Hugo Weinitschke (1930–2009), damals noch Direktor des ILN, in der GNU, aber auch Vorsitzender des Zentralen Fachausschusses Naturschutz – seit einigen Jahren war ich in diesem Gremium sein Stellvertreter. Hinsichtlich der Zukunft der GNU (BNU) und des Kulturbundes meinte er, dass wir uns auf neue bundesdeutsche Strukturen einstellen müssten. Der

BNU würde es in der Konkurrenz zum BUND und zum NABU nicht schaffen, eine mitgliederstarke Grundlage zu entwickeln; auch wäre er selbst bei noch so guter Arbeit als »Ostverband« vorbelastet.

Vorsichtig optimistisch blickte aber der neue Vorsitzende des BNU Peter Hentschel (1933–2002), ehemals ehrenamtlicher Bezirksvorsitzender der GNU in Halle/S., in die Zukunft. Nach seiner Meinung sollten wir auf jeden Fall versuchen, das Potenzial für den Naturschutz zu erhalten, in welcher Organisationsform, das sollte später entschieden werden. Giselher Schuschke (1935–2003), Landesvorsitzender des BNU in Magdeburg, ging noch einen Schritt weiter: »Warum sollten wir uns denn auflösen, wir haben uns doch nichts zu Schulden kommen lassen und haben versucht, in den Fachgruppen auch immer eine offene Diskussion zu allen gesellschaftlichen und fachlichen Fragen zuzulassen.« Die Entwicklung der GNU sah allerdings der ehemalige Vorsitzende Harald Thomasius wesentlich kritischer. Er vertrat auch die Meinung, dass eine zukünftige Umweltorganisation unabhängig von staatlichen Strukturen agieren müsse. An dieser Unabhängigkeit hat es in der DDR gefehlt und sie wäre selbst bei gutem Willen der Leitung nicht möglich gewesen. Durch die Initiative von Giselher Schuschke und die schnelle Wahl einer neuen Leitung für den BNU lief die Entwicklung in Sachsen-Anhalt etwas günstiger als in den übrigen östlichen Bundesländern. Dennoch war auch in Sachsen-Anhalt der BNU der Konkurrenz der bundesweiten Verbände nicht gewachsen. Schrumpfende Mitgliederzahlen, eine abnehmende Finanzierung durch das Land, Schwierigkeiten bei der Erwirtschaftung der Eigenmittel für Projekte und finanzielle Probleme bei der Sicherung der hauptamtlichen Bürokraft führten allerdings erst 2015 zur Auflösung des BNU in Sachsen-Anhalt. Aber immerhin: 25 Jahre hatte sich dieser Umweltverband in einem Bundesland gehalten.

Aber zurück zu den »Wendejahren«! Auch in der Berliner GNU-Zentrale gab es 1990 Veränderungen. Es kam nicht sofort zur Abwicklung, ja es wurde sogar noch neu eingestellt. Zu den neu eingestellten Mitarbeitern gehörte Hermann Behrens, der als Fachsekretär in der GNU-«Zentrale« in Berlin die Nachfolge von Rolf Caspar übernommen hatte. Caspar war mit Michael Succow zum neu gegründeten Naturschutzbund (NABU) »abgewandert«. Der schnelle Aufstieg von Hermann Behrens war kein Wunder, denn dieser Mann steckte voller Ideen und jugendlicher Tatkraft.

Wir trafen uns im Frühjahr 1990, er schilderte mir, wie er sich die weitere Arbeit vorstellte und zeigte seine Entschlossenheit, diese (vermeintlich noch) große Umweltorganisation der DDR in die bundesdeutsche Zukunft zu führen. Alles Material über den DDR-Naturschutz sollte gesammelt werden, und er rief dazu auf, in den bewährten Naturschutzstrukturen mit den Kreisnaturschutzbeauftragten weiter zu arbeiten. Als dann deutlich wurde, dass der BNU rasch weitgehend zerfiel und vielerorts eine Stimmung herrschte, in der die DDR-Naturschutzgeschichte vollkommen entwertet zu sein schien und örtliche Archive und Bibliotheksbestände buchstäblich auf der Straße landeten, lag ihm die Archivarbeit besonders am Herzen. Davon zeugen auch die ersten Aufrufe 1990/91 in den BNU-Mitteilungen: »Langfristige Sicherung des

Naturschutzmaterials in einem Archiv; Rettet die BNU (GNU) Geschichte! Umwelt-geschichte nicht auf den Müll, sondern zu uns!« Im Jahre 1990 hatte Hermann Beh-rens aber zunächst damit zu tun, die BNU-Zentrale in Berlin umzugestalten und zu versuchen, den BNU in den Bezirken Dresden, Magdeburg, Schwerin/Rostock und Frankfurt/O. sowie in Berlin neu zu begründen.

Seine ausgeprägt pazifistische Haltung brachte uns auch persönlich näher. Den-noch war ich nach den positiven und negativen Erfahrungen mit Beamten aus dem Westen und »Helfern« im Harz der Meinung, dass er nach der Auflösung des Kultur-bundes wieder nach Westberlin zurückgehen würde. Gerade das trat in den Folgejah-ren aber nicht ein!

Zunächst wurde in den Jahren 1990/91 im noch vorhandenen Kulturbund Umwelt-material der abgewickelten DDR gesammelt. Im Jahr 1992 gab es dann bereits einen Arbeitskreis Geschichte im BNU und ein eigenes kleines Institut für Umweltgeschichte (IUG) in der Eichendorffstraße in Berlin; Annerose Sohler und Carla Tammer sammel-ten mit. Von 1996 an wurde nicht nur gesammelt, sondern es begann die inhaltliche Aufbereitung des Materials und damit die publizistische Phase des IUGR, die über-wiegend von Hermann Behrens ausging, an der aber auch Regine Auster beteiligt war. Das Studienarchiv platzte inzwischen aus allen Nähten, und es zog in die Schwedter Straße um. Mehr oder minder regelmäßig fanden Spendertreffen statt, die sowohl der Rückschau als auch neuen Initiativen dienten. Ein entscheidender Schritt war im Jahre 2001 die Verlagerung des Archivs von Berlin nach Neubrandenburg, allerdings auch mit der Trennung von den Berliner Mitarbeiterinnen. Als neue Kraft wirkte von dieser Zeit an Jens Hoffmann mit.

Im Rückblick muss ich eingestehen, dass mein historisches Bewusstsein den Natur-schutz betreffend vor 1990 nicht sonderlich ausgeprägt war. Aus meiner Dienstzeit im ILN kannte ich natürlich die »Altvorderen« der Naturschutzbewegung in Deutsch-land, u.a. Hugo Conwentz (1855–1922) und Ernst Rudorff (1840–1916) und hörte den viel älteren Kreisnaturschutzbeauftragten gern zu, wenn sie über den Naturschutz zwischen 1933 und 1945 sprachen bzw. über den schwierigen Neuanfang nach 1945. Meine Schwerpunkte waren aber die Naturschutzforschung, die Veränderungen in der Landschaft, die Einbindung der Wirtschaftszweige in Naturschutzaufgaben und insgesamt ein Blick nach vorn – wie kann sich Naturschutz im zu Ende gehenden 20. Jahrhundert und im 21. Jahrhundert entwickeln?

Diese Auffassung änderte sich in den Jahren 1989/90, als ich merkte, dass auf die-sem Gebiet vieles unwiederbringlich verloren ginge, wenn es nicht gelingen würde, Teile davon zu bewahren. Vom Naturschutz aus den Altbundesländern wusste man zwar aus der Literatur recht viel, aber es war durchaus unsicher, ob er die alten Struk-turen Ostdeutschlands vollständig ersetzen würde oder sie lediglich ergänzt. Aus die-ser Unsicherheit heraus wuchs auch das Bestreben, möglichst viele der bewährten Naturschutzstrukturen auf der lokalen Ebene, auf der Landesebene oder auf der For-schungsebene im ILN zu erhalten.

In dieser Zeit war für mich das Studienarchiv eine ganz wichtige Einrichtung. Nicht dass man selbst dort häufig in die Archivalien schaute – dazu fehlte in den Aufbaujahren des Nationalparks die Zeit –, aber es war ein fester Bezugspunkt da, es lohnte sich, historisches Material zu sammeln. Bei den Spendertreffen traf man Gleichgesinnte, diskutierte frühere oder aktuelle Naturschutzentscheidungen oder stellte Vergleiche an. Eine neue Qualität wurde ganz zweifellos durch die Bearbeitung der Sammelwerke des Studienarchivs erreicht, die ohne die Recherchearbeit von Hermann Behrens im eigenen Archiv, im Bundesarchiv und weiteren Archiven und den umfangreichen Abstimmungen mit den einzelnen Autoren nicht zustande gekommen wären. Im Einzelnen durfte ich an folgenden Reihen mitwirken:

- Naturschutz in den Neuen Bundesländern (1998),
- Lexikon der Naturschutzbeauftragten Sachsen-Anhalt Bd. 2 (2006),
- Umweltschutz in der DDR (2007),
- ILN-Institut für Landschaftsforschung und Naturschutz (2011),
- ILN-Institut für Landschaftsforschung und Naturschutz (2016).

Diese Arbeit mit der Umwelt- und Naturschutzgeschichte hat ganz wesentlich dazu beigetragen, historische Prozesse in ihrer Zeit zu sehen, Toleranz zu den ehemals handelnden Personen zu entwickeln, Empathie entstehen zu lassen. Es förderte aber auch die Fähigkeit, aus einem historischen Ablauf mögliche neue Entwicklungslinien abzuleiten. Ich versuche hier die Jahre von 1989 bis etwa 1996 so ausführlich darzustellen, weil es Jahre des Aufbruchs waren, wie sie in einem solchen Zeitfenster sich sobald nicht wiederholen werden und inzwischen nach einem Vierteljahrhundert selbst zur Geschichte geworden sind.

Ich frage mich heute oft, wie wir den täglichen Arbeitsaufwand dieser Übergangszeit bewältigt haben, denn in meinem Arbeitsmittelpunkt stand nicht die Bewahrung des Naturschutzes, sondern der Aufbau eines Nationalparks im Harz, darüber hinausgehend der Aufbau ähnlicher Nationalparkstrukturen in Niedersachsen und die Vorbereitung einer späteren Fusion. Natürlich wollte ich auch reisen, um möglichst viele neue Landschaften, Verwaltungsstrukturen und Menschen in den Altbundesländern kennen zu lernen. Auch privat gab es »wendebedingt« einige »Holperstrecken«. Meine Frau musste praktisch von einem Tag zum anderen eine private Arztpraxis aufbauen. Dazu fehlten Erfahrungen und Geld. Und schließlich hatten die erwachsenen Kinder eigene Probleme im neuen Deutschland, auf die wir in dieser Zeit viel zu wenig eingegangen sind.

Dennoch gewann die Besinnung auf die Naturschutzgeschichte, verbunden mit der Erhaltung gewachsener Strukturen, eine zunehmende Bedeutung:

- Auf der lokalen Ebene durch die Unterstützung der verbliebenen KNB und dem Organisieren von Naturschutzveranstaltungen in der Nationalparkverwaltung.
- Das ging einher mit der Unterstützung der Fachgruppen und Naturschutzverbände durch die Nationalparkmitarbeiter in den Landkreisen Wernigerode und Halber-

stadt; auf regionaler Ebene durch die Förderung des Aufbaues von Naturschutzstationen im Harz und die Einrichtung eines Landschaftspflegeverbandes.

• Der Nationalpark als Institution beschränkte sich bei Naturschutzaufgaben nicht
  auf das eigene Territorium, sondern förderte auch Naturschutzleistungen im
  Umfeld. So haben wir bei allen Aktivitäten immer eine Förderung von Natur- und
  Umweltschutzleistungen für den gesamten Harz im Blick gehabt;
• auf der Landesebene durch den Umbau der GNU zum BNU, der Weiterführung
  botanischer Arbeiten im BNU, später als Botanischer Verein für Sachsen-Anhalt;
• durch enge dienstliche und außerdienstliche Kontakte zum Landwirtschafts- und
  Umweltministerium in Sachsen-Anhalt; auf zentraler Ebene durch Kontakte zum
  Bundesamt für Naturschutz (BfN) und zum Bundesumweltministerium.

Das wachsende historische Bewusstsein und etwas Nostalgie spiegeln sich auch bei
der Organisation bzw. der Mitwirkung in folgenden Verbänden wider, bei Tagungen
und Treffen:

• Im neu gegründeten BNU als Geschäftsführer unter der Leitung von Giselher
  Schuschke von 1990 an,
• an der Organisation von KNB-Veranstaltungen, jährlich und 1998 einmalig für ganz
  Sachsen-Anhalt in der Nationalparkverwaltung,
• der Organisation einer Fachtagung unter dem Titel »Naturschutz im vereinigten
  Deutschland – Rückblick und Vorschau, Gewinne und Defizite« im Jahre 1999,
• sieben Jahre nach Schließung des Institutes für Landschaftsforschung und Naturschutz (BEHRENS & WEGENER 2000),
• schließlich an der Teilnahme an Spendertreffen und Tagungen des IUGR.

Die Hinwendung zur Naturschutzgeschichte erfolgte in den 1990er Jahren jedoch
auch aus einer Protesthaltung heraus. Bei der Begegnung mit Naturschützern aus
den Altbundesländern gab es zum Teil eine absolute Ahnungslosigkeit über den
Naturschutz in der DDR bis hin zur Leugnung von Naturschutzleistungen im Osten.
Allerdings gab es nicht selten auch verständnisvolles Zuhören und eine Anerkennung
der Leistungen. Erstaunt war ich, als ich beim Deutschen Naturschutztag in Bamberg
2000 auf eine Gruppe »altgedienter Naturschützer« traf, welche die Zeit des Nationalsozialismus bis 1940 als eine Zeit des neuen Aufbruchs im Naturschutz betrach-
teten und dabei Krieg und Vertreibung im besetzten Osten völlig verdrängten. Es
war also einfach notwendig, sich historische Kenntnisse der Naturschutzgeschichte
anzueignen.

Ich erinnere mich auch an eine Tagung in der Lüneburger Heide, als das Vorhan-
densein von Heideflächen in der DDR schlicht geleugnet wurde und dass es deshalb
auch keine Forschungen über unterschiedliche Heidetypen gäbe. Lebrecht Jeschke und
ich protestierten lautstark, und Wolfram Pflug, der uns in seinem Anwesen empfing,
vermittelte. Er wies aber auch daraufhin, dass wir uns in die Naturschutzgeschichte

des vereinigten Deutschlands stärker einbringen müssten, denn vieles, gerade aus dem Osten, sei noch unbekannt und sollte erst aufbereitet werden.

Ich bekam bald Gelegenheit, mich stärker in die Naturschutzgeschichte einzubringen. Anlässlich eines Spendertreffens des BNU-IUGR im Jahre 1999 in Berlin fragte mich der Abteilungsleiter Naturschutz von Nordrhein-Westfalen, Thomas Neiss, ob ich denn bereit wäre, im Vorstand der Stiftung Naturschutzgeschichte auf Schloss Drachenburg in Königswinter mitzuwirken. Er erklärte mir, dass diese Stiftung jetzt im Aufbau sei, dass sie eng mit dem IUGR kooperieren werde und ihren Sitz in der Vorburg von Schloss Drachenburg haben werde (Abb. 1). Meine mehrfach geäußerte Kritik am gesamtdeutschen Naturschutz hatte sich offensichtlich herumgesprochen, und da konnte ich trotz vielfältiger Arbeit im Nationalpark schlecht nein sagen.

Ich erklärte also meine Bereitschaft, und Neiss wies daraufhin, dass das Procedere noch eine Weile dauern könnte, da die Personalie Wegener ja erst überprüft werden müsste. Das kannte ich schon, und es lief im Osten unter der Bezeichnung »Gaucken«, nach dem Leiter der Stasi-Unterlagenbehörde Joachim Gauck, dem späteren Bundes-

Abb. 1: Exkursion im Rahmen einer gemeinsamen Sitzung der Vorstände des IUGR und der Stiftung Naturschutzgeschichte sowie des Fördervereins Archiv und Museum zur Geschichte des Naturschutzes auf den Brocken, 27. April 2004 (Foto: Uwe Wegener).

präsidenten. Was wollten sie nur finden? Ich war doch nun bereits seit fast 10 Jahren im Öffentlichen Dienst der Bundesrepublik und bereits mehrfach »gegauckt«. Im Herbst 2002 wurde ich in den Vorstand der Stiftung in Königswinter berufen. Vorsitzender des Vorstandes der Stiftung war Albert Schmidt, ehrenamtlicher Geschäftsführer damals Thomas Neiss, Wissenschaftlicher Leiter Hans-Werner Frohn, Archivar Nils Franke und Verwaltungsleiter Jochen Mertens. Mit Hans-Werner Frohn begann von dieser Zeit an eine enge und vielfach freundschaftliche Zusammenarbeit, die auch heute noch anhält.

Zunächst ging es vordergründig nicht um die Naturschutzgeschichte, sondern um die Existenzsicherung auf der Baustelle Schloss Drachenburg. Immerhin bestand bereits eine beachtliche Ausstellung zur Geschichte des Naturschutzes in Deutschland von der Jahrhundertwende bis aktuell 2000. In der Folgezeit fanden aber mehrere gut besuchte Tagungen statt, und die Schriften von Friedemann Schmoll, Joachim Radkau und Frank Uekötter sowie Franz-Josef Brüggemeier und Jens Ivo Engels trugen wesentlich dazu bei, dass die Geschichte des deutschen Naturschutzes in den Mittelpunkt der Betrachtungen rückte (RADKAU & UEKÖTTER 2003; SCHMOLL 2004; BRÜGGEMEIER & ENGELS 2005).

Heiße Diskussionen gab es nach dem Erscheinen der Publikation »Natur und Staat. Staatlicher Naturschutz in Deutschland 1906–2006«. Hier wäre es sicher besser gewesen, wenn die Naturschutzentwicklung in der DDR von 1945–1990 von einem ostdeutschen Naturschutzhistoriker geschrieben worden wäre (FROHN & SCHMOLL 2006). Mehr als in der Bibliothek des ILN konnte ich mich in der Stiftung auch mit den »Altvorderen« der Naturschutzbewegung befassen, so mit Ernst Rudorff, Wilhelm Wetekamp (1859–1945), Lina Hähnle (1851–1941), Paul Sarasin (1856–1929), Walther Schoenichen (1876–1956), Hans Klose (1880–1963), Benno Wolf (1871–1943) und Alwin Seifert (1890–1973). Ich machte mich auch vertraut mit wichtigen Naturschutzbiografien der Altbundesrepublik, so mit Konrad Buchwald (1914–2003), Gert Kragh (1911–1984), Alfred C. Töpfer (1894–1993), Wolfgang Engelhardt (1922–2006), Gerhard Olschowy (1915–2002), Bernhard Grzimek (1909–1987), Wolfgang Erz (1936–1998), Wolfgang Haber, Hubert Weinzierl, Günter Zwanzig u. a. Sie waren mir alle aus der Literatur bekannt, mit ihren interessanten Biografien hatte ich mich vorher aber nicht befasst.

Einige dieser Persönlichkeiten der Bundesrepublik lernte ich auch persönlich während der Tagungen auf Schloss Drachenburg, bei den Deutschen Naturschutztagen bzw. während der Vilmer Winterakademien kennen und schätzen. Zum Stichwort »Winterakademien« auf der Insel Vilm sind noch einige zusammenfassende Ausführungen erforderlich, denn gerade diese Seminare und Diskussionen stellten eine außerordentliche Bereicherung der Naturschutzgeschichte in Deutschland dar und trugen ganz wesentlich zur Verständigung von Ost und West auf diesem Gebiet bei. Es handelte sich um sechs Seminarwochen, die von der Stiftung Naturschutzgeschichte in Königswinter und dem IUGR in Neubrandenburg für jeweils drei Tage mit 30–40 Teilnehmern aus Ost und West organisiert wurden und in der BfN-Außenstelle Vilm in den

Jahren 2005 bis 2012 stattfanden. Die Teilnehmer diskutierten über die unterschiedlichen Entwicklungslinien im Naturschutz der BRD und der DDR. Zunächst sprach man mehr übereinander, dann aber besonders bei den letzten drei Akademien auch intensiv miteinander, was das gegenseitige Verstehen erst ermöglichte. Die Seminartage bestanden aus einer Kombination von Fachvorträgen, Zeitzeugenberichten und -befragungen, ausführlichen Diskussionen, die nur durch wenige Spaziergänge und etwas Kultur unterbrochen wurden. Die Ergebnisse dieser Winterakademien würden wohl 2.000 Seiten füllen und harren noch der Auswertung. In Teilen fließen sie auch in die aktuellen historischen Publikationen ein (Behrens 2013).

Die Winterakademien ermunterten immer wieder dazu, kritische Fragen zum historischen Naturschutz, zum sozialistischen Wirtschaftssystem und der Marktwirtschaft in ihrer Beziehung zum Naturschutz zu stellen. Aber auch aktuelle Entwicklungslinien, wie das Nationalparkprogramm oder der starke Staat und die Durchsetzung des Naturschutzes wurden kritisch hinterfragt.

Dank gilt den Organisatoren: Albert Schmidt, Hans-Werner Frohn, Jürgen Rosebrock; Hermann Behrens und Jens Hoffmann; Hans Dieter Knapp, Norbert Wiersbinski und Reinhard Piechocki.

Als ich im Jahre 2012 den Vorstand der Stiftung aus Altersgründen verließ, war zumindest eine gute Grundlage für meine eigene historische Denk- und Betrachtungsweise gelegt. Ich meine aber auch den ostdeutschen Naturschutz, für den Hermann Behrens hier bereits »eine Lanze gebrochen« hatte, in diesem Gremium nachhaltig, ohne im Einzelnen vordergründig zu erscheinen, vertreten zu haben. Mir wurde deutlich, dass man Naturschutz in der Zukunft nur gestalten kann, wenn man die historischen Entwicklungslinien kennt und begreift. Das bewahrt auch vor entscheidenden Fehlern. Die Leistungen der »Altvorderen« zu achten ist die eine Seite, sich selbst und den Vorangegangenen kritische Fragen nach der Zukunft unseres kleinteiligen Naturschutzes zu stellen, steht auf der anderen Seite und muss erlaubt sein.

Literatur

Auster, Regine & Behrens, Hermann (Hrsg.) (1998): Naturschutz in den neuen Bundesländern – Ein Rückblick. Marburg.

Behrens, Hermann (2013): Wandel durch Annäherung. Bilanz der Winterakademien zur deutsch-deutschen Naturschutzgeschichte. – In: Frohn, Hans-Werner & Scheuren, Elmar (Hrsg.): Natur: Kultur. Vom Landschaftsbild zum modernen Naturschutz. Essen: 157–168.

BNU-IUG Mitteilungen 2/1990; 3/1992; 4/1992; 6/1994.

Brüggemeier, Franz-Josef & Engels, Jens Ivo (Hrsg.) (2005): Natur- und Umweltschutz nach 1945. Konzepte, Konflikte, Kompetenzen. Frankfurt/Main.

Frohn, Hans-Werner & Schmoll, Friedemann (Hrsg.) (2006): Natur und Staat. Staatlicher Naturschutz in Deutschland 1906–2006. Münster.

Hilbig, Werner, Wegener, Uwe & Behrens, Hermann (2006): Die Entwicklung des Naturschutzes und des Naturschutz-Beauftragtenwesens auf dem Territorium des Landes Sachsen-Anhalt von den Anfängen bis zur Gegenwart. – In: Behrens, Hermann (Hrsg.): Lexikon der Naturschutzbeauftragten, Bd. 2: Sachsen-Anhalt, Friedland: 1–120.

Radkau, Joachim & Uekötter, Frank (Hrsg.). (2003): Naturschutz und Nationalsozialismus. Frankfurt/M.

Reichhoff, Lutz & Wegener, Uwe (2011): ILN-Institut für Landschaftsforschung und Naturschutz Halle. Forschungsgeschichte des ersten deutschen Naturschutzinstitutes. Friedland.

Schmoll, Friedemann (2004): Erinnerung an die Natur. Die Geschichte des Naturschutzes im deutschen Kaiserreich. Frankfurt/M.

Wegener, Uwe & Behrens, Hermann (2000): Naturschutz im vereinigten Deutschland. Ideenforum des ehem. ILN. Hrsg. vom IUGR-Neubrandenburg. Berlin.

Wegener, Uwe & Reichhoff, Lutz (2007): Gestaltung und Pflege der Landschaft. – In. Behrens, Hermann & Hoffmann, Jens (Hrsg.): Umweltschutz in der DDR. Analysen und Zeitzeugenberichte Bd. 2: Mediale und sektorale Aspekte. München: 1–26.

Förderung der Biodiversitätsziele Nordrhein-Westfalens durch das Greening der Europäischen Union?

Für ein ökologisch effizientes Greening und weniger Bürokratie

Wolfgang Schumacher

Einleitung

Seit rund 25 Jahren versucht die Europäische Union in Zusammenarbeit mit ihren Mitgliedsländern, die Biologische Vielfalt der Kulturlandschaften zu fördern, und stellt dafür erhebliche Finanzmittel zur Verfügung. Da, außer auf lokaler oder regionaler Ebene, die Erfolge eher spärlich geblieben sind, beschloss der Europäische Rat 2001 in Göteborg, den weiteren Rückgang der Biologischen Vielfalt in den Mitgliedsländern der EU bis 2010 – dem Internationalen Jahr der Biodiversität – zu stoppen. Schon im Vorfeld hatte sich die Frage gestellt, ob dieses 2010-Ziel wirklich realistisch oder eher utopisch war.

Letzteres traf leider nicht nur auf Deutschland und die anderen Mitgliedsländer zu, sondern auch auf die Bundesländer. Diese ernüchternde Feststellung dürfte jedoch nicht generell für alle Naturräume oder Landkreise gelten. Das jedenfalls belegen Erfolgskontrollen und Auswertungen der letzten Jahre am Beispiel der Eifel (SCHUMACHER 2007, 2008, 2012a). Danach ist im Bereich der nordrhein-westfälischen Eifel das 2010-Ziel der EU – verglichen mit den 1970er/1980er Jahren – im Hinblick auf Farn- und Blütenpflanzen, Pflanzengesellschaften, gefährdete Biotoptypen und wohl auch für viele davon abhängige Tierarten nicht nur erreicht, sondern deutlich übertroffen worden. Ähnliches dürfte vermutlich für das Siegerland und weitere Regionen Deutschlands zutreffen oder auch für Gebiete, in denen Großprojekte des Bundes erfolgreich umgesetzt wurden.

Naturschutzbilanzen und Biodiversitätsstrategien

Die bisherigen Naturschutzbilanzen der Biodiversitätsstrategien des Bundes und der Länder fallen überwiegend negativ aus (BMU 2010, 2014), obwohl seit 1985 die EU, der Bund, die Länder, Kreise und Kommunen sowie Stiftungen immerhin mehr als 10 Milliarden € investierten (in NRW ca. 1 Mrd. €). Ein Grund für die durchweg negativen Bilanzen könnte sein, dass es sich bei dem bislang verwendeten Indikatorenset (ACKERMANN et al. 2013) ganz überwiegend um indirekte oder abgeleitete Indikatoren mit begrenzter Aussagekraft für den Zustand der Biologischen Vielfalt handelt. Genannt seien z. B. Flächeninanspruchnahme und Landschaftszerschneidung durch Siedlungen und Verkehr, Stickstoffüberschuss in der Landwirtschaft, Nachhaltige Forstwirtschaft, Flächenanteil des ökologischen Landbaus, eutrophierende atmosphärische Stickstoffeinträge, Fördermittel und Flächenanteil der Agrarumweltmaßnahmen.

Als echter Biodiversitätsindikator ist lediglich der sogenannte Vogelindikator (auch dieser ist eher indirekt!) anzusehen, der Artenvielfalt und Landschaftsqualität der wichtigsten Landschaftstypen (z. B. Agrarland, Wälder, Binnengewässer und Siedlungen) als Schlüsselindikator bilanzieren und bewerten soll, und zwar anhand von 59 repräsentativen Vogelarten. Hinzu kommen Indikatoren wie die Gefährdung ausgewählter Artengruppen, der Erhaltungszustand der FFH-Lebensräume und FFH-Arten, der Flächenanteil streng geschützter Gebiete, der ökologische Gewässerzustand und der Zustand der Flussauen.

Trotz der wissenschaftlich anspruchsvollen Indikatorenberichte 2010 und 2014 zur nationalen Biodiversitätsstrategie bestehen berechtigte Zweifel, ob mit dem derzeitigen Indikatorenset der Zustand der Biologischen Vielfalt in Deutschland hinreichend differenziert abgebildet werden kann. Denn in Ländern mit hoher Siedlungs- und Straßendichte, großen Industrie- und Gewerbeflächen sowie vorwiegend intensiver Landwirtschaft sind viele der sehr ehrgeizigen Ziele nicht oder nur mit sehr hohem finanziellem Aufwand zu erreichen. Selbst deutliche Erfolge auf regionaler und erst recht lokaler Ebene gehen praktisch im so genannten »Grundrauschen« unter. So gibt es z. B. große Grünlandregionen in verschiedenen Bundesländern, in denen der angestrebte Zielwert des Stickstoffüberschusses von 80 kg/ha/Jahr erreicht oder sogar unterschritten ist. Ähnliches gilt für die atmosphärischen Stickstoffeinträge und die critical loads, wobei letztere einer kritischen Überprüfung bedürfen (SCHUMACHER 2012b, 2014).

Auch bemerkenswerte Erfolge bei der Erhaltung und Förderung von Natur und Landschaft wie z. B. in der Eifel, im Siegerland und Teilen des Sauerlandes, Ostwestfalens, in der Westfälischen Bucht und dem Niederrheinischen Tiefland sowie anderen Großlandschaften Deutschlands sind anhand der Indikatorenberichte zwangsläufig nicht erkennbar. Und so kann leider auch nicht unterschieden werden zwischen Regionen, die sich ernsthaft für die Erhaltung der Biologischen Vielfalt einsetzen, und solchen, die dafür nichts oder nur Unvermeidbares tun.

Daher empfiehlt sich im Hinblick auf die 2012 von der EU beschlossene Biodiversitätsstrategie 2020 sowie für die Strategien von Bund und Ländern eine differenziertere Vorgehensweise: Zusätzlich oder alternativ sollte vor allem in größeren, naturräumlich oder nutzungsbedingt heterogenen Flächenländern wie NRW ein »bottom-up«-Ansatz auf der Ebene von Landkreisen oder Naturräumen gewählt werden, bei dem vor allem aussagekräftige direkte Indikatoren Verwendung finden müssten. Diese sind auf regionaler Ebene weitgehend vorhanden bzw. eher erfassbar als auf Bundes- und Landesebene und vor allem operationalisierbar (vgl. SCHUMACHER 2012a, 2014).

Umsetzung des Greenings in Nordrhein-Westfalen

Kann das sogenannte Greening der EU, das seit 2015 für alle Mitgliedsländer bei der Agrarförderung verpflichtend ist, auch zu einem wichtigen Baustein für die neue nordrhein-westfälische Biodiversitätsstrategie werden? Wenn man die bisherigen Auswirkungen des Greenings in Ackerbauregionen der Mittelgebirge von NRW in einem ersten Überblick betrachtet, ist man von den »neuen«, teilweise landschaftsprägenden Strukturen des Hügel- und Berglandes (bis ca. 500 m ü. NN) durchaus positiv überrascht: Blühstreifen und ganze Blühflächen mit Nutzpflanzen wie Buchweizen, Phacelia, Sonnenblumen, Lein, Inkarnat-Klee und Alexandriner-Klee sowie Brachestreifen und Brachflächen mit der standorttypischen Segetalflora, ferner Flächen mit Zwischenfrüchten und Eiweißpflanzen. Die meisten dieser Strukturen sind zweifellos von Bedeutung als Habitate für Insekten und Spinnen sowie für Vögel und das Wild, teilweise auch für die Segetalflora und die davon abhängige Kleintierwelt. Sie sollten daher nicht gering eingeschätzt werden, auch wenn es sich bei den oben genannten Arten überwiegend um Nutzpflanzen handelt.

Dagegen stellt sich die Situation in den Bördelandschaften anders dar. Dort ist nur wenig von landschaftsprägenden Strukturen des Greenings zu sehen, denn hier beschränken sich die Maßnahmen erwartungsgemäß häufig auf den Anbau von Eiweißpflanzen oder Zwischenfrüchten nach der Ernte. Diese sind unter Umweltaspekten zwar durchaus positiv zu sehen, jedoch nicht zur Förderung der Biodiversität geeignet und deshalb zu Recht auch geringer bewertet (aber immer noch zu hoch!).

Daher gab und gibt es Kritik am Greening selbst oder manchen Bestimmungen, vor allem hinsichtlich der sogenannten ökologischen Vorrangflächen. Denn wenn diese vorrangig der Erhaltung und Steigerung der Biologischen Vielfalt dienen sollen, verbietet sich jeder Biozideinsatz.

Derzeit sind beim Greening – abgesehen von den genannten und anderen Mängeln – meines Erachtens zwei entscheidende Defizite festzustellen: Vertragsnaturschutz und vergleichbare Maßnahmen werden im Unterschied zum Ökolandbau (nach EU »green by definition«) in der Regel nicht angerechnet. Außerdem sind für Wiesen, Weiden, Magerrasen und Heiden keinerlei Maßnahmen vorgesehen, obwohl diese immerhin 30 % der landwirtschaftlichen Nutzfläche Deutschlands ausmachen und – bei extensiver Nutzung – mindestens dreimal mehr Arten beherbergen als die Ackerbegleitflora.

Daher sollen im Folgenden einige Vorschläge präsentiert werden, welche die ökologische Effizienz des Greenings in NRW und den anderen Bundesländern deutlich steigern und zugleich den viel zu hohen Verwaltungsaufwand senken könnten.

Anrechnung von Vertragsnaturschutz und vergleichbaren Maßnahmen

Es ist nur schwer nachvollziehbar, dass landwirtschaftliche Betriebe, die zum Teil seit Jahrzehnten auf 5–15 % ihrer Flächen Vertragsnaturschutz auf hohem Niveau umsetzen oder vergleichbare Maßnahmen durchführen bzw. die Grünlandextensivierung nach den Kritierien der »markt- und standortangepassten Landbewirtschaftung« (MSL) praktizieren, dennoch zusätzliche Greeningmaßnahmen durchführen müssen. Es sollte eigentlich kein Problem sein, diese Maßnahmen ähnlich wie den ökologischen Landbau als Greeningäquivalent anzuerkennen. Da beim Vertragsnaturschutz ohnehin Kontrollen durchgeführt werden, würde zugleich der Verwaltungsaufwand reduziert.

Beim künftigen Greening sollten daher auch Ackerrandstreifen oder ganze Äcker ohne Biozideinsatz (Ausnahmen wie bisher nur mit Genehmigung) einbezogen werden, ferner Vertragsnaturschutzprogramme im Grünland (s. u.). Da der Anbau von Zwischenfrüchten und Eiweißpflanzen zwar Umweltschutzbelangen dient, aber nur marginal zur Erhaltung der biologischen Vielfalt beiträgt, sollte der Gewichtungsfaktor deutlich abgesenkt werden.

Einbeziehung des Grünlands für ein ökologisch effizientes Greening

Gelegentlich wird in den Naturschutzverbänden und auch von der Naturschutzpolitik der Eindruck erweckt, dass Grünland – selbst bei intensiver Nutzung – im Hinblick auf Biologische Vielfalt höher zu bewerten sei als intensiv genutztes Ackerland. Dies ist objektiv falsch, denn Intensivgrünland (> 170 kg N/ha) ist genauso artenarm wie intensiv genutztes Ackerland und kann ebenso Umweltbelastungen wie Stickstoffausträge zur Folge haben.

Bekanntlich tragen aber nur extensiv bis allenfalls halbintensiv genutzte Wiesen, Weiden, Magerrasen und Heiden zu einer hohen Biodiversität bei (SCHUMACHER 2014). Wenn man also die Naturschutzbilanzen der Biodiversitätsstrategien in Bund und Ländern substanziell verbessern will, kommt man nicht umhin, Grasland generell in das Greening einzubeziehen. Hier haben sich im Rahmen des Vertragsnaturschutzes seit Jahren zahlreiche Maßnahmen bewährt, z. B. Mahd oder Beweidung ohne Stickstoffdünger und Herbizide, verbunden mit späteren Nutzungsterminen. Ferner sollte die Grünlandextensivierung nach den Kriterien der »markt- und standortangepassten Landbewirtschaftungen« (nur organische Düngung entsprechend dem Besatz von 1,4–1,7 GV/ha) ähnlich wie beim ökologischen Landbau anerkannt werden.

Die Kontrolle der Grünlandextensivierung nach MSL, die zur Zeit in NRW auf durchaus bemerkenswerten Flächenanteilen stattfindet, erfolgt ohnehin im Rahmen der Agrarumweltmaßnahmen. Mehr Vertragsnaturschutzmaßnahmen würden zwar zusätzlichen Aufwand erfordern, doch dieser dürfte sich in Grenzen halten.

Abb. 1: Äcker und Grünland prägen die Kulturlandschaft bei Mechernich-Berg im Übergang von der Eifel in die Zülpicher Börde. Hier werden unterschiedliche Greening-Maßnahmen zur Förderung der Biodiversität erfolgreich umgesetzt (Foto: Wolfgang Schumacher).

Ausblick

Wenn – wie vorgeschlagen – bei der Nachbesserung des Greenings Vertragsnaturschutzmaßnahmen als äquivalent anerkannt und Wiesen, Weiden, Magerrasen und Heiden als ökologische Vorrangflächen einbezogen werden, würde das zu einer substanziellen Verbesserung der Biologischen Vielfalt auch der nordrhein-westfälischen Agrarlandschaften führen. Damit dies auch in Bördelandschaften deutlich stärker als bisher zum Tragen kommt, sollte ferner der Anbau von Zwischenfrüchten und Eiweißpflanzen geringer gewichtet werden.

Ein ökologisch effizientes Greening setzt aber auch eine größere Akzeptanz als bislang voraus – nicht nur in der Landwirtschaft. Eine wichtige Voraussetzung wäre, dass der von Brüssel mehrfach angekündigte Bürokratieabbau endlich erfolgt. Denn die Kosten für den Kontrollaufwand etc. und die damit verbundenen Belastungen für landwirtschaftliche Betriebe und Verwaltungen auf allen Ebenen stehen in keinem Verhältnis zu dem gesellschaftlich geforderten Nutzen für Natur und Umwelt. Man könnte sogar den Eindruck gewinnen, dass die betroffenen Generaldirektionen Landwirtschaft und Umwelt sowie der Europäische Rechnungshof mitunter eher gegen- als miteinander arbeiten und dabei die von der EU beschlossenen Biodiversitätsstrategien und -ziele nicht selten aus den Augen verlieren, was im Übrigen auch auf manche Mitgliedsländer zutrifft.

Der zu Recht als unverhältnismäßig beklagte Bürokratieaufwand darf allerdings nicht nur Brüssel angelastet werden. Denn nicht wenige Bundesländer haben ihre Agrarumwelt- und Naturschutzprogramme so differenziert (und kompliziert!) gestaltet, dass der notwendige Kontrollaufwand sich deutlich erhöht und damit auch das Anlastungsrisiko steigt.

Literatur

ACKERMANN, WERNER, SCHWEIGER, MANUEL, SUKOPP, ULRICH, FUCHS, DANIEL & SACHTELEBEN, JENS (2013): Indikatoren zur biologischen Vielfalt – Entwicklung und Bilanzierung. Naturschutz und Biologische Vielfalt 132. Bonn.

BMU (Hrsg) (2010): Indikatorenbericht zur Nationalen Biodiversitätsstrategie zur biologischen Vielfalt. Berlin.

BMU (Hrsg) (2014): Indikatorenbericht zur Nationalen Biodiversitätsstrategie zur biologischen Vielfalt. Berlin.

SCHUMACHER, WOLFGANG (2007): Bilanz – 20 Jahre Naturschutz – Vom Pilotprojekt zum Kulturlandschaftsprogramm NRW – In: Naturschutzmitteilungen 1: 21–28.

SCHUMACHER, WOLFGANG (2008): Integrative Naturschutzkonzepte für Mittelgebirgsregionen in Deutschland. – In: ERDMANN, KARL-HEINZ, LÖFFLER, JÖRG & ROSCHER, SABINE (Hrsg.): Naturschutz im Kontext einer nachhaltigen Entwicklung – Ansätze, Konzepte, Strategien. Naturschutz und Biologische Vielfalt 67. Bonn: 155–175.

SCHUMACHER, WOLFGANG (2012a): Entwicklung, Erfolge und Perspektiven des Vertrags-Naturschutzes in Nordrhein-Westfalen. – In: NUA-Seminarbericht 10: 59–70.

SCHUMACHER, WOLFGANG (2012b): Auswirkungen atmosphärischer Stickstoffeinträge auf die Biodiversität terrestrischer Ökosysteme. Erkenntnisse – Hypothesen – Fragen. – In: Stoffeinträge in terrestrische Ökosysteme und ihre Bewertung. KRdL-Expertenforum Bonn: 11–20.

SCHUMACHER, WOLFGANG (2013): Ist das 2020-Ziel der Europäischen Union für Bund und Länder wirklich erreichbar oder eher utopisch wie bereits das 2010-Ziel? Pressemitteilung des Autors – Mskr, 3 S.

SCHUMACHER, WOLFGANG (2014): Biodiversität extensiv genutzter Grasländer und ihre Erhaltung durch Integration in landwirtschaftliche Betriebe – Erfahrungen und Ergebnisse 1985–2012. – In: Agrobiodiversität 34: 70–99.